D1698082

Literaturverfilmung transmedial?

GERMANISTIK
DIDAKTIK
UNTERRICHT

Herausgegeben von
Marion Bönnighausen und Andrea Sieber
Begründet von Ina Karg

Band 23

Zur Qualitätssicherung und Peer Review der vorliegenden Publikation

Die Qualität der in dieser Reihe erscheinenden Arbeiten wird vor der Publikation durch die Herausgeberinnen der Reihe geprüft.

Notes on the quality assurance and peer review of this publication

Prior to publication, the quality of the works published in this series is reviewed by the editors of the series.

Gerrit Althüser

Literaturverfilmung transmedial?

Zum medienvergleichenden Umgang mit Verfilmungen für Kinder und
Jugendliche im Deutschunterricht

PETER LANG

Bibliografische Information der Deutschen Nationalbibliothek
Die Deutsche Nationalbibliothek verzeichnet diese Publikation
in der Deutschen Nationalbibliografie; detaillierte bibliografische
Daten sind im Internet über http://dnb.d-nb.de abrufbar.

Zugl.: Münster (Westfalen), Univ., Diss., 2019

Coverabbildung:
© Deflet/Shutterstock.com

D 6
ISSN 1862-880X
ISBN 978-3-631-87133-1 (Print)
E-ISBN 978-3-631-87721-0 (E-PDF)
E-ISBN 978-3-631-87722-7 (EPUB)
DOI 10.3726/b19690

© Peter Lang GmbH
Internationaler Verlag der Wissenschaften
Berlin 2022
Alle Rechte vorbehalten.

Berlin · Bruxelles · Lausanne · New York · Oxford

Das Werk einschließlich aller seiner Teile ist urheberrechtlich
geschützt. Jede Verwertung außerhalb der engen Grenzen des
Urheberrechtsgesetzes ist ohne Zustimmung des Verlages
unzulässig und strafbar. Das gilt insbesondere für
Vervielfältigungen, Übersetzungen, Mikroverfilmungen und die
Einspeicherung und Verarbeitung in elektronischen Systemen.

Diese Publikation wurde begutachtet.

www.peterlang.com

Inhalt

1. Einleitung

Als Jorge Luis Borges 1932 seine Gedanken zu einigen Filmen niederschreibt und von einer damals aktuellen Verfilmung von Dostojewskis *Die Brüder Karamasow* (1880) schwärmt, gesteht er die „Unterlassungssünde", den Roman nicht gelesen zu haben. Er habe dadurch aber „den Film genießen [können], ohne ständig der Versuchung ausgesetzt zu sein, eine Deckung von aktuellem Schauspiel und Leseerinnerung herbeiführen zu wollen." (Borges 1991 [1932]: 193) Dabei ist ihm bewusst, dass sowohl Unterschiede als auch Gemeinsamkeiten zwischen Film und Buch „gleichermaßen bedeutungslos" (ebd.) sind.

Man mag meinen, wie Borges hätten 2001 viele Menschen den ersten Harry-Potter-Film weit mehr genießen können, wenn sie das Buch nicht gelesen oder doch zumindest gründlicher vergessen hätten. Der „Versuchung" des Vergleichs sind viele Fans des Romans erlegen und monierten dabei jede einzelne Abweichung des Films vom Buch. Schon Hans-Heino Ewers notiert die „Kritik junger *Harry Potter*-Fans, die in fachmännischer Ausführlichkeit sämtliche Abweichungen von der Vorlage registrierten", diese zwar manchmal begrüßten, vielfach aber „als Unkorrektheiten, als fehlerhafte Wiedergabe des Stoffes" geißelten (Ewers 2006: 300). In zahlreichen Blogs, Internetforen und anderen Medien rügten die Fans des Romans kleinste Abweichungen von der Vorlage: Harrys Augenfarbe sei falsch, heißt es dort beispielsweise, Hermines Schneidezähne nicht spitz genug, der gesamte Anfang des Films ein anderer als der des Buches, im Roman habe es mehr Quidditch-Spiele gegeben. Auch dass die Schlossgeister nur kurz erwähnt werden und selbst, dass manche Nebenfiguren wie z. B. Tante Petunia andere Haarfarben haben, konnte für Unmut sorgen. Diesen Tenor spiegelt auch eine empirische Studie wider, die zeigt, wie sehr die Vorerwartungen durch den Roman in diesem Fall die Bewertung der Filmfiguren prägen (vgl. Hundshagen/ Philipp 2006).

Was jedoch die Diskussion um Ähnlichkeiten und Unterschiede von HARRY POTTER AND THE PHILOSOPHER'S STONE (R: Chris Columbus, 2001) zum Roman von Joanne K. Rowling (1997) noch interessanter macht, ist die Tatsache, dass auch die Filmkritiker:innen den Film hauptsächlich im Abgleich zum Buch beurteilten, dabei aber genau die entgegengesetzte Wertung vertraten. Sie warfen dem Film – zumindest in Deutschland – eine allzu große Werktreue vor. In der ZEIT beispielsweise resümiert Konrad Heidkamp, der Film bliebe „ganz nah am Buch. Das ist sein einziger, aber auch ein entscheidender Fehler" (Heidkamp 2001). Lakonisch fragt er: „Was fehlt also? Wenig Wesentliches. Und was ist neu?

Leider kaum etwas." (ebd.) Dass die Harry-Potter-(Roman-)Fans größtenteils die diametral entgegengesetzte Ansicht vertreten, ist ihm bewusst, denn er zitiert exemplarisch die Auffassung, Harrys Haare hätten strubbeliger sein müssen, wie es ja auch auf dem Cover des Buches umgesetzt worden sei (vgl. ebd.). Ähnlich wie Heidkamp äußern sich die meisten deutschen Filmkritiker:innen. Laut Urs Jennys SPIEGEL-Rezension „stolpert [der Film] über den Anspruch, mehr dem Roman als sich selbst Genüge zu tun" (Jenny 2001), Anke Westphal (TAGESSPIE-GEL) zufolge hält er sich „sklavisch" an die Vorlage und sei eben daher „kein Film über die Idee der ‚Potter'-Romane" (Westfal 2001) geworden und Wiebke Brauer stellt für SPIEGEL ONLINE fest:

> Die Geschichte des kleinen Jungen, der auszog, um das Zaubern zu lernen, ist formal lückenlos in ein anderes Medium übersetzt worden. Keine Figur und keine Szene des Romans fehlen im Film. Ob Troll samt Schleim oder der Schulsport ‚Quidditch' mit Flatter-Schnatz – alles taucht auf und verschwindet wieder ohne nennenswerte Nachwirkung im Strudel der filmisch durchhetzten Ereignisse. (Bauer 2001)

Im TAGESPIEGEL konstatiert Harald Martenstein rhetorisch zugespitzt sogar:

> So paradox es klingt – gerade durch sein Bemühen, dem Buch möglichst nahe zu sein, entfernt sich der Film von seinem Vorbild. Was auf der Strecke bleibt, sind die retardierenden Momente, der raffinierte Wechsel von Tempo und Stillstand in Rawlings [sic!] Prosa.

Und wenn Hanns-Georg Rodek (WELT) der Werktreue nicht so abgeneigt scheint, was er aber eben mit den besagten Erwartungen der Fans begründet, moniert er doch, dass der Harry-Potter-Film ohne Kenntnis des Buches nicht funktioniere, und stellt fest, die „Buchstabentreue [des Films gehe] so weit, dass er Schwächen des Buches übernimmt." (Rodek 2001) Dies wird nur ein sehr dogmatischer Verfechter von Werktreue als Kompliment auffassen.

Auch wissenschaftliche Artikel, die das hohe Maß an Werktreue aus den angenommenen Vorerwartungen der Leser:innen ableiten, schlagen sich bei der Bewertung auf die Seite der Filmkritiker:innen (vgl. Cartmell/ Whelehan 2005; Strobel 2006; Ewers 2006: 299f). Alles in allem zeigt sich am Beispiel des ersten Harry-Potter-Films, wie sehr gerade Literaturverfilmungen für Kinder und Jugendliche auch in jüngerer Vergangenheit allein im Vergleich zu ihrer Buchvorlage rezipiert und beurteilt werden. Wie gesehen lässt sich in der Beurteilung jedoch ein deutlicher Unterschied zwischen Fans und Kritiker:innen ausmachen. Die Filmkritiker:innen scheinen sich dessen bewusst, dass Veränderungen des Stoffes bei der Übertragung in ein anderes Medium notwendig und unvermeidbar sind, da jedes Medium eigenen Regeln gehorcht. Haben sie sich also nicht vom vergleichenden Schauen gelöst, erkennen sie – professionsbedingt wäre alles andere auch überraschend – im Film zumindest ein eigenständiges Kunstwerk, statt nach einem bloßen Abbild des Buches zu verlangen. Bei den Fans des Buches hinterlässt die Verfilmung jedoch größtenteils Enttäuschung, da sie keine exakte Kopie des Buches darstellt. Die grundsätzliche Inkommensurabilität beider Medien wird nicht reflektiert.[1]

Könnte man Verfilmungen denn nicht, um noch einmal Borges zu bemühen, so rezipieren, wie dieser den französischen Roman *Vathek*, über den und dessen Übertragung ins Englische er bekanntermaßen geschrieben hat: „Das Original ist der Übersetzung untreu" (Borges 1992 [1943]: 149)? Das geschieht bei Verfilmungen natürlich selten und wird auch von Borges nur mit der ihm eigenen ironischen Verve und seiner Lust am paradoxalen Spiel vorgetragen.[2]

Aber etwas zumindest Vergleichbares lässt sich am Beispiel von *Harry Potter and the Philosopher's Stone* beobachten: Während der Harry-Potter-Stoff vor Erscheinen der Kinofilmreihe zunächst über die Bücher kennengelernt wurde, ist die „mediale Einstiegsversion", wie Hans-Heino Ewers feststellt, für die meisten jüngeren Kinder nicht mehr das Buch, sondern der Film. Erst im Anschluss rezipieren sie dann andere Medien von Computerspielen bis zum Buch (vgl. Ewers 2006: 305f). Ohne dass gesagt werden soll, dass dies notwendig der bessere Einstieg in den Medienverbund ist, wird man doch konstatieren können, dass dabei der inhaltlich-vergleichend beurteilende Blick sehr viel schwächer ausgeprägt ist. Falsch wäre es jedoch ebenso, Buch und Film überhaupt nicht zu beurteilen. Wichtig ist lediglich, dass jedes Kunstwerk nach den eigenen medialen Bedingungen und nicht in Abgleich zu einer Vorlage, einem vermeintlichen ‚Original' beurteilt wird. Die Aussagen der Filmkritiker:innen stehen dieser Rezeptionsweise trotz des grundsätzlich vergleichenden Blickes zumindest näher, schließlich monieren sie die hohe Ähnlichkeit von Buch und Vorlage eben, weil der Film dadurch nicht den Bedingungen des eigenen Mediums gerecht würde.

Auch im Deutschunterricht, in den Literaturverfilmungen schon lange als „Exemplum classicum" (Lecke 2008: 56) der Intermedialität Einzug gehalten

---

1 Neben dem Rekurs auf Werktreue gegenüber einem zum Original sakralisierten Text rührt die Enttäuschung zum Teil sicher ebenfalls daher, „daß der ‚naive' Leser erwartet, ‚seinen' persönlich inszenierten Film auf der Leinwand zu sehen und dabei nicht begreift, daß dies unmöglich ist" (Schlickers 1997: 55).

2 Wobei es selbstverständlich Verfilmungen gibt wie SHINING (R: Stanley Kubrick; 1980) nach dem Roman von Stephen King, die ihre literarischen Vorlagen im ästhetischen Vergleich weit in den Schatten stellen würden (Zum Verhältnis von SHINING und seiner Vorlage vgl. Hildebrand 2006: 211–216).

haben,[3] war lange der Buch-Film-Vergleich leitend, der sich schlimmstenfalls auf den inhaltlichen Abgleich beschränkte[4] und wieder dem Axiom der Werktreue folgte. Die Chance, Literaturverfilmungen zu nutzen, um gegen solche Rezeptionsweisen zu einer angemessenen Würdigung von Verfilmungen zu gelangen, bleibt dadurch vertan, ebenso wie die Möglichkeit, die medial spezifischen Bedingungen von ästhetischer Gestaltung zu erschließen. Wenn Sabine Schlickers die Frage stellt, „inwieweit enttäuschte Erfahrungen in Bezug auf Adaptionen mittlerweile zu einer eingefahrenen, beinahe konditionierten Reaktion geworden ist" (Schlickers: 1997: 40), lässt sich die Frage hinzufügen, ob nicht eine falsche Behandlung von Verfilmungen in der Schule zu einer solchen Konditionierung ihr Scherflein beigetragen hat, statt solchen Ansichten entgegenzuwirken. Ebenso zu hinterfragen ist die sprichwörtliche Bonbon-Didaktik, bei der ein/e Lehrer:in nach der als anstrengend vermuteten Lektüre zum Abschluss als Belohnung noch den Film zeigt. Dieses Vorgehen ist nicht nur für die Lesemotivation fatal, sondern wird dem Film als eigenständigem Kunstwerk ebenfalls nicht gerecht und muss hier gar nicht eigens diskutiert werden. Zu hoffen ist, dass es im tatsächlichen Deutschunterricht ohnehin nicht (mehr) so häufig vorkommt, wie es als Klischee zitiert wird.

Neben der Arbeit am klassischen Beispiel hat sich in den letzten Jahren „Medienverbunddidaktik" (Kruse 2014a) entwickelt. Auch zum Harry-Potter-Franchise bzw. Harry-Potter-Medienverbund gehören natürlich nicht nur Film

---

3 Zwei Umfragen bestätigen zudem, dass Literaturverfilmungen den häufigsten Einbezug von Filmen in den Deutschunterricht ausmachen. Zum einen gaben befragte Schüler:innen das an (vgl. Kepser 2008a: 23f), zum anderen zeigt eine Umfrage unter Lehrer:innen, dass das „Vorliegen einer literarischen Vorlage" unter Lehrer:innen als wichtiges Auswahlkriterium für Filme gilt (vgl. Abraham 2010a: 50). Auch wenn zu hoffen bleibt, dass sich im letzten Jahrzehnt am insgesamt deprimierenden Befund von Matthis Kepsers Untersuchung zur Spielfilmbildung an deutschen Schulen einiges geändert hat, bleibt zu vermuten, dass die Antwort speziell auf diese Frage heute zu einem ähnlichen Ergebnis führen würde. So kritisieren Didaktiker:innen, Verfilmungen seien, was Film in der Schule betrifft, „insgesamt überrepräsentiert" (vgl. Frederking/ Krommer/ Maiwald 2008: S. 183). So sehr ein weiterer Einbezug von Filmen als Filmen wünschenswert ist, legitimiert die Bedeutung der Verfilmung für den tatsächlichen Unterricht doch weitergehende theoretische Beschäftigungen mit der Didaktik von Verfilmungen.

4 Adaptionswissenschaftlich kann der Vergleich bestimmter inhaltlicher Merkmale durchaus interessant sein. Kanzog 1989 zählt einige derartige Zugriffe auf. Für den Schulunterricht stellt sich hier aber die Frage nach dem genauen Nutzen, der Zielperspektive, unter der dieser Vergleich stattfinden soll.

und Buch, sondern eine ganze Reihe von Werken[5] in anderen Medien sowie weitere Merchandisingprodukte.[6] Und auch andere Kinder- und Jugendliteratur geht heute nicht selten in einem hypermedialen Verbund auf – oder ist überhaupt erst als Teil eines solchen entstanden. Neben der Verfilmung gibt es dann beispielsweise Hörspiele, Hörbücher, Computerspiele, Comic-Adaptionen, Inszenierungen auf dem Theater und vieles mehr. Gerade an Verfilmungen entzünden sich aber häufig Debatten über Werktreue, gerade hier wird die mediale Eigenästhetik bei solchen Diskussionen häufig vergessen. Dies mag daran liegen, dass Verfilmungen besonders viel rezipierte Adaptionen von literarischen Texten sind – HARRY POTTER AND THE PHILOSOPHER'S STONE hatte sogar ein Einspielergebnis von annähernd einer Milliarde US-Dollar –, sodass sie eben entsprechend intensiv diskutiert werden. Vielleicht liegt es aber zudem daran, dass Film und Buch strukturell sehr ähnliche Erzählmedien sind, was die Vorstellung einer leichten Übertragbarkeit von Inhalten evoziert.[7]

In dieser Monografie wird dafür argumentiert, dass eine konstruktive Arbeit mit Literaturverfilmungen im Deutschunterricht dem vergleichenden Blick auf Buch und Film als ,Original' und ,Nachahmung' entgegenwirken sollte und stattdessen anhand der Buch- und der Filmversion desselben Stoffes paradigmatisch Mediendifferenz und medial spezifische Ästhetik erfahren und analytisch

---

5   Der Begriff des „Werkes" ist in der Literaturwissenschaft spätestens seit dem Poststrukturalismus einigermaßen in Verruf geraten, da er eine in sich geschlossene Entität suggeriert und Kunstobjekte gleichsam hypostasiert. Der Begriff „Text", auf den stattdessen ausgewichen wurde, stellt in Bezug auf andere Medien als die Literatur jedoch eine bloße und in ihrer Reichweite beschränkte Metapher da. Für Gestaltungen/ ästhetische Artefakte verschiedener Medien wird hier daher gelegentlich auf die Bezeichnung „Werk" zurückgegriffen, auch weil diese den Kunstcharakter des so Bezeichneten betont. In einer anderen, explizierten Bedeutung wird „Werk" zudem ab Kap. 2.2.2 in einer dichotomischen Abgrenzung zu „Text" verwendet, die Linda Hutcheon eben auf Roland Barthes' Angriff auf den Textbegriff (vgl. Barthes 2006 [1971]) aufgebaut hat.

6   Zu *Harry Potter und der Stein der Weisen* im medienintegrativen Literaturunterricht, der neben der Verfilmung auch das Hörbuch einbezieht vgl. Nickel-Bacon 2006.

7   Für das Hörbuch, das im Falle des Potter-Stoffes in der deutschen von Rufus Beck eingesprochenen Version ebenfalls ein Verkaufsschlager war, darf man das natürlich sogar noch stärker annehmen. Auch dass Hörbücher eigenständige Bearbeitungen sind (vgl. z. B. Müller 2012: 24–26), wird häufig übersehen. Da diese aber nicht wie der Film einen anderen semiotischen Code verwenden, sondern wie das schriftsprachliche Buch das sprachliche Symbolsystem, den Text nur zusätzlich durch prosodische – und vereinzelt auch die Hinzufügung anderer akustischer – Mittel interpretiert, wird hier die Erwartungshaltung seltener enttäuscht.

erarbeitet werden. Kern der Arbeit ist, ein transmediales Herangehen vorzuschlagen, das Buch- und Filmversionen wie zwei verschiedene Ausprägungen
derselben zugrunde liegenden Geschichte zu behandeln und nicht in einem
Ableitungsverhältnis zu erfassen. Die Chronologie und das Beeinflussungsver-
hältnis werden dabei methodisch weitestgehend ausgeblendet. Stattdessen soll
geschaut werden, welche Unterschiede sich durch die unterschiedlichen medialen Bedingungen ergeben, wenn dieselbe Geschichte in verschiedenen Medien
erzählt wird, und wie das die Bedeutung der Geschichte notwendig verändert.

In der Regel werden Verfilmungen als intermediale Phänomene dargestellt,
da bei dem Blick auf Verfilmungen gewöhnlich das Verhältnis zur Vorlage und
die Entstehungsbedingung als Film, der auf einer Vorlage aufbaut, in den Blick
genommen werden. Intermedialität bezeichnet schließlich nach Rajewsky sämtliche „Formen von Mediengrenzen überschreitende[n] Phänomene[n], die
mindestens zwei konventionell als distinkt wahrgenommene Medien involvieren" (Rajewsky 2002: 13 (Grafik); vgl. auch die ähnliche Definition in Wolf
2001: 284 und Wolf 2002a: 169), darunter Phänomene des Medienwechsels, wie
Verfilmungen sie darstellen (vgl. ebd.: 15–19). Unter Transmedialität versteht
Rajewsky „[m]edienunspezifische Phänomene, die in verschiedenen Medien mit
den dem jeweiligen Medium eigenen Mitteln ausgetragen werden können, ohne
daß hierbei die Annahme eines kontraktgebenden Ursprungsmediums wichtig oder möglich ist" (Rajewsky 2002: 13 (Grafik), also z. B. Stoffkomplexe wie
Mythen und Sagen oder Verfahren wie die Parodie (vgl. ebd.: 12f). Darauf, dass
die Grenze zwischen beidem gar nicht immer so klar zu ziehen ist, wird noch zu
sprechen zu kommen sein. Bei Verfilmungen ist die Angabe des Ursprungsmediums selbstverständlich möglich, sonst könnte man nicht von einer Verfilmung
sprechen. Im Setting des transmedialen Unterrichts ist sie aber nicht wichtig
bzw. wird eben sogar bewusst so weit wie möglich außer Acht gelassen.

Zwar wird damit angeschlossen an Konzeptionen des intermedialen Deutschunterrichts, demnach intermediale Phänomene sich besonders eignen, um
Medialität und medial spezifische Ästhetik zu vermitteln (vgl. v. a. Bönnighausen 2013: 525; Wieser 2016: 96f), dieses Vorgehen aber noch einmal radikalisiert. Um den vorurteilsbehaftet-vergleichenden Blick gering zu halten, soll
dabei vorgeschlagen werden, möglichst – ähnlich der Borges'schen „Unterlassungssünde" – mit dem Film einzusteigen und bei der Gegenüberstellung von
Filmszenen und Buchausschnitten stets den Film vor den Text zu stellen, das in
der Regel immer noch übliche Vorgehen also umzukehren.

Für die Bestimmung medialer Unterschiede wird zum einen auf ein semioti-
sches Vorgehen zurückgegriffen und zum anderen werden narratologische Kategorien als medienkomparatistische Analysekategorien bzw. *tertia comparationis*

herangezogen. Es handelt sich um an sich transmedial übertragbare Kategorien, die auf Buch und Film gemeinsam angewandt werden sollen, um zu zeigen, wie sie jeweils medienspezifisch konkret umgesetzt werden. Die genauen Kategorien sind freilich noch auszuarbeiten. Dass sich für einen Medienvergleich der Rekurs auf die unterschiedlichen semiotischen Codes anbietet, liegt auf der Hand, sodass für diese Arbeit ein semiotischer Zugriff gewählt wird. Gerade wenn es um ästhetische Bildung geht, sollte allerdings auch die phänomenale Wirkungsweise der entsprechenden Zeichen einbezogen werden. Gerade was die Narratologie betrifft, ist zu konstatieren, dass die neueren Arbeiten der transmedialen postklassischen Narratologie noch nicht in die literatur- und mediendidaktische Forschung zu Verfilmungen einbezogen worden sind. Vor allem, was die Ebene der Perspektive betrifft, tritt hier ein auffälliger Mangel zutage, worauf im Einzelnen noch einzugehen sein wird. In diesem Bereich werden vor allem die in der Didaktik bisher annähernd unbeachteten filmnarratologischen Studien der letzten Jahre als zentrale Referenztexte herangezogen: Heiß (2011), Kaul/ Palmier (2016) und vor allem die bereits als zum „Discours du récit *du film*" (Schon 2017) erklärte Dissertation von Markus Kuhn (2013). Was die Semiotik betrifft, wird hingegen mit bereits klassischen Theoriewerken der strukturalistischen Filmsemiotik (Pasolini 1971, Eco 1972; Metz 1972) und den Zeichenklassen nach Peirce operiert, die bereits Maiwald (2015: 16–20) in den didaktischen Diskurs über Literaturverfilmungen eingebracht hat.[8]

Abschließend soll das Vorgehen noch beispielhaft an einzelnen Ausschnitten aus dem Film Rico, Oskar und die Tieferschatten (R: Neele Vollmar,

---

8   Die Darstellung dieser Forschungsrichtungen geschieht dabei in für die methodische Nutzung gebotener Ausführlichkeit. Um jedoch den Rahmen der Arbeit nicht zu sprengen, werden einzelne Vergröberungen in Kauf genommen. Das sind aber notwendige Reduktionen, kein Versuch, die Narratologie „auf einem Bierdeckel neu [zu] entwerfen" (Baßler 2015a: 509). Ebenso gilt das für die Filmsemiotik, die zwar nicht mehr in dem Maße diskutiert wird wie die Filmnarratologie, aber in ihrer Hochphase in den 1970er-Jahren bereits auf „fast 2500 bibliographisch erfaßte Titel" kam und damit „international zu einem der meistdiskutierten Teilgebiete der Semiotik überhaupt" (Nöth 1985: 429) geworden war. Aufgegriffen wird dabei aus den jeweiligen Diskursen nur, was im medienkomparativen Kontext von Film und Buch produktiv ist. Große Teile der Filmsemiotik werden daher nicht beachtet, da sie rein medienspezifische Fragen thematisieren, die für einen Vergleich ungeeignet sind oder theoretische Prämissen teilen, die in diesem Kontext nicht zielführend sind, so beispielsweise die Orientierung an der strukturalistischen Psychoanalyse Lacans in einem großen Teil der Filmsemiotik der 1970er- und 1980er-Jahre.

2014) und dem Roman von Andreas Steinhöfel (2008) sowie dem Film TSCHICK (R: Fatih Akin, 2016) und dem Roman von Wolfgang Herrndorf (2010) dargestellt werden, wobei die transmediale Analyse gemäß des Vorgehens exemplifiziert, Unterrichtspraktisches sowie weitgehend überhaupt Didaktisches ausgespart wird.

Beide Filme und Bücher weisen deutliche inhaltliche und motivische Gemeinsamkeiten auf. So steht in beiden Fällen eine Freundschaft zweier ungleicher und unterschiedlichen sozialen Kontexten entstammender Jungen im Zentrum, in beiden Fällen erleben die Freunde ein Abenteuer, handelt es sich bei dem Abenteuer auch einmal um eine Kriminalgeschichte, einmal um das gemeinschaftliche Durchbrennen mit einem gestohlenen Auto. In beiden Fällen liegt bei einem der Kinder ein Migrationshintergrund vor: Tschick ist russischer Spätaussiedler, Rico ist das Kind eines italienischen Vaters und einer deutschen Mutter.[9] In beiden Fällen leidet das jeweils andere Kind an einer schwierigen Vaterbeziehung: Maiks Vater verhält sich seinem Sohn gegenüber autoritär, sieht es selbst aber nicht einmal ein, seine außereheliche Affäre vor seinem Sohn zu verheimlichen, Oskar fühlt sich von seinem Vater derart missachtet, dass er sich entführen lässt, nur um zu schauen, ob sein Vater ihn genügend liebt, um das Lösegeld zu zahlen. Für beide Filme sind neben Freundschaft daher auch die Themen Familie und kulturelle Herkunft bedeutsam. Sowohl der in seiner eigenen Welt lebende Rico als auch der unangepasste Außenseiter Tschick erfüllen die Merkmale nonkonformer kindermedialer Störfiguren (vgl. Roeder 2015: 50). Daneben finden sich eine ganze Reihe unwesentlicherer übereinstimmender Details, vor der Tatsache, dass alle Figuren in Berlin leben, bis hin zu (mutmaßlichen) Zufällen wie jenem, dass sich in beiden Film-Versionen Jugendliche an einer Stelle über Szenen aus dem Film STARSHIP TROOPERS (R: Paul Verhoeven, 1997) unterhalten, wobei je einer der Jugendlichen von Tristan Göbel gespielt wird. Man könnte natürlich eine gewisse Einseitigkeit vorwerfen, etwa unter Gender-Aspekten, wenn beide Filme sich mit der Freundschaft männlicher Protagonisten befassen.[10] Die Bücher und Verfilmungen wurden aus Gründen der Vergleichbarkeit

---

9   Angemerkt werden sollte, dass es zumindest im Falle *Tschicks* Stimmen bezüglich der vermeintlich stereotypen Migrantendarstellung gibt (vgl. Rösch 2015: 28f; Hoge 2015). Hoge erkennt die russlanddeutsche Stereotypizität der Figur aber als intertextuell konstruierte Zuschreibung vonseiten des homodiegetischen Erzählers, was diesen Befund zumindest teilweise relativiert.

10 Bei den zugrunde liegenden Romanen kann man aus Sicht der Leseförderung natürlich argumentieren, dass Jungen in Bezug auf die Lesekompetenz tendenziell einen Rückstand aufweisen und Lesestoffe, die Jungen beispielsweise durch männliche

aber bewusst ähnlich gewählt, sodass diese Einseitigkeit als unvermeidbare Folge in Kauf genommen werden muss. Eindrücklich sei darauf hingewiesen, dass es sich eben um Beispiele handelt und das dargestellte Modell ebenso an allen anderen Verfilmungen für Kinder- und Jugendliche einsetzbar ist.

Bei *Rico, Oskar und die Tieferschatten* liegt ein Kinderbuch vor, das häufig in der frühen Sek I gelesen wird, bei *Tschick* ein Jugendbuch, das sich als populärer Stoff für die spätere Sek I erwiesen hat, auch die Verfilmungen richten sich an diese Altersgruppen, obschon vor allem TSCHICK auch ein erwachsenes Publikum anzusprechen versucht. Die Arbeit setzt daher mit theoretischen Reflexionen zu Verfilmungen für Kinder- und Jugendliche ein. Das transmediale Vorgehen wird für die Sek I vorgeschlagen, in der Sek II kann es ebenfalls eingesetzt werden, hier ist es aber vielleicht sinnvoll, dass historische Nacheinander doch einzubeziehen, die Frage, wie ein Werk ein anderes rezipiert. In den meisten Bundesländern sind Verfilmungen momentan hauptsächlich für die Sek II verpflichtend vorgesehen. In der Schulpraxis werden sie auch vorher bereits eingesetzt. Wenn dies nicht zur vergleichenden Abwertung oder als „Bonbon" geschieht, ist das sicher kein falsches Vorgehen.

Identifikationsangebote sowie Probleme des spezifisch männlichen Aufwachsens ansprechen, helfen könnten, diesen Rückstand abzubauen. In diesem Sinne ist *Tschick* zum Beispiel im Handbuch *Attraktive Lesestoffe (nicht nur) für Jungen* aufgeführt (vgl. Münchke/ Nieragden 2018: 192–196). Doch allem Verständnis zu berechtigten Versuchen zum Trotz, die Lesemotivation speziell von Jungen zu steigern, darf auch das Recht auf Repräsentation von Mädchen und Frauen gerade in der Schule nicht vergessen werden.

2. Bausteine zu einer Theorie der Literaturverfilmungen für Kinder- und Jugendliche

2.1 Bestimmung von Kinder- und Jugendfilm

2.1.1 Kinder- und Jugendfilm – Eine Analogie zur Kinder- und Jugendliteratur?

Dass es über die Definition von Kinder- und Jugendfilm noch keinen Konsens gibt, wurde mehrfach betont (vgl. Kümmerling-Meibauer 2010: 10; Josting/ Maiwald 2010b: 8; Kurwinkel/ Schmerheim 2013: 15), dasselbe gilt für den Kinderfilm allein (vgl. Heinke/ Rabe 2012: 421, Nebe 2019: 33). Zunächst lässt sich lediglich feststellen, dass Kinder- und Jugendfilme durch „den spezifischen Adressatenkreis" bestimmt sind, „durch die Zielgruppe, nicht durch ihr Thema oder primär durch ihre Gestaltung." (Heinke/ Rabe 2012: 421)[11]

Schon daher lässt sich der Kinder- und Jugendfilm auch nicht als Genre auffassen (vgl. Völcker 2005: 38–41). Zwar gibt es einen Sammelband zum Kinder- und Jugendfilm in der Reihe „Filmgenres" des Reclam-Verlages, doch bereits im ersten Absatz der Einleitung wird erklärt, dieser stelle „streng genommen [...] kein eigenes Genre dar. Denn diese Gleichsetzung würde bedeuten, dass es Erzählkonventionen und stilistische Merkmale gibt, die bei allen Kinder- und Jugendfilmen anzutreffen sind, was angesichts der Vielfalt und Komplexität des internationalen Kinder- und Jugendfilms nicht zutrifft" (Kümmerling-Meibauer 2010: 9). Stattdessen finden sich sämtliche Genres – vermutlich mit der einzelnen, nachvollziehbaren Ausnahme des Erotikfilms – auch im Kinder- und Jugendfilm wieder,[12] manche wie der Horror- oder der Kriegsfilm allerdings in zielgruppengerecht abgeschwächter Form.[13] Von Kurwinkel und Schmerheim

---

11 Hier bezogen nur auf den Kinderfilm, die Aussage ist auf Kinder- und Jugendfilm zusammen aber ohne Probleme übertragbar. Wer doch eine allumfassende Merkmalsdefinition vorlegt, verbleibt im Allgemeinen. So spricht Nebe von der „arrivierten, kindgerechten Realisierung eines Filmstoffes" (Nebe 2019: 49) und bezieht dies auf Themen und Inhalte, ohne diese Begriffe konkret zu füllen.

12 Für einen Überblick der wichtigsten Genres vgl. indes Möbius 2008: 458–462.

13 So formuliert Holger Twele die These, dass „Horrorelemente im Kinderfilm nicht grundsätzlich ausgeschlossen sein [dürfen]. Je nach Entwicklungsstufe (Altersstufen) werden diese Elemente aber von unterschiedlicher Ausprägung, Intensität und Dauer

wurde vorgeschlagen, den Kinder- und Jugendfilm als „Hypergenre" (Kurwin-
kel/ Schmerheim 2013: 26) zu bezeichnen, da er „eine eigene Kategorie zwischen
Gattung und Genre" (ebd.: 26) konstituiere.[14]

Die Bestimmung über die Zielgruppe lässt allerdings einige Fragen
offen: Zunächst einmal bleibt zu klären, welche Altersgruppen mit Kindheit und
Jugend überhaupt gemeint sind. Die Angaben hierzu variieren und eine basale
Vagheit sei notgedrungen eingestanden. Sinnvoll scheint mir, sich grob an der
üblichen soziologischen und entwicklungspsychologischen Einteilung zu orientieren, der zufolge das Alter bis zum Pubertätseintritt und dem Einsetzen der
soziokulturellen Adoleszenzphase, also bis zu einem Alter von durchschnittlich
etwa 12 Jahren, als Kindheit gilt, die Zeit danach die Jugend darstellt. Das Ende
dieser Lebensphase ist noch schwerer eindeutig festzulegen und unterliegt starken individuellen Varianzen, da es sich an der Übernahme zentraler gesellschaft-
licher Mitgliedsrollen bemisst. Durch die Ausdehnung der (Aus)Bildungsphasen
hat sich diese Zeitspanne zudem verlängert, sodass sie mittlerweile bis zum 27.
Lebensjahr angesetzt wird (vgl. Hurrelmann/ Quenzel 2013: 45f). In Bezug auf
Jugendliche als besondere Zielgruppe wäre das Ende der frühen Jugendphase
(„pubertäre Jugendphase"), allenfalls der mittleren Jugendphase mit 21 Jahren,
(ebd.: 45) sicher aussagekräftiger. Weiterhin wäre zu fragen, was „bestimmt" hier
meint und wer bestimmt. Sind es die Produzent:innen oder handelt es sich um
Zuschreibungen auf der Rezeptionsebene?

---

sein, um von jüngeren Menschen verarbeitet und verkraftet werden zu können (Twele
2012: 249).

14 Unter Gattung verstehen sie dabei mit Hickethier einen „Modus des Erzählens und
Darstellens" (Hickethier 2012: 208; vgl. Kurwinkel/ Schmerheim 2013: 24f). Zu unterscheiden wären etwa aufgrund der unterschiedlichen Darstellungsweise Spielfilme und
Animationsfilme und von beiden wiederum Dokumentarfilme als – idealiter – nichtfiktionale Gestaltungen. Allerdings weist schon Hickethier gegenüber der Typologie
von Rülicke-Weiler (1987: 18–37) darauf hin, dass sich die Gattungen nicht klar und
deutlich voneinander abgrenzen lassen (vgl. Hickethier 2012: 208). Als Genre definiert
Hickethier in Abgrenzung zu den überzeitlichen Modi der Gattung eine „historisch-
pragmatisch entstandene[] Produktgruppe" (ebd.: 208). Genres leisten „inhaltlich-
strukturelle Bestimmungen von Filmgruppen", beinhalten bestimmte „Erzählmuster,
Themen und Motive" und sogar einen je speziellen „mythologischen Kern" (Hickethier
2013: 205f). Ggf. könnte man auch den Terminus „Meta-Genre", den Lothar Mikos
auf Blockbuster-Filme anwendet (vgl. Mikos 2008: 325–331), mit kleinen Modifikationen auf den Kinder- und Jugendfilm übertragen. Diesen Vorschlag macht Wegener
2009: 125.

Diese beiden Ebenen sind auch für die gängigen Definitionen von Kinder- und Jugend*literatur* zentral. Da die Forschungslage hierzu bereits wesentlich differenzierter ist, wird bei der Bestimmung von Kinder- und Jugendfilm häufig in Analogie auf die Forschung zur Kinder- und Jugendliteratur zurückgegriffen. Laut Hans-Heino Ewers (vgl. 2012a; 2012b: 13–22) stellt die Kinder- und Jugendliteratur keinen klar umgrenzten Bereich dar, sondern setzt sich aus mehreren unterschiedlichen Korpora zusammen, die sich nur in Teilen überlappen. Er unterscheidet dabei in einer handlungsorientierten Definition 1) faktische und 2) intendierte Kinder- und Jugendlektüre und 3) originäre Kinder- und Jugendliteratur. Die ersten beiden Bereiche werden auf der Ebene der Rezeption bestimmt, die dritte definiert sich auf der Ebene der Produktion. Bei der faktischen Kinder- und Jugendliteratur handelt es sich um Werke, die von Kindern und Jugendlichen tatsächlich freiwillig rezipiert werden, ungeachtet dessen, ob sie an diese adressiert sind oder nicht. Als Beispiele führt Ewers die Romane Terry Pratchetts und Stephen Kings auf, die nicht explizit an ein junges Publikum gerichtet sind. Dass die Freiwilligkeit der Lektüre betont wird, dient vor allem dem Ausschluss von Werken, die Kinder und Jugendliche lesen, weil sie sie im Schulunterricht lesen müssen. Diese sind Teil der intentionalen Kinder- und Jugendlektüre. Darunter werden Texte gefasst, die im gesellschaftlichen Diskurs als für Kinder geeignet und empfehlenswert betrachtet werden, also die „Literatur, die Kinder und Jugendliche lesen sollten – und zwar nach Vorstellung der Gesellschaft, nach Auffassung von Autoren, Verlegern, Kritikern, Buchhändlern, Bibliothekaren, Geistlichen, Lehrern, Erziehern, Eltern etc." (Ewers 2012a: 15) Während das erste Korpus also durch die Rezeption der Zielgruppe bestimmt wird und das zweite durch den gesamtgesellschaftlichen Rezeptionsdiskurs, verlagert sich der Fokus beim dritten Korpus auf die Produktionsebene. Diesen Korpus der originären Kinder- und Jugendliteratur bildet Literatur, die speziell für Kinder- und Jugendliche verfasst worden ist. Gelegentlich wurde dieser auch als „spezifische Kinder- und Jugendliteratur"[15] bezeichnet. Er stellt streng genommen einen Teilbereich der intentionalen Kinder- und Jugendlektüre dar, häufig werden die beiden Begriffe jedoch so verwendet, dass sie als Alternativen anzusehen sind. Dies ist für Ewers zwar eine „schiefe Begriffsverwendung", gegen diese sei „in der Praxis dennoch nichts einzuwenden" (Ewers 2012a: 8).

Entsprechend wird zwischen faktischem, intendiertem und originärem Kinder- und Jugendfilm differenziert (vgl. Kurwinkel/ Schmerheim 2013: 16f; ähnlich auch Kümmerling-Meibauer 2010: 12). Die Unterscheidung wirkt

---

15 So z. B. noch in älteren Publikationen von Ewers selbst (vgl. z. B. Ewers 2000: 4).

zunächst überzeugend und nachvollziehbar. Vor allem die Übertragung von originärer Kinder- und Jugendliteratur auf Filme ist unmittelbar einsichtig. Dass
diese allein nicht ausreicht und die Rezeption sich von diesen Produktionsin-
tentionen massiv abheben kann, ist ebenso klar. So sollte ZAZIE (R: Louis Malle,
1960) ein kindliches Publikum ansprechen, wurde jedoch schnell als zu komplex
eingestuft, im Laufe der Zeit aber von einem allgemeinen Publikum als Klassiker der Nouvelle Vague gewürdigt (vgl. Kronemeyer 2010: 116f). DIE BRÜCKE
(R: Bernhard Wiki, 1959) war nicht als originärer Jugendfilm geplant, hat sich
aber zu einem Jugendfilmklassiker und zum „typische[n] ‚Schulfilm' der vergan-
genen Jahrzehnte" (Schöffel 2005: 120) entwickelt.

Das Konzept des intendierten Kinder- und Jugendfilms hilft aber nur begrenzt,
zählen hierzu doch auch alle Filme, die überhaupt in der Schule geschaut oder
für den Schulgebrauch empfohlen werden. Aus dem Filmkanon der Bundeszen-
trale für Politische Bildung, in den auch DIE BRÜCKE aufgenommen ist, wären
das z. B. CITIZEN KANE (R: Orson Welles, 1941) und À BOUT DE SOUFFLE (Jean-
Luc Godard, 1960).[16] So sehr alle drei Filme für die schulische Filmvermittlung
geeignet sind, besteht in ihrer Jugendgemäßheit außerhalb von didaktischen Settings doch ein Unterschied, der sich in der Begrifflichkeit nicht abbildet.

Zu den faktischen Kinder- und Jugendfilmen würden viele Filme zählen,
die von der FSK oder analogen Institutionen als überhaupt nicht für Minder-
jährige geeignet eingestuft werden.[17] So müsste auch der Konsum von nicht
jugendfreien gewalttätigen Horror-Filmen und Hardcore-Pornos durch puber-
tierende Jugendliche, der häufig als adoleszente Mutprobe in Peer-Situationen
geschieht (vgl. zu solchen Mutproben Wegener 2010: 30, zu diesem Argument
auch Nebe 2019: 47), darunterfallen. Dadurch gerät der Begriff des faktischen
Kinder- und Jugendfilms allerdings kontraintuitiv und weicht stark vom All-
tagssprachgebrauch ab: Einen Porno als Kinder- und Jugendfilm zu bezeichnen,
führt den Begriff *ad absurdum*. Hilfreich ist es hier, bereits etwas genauer auf
Ewers' eigentliche Kategorien zu schauen, bevor man sie auf den Film überträgt. Es ist auffällig, dass Ewers von faktischer Kinder- und Jugend*lektüre*
spricht und ebenso von intentionaler, aber nur von originärer Kinder- und

---

16 Vgl. auch die entsprechenden Artikel: Seeßlen 2005 und Holighaus 2005.
17 Gelegentlich wird auch von „heimlichen" Kinderfilmen gesprochen, beispielsweise im
    Artikel unter dem Lemma „Kinderfilm" in *Reclams Sachlexikon des Films*, der, statt eine
    lexikontaugliche Definition zu bieten, einsetzt mit der lakonischen Feststellung: „Viele
    Kinderfilme sind gar keine", um dann auf die „heimlichen" Kinderfilme einzugehen
    (vgl. Köhler/ Wulff 2011: 349).

Jugend*literatur*. Das beobachtete Problem vermeidet er dadurch zwar,[18] streng genommen unterminiert er damit aber seinen eigenen Definitionsansatz: Zwar soll Kinder- und Jugendliteratur aus mehreren Teilbereichen bestehen, doch nur bei einem wird tatsächlich der Begriff Kinder- und Jugendliteratur verwendet.[19] Vor diesem Befund nicht ganz überraschend hat man der Einteilung auch vorgeworfen, eher Verwirrung zu stiften und obendrein „verschiedene Aspekte – literaturhistorische, rezeptionsgeschichtliche, soziologische und pädagogische –" (Kümmerling-Meibauer 2012: 10) zu vermengen.

Aufgrund dieser inhärenten Inkonsistenz lässt sich das Problem auch nicht lösen, wenn man Ewers begriffliche Unterteilung bei einem adäquaten Begriff für die Rezeption medialer Artefakte beibehält, also von faktischem bzw. intentionalem Kinder- und Jugendfilm*konsum* oder von faktischem bzw. intentionalem Kinder- und Jugendfilm*genuss* oder Ähnlichem spricht. Die andere Lösung, nur den originären Kinder- und Jugendfilm als Kinder- und Jugendfilm anzusehen, stellt wiederum eine sehr restriktive Definition dar. Man könnte einen Definitionsansatz versuchen, der in der Nähe zum Begriff des intentionalen Kinder- und Jugendfilm – einschließlich des originären – steht, mit diesem aber nicht vollkommen deckungsgleich ist: Kinder- und Jugendfilme sind Filme, die die Gesellschaft als Kinder- Jugendfilme deklariert. Was Kinder- und Jugendfilme sind, bestimmen Zuschreibungsprozesse im gesellschaftlichen Diskurs. Historisch und kulturell sind diese Zuschreibungen variabel und innerhalb einzelner Gesellschaften unterliegen sie stetigen Aushandlungsprozessen, an denen verschiedene Institutionen und Diskursgemeinschaften beteiligt sind, angefangen bei den Produzent:innen über deren Marketing, wissenschaftliche und journalistische Einordnungen, das Bildungssystem und weiteres. Allerdings läuft diese Definition auf eine Quasitautologie hinaus und ist daher nicht hilfreich. Derartige Definitionen erfreuen sich in den letzten Jahrzehnten in verschiedenen Bereichen gewisser Beliebtheit, ihr heuristischer Wert ist allerdings begrenzt.

---

18 Dabei wäre dieses bei literarischen Werken weniger virulent als bei audiovisuellen. Zwar ist auch King dem Horror-Genre zuzuordnen, für literarische Werke wird allerdings in der Regel kein dermaßen hohes Gefährdungspotenzial angenommen wie für Filme. So sind auch die Romane Kings für Jugendliche ohne Einschränkungen zugänglich.

19 Trennschärfer erklärt Kümmerling-Meibauer, Werke der Kinder- und Jugend*lektüre* seien Werke, die zwar von Kindern und Jugendlichen rezipiert werden, jedoch nicht für diese Zielgruppe geschaffen sind, aber diese „gehören nicht zur Kinder- und Jugend*literatur* im engeren Sinne" (Kümmerling-Meibauer 2012: 9f; Kursivierung G.A.).

2.1.2 Merkmalsgeleitete Arbeitsdefinition: Kinder- und Jugendfilm

Hier soll daher eine Arbeitsdefinition gegeben werden, die – vor dem Hintergrund der gegebenen historischen und kulturellen Situation – wieder inhärente Merkmale einbezieht, die aufgrund der erwähnten Vielfalt und Komplexität des Kinder- und Jugendfilms jedoch nicht als absolute und notwendige angesehen werden, sondern als Möglichkeiten der Adressiertheit an ein kindliches oder jugendliches Publikum.[20] Um als Kinder- bzw. Jugendfilm zu gelten, müssen einige, aber nicht unbedingt alle dieser Merkmale erfüllt werden. Möglich wäre sogar, dass ein Film nur einige Merkmale aufweist und ein anderer vollständig andere. Kinder- und Jugendfilm wäre dann ein Phänomen der Wittgenstein'schen Familienähnlichkeit (vgl. Wittgenstein 2006 [1952]: 56–65).

So haben die meisten Kinder- und Jugendfilme Kinder und/oder Jugendliche als Protagonist:innen,[21] Ausnahmen bilden aber beispielsweise der Märchenfilm oder viele Animationsfilme, in denen erwachsen konzipierte Tiergestalten (z. B.: ICE AGE (R: Chris Wedge/ Carlos Saldanha, 2002); ZOOTOPIA (R: Byron Howard/ Rich Moore/ Jared Bush, 2016) oder erwachsen konzipierte vermenschlichte Objekte (z. B. TOY STORY (R: John Lasseter, 1995); WALL·E (R: Andrew Stanton, 2006); CARS (R: John Lasseter, Joe Ranft, 2006)) oder andere Entitäten (z. B. Gefühle in INSIDE OUT (R: Pete Docter/ Ronaldo del Carmen 2015) die Hauptfiguren darstellen (vgl. Heinke/ Rabe 2012: 422). Vereinzelt finden sich darüber hinaus Ausnahmen, bei denen Figuren zumindest als kindhaft angelegt sind, auch wenn es keine tatsächlichen Kinder sind. Beispielsweise ist das Sams im gleichnamigen Film (R: Ben Verbong, 2001) zwar, wie es selbst betont, kein Kind, legt aber diverse kindliche Verhaltensweisen an den Tag, während auch Herr Taschenbier, obwohl vom Alter her unbezweifelbar erwachsen, in vielerlei Hinsicht präadoleszent gezeichnet ist (vgl. Althüser 2017a: 218–220). Daher

---

20 Die Adressierung wird hier also im Sinne rezeptionsästhetischer Theorien des impliziten Lesers/ Rezipienten auf die Ebene des Textes selbst verlagert und nicht mehr bei den Produzent:innen gesucht.

21 Selbstredend gilt der Umkehrschluss nicht: Dass Kinderfilme häufig kindliche Protagonist:innen haben, heißt nicht, dass jeder Film mit Kindern ein Kinderfilm ist (vgl. Nebe 2019: 46; zu Kindern in Filmen für Erwachsene vgl. z. B. Lebeau 2008, Barg 2009a). Mit kindlichen Protagonist:innen einher geht häufig natürlich der Kinderstar. Wie Abraham 2002a darlegt, dienen nicht nur die Kinderfiguren dem Aufbau kindlicher Selbstkonzepte, auch dem Star wohnt ein Identifikationspotenzial inne. Dieses wird freilich erst durch mediale Epitexte konstruiert.

ist der kindliche Protagonist *ein* mögliches Merkmal, nicht minder wichtig sind aber die Themen, die Darstellungsweise, das Indentifikationsangebot oder die Perspektive (vgl. Wegener 2009: 125).

Folgende Merkmale lassen sich festhalten, die mehr oder minder umgesetzt sein müssen, damit ein Film als Kinder- und Jugendfilm angesehen werden kann:

- Protagonist:in oder Protagonist:innen im Alter der Zielgruppe oder zumindest als kindlich/ präadoleszent konzipiert
- Zielgruppenadäquates Identifikationsangebot
- Direkte Anrede eines minderjährigen Adressaten
- Kindgemäße Ästhetik
- Themen aus dem Interessenbereich von Kindern und Jugendlichen
- Intertexte zu anderen Kinder- und Jugendmedien
- Inhaltliche Kindgemäßheit
- Kindgerechte und akzeptable Moral[22]

Mit Ausnahme des ersten Punktes, auf den bereits eingegangen wurde, bedürfen diese Punkte noch genauerer Klärung und Erläuterung, daher sei auf die weiteren Punkte im Folgenden noch einmal einzeln eingegangen:

- Zielgruppenadäquates Identifikationsangebot: Der Film bietet die Perspektive von Kindern (in der Regel der Protagonist:innen) durch Point-of-View-Shots und Mindscreens an (siehe hierzu Kap. 4.2.5). Niedrige Kadrierungen und Untersichten spiegeln eine kindliche Perspektive wider (vgl. Kurwinkel/ Schmerheim 2013: 116f). Zudem werden kindliche Vorstellungswelten übernommen, etwa der kindliche Animismus (vgl. grundlegend Piaget 2015 [1926]: 205–287). Der titelgebende rote Ballon bei Albert Lamourisse (LA BALLON ROUGE, 1956) beispielsweise agiert wie eine Figur, weil der Film die Perspektive Pascals teilt, der in dem Ballon tatsächlich ein belebtes Subjekt erkennt. Ebenso sind die evozierten Gedanken- und Gefühlswelten kindlich. So heißt es bei Bazalgette und Staples zum kindlichen Point of View: „They deal with the fears, misapprehensions and concerns of children in their own terms. They foreground the problems of coping with adults, or of coping without them." (Bazalgette/ Staples 1995: 96)

---

22 Zu beachten ist, dass dieser Merkmalskatalog sich an der alltagssprachlichen Begriffs-verwendung orientiert. Mit ihm ist keine Wertung verbunden. Einen normativen Katalog bietet die Aufzählung von Merkmalen „guter Kinder- und Jugendfilme" in Abraham 2002b: 15 und Abraham 2016: 28–31.

- Direkte Anrede eines minderjährigen Adressaten: Wird durch die vierte Wand hindurch ein fiktiver Adressat angesprochen, etwa im Märchen- oder Dokumentarfilm, wird dieser als Kind oder Jugendlicher behandelt, etwa durch die Anrede mit „Du" oder „Ihr".
- Kindgemäße Ästhetik: Kinder- und Jugendfilme orientieren sich in ihrem Gebrauch filmästhetischer Mittel am Geschmack und der kognitiven Entwicklung ihrer Zielgruppe (vgl. Völcker 2005: 68–76; Nieding/ Ohler 2006; Tatsch 2010; Kurwinkel/Schmerheim 2013: 87–96). Die Schnittfrequenz bei Kinderfilmen ist nicht selten langsamer,[23] die Filme entsprechen häufig den Konventionen des klassischen (oder postklassischen) Kinos,[24] Filme für kleinere Kinder haben oft eine geringere Lauflänge und weniger Parallelhandlungen; in vielen Kinderfilmen finden sich betont bunte Farbgestaltungen, High-Key-Beleuchtung und ein intensiver Musikeinsatz.[25] Ein den kindlichen Wahrnehmungsgewohnheiten besonders entgegenkommendes enges Zusammenspiel von Ton- und Bildebene unter der rezeptionsleitenden Funktion des Tons im Kinder- und Jugendfilm beobachten Kurwinkel und Schmerheim, die hierfür den Begriff „Auralität" geprägt haben.[26] Was die Farbgestaltung betrifft, lässt sich darauf verweisen, dass sich mit dem Zeichentrickfilm SNOW WHITE AND THE SEVEN DWARFS (R: David D. Hand, 1937) und dem Realfilm THE WIZARD OF OZ (R: Victor Fleming, 1939) Kinderfilme bereits unter den ersten Farbfilmen überhaupt befinden. Auch noch in rezenten Filmen ist die Tendenz zur intensiv bunten Farbpalette zu beobachten, beispielsweise in RICO, OSKAR

---

23 Zu beobachten ist aber auch eine genau entgegengesetzte Tendenz, bei der die ASL besonders kurz ist, um die Schnittweise von Videoclips und ähnlichen Gestaltungen zu imitieren und sich dadurch eben an ein junges Zielpublikum auszurichten. Dies betrifft etwa den sehr schnell geschnittenen RICO, OSKAR UND DIE TIEFERSCHATTEN.

24 Hier wird zurückgegriffen auf die Einteilung von Filmen in klassische, den alten Hollywood-Regeln entsprechende, moderne, avantgardistische Filme der neuen Wellen, und postklassische, Filme, die klassische Inszenierungsmerkmale und Momente filmischer Innovation verbinden, die Michaela Krützen ausgearbeitet hat. Zu beachten ist, dass dies keine rein historischen Kategorien sind, in der Gegenwart können alle drei Stile auftreten (vgl. Krützen 2015: 11–33).

25 In den genannten Textpassagen finden sich auch Ausführungen zur Auswirkung der kindlichen Entwicklung auf die Dramaturgie und Ästhetik. Darüber hinaus vgl. zur Analyse der Gestaltung von Kinder- und Jugendfilmen Kurwinkel/ Schmerheim 2013: 97–105; 113–149, bei der immer wieder auf Besonderheiten des Hypergenres eingegangen wird.

26 Vgl. neben diversen Passagen in der genannten Monografie (2013) ihre Ausführungen speziell zu diesem Thema in Kurwinkel/ Schmerheim 2012a, 2012b, 2014.

UND DIE TIEFERSCHATTEN, auch wenn Filme wie KLATRETØSEN (KLETTER-IDA, R: Hans Fabian Wullenweber, 2002) eher eine kühle, an Actionfilmen für ein allgemeines Publikum orientierte Farbpalette verwenden.

- Themen aus der Interessensbereich von Kindern und Jugendlichen: Im Kinderfilm werden Themen wie Freundschaft, Familie, kindliche Sehnsüchte, Nöte und Freuden verhandelt; das Erwachsenenwerden mit all seine Problemen und Begleiterscheinungen wie Jugendcliquen, Erfahrungen mit Drogen und Gewalt, erster Liebe und Sexualität sowie der Suche nach einer eigenen Identität spielt eine zentrale Rolle in den meisten Jugendfilmen (vgl. Heinke/Rabe: 2012: 422).[27] An diesen Themen besteht in der Zielgruppe ein besonderes Interesse,[28] häufig sind sie deren Alltagsrealität entnommen. Dies heißt jedoch nicht im Geringsten, dass keine fantastischen oder anderweitig von der Lebenswelt[29] der Kinder und Jugendlichen abweichenden Settings gewählt werden

---

27 Diese Themen unterliegen starker historischer und kultureller Wandelbarkeit; viele Probleme, Wünsche und Freuden sind aber transkulturell verbreitet. So entspricht die Thematik von Flucht und Verlust der Familie im kurdischen Film BEKAS (R: Karzan Kader, 2012) nicht unmittelbar den Lebensrealitäten der meisten im Westen aufgewachsener Kinder. Die Angst vor dem Verlust von Heimat und Familie dürfte ihnen aber ebenfalls bekannt sein, sodass ihnen die Identifikation mit den Protagonisten dennoch leichtfallen sollte. Zudem teilen viele Kinder beispielsweise deren Verehrung amerikanischer Comic-Superhelden. Stellt der Film BACHEHA-YE ASEMAN (KINDER DES HIMMELS, R: Majid Majidi, 1997) Kinderarmut in einer spezifischen Ausprägung dar, wie sie sich in den Großstädten des Iran zeigt, gibt es Kinderarmut als solche in einem gewissen Maße überall. Die Lebenswirklichkeit ärmerer deutscher Kinder liegt vielleicht näher an der der gezeigten Teheraner Geschwister als der von Kindern der oberen Schichten in Deutschland.

28 Vgl. die stichprobenartige Erhebung in Wegener 2010. Hierfür wurden fast 200 Kinder und Jugendliche im Alter von 7–17 nach ihren thematischen Präferenzen bei Filmen befragt. Das Thema „Freundschaft" ist bei den Kindern mit Abstand am beliebtesten. Aber auch Sport, Probleme von Kindern und Jugendlichen, Liebe, Tiergeschichten oder Erwachsenwerden sind beliebt. Politik und Erotik bilden bei Kindern abgeschlagen die letzten Plätze, bei Jugendlichen zwischen 13 und 17 hat Erotik jedoch bereits einen ganz anderen Stellenwert. Details der Untersuchung, etwa die Unterschiede zwischen den Geschlechtern bei Themen wie Liebe und Erwachsenwerden, die Mädchen deutlich mehr interessieren, seien hier außer Acht gelassen, da sie für die Argumentation nicht von Bedeutung sind.

29 Der in der Didaktik inflationär und selten reflektiert gebrauchte, der Phänomenologie Husserls entstammende Begriff der „Lebenswelt" wird oft mit einer problematischen Normativität kontaminiert, die suggeriert, dass Kindern und Jugendlichen ästhetische Werke automatisch besser gefallen, wenn sie ihrer Lebenswelt nahe wären. Die

können.[30]

- Intertexte zu anderen Kinder- und Jugendmedien: Zum einen dienen Anspielungen auf andere Kinder- und Jugendfilme dem Sicheinscheiben in eine Tradition und damit der Konstituierung eines eigenständigen kinder- und jugendfilmischen Diskurses. Der Schüler, der in FACK JU GÖHTE 3 (R: Bora Dagtekin, 2017) an eine Drohne gehängt wird, lässt sich leicht als (durchaus kritische) Reminiszenz an Ulis Mutprobe in Tomy Wigands Kästner-Adaption DAS FLIEGENDE KLASSENZIMMER (2003) lesen, bei der dieser an Ballons gebunden über den Schulhof fliegen will. Zum anderen schließen Bezüge auf Kinder- und Jugendfilme oder andere Kinder- und Jugendmedien wieder an die Lebenswelt der Zielgruppe an. Im erwähnten Film wäre das z. B. Chantals Wunsch Influencerin zu werden oder das Sprechen der „Nerds" in Kunstsprachen aus dem Fantasy-Genre. Auch wenn es eine an Kinder- und Jugendliche adressierte Vorlage in einem anderen Medium – etwa der Literatur – gibt, kann dieses intermediale Verhältnis eine kindliche bzw. jugendliche Zielgruppe indizieren, zwingend ist das, worauf in Kap. 2.1.4 noch einzugehen sein wird, allerdings keineswegs.
- Inhaltliche Kindgemäßheit: Auf Sexualität und Nacktheit sowie drastische Gewaltdarstellungen, die ohnehin keine FSK-Zulassung für Kinder- und Jugendliche mit sich bringen würden, wird entsprechend der adressierten Altersstufen verzichtet, ebenso auf verstörende Horror- und Schockelemente.[31]

Beliebtheit gerade von eskapistischen Action-, Fantasy- und Science-Fiction-Geschichten wird dabei gerne ausgelassen, dabei sind Bezüge z. B. der auch bei jungen Zuschauer:innen beliebten James-Bond-Filme zur kindlichen bzw. jugendlichen Lebenswelt nicht ohne Weiteres auszumachen. Hier soll diese Normativität daher nicht geteilt werden; dass viele Kinder- und Jugendfilme sich aber faktisch an den Lebensproblemen und -freuden ihrer Zielgruppe orientieren, lässt sich nicht leugnen. Kritisch zum didaktischen Lebensweltbegriff vgl. auch Frederking, Krommer, Maiwald 2016: 66f.

30 In THE SECRET OF KELLS (R: Tomm Moore/ Nora Twomey, 2009) ist es eine mittelalterlich-fantastische Umgebung, in der sich der Junge Brendan seinen Ängsten stellen muss, im Heist-Movie KLETTER-IDA geht es um einen Bankraub, die Familiensorgen der minderjährigen Protagonistin bilden allerdings ihr Motiv; in FINDING NEMO (R: Andrew Stanton/ Lee Unkrich, 2003) sind fast alle Figuren Fische, sie sind aber anthropomorph angelegt und die Hauptfigur erlebt einen Verlust in der Familie, dann Trennung und Einsamkeit, und Auslöser war sogar eine Mutprobe in einer Schulsituation. Auch in diesen ‚verfremdeten' Settings finden sich also Probleme der Zielgruppe wieder.

31 Wie mit Bezug auf Wegener 2010 bereits ausgeführt, scheinen Kinder selbst nicht an der Darstellung von Sexualität und Erotik in Filmen interessiert; Nacktheit wird dort sogar explizit an erster Stelle unter den Dingen genannt, die Kinder *nicht* im Film

Grundsätzlich gibt es zwar kein generelles Gewaltverbot, gerade in Filmen für jüngere Zuschauer wird diese allerdings dosiert eingesetzt, es werden schwächere Formen von Gewalt dargestellt oder sie wird in abgeschwächter Form inszeniert. Gewalt wird nicht verherrlicht und, wenn sie von Kindern/Jugendlichen selbst angewandt wird, reflektiert.[32] So wird sie in LA GUERRE DES BOUTONS (R: Yves Robert, 1962)[33] oder LORD OF THE FLIES (R: Peter Brook, 1963) in einen zivilisationskritischen Diskurs eingebettet.[34] Auch der Tod wird häufig als Tabuthema für Kindermedien angesehen, spielt jedoch bereits seit BAMBI (R: David Hand, 1948) immer wieder eine Rolle. Statt solche Themen zu verschweigen, versuchen die meisten Kinderfilme eher sie in kindgerechter Form anzusprechen.[35]

---

sehen wollen (vgl. Wagener 2010: 24), wobei natürlich nicht auszuschließen ist, dass sie sich mit solchen Fragen noch gar nicht auseinandergesetzt und die als gewünscht vermuteten Ergebnisse angegeben haben. Kritisch zum Verzicht auf gezeigte Sexualität im Kinder- und Jugendfilm ist Exner 2009: 169–171. Zum schwierigen Verhältnis von anspruchsvollen Kinderkino und Jugendschutz vgl. im selben Band Felsmann 2009: 146–155. Auch Gewalt und grausame Ereignisse werden in der Stichprobe Wegeners abgelehnt.

32 Hierzu sei Beate Völcker zitiert, die einen Film wegen seiner Gewaltdarstellungen nicht als Kinderfilm einstuft, aber hinzufügt, dies läge nicht daran, „dass er mit Unterdrückung und Gewalt schwierige Themen aufgreift und dass man Kinder davor bewahren sollte. Diese Erfahrungen sind ja Teil […] auch der Wirklichkeit von Kindern, die ja nicht in einer isolierten Kinderwelt aufwachsen. Nicht wenige Kinder müssen mit der Erfahrung von Gewalt und Vernachlässigung durch ihre Eltern zurechtkommen. Und es gibt einige bemerkenswerte Kinderfilme, die diese Themen aufgegriffen haben […]. Entscheidend ist, wie im Film die Erfahrungen der kindlichen Protagonisten verarbeitet werden und um welche inhaltliche Aussage es den Filmemachern dabei geht" (Völcker 2005: 45).

33 Dieser Film stellt – in Parenthese bemerkt – eine Ausnahme dar, was die Nacktheit betrifft. Da die Jungen aus Longeverne einmal nackt in die Schlacht ziehen, damit ihnen ihre Knöpfe nicht abgeschnitten werden können, war der Film in Deutschland zeitweilig sogar mit der FSK-Einstufung ab 16 versehen.

34 Auch wenn Roman Mauer feststellt, dass die „soziopolitische[] Ebene" der beiden Filme „sich den jungen Zuschauern kaum erschließen mag, aber die emotionale Lesart nicht stört" (Maurer 2010b, 121). Zu LORD OF THE FLIES vgl. im selben Band auch Twele 2010.

35 Ob der Tod der Mutter in BAMBI gerade für jüngere Kinder nicht zu plötzlich ist, kann natürlich diskutiert werden (vgl. Gerdes 2010, 52), man sollte Kinder aber als Rezipient:innen ebenfalls nicht unterschätzen.

- Kindgerechte und akzeptable Moral: Auch über das Auslassen dieser als kinder- und jugendgefährdend eingestuften Inhalte hinaus werden moralisch streitbare Aussagen gemieden, sondern eher vermeintlich die Moralentwicklung fördernde Geschichten erzählt. Neben ästhetische Normen treten pädagogische, nach denen die Filme beurteilt werden.[36] Zu beachten ist aber, dass gerade klassische Werke für Kinder und Jugendliche der Moral ihrer Zeit oft voraus waren; man denke an die Romane von Kästner oder Lindgren. Auch Steinhöfel als Autor eines der Prätexte der in dieser Arbeit zentral analysierten Filme wurde mehrfach von konservativer Seite mit Amoralitätsvorwürfen konfrontiert. Der Begriff der „akzeptablen Moral" sollte daher nicht zu eng gefasst und in seiner historischen Wandelbarkeit betrachtet werden. Viele Jugendfilme wie die *Fack-Ju-Göhte*-Trilogie (R: Bora Dagtekin, 2013–2017) provozieren zudem bewusst, um ein jugendliches Publikum anzusprechen.

Insgesamt ist natürlich zu beachten, dass manche dieser Merkmale zentraler sind als andere, etwa der Verzicht auf Sexualdarstellungen gegenüber dem Einbezug von intertextuellen und intermedialen Bezügen auf andere Kinder- und Jugendmedien. Und zu beachten ist, dass es sich trotz des Rekurses auf inhärente Gestaltungsmerkmale immer noch um einen Zuschreibungsprozess handelt. Die Wahrscheinlichkeit, dass ein Film als Kinder- und Jugendfilm angesehen wird, steigt allerdings deutlich, wenn einige oder alle diese Merkmale erfüllt werden. Generell scheint sich eine Tendenz zur Abschwächung einiger dieser Kriterien und damit der Annäherung des Kinder- und Jugendfilms an den allgemeinen Film abzubilden. Auch der Bereich des moralisch und emotional als zumutbar Wahrgenommenen erweitert sich, da Kinder- und Jugendliche in der heutigen Medienkindheit ohnehin derartigen Herausforderungen ausgesetzt sind.[37]

2.1.3 Der Familienfilm als Sonderfall

Dass die Zuordnung dadurch in einigen Fällen noch immer schwierig ist (z. B. Stand by me (R: Rob Rainer 1986), Au revoir, les enfants (R: Louis Malle 1987), die man ebenso gut als Filme über Kinder und Kindheit bezeichnen

---

36 Vgl. hierzu in Bezug auf die Literatur für Kinder- und Jugendliche O'Sullivan 2000: 112–114.

37 Daraus sollte man nicht den Schluss ziehen, dass die Kriterien problematisch sind, eher muss man die Frage stellen, ob ein Zu-Ende-gehen dieses Weges das Ende des Kinder- und Jugendfilms als eigenständiges Phänomen mit sich bringt, das vielleicht mit der partiellen Erosion des Schutzraums Kindheit im Zeitalter der Neuen Medien insgesamt – über das seit Neil Postman immer wieder debattiert wird – korrespondiert.

könnte wie als Kinderfilme), liegt an der grundsätzlichen Vagheit des zu definierenden Gegenstandes. Auf die historische Wandelbarkeit der Zuordnung ist schon hingewiesen worden. Auf der Grenze zwischen Kinder- und Jugendfilm und allgemeinem Film steht auch der sogenannte Familienfilm oder Family-Entertainment-Film (vgl. Völcker 2009; Kümmerling-Meibauer 2010: 11–14; Heinke/ Rabe 2012: 422f; Kurwinkel 2012; Kurwinkel/ Schmerheim 2013: 20–23). Solche Filme richten sich an ein kindliches und ein erwachsenes Publikum, können also ebenfalls mit der Tendenz der Angleichung von Kinder- und Jugend- sowie allgemeinem Film in Verbindung gebracht werden. Erwachsene sind bei diesen Filmen nicht nur als Mitschauer oder Vermittler, die ein kritisches Auge auf den Medienkonsum ihrer Kinder haben, mit eingeplant, sondern bewusst als Rezipient:innengruppe mit angesprochen. Die Filme sind mehrfachcodiert bzw. mehrfachadressiert,[38] um zum einen Kinder/ Jugendliche, zum anderen Erwachsene anzusprechen. Lassen sich für beide Zielgruppen in einer exoterischen und einer esoterischen Lesart sogar verschiedene Botschaften ausmachen, wird von „Doppelsinnigkeit" gesprochen (vgl. Ewers 1990; Ewers 2012b: 62–64).[39] Die mehrfache Adressierung geschieht vor allem über intertextuelle und intermediale Verweise[40] oder über Anspielungen, die nur vor dem Hintergrund der Lebenswelt von Erwachsenen decodierbar sind. Dabei sind neben den immer wieder in Kinderfilmen etwa aus dem Hause Disney versteckten, nur für Erwachsene verständlichen sexuellen Zweideutigkeiten ironische Verweise auf die Arbeitswelt, erwachsenes Beziehungsleben und politische Satire häufig anzutreffen. Kurwinkel und Schmerheim weisen daneben darauf hin, dass Objekte, die bei älteren Generationen nostalgische Erinnerungen

---

38 Vgl. hierzu bezogen auf Kinder- und Jugendbücher O'Sullivan 2000: 122–129; Ewers 2012b: 58–64; bezogen auf Film etwa Kurwinkel/ Schmerheim 2013: 21f.

39 So lassen sich in FINDING NEMO Bezüge zu Hitchcocks PSYCHO (1960) und Spielbergs JAWS (1975) ausmachen, die ihrerseits dezidiert nicht für ein kindliches Publikum gedacht und geeignet sind, und der Hai Bruce ruft beim Durchbrechen einer Tür: „Here's Brucey!" – ein Echo des Rufes „Here's Johnny!" in SHINING, den Jack Nicholson als Jack Torrance brüllt, als er eine Tür mit der Axt einschlägt.

40 Diese Doppelsinnigkeit für Kinder/Jugendliche und Erwachsene ist ein Sonderfall einer „vielfache[n] Kodierung, die, auf mehreren Ebenen vor sich gehend, sehr unterschiedliche Segmente des Publikums erreichen will" (Ryan 1991, 92). Beobachtet Judith Ryan solche Vielfachkodierungen an postmodernen Bestsellerromanen, sind sie bei Mainstreamfilmen, die ihre teilweise sehr hohen Produktionsbudget wieder einspielen und daher ein großes Publikum erreichen müssen, als bewusste Strategie noch verbreiteter.

wecken, eingebaut werden können, und nennen als Beispiel den Ford Anglia aus den Harry-Potter-Filmen. Ältere Zuschauer können dieses Automodell noch aus der eigenen Kindheit und Jugend kennen, während die wenigsten kindlichen Rezipient:innen schon einmal in dem mittlerweile zu den Oldtimern zählenden Fahrzeug gefahren sein werden (vgl. Kurwinkel/ Schmerheim 2013: 22).[41] Es lässt sich zudem dafür argumentieren, dass Verfilmungen von älteren Kinder- und Jugendbüchern, die die Elterngeneration in ihrer eigenen Kindheit und Jugend gelesen hat, eine weitere Form der Mehrfachadressierung in diesem Sinne darstellt. Während Kinder- und Jugendliche den Film an sich genießen, spricht der bekannte Stoff die kindheitsnostalgischen Gefühle der mitschauenden Eltern an (vgl. Albers 2009: 224–226).

Versuchen die Autor:innen also, eine auf inhärente Merkmale rekurrierende Definition von Kinder- und Jugendfilm durch die Übernahme der Ewers'schen Kategorien auf Ebene der Rezeption und Produktion zu umgehen, greifen sie mit dieser Bestimmung über Codierung inkonsequenter Weise wieder auf die Ebene der Werkgestaltung selbst zurück. An die oben skizzierten Merkmale, die auch Intertexte und Lebensweltbezüge beinhalten, schließt diese Bestimmung von Familienfilm jedoch konsistent an.

Familienfilme haben eine gewisse „Sonderstellung" (Kurwinkel/ Schmerheim 2013: 19), weisen jedoch Merkmale des Kinder- und Jugendfilms auf und wiewohl Kinder und Jugendliche nicht die ausschließliche oder die Hauptzielgruppe ausmachen, wird diese Rezipient:innengruppe im Sinne der Mehrfachcodierung doch als solche angesprochen. In Familienfilmen sind also inhärente Merkmale für eine spezielle Adressierung an Heranwachsende vorhanden, die diese mit anderen Kinder- und Jugendfilmen teilen und die sie von allgemeinen Filmen unterscheiden. Daher sollen Familienfilme hier mit unter die Kategorie der Kinder- und Jugendfilme gefasst werden.

---

41 In Analogie zum Begriff des „Crosswritings" (vgl. Knoepfelmacher/ Myers 1997), mit dem die zunehmende wechselseitige Beeinflussung von Kinder- und Allgemeinliteratur und die Tatsache bezeichnet wird, dass viele Autor:innen mittlerweile sowohl Bücher für Kinder als auch Bücher für Erwachsene verfassen oder eben Werke, die an beide Zielgruppen adressiert sind, ist der Terminus „Crossfilming" für derartige Phänomene bei der Filmproduktion vorgeschlagen worden (vgl. Kümmerling-Meibauer 2010: 13f). Auch der verwandte Terminus „Crossover" (vgl. Beckett 2009, 7f; Blümer 2009, Falconer 2009) wurde bereits von der Literatur auf den Film übertragen (vgl. Kurwinkel/ Schmerheim 2013: 20).

2.1.4 Literaturverfilmungen für Kinder- und Jugendliche

Die meisten Kinder- und Jugendfilme basieren auf literarischen Vorlagen. Während allgemein etwa die Hälfte alle Werke der Filmgeschichte Verfilmungen darstellen (vgl. Albersmeier 1989; 15; Rückriegl/ Koebner 2002: 295), sprechen Susanne Heinke/ Beate Rabe für den Kinderfilm sogar von zwei Dritteln in den letzten Jahren. (vgl. Heinke/Rabe 2010: 434). Viele bedienen sich tatsächlich am „unerschöpflichen Fundus literarischer Kultur heraus, der aus den Traditionen literarischer Kultur heraus das junge Publikum an den Film bindet" (Köhler/ Wulff 2002: 295). Die Bekanntheit des Stoffes bietet Marketingvorteile und bereits in Buchform erfolgreiche Stoffe können als zielgruppenerprobt aufgefasst werden (vgl. Völcker 2005: 27f, 35f; Albers 2009; Hoffmann 2010) und zudem wie oben argumentiert den Zielgruppenbezug markieren. Es gibt jedoch zunehmend in ausreichender Zahl Gegenbeispiele, die auf Originaldrehbüchern basieren, um eine Gleichsetzung als unzutreffend zu verwerfen.

Michael Sahr verwendet in mehreren Publikationen den Begriff des „literarischen Kinderfilms" (Sahr 1997: 18; Sahr 2000: 608; Sahr 2004: 26), um Kinderfilme mit literarischer Grundlage von solchen mit Originaldrehbuch abzugrenzen. Doch auch dieser Begriff ist problematisch. Schließlich macht das Vorhandensein einer literarischen Grundlage den Film selbst nicht literarisch, gilt doch für den Kinderfilm nicht weniger als für andere Filme auch Hickethiers bekanntes Diktum: „Der Film nach der Literatur ist Film" (Hickethier 1989: 183). Der von Petra Josting und Klaus Maiwald verwendete Begriff „verfilmte Kinderliteratur" (Josting/ Maiwald 2010b) wiederum legt einen anderen Schwerpunkt. Zwar handelt es sich bei den meisten Verfilmungen von Kinderliteratur um Kinderfilme, dies muss jedoch nicht der Fall sein. Spätestens seit Jonathan Millers kafkaesk-alptraumhafter ALICE IN WONDERLAND (1966), die sich dezidiert an ein erwachsenes Publikum richtet, gibt es Fälle von verfilmter Kinderliteratur für Erwachsene.[42] Wie oben gesagt wurde, kann die Zielgruppe des Ausgangsmediums ein Hinweis auf die Zielgruppe der Adaption sein, dies muss sie aber keinesfalls.

---

42 Ebenso ist das Gegenteil möglich, bei dem ein Buch für ein allgemeines Publikum in einen Kinder- oder Jugendfilm adaptiert wird. Gerade unter klassischen Werken finden sich Beispiele einer solchen Rezeption, so etwa die vielen Adaptionen von Jonathan Swifts Satireroman *Gulliver's Travels* (1726) oder Rudyard Kiplings The *Jungle-Book*-Geschichten (1894f). Möglich ist dabei, dass erwachsene Figuren durch Kinder ersetzt werden. Dies ist etwa geschehen in Edgar Reitz' Bearbeitung der Argonautensage, DAS GOLDENE DING (1972).

Man könnte schlicht von einer Literaturverfilmung im Bereich des Kinder-
und Jugendfilms sprechen, allerdings klingt das im Vergleich zu solchen eleganten Begriffsbildungen wie der von Sahr sperrig und umständlich. Vor allem die
Doppelung des Wortbestandteils „film" stört. Eine andere Möglichkeit, die diese
Doppelung vermeidet, ist die Rede von Literaturverfilmungen für Kinder- und
Jugendliche. Auch wenn das nicht explizit ausgedrückt wird, sollte die Zugehö-
rigkeit zum Kinder- und Jugendfilm deutlich sein.[43] Daher soll dieser Terminus
in dieser Arbeit verwendet werden. Zuvor muss jedoch noch der Terminus der
Literaturverfilmung geklärt werden.

2.2 Bestimmung von Literaturverfilmung

2.2.1 Forschungsgeschichte und bestehende Definitionsansätze

Während Literaturverfilmungen annähernd so alt sind wie das Kino selbst, setzt
die theoretische und wissenschaftliche Beschäftigung mit dem Phänomen der
Literaturverfilmung erstaunlich zögerlich ein.[44] Hier lässt sich durchaus eine
Parallele zum Kinder- und Jugendfilm ziehen, der ebenfalls erst in den letzten
Jahrzehnten eingehender erforscht wird. Aus den frühen Auseinandersetzun-
gen mit ihm sticht vor allem Bazins bekanntes Plädoyer „für ein unreines Kino"

---

43 Ein Schwachpunkt dieses Begriffes könnte in der scheinbaren Exklusion des Familien-
    films liegen, da diese eben nicht nur „für Kinder- und Jugendliche" sind. Wie gesehen
    weisen diese Filme jedoch eine Reihe ästhetischer und inhaltlicher Besonderheiten für
    diese Zielgruppe auf, sodass man sagen kann, dass sie im Besonderen „für Kinder- und
    Jugendliche" gestaltet sind, aber eben nicht nur für diese.

44 Im frühen Film gibt es zumindest eine Reihe von Anspielungen auf literarische Vor-
    lagen. Schon die Lumière-Brüder betitelten 1897 einen Film FAUST – APPARITION DE
    MÉPHISTOPHÉLÈS und ein früher Film über einen von einem Zaubertrick überraschten
    Mann z. B. heißt SHERLOCK HOLMES BAFFLED (R: Arthur Marvin, 1900). Im Film
    selbst gibt es keine weiteren Hinweise auf die Erzählungen Arthur Conan Doyles, aber
    durch ihren Namen ist die Figur im Film genau charakterisiert: rational und analytisch.
    Schließlich boten Bezüge auf bestehende und dem Publikum bekannte Geschichten zur
    Zeit des frühen Films eine einfache Möglichkeit, erzählerische Kohärenz zu schaffen,
    anstatt sich auf noch nicht vollständig etablierte filmische Konventionen zu verlassen
    (vgl. Pearson 2006: 23). Daneben erhöhen solche Bezüge das Interesse am Film und
    damit den möglichen kommerziellen Erfolg, verschaffen dem Film zugleich aber kul-
    turelle Dignität. Mit einem besonderen Interesse an Zweitem bildet dann der französi-
    sche *Film d'Art* „die eigentliche Geburtsstunde der Literaturverfilmung" (Albersmeier
    1989: 24).

heraus. Bazin versucht bereits, das Verhältnis von Werktreue und medialen Spezifika auszutarieren, denn

> gerade die strukturellen ästhetischen Unterschiede machen die Suche nach Entsprechungen noch heikler, sie erfordern um so mehr Erfindungsgabe und Phantasie von Seiten des Filmemachers, der wirklich nach Ähnlichkeit strebt. Man könnte behaupten, dass auf dem Gebiet der Sprache und des Stils die filmische Schöpfung direkt proportional zur Werktreue ist. (Bazin 2015 [1952]: 127)

Mit diesem Beharren auf einer möglichst originalgetreuen Wiedergabe des literarischen Textes im filmischen Medium stand Bazin nicht allein, mit seiner wohlmeinenden Einstellung Literaturverfilmungen gegenüber hingegen stellt er eine Ausnahme dar. Eine wirklich wissenschaftliche Auseinandersetzung setzt erst in den 1970er- und 1980er-Jahren ein, wobei zunächst die Literaturwissenschaft mehr als die Film- und Medienwissenschaft sich des Gegenstandes annimmt (vgl. Bohnenkamp 2012: 18–20). Zentral für die deutschsprachige Forschungslandschaft ist dabei Irmela Schneiders Standardwerk *Der verwandelte Text*, das sich abgrenzt von einer „lange[n] Geschichte des Unbehagens gegenüber Literaturverfilmungen", um den Weg zu bahnen „für eine Untersuchung des Phänomens selbst, in der dann theoretisch-systematische Fragen im Zentrum stehen." (Schneider 1981: 1). Impulse für die Theoriebildung gab zudem der zuerst 1984 und in einer überarbeiteten Auflage 1988 erschienene Sammelband *Methodenprobleme der Analyse verfilmter Literatur* (vgl. Paech (Hrsg.) 1988).

Anne Bohnenkamp macht für dieses Unbehagen und die Zurückhaltung zwei Hauptgründe aus. Zum einen führt sie die traditionelle Hochachtung des literarischen Mediums an, die eine automatische Abwertung des neuen Konkurrenzmediums bedingt, zumal der Nimbus des Literarischen durch eine vermeintlich aktivere Rezeption begründet wird, während visuelle Gestaltungen mit dem Vorurteil des unmittelbaren Verstehens und passiven Konsumierens diskreditiert werden. Dieser Abwertung des gesamten Mediums Film gemäß muss zwangsläufig auch jede Verfilmung als Verschlechterung, als Trivialisierung und vermarktungsgerechte Popularisierung angesehen werden. Zum anderen sieht sie einen Grund im ästhetischen Originalitätskult. Die Mediendifferenz spielt in diesem Argument keine Rolle, vielmehr wird in der Tradition der Genieästhetik davon ausgegangen, dass ein originäres Werk immer höherwertiger ist als andere davon abgeleitete. Diese Vorstellung bedingt ein Unbehagen vor dem scheinbar unselbstständigen „ästhetischen Zwitterwesen" (Kleber 1987: 79) der Literaturverfilmung. Doch die Ansicht, dass ein Medium einem anderen *per se* unterlegen ist, kann in unserer vom Zusammenspiel diverser Medien geprägten Gegenwart sicher nicht mehr vertreten werden und die Vorstellung eines auratischen

Originalwerkes darf spätestens seit der Hochphase von Poststrukturalismus und Postmoderne als desavouiert gelten (vgl. Bohnenkamp 2012: 10-12).[45]

Während diese Vorurteile neben der allgemeinen feuilletonistischen Debatte vor allen die Ablehnung der Germanistik prägten[46] – und sich später auch in der Art und Weise, wie Literaturverfilmungen im Deutschunterricht thematisiert werden, niederschlagen – war die Ablehnung des Themas durch die Medien- und Filmwissenschaft von der entgegengesetzten Angst geprägt, durch den Einbezug der literarischen Vorlage würden die Filme weniger als Kunstwerke eigenen Rechts betrachtet und so das eigentliche Forschungsobjekt der eigenen Disziplin abgewertet. Während dieser Einwand im tatsächlichen Deutschunterricht sicher nur eine marginale Rolle spielt, findet sich dieses Gedankenbild auch im didaktischen Diskurs wieder: „Filmbetrachtung im Zusammenhang mit Kanon-Lektüre birgt stets die Gefahr, dass audiovisuelle Texte nicht eigenständig, sondern primär in ihrem Verhältnis zur literarischen Vorlage erscheinen." (Maiwald 2013a: 225)

Hat sich in den letzten Jahrzehnten auch einiges getan, was die wissenschaftliche Beschäftigung mit Literaturverfilmungen betrifft, zeigt allein das Fehlen einer handhabbaren Definition, wie viel noch zu tun ist. Sieht man in jüngere Fachlexika der Literatur- und Filmwissenschaft findet man einfache, spröde Definitionen wie jene der Literaturverfilmung als „filmische Version einer literarischen Vorlage" (Ruckriegl/ Koebner 2002: 350) oder die etwas ausführlichere Variante von Oliver Jahraus: „Prozeß und Produkt der Umsetzung eines schriftliterarisch fixierten Textes in das audiovisuelle Medium des Films" (Jahraus 2003: 751). Zurecht weist Anne Bohnenkamp darauf hin, dass dies bedeuten würde, dass fast alle Filme Literaturverfilmungen wären, da es sich immer um die „Umsetzung eines schriftliterarisch fixierten Textes", nämlich des Drehbuches, handelt (vgl. Bohnenkamp 2012: 13f). Es handelt sich hierbei nicht um ein Missverstehen, wie Susanne Koch annimmt (vgl. Koch 2009: 16), sondern um

---

45 Auch im Begriff „Verfilmung" tradiert sich der Ansicht einiger Forscher:innen noch diese Abwertung der filmischen Umsetzung eines Stoffes gegenüber dem literarischen „Original". Warum hier dennoch an ihm festgehalten werden soll, wird weiter unten im Kapitel erläutert, nachdem zunächst eine Definition der Sache selbst entwickelt wurde.

46 Hinzu kommen institutionelle Gründe, vor allem die Tatsache, dass die Orientierung an den „traditionellen Fachgebiete[n] diesen Medien‚bastard' aus philologischen, literatur- und sprachwissenschaftlichen Fächern eher ausschließt als integriert." (Paech 1988: 12).

einen berechtigten Hinweis auf die Missverständlichkeit bzw. Ungenauigkeit der Definition.

Jedenfalls sind diese Definitionen kaum konkreter als diejenige von Schneider aus den 1980er-Jahren, die von einem semiotischen Standpunkt ausgehend „Literaturverfilmung als Transformation eines Textsystems von einem Zeichensystem in ein anderes" (Schneider 1981: 18) bestimmt.[47] Schneider geht dabei davon aus, dass jeder konkrete Text die Realisierung eines zugrunde liegenden abstrakten Textsystems darstellt, was entsprechend in verschiedenen Zeichensystemen geschehen kann, und jede Lektüre dessen Rekonstruktion darstelle (vgl. Schneider 1981: 18–20). Hier soll noch einmal versucht werden, sich dem Phänomen neu anzunähern.

Zunächst einmal scheinen Paratexte Klarheit zu schaffen, vor allem die peritextuellen Angaben im Vor- und Abspann, die einen Film als Verfilmung eines Buches ausweisen, wie eben „Based upon the novel by..." und ähnliche Formulierungen.[48] Auch in der Werbung, also auf Plakaten, in Trailern etc., kann diese Angabe wiederholt werden. Allerdings weisen sehr viele Filmproduktionen diese Angabe auf, die meisten dieser Filme werden in der Regel aber nicht als Literaturverfilmungen wahrgenommen.[49] So spricht kaum jemand von Alfred Hitchcock als einem Regisseur von Literaturverfilmungen, obwohl Hitchcocks Drehbücher fast immer auf literarische Vorlagen zurückgehen (1939 JAMAICA INN, 1940 REBECCA, 1963 THE BIRDS z. B. auf Texte von Daphne du Maurier, VERTIGO (1959) auf einen Roman von Pierre Boileau und Thomas Narcejac) und dies auch paratextuell ausgewiesen wird. Bei den literarischen Werken, auf die

---

47 Bei der leicht veränderten Definition einer Literaturverfilmung als „Information [...], deren Zeichensystem (sic!) in ein anderes Zeichensystem transformiert wird" (Schneider 1981: 17), scheint ein Tippfehler vorzuliegen.

48 Zu Paratexten im Film insgesamt vgl. Böhnke 2007, bezogen auf Kinderfilme Kümmerling-Meibauer 2005.

49 Hinzu kommt, dass es sich wie beim erwähnten Kurzfilm SHERLOCK HOLMES BAFFLED sogar um eine marketingstrategische Fehlangabe handeln kann. Oder es kann ein ironisches Kokettieren vorliegen, wie im Falle von O BROTHER, WHERE ART THOU? (2000), den die Coen-Brüder als „Based upon the ‚Odyssey' by Homer" ausweisen. Zwar spielt der Film mit einzelnen Handlungselementen aus der *Odyssee*, dieses Vorbild ist aber insgesamt nur noch so schwach zu erkennen, dass eigentlich eine Angabe wie „Losely based upon..." oder „Inspired by..." zu erwarten gewesen wäre. Hier gilt dezidiert, worüber Helmut Korte mit Bezug auf Hitchcocks BIRDS nachdenkt, nämlich dass solche Angaben auch Teil eines „Verwirrspiels mit dem Zuschauer" sein können (vgl. Korte 1989: 297).

Hitchcock zurückgreift, handelt es sich jedoch um tendenziell unbekannte Texte, nicht um weltweite Bestsellerromane und nicht um hochkanonische Klassiker. Es scheint also bei der Einordnung eines Films als Literaturverfilmung auch die Bekanntheit des zugrunde liegenden Werkes eine Rolle zu spielen.

Diese alltagssprachliche Begriffsbestimmung hat noch eine weitere Folge: Mit dem Begriff ist eine prototypische Vorstellung verknüpft, gemäß der er sich eher auf Filme bezieht wie die BBC-Adaptionen viktorianischer Romane von Jane Austen oder der Brontë-Schwestern oder Volker Schlöndorffs Umsetzungen literarischer Werke von Musil, Kleist, Böll, Grass, Frisch etc. denn auf beispielsweise das Military-Sci-Fi-Action-Spektakel STARSHIP TROOPERS (R: Paul Verhoeven, 1997). Dabei basiert auch dieser Film – in zugegeben recht freier Umsetzung – auf einem literarischen Text, dem gleichnamigen Roman von Robert A. Heinlein (1959).[50] Der Begriff „Literaturverfilmung" jedoch evoziert das Bild eines ernsten, anspruchsvollen Kostümfilms mit einem Fokus auf Figurenpsychologie und tiefgründige Dialoge. Dies könnte nebenbei bemerkt erklären, warum die Literaturverfilmung häufig als filmisches „Genre" betrachtet wird (vgl. u. a. Albersmeier 1989: 15; Bohnenkamp 2012: 9; Faulstich 2013: 62f; Abraham 2016: 59; Kepser/ Surkamp 2016), eine Zuordnung, die allerdings schon allein deshalb scheitert, weil „bereits die Herleitung fast sämtlicher konventioneller Genres aus literarischen Vorbildern verdeutlicht, dass Literatur an sich kein bestimmtes Filmgenre generieren kann" (Lange 2007: 62f). Hier besteht eine Ähnlichkeit zur oben verworfenen Einordnung des Kinder- und Jugendfilms als Genre.[51]

Die Peritexte helfen also nur partiell weiter, aber die alltagssprachliche Vorstellung greift ebenfalls zu kurz, wie das Science-Fiction-Beispiel zeigt, vielmehr muss der gesamte Rezeptionsdiskurs eines Werkes beachtet werden. Klaus Maiwald etwa, der diesen Vorschlag vertritt, führt auf:

> Filme werden zu Literaturverfilmungen erklärt: in Nebentexten wie Vorspannen, Trailern, Websites, Filmplakaten, DVD-Covern, Interviews, *Making Of's* etc.; in der kritischen Experten und Laienrezeption (Rezensionen, Foren); in der wissenschaftlichen Beobachtungen. Literaturverfilmungen wären so gesehen Filme, *die im kulturellen Handlungssystem als Transformationen einer literarischen Vorlage deklariert sind.* (Maiwald 2015: 14; Hervorhebungen im Original)

---

50 Heinlein kann zumindest innerhalb des Genres durchaus beachtliches Renommee vorweisen und zählt neben Isaac Asimov und Arthur C. Clarke sogar zu den großen Drei der klassischen Science-Fiction.

51 Vielleicht könnte man den von Kurwinkel und Schmerheim vorgeschlagenen Begriff „Hypergenre" auch auf Literaturverfilmungen anwenden. Siehe oben Kap. 2.1.1.

Maiwald möchte sich damit vollständig von inhärenten Merkmalen lösen und stattdessen diese externen Zuschreibungen als zentral betrachten. Prinzipiell sind seine Ausführungen nachvollziehbar, klären das eigentliche Problem aber noch nicht ganz, wie sich bei der Anwendung auf den Einzelfall zeigt: Ist STARSHIP TROOPERS nun eine Literaturverfilmung oder nicht? Im Vorspann wird er als solcher ausgewiesen, die Mehrzahl der Rezipient:innen wird ihn nicht als solchen betrachtet haben. Das allgemeine Blockbuster-Publikum wird die Vorlage nicht gekannt haben, Aficionados von Science-Fiction-Literatur sicher schon. Ein solcher Film kann von manchen Rezipient:innen also als Verfilmung, von anderen jedoch einfach als Film wahrgenommen werden. Ebenso kann man die LORD-OF-THE-RINGS-Trilogie (R: Peter Jackson, 2001–2003) mit Bezug zum Roman J.R.R. Tolkiens (1949) rezipieren, muss dies aber nicht. Man kann NO COUNTRY FOR OLD MEN (R: Joel und Ethan Coen, 2007) als typischen Coen-Thriller ansehen neben anderen wie BLOOD SIMPLE (1984) und FARGO (1996), aber auch als Umsetzung des gleichnamigen Romans von Cormac McCarthy (2005). Die Bezüge der Verfilmung zu seiner Grundlage lassen sich auch als eine Form von Intertextualität begreifen, der man folgen kann, aber nicht muss. Das Rezeptionselement von Maiwald wird dadurch zunächst einmal radikalisiert, muss allerdings, wie sich später noch zeigen wird, in einem Punkt auch revidiert werden.

2.2.2 Verfilmung als Phänomen intermedialer Intertextualität

Hutcheon entwickelt ihren intertextualitätstheoretischen Zugriff auf Literaturverfilmungen bzw. auf Adaptionen insgesamt unter Rückgriff auf Genette (1982 [1993]). Sie folgt damit Forschern wie Robert Stam, der bereits einen ähnlichen Vorstoß angeregt hat, in dem er erklärt:

> Filmic adaptations [...] are hypertexts spun from pre-existing hypotexts which have been transformed by operations of selection, amplification, concretization, and actualisation. The diverse filmic adaptations of *Les Liaisons dangereuses* (Vadim, Frears, Forman), for example, constitute variant hypertextual „readings" triggered by the same hypotext. (Stam 2005, 5)[52]

---

52 In der deutschsprachigen Forschungslandschaft wird ein intertextualitätstheoretischer Zugriff vertreten in Zander 1985: 184–187. Daneben spricht Jasmin Luise Hermann von einer „besondere[n] Form des Zitierens innerhalb eines neuen medialen Kontextes" (Hermann 2015: 13).

Hutcheon greift in ihrer Argumentation sehr häufig auf Genettes Metapher des Palimpsests zurück, um das intertextuelle Verhältnis einer Verfilmung zu ihrem literarischen Hypotext zu beschreiben (vgl. Hutcheon 2013, 6 u. ö.). Ob dieser intertextuellen Spur gefolgt wird, liegt bei den Rezipient:innen. Ein durch die Adaption eines literarischen Stoffes entstandener Film lässt sich stets auf zwei Weisen rezipieren: als Film und als Verfilmung. Er ist schließlich ein autonomes Werk und auch ohne den literarischen Text verständlich (vgl. Paech 1984: 15). Hutcheon greift hier auf Roland Barthes' Dichotomie von Werk und Text zurück (vgl. Hutcheon 2013: 6; vgl. Barthes 2006 [1971]). Den Film als Film an sich zu rezipieren, heißt, ihn als Werk wahrzunehmen, die Lesart als Verfilmung macht aus dem Film einen Text im Sinne des weiten kulturwissenschaftlichen Text-begriffes, also ein Gewebe aus Zitaten (vgl. Barthes 2000 [1968]: 190f), etwas, das mit Bezug auf seine zitierte Grundlage rezipiert wir. Es bedeutet, „[t]o interpret an adaptation *as an adaptation*. […] Although adaptations are also aes-thetic objects of their own right, it is only as inherently double- or multilamented works that they can be theorized *as adaptations*." (Hutcheon 2013: 6) Diese „rep-etition with variation" (Hutcheon 2013: 4) ermöglicht den Rezipient:innen eine besondere Form von ästhetischem Genuss: „the doubled pleasure of the palimp-sest: more than one text is experienced–and knowingly so" (ebd.: 116) Hutcheon schließt: „Recognition and rememberance are part of the pleasure (and risk) of experiencing an adaptation; so too is change. Thematic and narrative persistance combines with material variation" (ebd.: 4).

Der Punkt der materiellen Variation ist bedeutsam. Hutcheon fasst zwar sowohl intra- als auch intermediale Phänomene unter den Begriff der „Adap-tion", die Verfilmung der Buchgrundlage ebenso wie andere, eben auch intrame-diale Formen von Palimpsesten,[53] gerade bei Adaptionen von einem Medium in ein anderes ist die materielle Variation aufgrund der speziellen Gestaltungsmittel der unterschiedlichen Kunstmedien jedoch grundsätzlich hoch. Entgegen dem alten Axiom der Werktreue, das eine möglichst originalgetreue Umsetzung als gelungen ansieht, lässt sich mit Hutcheon behaupten, dass Veränderungen nicht nur notwendig, sondern auch Teil der Freude an Adaptionen sind. Robert Stam

---

53 Bekanntlich stellt in dem Sinne etwa James Joyces *Ulysses* (1922) eine intramediale Adaption der *Odyssee* oder Ulrich Plenzdorfs *Die neuen Leiden des jungen W.s* (1973) eine von Goethes *Die Leiden des jungen Werthers* (1774) dar, um eine Geschichte über das Jugendlichsein in der DDR der 1960er-Jahre zu erzählen. Auch hierbei entsteht der besondere Genuss einer intertextuellen Lesart aus dem Erkennen und Erinnern von variierten Details der jeweiligen Hypotexte.

erläutert entsprechend: „Intertextual dialogism [...] helps us transcend the aporias of „fidelity". (Stam 2005: 4). Es ist zum einen aufgrund der unterschiedlichen Medialität ohnehin unmöglich, ein literarisches Werk wortgetreu in das Prokrustesbett des Films zu übertragen, zum anderen sind es gerade Veränderungen, die Adaptionen interessant machen.[54] Literaturverfilmungen können, dürfen und müssen daher von ihren Vorlagen abweichen. Das Werktreue-Axiom, das leider im Schulkontext noch immer hie und da wiedergefunden werden kann, ist damit getrost *ad acta* zu legen. Dass überhaupt inhaltliche Details und narrative Strukturen übernommen werden, ist zwar Voraussetzung, um von einer Verfilmung zu sprechen, wie groß diese Übernahmen jedoch seien müssen und was variiert werden kann, lässt sich nicht normativ festlegen. Entsprechend lautet die Antwort auf die Frage, wie weit ein Film von seiner Vorlage abweichen darf: „so weit er will." (Jeremias 1984: 9) Der Film ist immer eine Interpretation und nur immer eine von vielen möglichen, wie Staiger festhält: „Ein Vergleich des bei der Romanlektüre entstandenen ‚Kinos im Kopf' mit dem Kino auf der Leinwand ist also immer zum Scheitern verurteilt" (Staiger 2013: 3).

Zudem belegt Klaus Maiwalds Analyse (2013c) verschiedener Verfilmungen von Erich Kästners *Fliegendem Klassenzimmer* (1933), dass oft gerade Werkuntreue für das Gelingen einer Verfilmung von Vorteil sein kann. Statt Texttreue wird daher zunehmend die „Kreativität der Transformation" als Merkmal guter Verfilmungen ins Feld geführt (vgl. Schnell 2000: 165; vgl. Maiwald 2013a: 225). Es heißt, wahrhaft künstlerische Adaptionen müssten ihre Grundlage nicht nur nicht nachahmen, sondern sogar hinterfragen, eine Verfilmung müsse „subvert its original, perform a double and paradoxical job of masking and unveiling its source" (Cohen 1977: 255) Es ist daher ihre Aufgabe „to re-distribute the formative materials of the original and to set them askew" (Cohen 1977: 256).

Um die Einflüsse der spezifischen medialen Materialität auf Adaptionen zu erfassen, eignet sich der Intertextualitätsbegriff allerdings nicht, sofern er nicht ergänzt wird. Denn von Literaturverfilmungen als einer Form der Intertextualität zu sprechen, setzt einen im Poststrukturalismus begründeten weiten kulturwissenschaftlichen Textbegriff voraus. Als konkreter Bezugspunkt wurde

---

54 Eher wäre daher allenfalls noch ein Konzept der Angemessenheit oder Adäquatheit vertretbar, wie es Erika Fischer-Lichte für das Verhältnis von Theaterinszenierungen zu ihren dramatischen Grundlagentexten entwickelt hat, nachdem sie den Begriff der Werktreue verwirft: „Adäquatheit ist dann gegeben, wenn die Aufführung sich als Interpretant für die mögliche(n) Bedeutung(en) des zugrundeliegenden Dramas verstehen läßt." (Fischer-Lichte 1985: 46).

Roland Barthes' Definition von Text als einem Gewebe aus Zitaten genannt. Barthes reaktualisiert damit den etymologischen Ursprung des Wortes im lateinischen Wort *textura* (Gewebe), bezieht diese Metapher aber auf das Phänomen der Intertextualität (vgl. ähnlich auch Kristeva 1972, 348).

Dieser terminologische Zugriff blendet allerdings die Medialität und Materialität sowie die daraus resultierenden phänomenalen und ästhetischen Wirkungen der Artefakte aus. Ähnlich wie die hermeneutische Tradition verengen auch kulturwissenschaftliche Ansätze Werke auf ihre semantische Dimension. Die thematische und narrative Beständigkeit, von der Hutcheon schreibt, lässt sich damit zwar ausdrücken, die Art und Weise materieller Variation hingegen ist mit diesem Ansatz nur schwer fassbar. Dies ist gerade bei der Literaturverfilmung als Transformation von einem Kunstmedium in ein anderes ein Problem.

Oben waren Literaturverfilmungen bereits als Phänomene der Intermedialität erfasst worden.[55] An dieser Stelle muss also das Verhältnis von Intermedialität und Intertextualität zumindest vorläufig geklärt werden. Obwohl bereits Ingeborg Hosterey in den 1980 Jahren von „intermedialer Intertextualität" spricht (vgl. Hosterey 1988, 191), bleibt das Verhältnis von Intermedialität und Intertextualität bis in die Gegenwart umstritten und unterscheidet sich je nach Gebrauch der einzelnen Termini, vor allem des zugrunde liegenden Textbegriffs.[56] Wenn man den weiten Text- und damit Intertextualitätsbegriff anlegt, stellt Intermedialität eine spezifische Form von Intertextualität dar, die sich durch das Überschreiten von Mediengrenzen auszeichnet. Ich möchte daher von Literaturverfilmungen als einem Phänomen intermedialer Intertextualität sprechen.[57]

Den Gegensatz von thematischer und narrativer Beständigkeit und anderem Darstellungsmedium hat man oft versucht, in narratologischen Begriffen auszudrücken. Dabei wird auf Chatmans Dichotomie von abstrakter „story" und

---

55 Nach Rajewsky spezieller als Phänomene des Medienwechsels, wobei die hier vertretene weite Definition auch manche Phänomene erfasst, die Rajewsky lediglich als Bezug sehen würde.

56 Wie Jörg Robert (2014: 71) bemerkt, steht Intermedialität als medienübergreifende in manchen Konzepten in Opposition zur monomedialen Intertextualität, Interpiktoralität, Intermusikalität etc. (vgl. Rajewsky 2002: 43–48; 2004:18–21), mal ist sie Teilsegment von kulturwissenschaftlich verstandener Intertextualität (Berndt/ Tonger-Erk 2013: 157–228). Vgl. dazu auch bereits Zander 1985: 178f.

57 Hosterneys Begriffsbildung „intermediale Intertextualität" wird in der Forschung zum Kinder- und Jugendfilm auch bereits aufgegriffen von Kurwinkel/ Schmerheim 2013: 68f.

konkret materiell realisiertem „discourse" zurückgegriffen (oder auf die synonymen Gegensätze fabula/ suzjet; histoire/ discourse; story/ plot etc.) (vgl.
Chatman 1978: 19, vgl. ferner Krah 2013: 52f) Doch während Chatman eine
grundsätzliche „transposability of the story" (Chatman 1990: 121) von einem
Medium in ein anderes annimmt, widersprechen Forscher:innen wie Thomas
Leitch, dass keine Geschichte losgelöst von dem Medium vorstellbar ist, in dem
sie realisiert wird (vgl. Leitch 1986: 16). Es wird eingewandt, dass Medien selbst
die Geschichten prägen und „nicht die Funktion neutraler Transportbehältnisse" (Mahne 2007: 15) ausführen. Das alte Problem der Trennung von Form
und Inhalt schleicht sich wieder ein. Es scheint daher fast eine Häresie gegen
einen akademischen Konsens, der sich von Walter Pater über Ferdinand de Saussure, den New Criticism und die Poststrukturalisten erstreckt, sich überhaupt
mit Adaptionen auseinanderzusetzen (vgl. Elliott 2004: 221).[58]

Mit Bezug auf Millicent Marcus' Gegenüberstellung beider Positionen (vgl.
Marcus 1993: 14) schreibt Hutcheon:

> What the phenomenon of adaptation suggests, however, is that, although the latter is
> obviosly true for the audience, whose members experience the story in a particular ma
> terial form, the various elements of the story can be and are considered separatly by
> adapters and by theorists, if only because technical constrains of different media will
> inevitably highlight different aspects of that story (Hutcheon 2013: 10).

Die terminologische Dichotomie von Story und Discourse stellt ein heuristisches
Werkzeug dar, auf dessen Grundlage sich überhaupt erst präzise ausdrücken
lässt, wie ein Medium seine Geschichte prägt. In den Worten von Klaus Maiwald kann man auch sagen: „Ausgehend von der Gemeinsamkeit des narrativen
Anliegens lassen sich [...] Fragen nach den spezifischen Mitteln des Films und
der Schriftliteratur stellen". (Maiwald 2016: 16) Selbstverständlich ist die Vorstellung einer reinen abstrakten Story zu verwerfen, die vor aller Umsetzung in einer
Art platonisch-idealistischem Raum existiert, um sich dann in verschiedener
Weise manifestieren zu können, wohl aber lässt sich aus verschiedenen medialen Umsetzungen eine prototypische Story konstruieren, die die transmediale

---

58 Sicher wirken die narratologischen Termini weniger metaphysisch als etwa Redeweisen
von einer Übertragung des „Geistes" o. ä. (vgl. Orr 1984), doch das Problem bleibt dasselbe. Auch das Adaptionskonzept Schneiders, dass der Besonderheit der spezifischen
materiellen Manifestation durch Rückgriff auf Freges Sinn/Bedeutung-Unterscheidung
gerecht zu werden versucht, indem sie den Sinn als transformierbar, die Bedeutung an
die konkrete Manifestation gebunden ansieht (Schneider 1981: 197–199), kann diese
Untiefe nicht umschiffen. Sie betrifft hier lediglich allein den Sinn, nicht die Bedeutung.

Grundlage dieser Umsetzungen ausmacht, das gemeinsame narrative Anliegen. Im Folgenden soll hier auch von *Transmedialer Story* und *Medial konkretem Discourse* gesprochen werden.

2.2.3 Arten der Verfilmung

Natürlich müssen nicht alle Variationen durch die unterschiedliche Materialität der Medien bedingt sein, sonst ergäbe schon die Annahme intramedialer Adaptionen bei Hutcheon keinen Sinn. Adaptionen sind immer Interpretationen eines Werkes, die vor einem bestimmten Zeithorizont geschehen, auch dies bedingt Veränderungen. Der allgemeine zeitgeschichtliche Hintergrund schlägt sich ebenso wie der jeweilige filmgeschichtliche in der Adaption nieder[59]. Auch der individuelle Regisseur prägt mit seinem eigenem Stil und eigenen Themen die jeweilige Ausrichtung der Interpretation.[60] Es ist nicht nur möglich und legitim, den inhaltlichen Fokus zu verschieben und die Geschichte neu zu interpretieren; Adaptionen können ihre Grundlagentexte auch explizit kritisieren, ridikülisieren, dekonstruieren und ideologische Gegenpositionen zu ihnen vertreten. Denkbar ist zum Beispiel ein kritisches *Writing Back* (bzw. *Filming*

---

59 Als Beispiel für das erste reichen zwei Verfilmungen Schlöndorffs. DER JUNGE TÖRLESS (1966) bietet eine Lesart des Romans von Musil (1906), die die Geschehnisse der NS-Zeit voraussetzt, sein MICHAEL KOHLHAAS – DER REBELL (1969) macht seine auf die Studentenrevolte 1968 bezogene aktualisierende Lesart von Kleists Novelle (1810) schon im Titelzusatz sowie den Dokumentaraufnahmen von Studentendemonstrationen und Krawallen im Vorspann deutlich. Der filmgeschichtliche Einfluss lässt sich an verschiedenen Verfilmungen des Effi-Briest-Stoffes darstellen. Kleidet ROSEN IM HERBST (R: Rudolf Jugert, 1955) ihn in das Gewand eines typischen deutschen Heimatfilmes der frühen Nachkriegszeit, weist Reiner Werner Fassbinders FONTANE EFFI BRIEST (1974) alle Merkmale eines modernen – in Krützens Terminologie – Films der neuen Wellen, hier spezieller des Neuen Deutschen Films auf.

60 Dies ist allerdings nicht, wie Hutcheon meint (vgl. Hutcheon 2013, 106–110), zwingend ein Grund, sich bei der Analyse von Adaptionen wieder mit den Intentionen der Adaptierenden zu befassen. Wenn man annimmt, dass sich, wie Hutcheon es mit Berufung auf Benjamin tut, immer Spuren des individuellen Künstlers im Werk manifestieren, genügt es, sich mit diesen Manifestationen *im Werk* zu befassen. Wenn man zeigen möchte, dass SHINING (1980) nicht nur eine Stephen-King-Verfilmung, sondern auch ein typischer Film im Werk Stanley Kubricks darstellt, bedarf man dazu gerade, wenn man sonst über Intertextualität argumentiert, eben nicht des Rückgriffs auf fragwürdige Kategorien wie die Intentionen Kubricks; es genügt der vergleichende Blick auf seine anderen Filme.

Back) aus feministischer oder postkolonialer Perspektive (vgl. statt vieler konzise hierzu Berndt/ Tonger-Erk 2013: 79–98).

Um Arten und Weisen des produktiven Umgangs von Literaturverfilmungen mit ihren Ausgangstexten zu systematisieren, sind in der Forschung eine Reihe Typologien von Literaturverfilmungen entwickelt worden. Die meisten orientieren sich jedoch wieder an der Kategorie der Werktreue. Problematisch ist vor allem, dass sich auch hier wieder eine damit verbundene problematische Normativität einschleicht, wenn auch nun in der Regel mit umgekehrter Wertung. So verläuft Geoffrey Wagners viel rezipierte Trias *transposition, commentary, analogy* gemäß des Grades an (Un-)Treue zum Originaltext und präferiert deutlich die freie *analogy* (vgl. Wagner 1975: 219–231; Beispiele 232–357; vgl. dazu Elliot 2004: 220).[61] Im deutschsprachigen Raum sind vor allem die Typologien von Helmut Kreuzer (1981; 1999) und Helmut Schanze (1996) wirkmächtig und viel rezipiert. In Kreuzers Einteilung wird zwar die sehr freie *Aneignung von literarischem Rohstoff* überhaupt nicht mehr als Literaturverfilmung anerkannt, für die Typen *Illustration, interpretierende Transformation* und *Dokumentation*[62] lässt sich die angesprochene Wertung aber wieder ausmachen. Schanzes fernsehhistorische – und durchaus teleologieverdächtige – Skizze mit den Stufen *Transposition, Adaption, Transformation* und *Transfiguration*[63] weist sie implizit ebenso auf, wobei auch hier die sehr freien Transfigurationen nur als „Problem- und Grenzfälle im Rahmen einer Theorie der Literaturverfilmung" (Schanze 1996: 88) betrachtet werden.

Interessanter ist der Ansatz Wolfgang Gasts, die interpretierende Transformation aus der Typologie von Kreuzer inhaltlich zu füllen. Er unterscheidet – ohne Anspruch auf Vollständigkeit – acht Typen der interpretierenden Transformation:

---

61 *Transposition* = direkte Übertragung, *commentary* = absichtliche oder versehentliche Veränderung in bestimmter Hinsicht; Neu-Strukturierung oder Neu-Betonung, *analogy* = Suche nach analogen filmischen Techniken und rhetorischen Mitteln statt Orientierung am Dogma der Werktreue.

62 *Illustration* = enge filmische Umsetzung des Textes unter möglichst originalem Wortlaut, *interpretierende Transformation* = neues, aber analoges Werk unter Anpassung an andere mediale Bedingungen, *Dokumentation* = zwecks Aufbewahrung abgefilmte Theateraufführung etc.

63 *Transposition* = selektive, textbezogene Umsetzung, *Adaption* = Verfilmung unter dem Dogma der Werktreue, *Transformation* = Neu-Bearbeitung der Narration mit strikt filmischen Mitteln und *Transfiguration* = sehr freie audiovisuelle Darstellung eines tradierten Mythologems, nah am reinen Kino.

1) die aktualisierende, bei der der Stoff in die Gegenwart transportiert wird, um die überzeitliche Relevanz des Themas aufzuzeigen,
2) die aktuell-politisierende, bei der ein alter Stoff so aufgegriffen wird, dass er als Stellungnahme zu einer aktuellen gesellschaftlichen Debatte verstanden werden kann,
3) die ideologisierende, bei der der Stoff der herrschenden Ideologie angepasst wird, wenn im UDSSR-Kinderfilm NOVYY GULLIVYER *(Der neue Gulliver,* R: Aleksandr Ptushko, 1935) nach Swifts *Gulliver's Travels* (1726) etwa versucht wird, den Einwohnern Lilliputs den Sozialismus nahezubringen,
4) die historisierende, bei der das spezifisch Historische der Vorlage betont und auch in Details herausgearbeitet wird, die in der Vorlage keine Rolle spielen,
5) die ästhetisierende, die die Vorlage unter sehr starker Betonung der filmischen Eigenästhetik adaptiert, wie beispielsweise Reiner Werner Fassbinders FONTANE EFFI BRIEST (1974),
6) die psychologische, die die Psyche der Figuren stärker zu ergründen versucht als die Vorlage,
7) die popularisierende, die den komplexen Stoff der Vorlage vereinfacht, um ein möglichst großes Publikum zu erreichen,
und 8) die parodierende[64] (vgl. Gast 1993: 49–52).

---

64 Gerade im angelsächsischen Raum ist ein unverkrampfter und dennoch respektvoller Umgang mit dem kulturellen Erbe weit verbreitet, der sich in vielen kurzen Parodien kanonischer Werke in Sketch-Shows, Late-Night-Comedy, Sitcoms u. ä. widerspiegelt. Beispielsweise werden in vielen SIMPSONS-Episoden literarische Klassiker mit dem eigenen Figurenensemble parodierend nachgespielt. Die Prätexte reichen dabei von der Odyssee über mehrere Shakespeare-Dramen bis zu Poes *The-Raven*-Ballade (1848) und Ayn Rands *The Fountainhead* (1943). In Deutschland hat zuletzt Jan Böhmermann in seiner Show NEO MAGAZIN ROYALE (Sendung vom 22.06.2017) prominent etwas Ähnliches versucht und Fontanes *Effi Briest,* Goethes *Faust* (1808), Kafkas *Die Verwandlung* (1912) und Dürrenmatts *Die Physiker* (1962) aufs Korn genommen. Wenn dies interessegeleitet und zielführend geschieht und nicht allein durch eine vermeintliche Lebensweltorientierung begründet wird, spricht nichts gegen den Einsatz auch solcher Parodien im Unterricht. Wenn innerehelicher Geschlechtsverkehr in Böhmermanns Effi-Briest-Version konstant als „Vergewaltigung" tituliert wird, eröffnet sich zum Beispiel eine Möglichkeit, über veränderte Rezeptionsbedingungen aufgrund anderer Geschlechterbilder und Sexualitätsvorstellungen zu sprechen. Auch Werke wie Peter Capaldis oscarprämierter Kurzfilm Franz KAFKA'S IT'S A WONDERFULL LIFE (1993), der Elemente der *Verwandlung* mit anderen aus FRANK CAPRA'S IT'S A WONDERFULL LIFE (1943) mischt, bieten lohnenswerte Ansätze für Rezeptionsgeschichte oder Intertextualitätsanalyse.

Natürlich sind das Idealtypen, die im konkreten Fall strittig sein können, gerade 7), die popularisierende Adaption, wird zudem häufig als polemischer Vorwurf – also wieder massiv bewertend – vorgebracht, was oft genug nicht gerechtfertigt ist. Ergänzen könnte man als 9) etwa die interkulturelle Adaption, die oft mit der aktualisierenden in eins geht, dies aber nicht muss, und 10) die genrewechselnde. Für den Fall 9) reicht es, daran zu erinnern, wie häufig in Hollywood-Verfilmungen ein Schauplatz, der irgendwo auf der Welt lag, in die USA verlegt wird, man kann aber auch an Akira Kurosawas im mittelalterlichen Japan spielende Shakespeare-Verfilmungen denken. Ein Beispiel für 10) wäre Alain Gsponers Science-Fiction-Verfilmung (2017) von Ödön von Horváths im Dritten Reich spielenden *Jugend ohne Gott* (1937).[65] Auch das *Filming Back* ließe sich hinzufügen, spielt aber im Kinder- und Jugendfilm kaum eine Rolle.[66]

---

65 An dieser Stelle sei angemerkt, dass durch die veränderten Entstehungskontexte auch ,werkgetreue' Verfilmungen nie die gleiche Bedeutung haben können wie die Literaturgrundlagen. Während Horváths Roman damals zeitaktuelle Probleme verhandelt, ist Michael Knofs Fernsehverfilmung von 1991 ein Historienfilm, also eine historisierende Adaption. Die textnahe Verfilmung von H.G. Wells *The War of the Worlds* (1989) von Timothy Hines (2005) lässt sich dem Retro-Futurismus der Steampunk-Bewegung zuordnen, während die freie und aktualisierende Verfilmung von Steven Spielberg aus demselben Jahr genau wie der Roman, nach jeweils aktuellem Stand der Wissenschaft relativ plausible Zukunftstechnologien imaginiert. Es verhält sich wie mit Pierre Menard, der in einer Geschichte von Borges versucht, Cervantes' *Don Quichote* (1605–1615) noch einmal zu schreiben und einen identischen Text mit vollständig neuer Bedeutung produziert (vgl. dazu Genette 1982 [1993]: 432–439).

66 Ein zusätzlich zu erwähnender Sonderfall ist die Meta-Verfilmung, die den Prozess der Adaption selbst reflektiert. Sie sei hier nur am Rande erwähnt, da sie für den Bereich des Kinder- und Jugendfilms keine Rolle spielt. Bekannt ist der Film ADAPTATION (R: Spike Jonze, 2002) nach einem Drehbuch von Charlie Kaufmann, der eigentlich ein Drehbuch über Susan Orleans Sachbuch *The Orchid Thief* (1998) schreiben sollte. Stattdessen ist das Drehbuch zum vorliegenden Film entstanden, in dem ein Drehbuchautor namens Charlie Kaufmann versucht, das Buch *The Orchid Thief* als Filmskript zu adaptieren. In Aron Lehmanns KOHLHAAS ODER DIE VERHÄLTNISMÄSSIGKEIT DER MITTEL (2012) versucht der von Robert Gwisdek gespielte fiktive Regisseur Lehmann, allen Widrigkeiten in Kohlhaas'schem Trotz die Stirn bietend, die Novelle Kleists zu verfilmen. Einige Szenen lassen sich dabei auch im wirklichen Film sehen, so die zentrale Schrankenszene, die als Parodie auf die Verfilmung von Schlöndorff (1969) interpretiert werden kann. Der Regen in der Szene wird sichtbar von einem Dorffeuerwehrmann mit dem Löschschlauch erzeugt, während bei Schlöndorff am Ende der Szene ein Gewitter mit deutlich erkennbaren Kunstregenschleiern losbricht.

Bezüglich der Literaturverfilmungen für Kinder und Jugendliche unterscheiden Susanne Heinke und Beate Rabe in der Nachfolge Gasts nur zwischen aktualisierenden, popularisierenden und aktuell-politisierende und ideologisierenden Adaptionen (vgl. Heinke/ Rabe 2011: 439–441). Dies sind hier sicher die häufigsten Fälle,[67] doch auch die anderen können vorkommen. Allerdings lässt sich feststellen, dass Literaturverfilmungen für Kinder und Jugendliche noch weit stärker als diejenigen für ein allgemeines Publikum dem Grundlagentext verhaftet bleiben. Dass die meisten dieser Verfilmungen Illustrationen im Sinne Kreuzers sind (vgl. Gast 1993: 48; Kurwinkel/ Schmerheim 2013: 67), ist vielleicht übertrieben, doch trotz aller interpretierenden Transformationshandlungen bleiben sie in der Regel tendenziell nahe am Ausgangstext.

2.2.4 Verfilmung: Weite und enge Definition

Es besteht beim intertextuellen Ansatz, wie er bisher vertreten wurde, eine Gefahr: Bis hierhin scheint es, als würde Hutcheon, wie zuvor erläutert, Maiwalds Verlagerung des Fokus auf die Ebene der Rezeption noch verschärfen und so zu einem extrem weiten Begriff von Adaption bzw. Verfilmung gelangen. Ein kleines Detail widerspricht hier jedoch: Die Aussage, dass eine Adaption etwas ist, dass sich als Adaption behandeln lässt, bevorzugt zwar zunächst scheinbar die Rezeption vor einer inhärenten Bestimmung, führt dann aber gleichzeitig tautologisch auf den Begriff selbst zurück. Hutcheon schreibt nämlich nicht, dass *jeder Film* eine Lesart als Adaption zulässt, aber jede *Adaption* kann als solche gelesen werden oder eben nicht. Was eine Adaption in diesem der Rezeption als Adaption vorgelagerten Sinn ist, muss noch immer bestimmt werden und hier gerät wieder der intertextuelle Bezug von Film und Buch in das Blickfeld. Um als Text im Barthes'schen Sinne gelesen zu werden, muss ein irgendwie geartetes Intertextualitätsverhältnis vorliegen. In diesem Sinne muss man also doch wieder etwas Inhärentes annehmen, will man nicht Intertextualität in dem extrem weiten Sinne verwenden, in dem jeder Text auf jeden verweist, womit für die Definition von Literaturverfilmung wiederum nichts gewonnen wäre. Vielmehr muss man annehmen, dass dezidiert narrative Strukturen und

---

67 Wie eine Studie von Ute Frey zeigt, scheinen sich Kinder Aktualisierungen auch zu wünschen (vgl. Frey 2001: 142f). Bei der Zuschreibung, ein Werk sei „popularisierend", sollte man allerdings vorsichtig sein, da dieser Begriff wie gesagt durch polemische Verwendung mit abwertenden Konnotationen aufgeladen ist. In aller Regel dürfte „Illustration" treffender sein, wobei auch hier eine Herabminderung der filmischen Umsetzung impliziert ist.

Motive intertextuell übernommen sein müssen, damit sinnvollerweise von einer Verfilmung gesprochen werden kann.[68] Für einen ersten tentativen Definitionsansatz, der die intermediale Transformation inhärenter narrativer Merkmale mit einem rezeptionsorientierten Ansatz verbindet, möchte ich daher folgenden Vorschlag machen:

> Eine Literaturverfilmung liegt vor, wenn in größerem Umfang narrative Strukturen und Motive von einem literarischen Text in einen Film transferiert worden sind, so dass sich Film und Buch in ein Verhältnis intermedialer Intertextualität stellen lassen.

Es bleibt nach dieser Definition allerdings eine Frage, wie umfangreich diese Übernahmen sein müssen. Dadurch entstehen die „Problem- und Grenzfälle" von Kreuzers *Aneignung von literarischem Rohstoff* und Schanzes *Transfiguration*. Der Disney-Animationsklassiker THE LION KING (R: Roger Allers, Rob Minkoff, 1994) beispielsweise hat diverse Handlungsmomente von Shakespeares *Hamlet* (1604) übernommen, das Sequel THE LION KING II: SIMBA's PRIDE (R: Darrell Rooney, Rob LaDuca, 1998) erinnert wiederum an *Romeo and Juliet* (1597) (vgl. Finkelstein 1999, 180f). Sind die Filme demnach nicht als Shakespeare-Verfilmungen einzuordnen? Kann man Hitchcocks ROPE (1948) aufgrund der dezidierten thematischen und narrativen Parallelen als Adaption von Dostojewskis *Schuld und Sühne* (1866) erschließen, obwohl es sich *sensu stricto* um eine Verfilmung von Patrik Hamiltons gleichnamigen Theaterstück (1929) handelt?[69]

---

68 Neuverfilmungen lassen sich in doppeltem intertextuellen Bezug lesen: APOCALYPSE NOW von Francis Ford Coppola (1979) lässt sich beispielsweise mit gleichem Recht als freie Verfilmung von Joseph Conrads Erzählung *Heart of Darkness* (1899) rezipieren, auch wenn sie im Abspann nicht explizit als solche ausgewiesen wird, und als in Handlung, Figuren und Setting stark beeinflusst von Werner Herzogs Film AGUIRRE, DER ZORN GOTTES (1972). Ob die Filmemacher:innen in solchen Fällen das Buch überhaupt kannten oder nur die erste Verfilmung, ist für die Einordnung unerheblich. Manche Filme betonen aber einen der beiden Bezüge. Um ein Beispiel zu nennen, seien Werner Herzogs NOSFERATU – PHANTOM DER NACHT (1979) und BRAM STOKER's DRACULA (1992) von Francis Ford Coppola angeführt. Beide beziehen sich im weitesten Sinne auf Stokers berühmten Vampirroman aus dem Jahr 1897. Coppola markiert diesen Bezug jedoch deutlich im Titel, während Herzogs Titel auf F.W. Murnaus unautorisierte Verfilmung NOSFERATU – EINE SYMPHONIE DES GRAUENS (1922) hinweist. Auch wenn BRAM STOKER's DRACULA sich intertextuell mit älteren Verfilmungen des Stoffes wie dem Murnau-Film oder Tod Brownings klassischer Version mit Bela Lugosi (Dracula; 1931) auseinandersetzt, präferiert er die Lesart als direkte Romanverfilmung, während sich Herzogs Film in erster Linie auf Murnaus filmisches Vorbild bezieht.

69 Nur am Rand sei bemerkt, dass Hitchcock Truffaut gegenüber erklärte, gerade *Schuld und Sühne* niemals verfilmen zu wollen und zu können (vgl. Truffaut 2003 [1966]: 60f).

Wenn man versucht, hier feste Richtwerte zu etablieren, besteht die Gefahr, das alte Dogma der Texttreue hinterrücks wieder herbeizuzaubern. Peritexte können einen Hinweis geben,[70] sind aber wie gesagt nicht grundsätzlich zuverlässig. Bei Hutcheon ist nicht eindeutig geklärt, ob die Entscheidung zwischen der Lesart als Text und der als Werk vom jeweils individuellen Rezipient:innen getroffen wird oder ob die Gesamtrezeption angesprochen ist. Hier soll dies im ersten Sinne verstanden werden; die individuelle Lesart wird aber in großem Maße von der allgemeinen Rezeption beeinflusst. Und diese wird neben epi- und peritextuellen Indizien auch durch die Bekanntheit des Grundlagentextes bedingt, sei es nun ein viel gelesener Bestseller oder ein kanonisierter Klassiker. In diesem Fall soll von einer Literaturverfilmung im engeren Sinne gesprochen werden. Die meisten Zuschauer:innen des Films haben dann das Buch schon gelesen, sind zumindest mit Handlung und Stoff vertraut – vor allem bei Sagen, Mythen und Märchen – oder wissen zumindest um die Existenz der Vorlage. Viele individuelle Rezipient:innen werden die Verfilmung in diesem Fall *als* Verfilmung wahrnehmen. Es besteht allerdings kein Zwang, diese Lesart zu wählen. Festgehalten werden kann jedoch, dass, wer das Buch schon gelesen hat, oft sehr stark zum vergleichenden Schauen tendiert, also eine Lesart als Verfilmung quasi wählen *muss*.

Was die Kanonizität und/oder Bekanntheit der literarischen Grundlage betrifft, gibt es freilich geografische und historische Unterschiede. Lyman Frank Baums Roman *The Wizard of Oz* (1900) dürften heute deutlich weniger Menschen gelesen haben als zur Zeit der Verfilmung Victor Flemings (1939), ebenso haben ihn in Amerika deutlich mehr Kinder gelesen als in Deutschland.

Allerdings sind auch Feedbackeffekte möglich. Eine Verfilmung kann vergessene oder überhaupt nur Literaturexperten bekannte Werke in das öffentliche

---

Es ließen sich daneben z. B. auch eine Reihe von Woody-Allen-Filmen (CRIMES AND MISDEMEANORS (1989), MATCH POINT (2005), CASSANDRA'S DREAM (2007), IRRATIONAL MAN (2015) als Umsetzungen dieses Stoffes lesen.

70 Daneben sind natürlich auch andere Formen der Markierung von Intertextualität (vgl. Broich 1985) denkbar. Yorgos Lanthimos THE KILLING OF A SACRED DEER (2017) etwa transferiert die Handlung der *Iphigenie in Aulis* (406 v. Chr.) des Euripides in die Lebenswelt einer modernen amerikanischen Ärztefamilie. Auf den Hypotext verweist neben der Anspielung im Titel die Tatsache, dass das antike Drama in der filmischen Diegese im Schulunterricht gelesen wird. Solche Angaben legen also eine Lesart als Text nahe, sind aber unbestimmt in der Frage, wie weitreichend die Bezüge sein sollen und können natürlich wiederum auch schlichte Fälle von Koketterie oder intellektuellem Verwirrspiel sein.

Bewusstsein zurückholen. In diesem Fall spielt die Werbung für den Film und Vermarktung als Literaturverfilmung eine Rolle.[71] Wenn auf Werbeplakaten, in Trailern und in Interviews betont wird, dass es sich um eine Verfilmung handelt und das entsprechende Buch mit einem Sticker wie „Das Buch zum Film" oder „Now a major motion picture" wieder in den Auslagen der Buchhandlungen erscheint, leistet die Verfilmung samt Marketing Mitarbeit an gesellschaftlichen Kanonisierungsprozessen. Auch die Peritexte Filmtitel und Vor- bzw. Nachspann können hier einbezogen werden. Dennoch machen solche Anstrengungen stets nur einen kleinen Teil des Diskurses aus, sodass die Berufung allein hierauf zu kurz greift und man nicht einfach von einer Art deklarativem illokutionärem Akt sprechen kann, durch den Verfilmungen zu solchen erklärt werden. Ein ebenfalls im Prozess der Kanonbildung zu erwähnendes Phänomen spricht dafür, dass Verfilmungen im engeren Sinne die vergleichende Lesart, wenn nicht zur einzig möglichen, so zur präferierten Lesart machen: Verfilmungen können die Verkaufszahlen von Büchern in hohem Maße steigern. Dies betrifft kinder- und jugendliterarische Werke in großem Maß, aber auch der Absatz von Thomas Manns Novelle *Tod in Venedig* (1911) ist durch die Verfilmung von Luchino Visconti (Morte a Venezia; 1971) von durchschnittlich 24.000 Exemplaren auf 70.000 allein im Jahr 1971 (vgl. Albersmeier 1989: 17).

Die Filme Hitchcocks haben in der Regel kaum bekannte, noch weniger kanonische Prätexte, auch wird der Bezug auf die Vorlagen weder in Werken noch in der Vermarktung besonders hervorgehoben, sodass die Lesart als Literaturverfilmung eine eher ungewöhnliche, in der Regel akademische darstellt. In derartigen Fällen bedienen sich Filme an literarischen Werken nur als Stofflieferanten.[72] Was die Shakespeare-Allusionen in den Disney-Filmen betrifft, lässt sich hier wieder auf die oben thematisierte Mehrfachcodierung des Familienfilm verweisen. Während den Kindern die Bezüge zu Shakespeare entgehen dürfen, können literarisch gebildete erwachsene Zuschauer:innen zudem das intertextuelle Spiel genießen.

Insgesamt soll daher folgende Definition vertreten werden:

---

71 Was als ein kanonisches Werk gilt, ist schließlich eine Aushandlungsangelegenheit des gesellschaftlichen Diskurses, ein Phänomen der *invisible hand*, an der viele Akteursgruppen mitwirken (vgl. Winko: 2002).

72 Anders gesagt: „Wen interessiert schon, daß etwa John Ford für seinen Westernklassiker *Stagecoach* eine Erzählung von Ernest Haycock mit dem Titel *Stagecoach to Lordsburg* verwendet hat?" (Albersmeier 1989, 19).

Eine Literaturverfilmung liegt vor, wenn in größerem Umfang narrative Strukturen und Motive von einem literarischen Text in einen Film transferiert worden sind, so dass sich Film und Buch in ein Verhältnis intermedialer Intertextualität stellen lassen. Bei einer Literaturverfilmung im engeren Sinn wird diese Bezugnahme epi- und peritextuell markiert sowie durch die Bekanntheit des Ausgangstextes bei einem Teil der Rezipient:innen vorausgesetzt.

Verfilmungen für Kinder- und Jugendliche werden oft als Verfilmungen vermarktet, um, wie oben ausgeführt, von der Bekanntheit der Vorlage zu profitieren. Dementsprechend wird als bekannt vorausgesetzt, dass es eine literarische Grundlage gibt. Diese selbst muss aber nicht bekannt sein, da die meisten dieser Filme sich um eine genaue oder lediglich aktualisierende Umsetzung bemühen und kaum mit ihrer Intertextualität spielen. Und tatsächlich findet die Erstbegegnung mit literarischen Stoffen für viele Kinder heutzutage nicht in Buchform, sondern in medial vermittelter Weise, etwa der Verfilmung, statt (vgl. z. B. die Befragung zur Figurenkenntnis in Frey 2003: 135–139).[73]

Was die Bekanntheit des Buches betrifft, lässt sich im Einzelfall ohnehin fragen, ob diese eher die Kinder selbst oder die Erwachsenen, die über den Medienkonsum ihrer Kinder mitbestimmen, betrifft. Mit Bezug auf Albers 2009 war schließlich oben festgestellt worden, dass einige Verfilmungen von Klassikern die Bekanntheit des Originaltextes eher bei den Erwachsenen Mitsehern voraussetzen, Verfilmungen aktueller Kinder- und Jugendliteratur aber davon ausgehen, dass die Kinder und Jugendlichen selbst die Bücher kennen. Die Klassikerumsetzungen sind dabei oft freiere Adaptionen, die aktualisieren oder politisieren; die Verfilmungen aktueller KJL halten sich in der Regel so eng, wie es die unterschiedlichen medialen Gegebenheiten zulassen, an den Originaltext. Gerade intermediale Umsetzungen im Rahmen heutiger Medienverbundsysteme betrifft dies. Solche Verfilmungen gehen davon aus, dass kindliche und jugendliche Zuschauer denselben Stoff in ähnlicher Weise in unterschiedlichen Medien wieder rezipieren wollen, also im wörtlichsten Sinne „narrative persistance […] with material variation" suchen und gerade daran Genuss finden.

2.2.5 Literarische Gattungen, bild-text-literarische Vorlagen und Fiktionalität

Als letztes bleibt noch die Bedeutung von literarischen Gattungen und der Frage nach Fiktion und Faktualität zu klären. Prinzipiell sind alle drei literarischen

---

73 Ewers Begriff der „medialen Einstiegsversion", die zunächst als „rezeptives Leitmedium" fungiert, ist bereits in der Einleitung erwähnt worden (vgl. Ewers 2006: 305f).

Gattungen verfilmbar, wenn man Hutcheon folgt und „Verfilmung" über den intertextuellen Bezug definiert. Das Vorhandensein einer Narration dürfte aber von Vorteil sein, da durch die Übernahme von Handlungsstrukturen, -motiven etc. die Wiedererkennung des Hypotextes gewährleistet wird. Daher wurde oben der intermedial übernommene Bestandteil mit einem narratologischen Terminus auch als „Discourse" bezeichnet. Dieser Begriff wird hier indessen nur verwendet, da in dieser Arbeit die Verfilmung epischer Texte im Zentrum stehen soll, denn die meisten Verfilmungen beziehen sich auf Romane, Erzählungen und gelegentlich auch Short Storys und auch im Unterricht wird die Verfilmung dieser Gattung am häufigsten behandelt.

Dramen lassen sich relativ problemfrei hinzuziehen, da sie zwar wie epische Werke Geschichten erzählen, also Narrativität aufweisen, zugleich jedoch in der Regel auf die Ebene der erzählerischen Vermittlung verzichten. Aufgrund ihrer inhärenten Adaptierbarkeit in Hinsicht auf die Theaterinszenierung fallen also einige Hürden bei der filmischen Umsetzung epischer Texte weg, während keine gänzlich neuen hinzukommen. Daher sollen Dramen hier nicht den Fokus des Interesses bilden, sie sind aber bei Punkten, die sie auch betreffen würden, immer mitgemeint. Es sei zudem darauf hingewiesen, dass damit nicht gesagt ist, dass die Verfilmung von Dramen notwendig einfacher sei als die von epischen Texten. Und natürlich sind Verfilmungen von Dramen ebenso wie ihre Inszenierung auf dem Theater stets Interpretationen des Ausgangstextes.

Wenn man Narration nun aber als Kriterium anlegt, wären Gedichte nur als Verfilmungen umsetzbar, sofern es sich um Balladen und ähnliche Formen erzählender Lyrik handelt. Allerdings kann ein Film auch schlicht Motive, Bilder oder Gestaltungsstrukturen wie Rhythmizität übernehmen. In diesem Fall sollte das Gedicht aber bekannt sein, damit die Verfilmung verstanden werden kann (vgl. Kammerer 2008; 68). Die meisten Poetry-Filme umgehen dieses Problem, indem sie den vollständigen Text wiedergeben. Daher nennt Petra Anders die sich vor allem im Umfeld der Poetry-Slam-Szene verbreitenden Poetry Clips ein „Hybrid-Medium zwischen Live-Performance, Schauspiel, Verfilmung und Musikvideo – in der Tradition des Opern-, Theater- und Konzertfilms und der Konzertaufzeichnung" (Andres 2015: 35). Gerade der Bezug auf Musikvideos und Aufzeichnungen von musikalischen Ereignissen spricht Bände, denn genau wie bei diesen die Musik bleibt beim Poetry Clip die textuelle Grundlage vollständig vorhanden und wird in das neue Werk integriert, anstatt dass mit den anderen medialen Mitteln des Films versucht wird, den Inhalt des Textes auf andere Weise auszudrücken (vgl. Koch 2009: 232f). Für Produktionen wie den spielfilmlangen Poesiefilm POEM – ICH SETZTE DEN FUSS IN DIE LUFT UND SIE TRUG (R: Ralf Schmerberg, 2003), in dem 19 deutschsprachige Gedichte in unterschiedlichen Umsetzungen vorgetragen werden, gilt dies ebenso, und selbstredend erst recht für von Naturbildern unterlegte Gedichtvorträge und ähnliche Phänomene, die man im Internet zuhauf findet.

Auch wenn der vollständige Text wiedergegeben wird, sind Filme wie POEM oder die Poesiefilme, die auf dem ZEBRA Poetry Film Festival gezeigt werden, Interpretationen und eigenständige Kunstwerke. Derartige Poesiefilme sind Literaturverfilmungen, sie befinden sich aber in einem Randbereich. Verfilmungen von Lyrik, die den zugrunde liegenden Text tatsächlich mit den Mitteln des Films umsetzen, sind dezidiert als Verfilmungen aufzufassen.[74]

Leicht kann man nun einwerfen, dass auch bei Dramen der vollständige Text bestehen bleiben kann. Bereits für die Regieanweisungen stimmt dies nicht. Häufig werden darüber hinaus Szenen umgestellt, Handlungen verändert, Dialoge umgeschrieben oder zumindest gekürzt.[75] Möglich ist sogar eine Verfilmung ohne jegliche Übernahme des Textes. Pasolini greift in seiner MEDEA (1968) – neben der Argonautensage – frei auf die Handlung von Euripides Tragödie (431 v. Chr.) zurück, beschränkt sich, was den Text betrifft, jedoch auf einzelne Zitate. Und Stummfilmadaptionen hatten ohnehin nicht die Möglichkeit, mehr als einige Inserts aus dem Drama zu übernehmen.[76]

Nicht fehlen darf ein Hinweis auf Bilderbücher und Comics bzw. Graphic Novels[77] als mögliche Ausgangstexte für eine Verfilmung. Da es in dieser Arbeit schwerpunktmäßig um Kinder- und Jugendmedien gehen soll, darf gerade das Bilderbuch nicht ignoriert werden. Ist das Bilderbuch als solches mittlerweile auch „nicht länger eine Spezialkunst für Kinder" (Thiele 2012: 218), stimmt es

---

74 Zur Frage der Verfilmbarkeit von Lyrik vgl. auch Schlickers 1997: 13f. Vgl. zu Lyrikfilmen Kammerer 2008, Littschwager 2010, Orphal 2014, zu POEM und anderen Lyrikfilmen im Unterricht Littschwager 2013, Abrecht 2014 sowie das Unterrichtsmodell von Hesse/ Krommer/ Müller 2016. Die Beschreibung eines Praxisprojektes zum Dreh eigener Gedichtverfilmungen findet sich in Hesse/ Krommer 2006.

75 Anders als im Poesiefilm, in welchem dem Text weiter eine zentrale Funktion bei der Rezeptionslenkung zukommt, verlieren die textuellen Übernahmen des Dramas im Zusammenspiel mit den anderen Zeichenebenen des Films daneben an Eigenständigkeit und „erfahren durch Visualisierung und kinematografische Dynamisierung einen Verlust an Expressivität und Bedeutungskraft" (Schröder 1988: 152).

76 Zu verfilmten Theaterstücken bzw. zum Dramenfilm vgl. Kepser 2012b.

77 Die beiden Begriffe werden im Folgenden synonym gebraucht, da es sich bei der Einteilung oft um willkürliche, rein marketingstrategische Setzungen handelt, wobei mit dem Terminus „Graphic Novel" versucht wird, einigen Comics zu einer höheren Nobilität zu verhelfen (vgl. zur Debatte darüber Eder 2016: 159).

doch, dass viele Bilderbücher mit dem Blick auf jüngere Kinder als Rezipient:in-nengruppe hergestellt werden. Bilderbuchverfilmungen gibt es immer wieder, gerade in der jüngeren Vergangenheit gab es einige viel beachtete Beispiele. So hat Spike Jonze mit WHERE THE WILD THINGS ARE (2009) eine Adaption des Bilderbuchklassikers von Maurice Sendak (1963) auf die Leinwand gebracht; im selben Jahr erschien der Animationskurzfilm THE GRUFFALO (R: Max Lang, Jakob Schuh; 2009) nach der Vorlage von Julia Donaldson und Axel Scheffler (1999).[78] Da es sich bei Bilderbüchern selbst ebenso wie bei Comics bereits um aus Text und Bild bestehende Medienkombinationen handelt,[79] bestehen hier weitere Möglichkeiten der intermedialen Intertextualität bei der filmischen Adaption. Neben dem Text können auch Bildinhalte in den Film übernommen werden oder Elemente der ästhetischen Bildgestaltung nachgeahmt werden (vgl. hierzu Tydecks 2012: 123, 144f). Ein intermedialer Bezug auf die gleichnamige Bilderbuchvorlage im GRUFFALO sind die Gedankenblasen im Film, denn im Buch werden Vorstellungen in runden, nahe beim entsprechenden Text stehenden Bildern illustriert. Die Gedankeninhalte sind zudem als Zeichnungen im Stil des Buches und nicht als Computeranimation wiedergegeben. Zeichentrickfilme können sogar vollständig den Zeichenstil des Prätextes übernehmen. So ist der Stil der Vorlage Wolf Erlbruchs in ENTE, TOD UND TULPE (R: Matthias Bruhn, 2010) deutlich zu erkennen; lediglich Hintergründe wurden ergänzt.

Das gleiche gilt für die Verfilmung von Comics und Graphic Novels, die in den letzten Jahren stark in Mode gekommen ist, vor allem mit Superhelden-filmen aus dem Hause Marvel oder DC, aber ebenso mit Adaptionen von Auto-rencomics zu Filmen wie PERSEPOLIS (R: Vincent Paronnaud; Marjane Satrapi, 2007) und LA VIE D'ADÈLE (R: Abdellatif Kechiche, 2013).[80] Die Grenze zwischen Comic und Bilderbuch ist in manchen Fällen ohnehin nicht trennscharf. Der Zeichner Shaun Tan etwa, dessen berühmtes Werk *The Arrival* (2006) als Graphic Novel vermarktet wird, sieht sich selbst als Autor von Bilderbüchern (vgl. Giesa 2014: 48f). Um nur zwei Beispiele zu nennen, sei lediglich die Über-nahme der reduzierten Farbdramaturgie von Frank Millers Comic in den Film SIN CITY (R: Robert Rodriguez, 2005) oder die comicartige Arbeit mit Split

---

78 Zu diesem Film im Deutschunterricht vgl. Abraham 2017: 128–132; als Verfilmung vgl. Niklas 2016: 197–199.

79 Einen Überblick über die Einsatzmöglichkeiten verschiedener Text-Bild-Kombinatio-nen im Deutschunterricht, wobei auch der Film einbezogen wird, bieten Abraham/ Sowa 2016.

80 Zu PERSEPOLIS als Gegenstand des Deutschunterrichts vgl. Kepser 2010b.

Screens, Textinserts und Ähnlichem in der Comic-Verfilmung SCOTT PILGRIM VS. THE WORLD (R: Edgar Wright, 2010) erwähnt. Da die Umsetzung von solchen komplexen intermedialen Bezugssystemen jedoch ihre eigene Systematik erfordert, die sich stark von derjenigen unterscheidet, mit der sich die hier im Fokus stehenden Verfilmungen reiner schriftliterarischer Werke erarbeiten lassen, sollen verfilmte Bilderbücher und Comics in dieser Arbeit nicht thematisiert werden. Allerdings ist anzumerken, dass es gerade im Bereich der Kinderliteratur schwierig ist, von reiner Schriftliteratur zu sprechen, da die meisten Bücher – wie einige Werke der Erwachsenenliteratur auch – zumindest vereinzelt Illustrationen aufweisen. Auch auf Illustration kann die intermediale Intertextualität von Verfilmungen natürlich verweisen und tut dies gerade bei autorisierten oder besonders wirkmächtigen Illustrationen häufig. Schließlich prägen diese die Erwartungshaltung mit, auch wenn das Postulat der Grundlagentreue hier ebenso wenig gilt wie bei dem eigentlichen Text. Keine Verfilmung von *Alice in Wonderland* (Lewis Caroll, 1864) kommt ohne Auseinandersetzung mit den kanonischen Illustrationen John Tenniels aus. Und ob Sherlock Holmes in einer aktuellen Verfilmung mit Deerstalker-Hut und Inverness-Mantel dargestellt wird oder nicht, sie muss voraussetzen, dass diese Kleidungsstücke fester Bestandteil des allgemeinen Vorstellungsbildes der Figur sind. Dabei wird ein Jagdhut nur in einer einzigen Geschichte Arthur Conan Doyles (*The Adventure of Silver Blaze* aus *The Memoirs of Sherlock Holmes*, 1893) erwähnt und das stereotype Aussehen hauptsächlich durch die Illustrationen Sydney Paget geprägt. Unter den unten diskutierten Beispielen betrifft dies RICO, OSKAR UND DIE TIEFERSCHATTEN. Der Zeichenstil der Buchillustrationen Peter Schössows wird dort in einigen einmontierten Zeichentricksequenzen, vor allem während der Titelsequenz am Filmanfang sowie während der Fremdworterklärungen Ricos, aufgegriffen und die eigentliche Realfilmhandlung scheint ebenfalls an manchen Stellen von den Illustrationen beeinflusst, beispielsweise, was das Aussehen von Oskars Helm betrifft. Der Einfluss von nur gelegentlich vorhandenen Illustrationen ist allerdings nicht so groß wie bei durchgehend bebilderten Comics und Bilderbüchern, sodass nicht zwingend eine eigene Systematik vonnöten ist.

Was die Frage nach Fiktion und Faktualität betrifft, lässt sich zunächst leicht feststellen, dass selbstverständlich auch nichtfiktionale Texte, vor allem Biografien und historische Sachbücher, als fiktionale Spielfilme verfilmt werden können. DER BAADER MEINHOF KOMPLEX (R: Uli Edel, 2008) etwa, um nur ein Beispiel zu nennen, basiert auf Stefan Austs Standardwerk zum Thema RAF namens *Der Baader-Meinhof-Komplex* (1985). Für den gegenteiligen Fall hingegen, einen dokumentarischen Film auf Basis eines fiktionalen Buches, ist es erwartungsgemäß kaum möglich, Beispiele zu finden, erst recht im Kinder- und Jugendfilm. Eine der wenigen Ausnahmen stellen vielleicht die dokumentarischen Aufnahmen in David Wnendts ER IST WIEDER DA (2015) dar. Wie im Roman von Timur Vermes (2012) erwacht Adolf Hitler dort im Deutschland der Gegenwart wieder zum Leben und stiftet im Kontakt mit seinen Mitmenschen und der Medienwelt Unruhe. Einzige Szenen wurden dabei tatsächlich mit unwissenden Passanten gedreht, die zufällig auf den als Hitler kostümierten Schauspieler Oliver Masucci trafen und auf ihn reagierten. Die im Roman u.a. aufgeworfene Frage, wie die Deutschen auf eine solche Rückkehr Hitlers reagieren würden, scheint dadurch tatsächlich beantwortbar, wobei den Menschen allerdings klar gewesen sein wird, dass sie nur auf einen Schauspieler trafen; wie unbedarft der Umgang mit diesem trotz seines Kostüms war, erstaunt dennoch. Leider ist im Film allerdings nicht ausgewiesen, welche Szenen real und welche mit anderen Schauspielern inszeniert sind, und die realen dürften in Wahrheit wohl nur einen geringen Teil des Films ausmachen. Noch seltener sind vermutlich weitere Fälle dieses Verfilmungsphänomens. Die Verfilmung von Sachtexten als Dokumentarfilm ist ebenfalls möglich[81] und wird wiederum sehr häufig praktiziert.[82]

2.2.6 Zum Begriff „Literaturverfilmung" – Eine Apologie

Nachdem Hutcheons Position diskutiert worden ist, lässt sich an dieser Stelle gut etwas zur Begriffsverwendung in dieser Arbeit sagen. Der Terminus „Literaturverfilmung" ist in den letzten Jahren nicht vollkommen zu Unrecht in Verruf geraten. Schließlich scheint sich in der Vorsilbe *ver* noch immer etwas von den erwähnten alten feuilletonistischen und literaturwissenschaftlichen Vorurteilen gegen die Literaturverfilmung erhalten zu haben: „Die Vorsilbe *ver-* suggeriert Ableitung und Verschlechterung des Originals." (Maiwald 2015, 15).[83]

---

81 Wie bei der Lyrik handelt es sich jedoch um ein Randphänomen von Verfilmung, wenn der Originaltext bestehen bleibt, etwa in Raoul Pecks gefeiertem Dokumentarfilm I AM NOT YOUR NEGRO (2016), bei dem das zugrunde liegende Essay-Fragment von James Baldwin von Samuel L. Jackson (in der Deutschen Fassung vom Rapper Samy Deluxe) eingelesen wird.

82 Vgl. Trautmann 2014, die anhand dreier Beispiele aus dem Jahr 2008 für einen Einbezug solcher Verfilmungen in den Deutschunterricht plädiert.

83 Weitere Argumente, etwa jenes von Staiger, dass Film selbst die vierte Großgattung der Literatur darstelle, und der erste Wortbestandteil von „Literaturverfilmung" daher fragwürdig sei (vgl. Staiger 2010a: 12), sollen hier zunächst beiseitegelassen werden, da Staigers weiter Literaturbegriff hier nicht geteilt wird. Bohnenkamp weist darüber

Zudem scheint der Terminus etwas anzudeuten, was eigentlich in sich wider-
sinnig ist: „Ob Literatur überhaupt ver-filmbar ist, darüber ließe sich streiten."
(Albersmeier 1989: 15). Als Alternative wurden etwa die Begriffe *Adaptation*
bzw. *Adaption* vorgeschlagen (vgl. Albersmeier 1989, 17) sowie *Transformation*
(vgl. Schneider 1981: 71; Mundt 1994: 4). Der Begriff *Transformation* ist allerdings mehrdeutig, weil er wie oben gesehen beispielsweise in der Genette'schen
Terminologie auch für intramediale Phänomene Verwendung findet, sodass, um
wirkliche terminologische Präzision zu erreichen, von intermedialer Transformation die Rede hätte sein müssen, zudem wird er in manchen Typologien der
Literaturverfilmung als *eine* Unterart von Verfilmung verwendet, etwa bei Kreuzers „interpretierender Transformation". Der Begriff der Adap(ta)tion hingegen
umschifft das aufgerissene Problem tatsächlich überhaupt nicht. Denn, wie etwa
Staiger betont: „auch hier steht die Vorstellung der Anpassung (von lateinisch
adaptare = anpassen) im Zentrum, so dass wiederum die schriftliterarische Vorlage als primärer und die filmische Adaption als sekundärer Text verstanden
werden." (Staiger 2010a: 11; vgl. Maiwald 2015: 15)[84]

Die Betonung des Ableitungsverhältnisses teilen also beide Termini; was die
von Maiwald angesprochene implizierte Wertung der Vorsilbe *ver* betrifft („Verschlechterung"), scheint mir dies allerdings ohne empirische Evidenz zu sein,
schließlich gibt es genügend positiv konnotierte Worte, die mit diesem Präfix
einsetzen, sodass man diesen Einwand getrost beiseitelassen kann.

Sowohl „Literaturverfilmung" als auch „Adaption" sind demnach in gleicher
Weise problematisch, die Ersetzung des einen Terminus durch den anderen löst
daher kein Problem. Der Begriff Adaption ist allerdings deutlich weiter gefasst
als der der Literaturverfilmung, da er zum einen Umwandlungsprozesse zwischen jeglicher Art von Medien umfasst, also auch die Transformation einer
Oper in einen Roman oder eines Comics in ein Computerspiel und vieles mehr,
zum anderen wie gesehen auch intramediale ‚Remakes' beschreibt, sodass man
für medienübergreifende Transformationen ohnehin präziser von „intermedialen Adaptionen" sprechen müsste.[85] Die Literaturverfilmung ist daher ein Sonderfall der Adaption, der Begriff ein partielles Synonym (um genau zu sein, ein

---

hinaus darauf hin, dass der Begriff auch unter dieser Annahme beibehalten werden
    könnte (vgl. Bohnenkamp 2012: 10f).

84 Tatsächlich lässt sich sogar diskutieren, ob der Streit um einen angemessenen Ausdruck
    nicht bereits Anzeichen zur Bildung einer Euphemismus-Tretmühle zeitigt (Zu diesem
    Konzept vgl. Pinker 2003: 298–300).

85 Für diese Begriffsverwendung vgl. z. B. Thon 2016: xvii.

Hyponym), weshalb er in dieser Arbeit auch gelegentlich als Synonym verwendet wird, sofern aus dem Kontext ersichtlich ist, dass es einzig um eine Transformation von Literatur in Film geht. Der Terminus „Literaturverfilmung" hingegen soll hier beibehalten werden, da er noch immer der präziseste Begriff ist. Wenn Albersmeier auch deshalb für „Adaption" plädiert, weil er nicht der Vorstellung einer „Einbahnstraße" (Albersmeier 1989: 17) von Literatur zu Film Vorschub leisten möchte, ist dies durchaus ein legitimes Argument. Sofern es aber wirklich um diese Form der Adaption geht, ist mit dem engeren Begriff jedoch eine höhere Präzision gewonnen. Auch Albersmeier verwendet daher Adaption und Literaturverfilmung als partielle Synonyme (vgl. Albersmeier 1989: 35f). Hinzu kommt, dass der Begriff der Literaturverfilmung, auch wenn er stets problematisiert wird, in deutschdidaktischen Publikationen bis in die Gegenwart Verwendung findet. So argumentiert Staiger, dass er ihn in seiner Monografie beibehält „aufgrund seiner weiten Verbreitung in Deutschunterricht und Deutschdidaktik" (Staiger 2010a: 12).[86]

Unter Film werden in dieser Arbeit in erster Linie Kinofilme verstanden, am Rande werden aber auch Fernsehfilme und Serien erwähnt. Der Fokus liegt auf dem Realfilm, obwohl die Verfilmungen verschiedene Darstellungsformen, also ebenso Zeichentrick, Computeranimation und ähnliche Formate, nutzen können. Der Zeichentrickfilm und der Animationsfilm weisen einige spezielle Gestaltungsmittel auf, die eine eigenständige Behandlung erfordern würden.[87] Da er nicht an die Bedingungen der außerfilmischen Realität gebunden war, hatte der Zeichentrickfilm die längste Zeit der Filmgeschichte größere Freiräume. Erst die fortschreitende Computertechnik und die Digitalisierung des Kinos ebnen diese Unterschiede ein. So ist Tolkiens *The Lord of the Rings* (1954f) zunächst – partiell – als Zeichentrickfilm (R: Ralph Bakshi, 1978) adaptiert worden, da viele der magisch-fantastischen Geschehnisse der Romanvorlage im Realfilm nicht umsetzbar waren. Erst zur Zeit von Peter Jacksons Trilogie

---

86 Koch geht hingegen so weit, dass die genauen forschungsgeschichtlichen Konnotationen der Begriffe „für die Darstellung der Literaturverfilmung aus deutschdidaktischer Perspektive nicht richtungsweisend sind, [daher] können alle aufgeführten Termini synonym verwendet werden" (Koch 2009: 17).

87 Einen Überblick über Zeichentrickfilme und Literaturverfilmungen in diese Darstellungsform aus didaktischer Perspektive, der aber leider wenig auf diese Besonderheiten eingeht, bietet Wonsowitz 2007.

(2001–2003) war die Computertechnik fortgeschritten genug, eine Umsetzung als Realfilm zu gewährleisten.[88]

---

88 Dazu, dass aufgrund der fortschreitenden Filmtechnik stets größere Möglichkeiten der Realfilmumsetzung entstehen, vgl. an diesem Beispiel Blüml 2012, für den Bereich verfilmter Kinder- und Jugendliteratur Barg 2009b. Vgl. hierzu aus didaktischer Perspektive Abraham 2012: 197f.

3. Literaturverfilmungen im transmedialen Deutschunterricht

3.1 Mediendidaktische Ausgangspunkte

3.1.1 Der Begriff des Mediums

Die Arbeit mit Literaturverfilmungen soll hier in dem Rahmen einer transmedialen Deutschdidaktik verortet werden. Bisher liegt kein Modell transmedialen Deutschunterrichts vor, auch wenn es mit Kammerer 2014 und Bönnighausen 2019 zwei erste Ansätze dazu gibt. Daher sollen zunächst bisherige mediendidaktische Konzepte erörtert und diskutiert werden, bevor die beiden Ansätze und daran anknüpfend ein eigenes Konzept transmedialen Deutschunterrichts entwickelt wird, bei dem vor allem die bereits transmediale Story im oben dargelegten Sinn eine tragende Rolle spielen wird. Zuvor aber gilt es den allen Konzepten und Ansätzen zugrunde liegenden Begriff „Medium" bzw. „Medien" zu explizieren, der in der Alltagssprache recht eindeutig verwendet wird, in medienwissenschaftlichen und -philosophischen Diskursen jedoch recht unterschiedliche Bedeutungen hat, wobei sich einige Definitionen mitunter erheblich von der Alltagssprache unterscheiden. Für die deutschdidaktische Diskussion hat sich allerdings ein relativer Konsens etabliert, auf den sich die unterschiedlichen Konzepte beziehen und dem ich mich in dieser Arbeit mit leichter Modifikation ebenfalls anschließen möchte.

Unterscheiden lässt sich zunächst zwischen engen und weiten Medienbegriffen. Enge Medienbegriffe identifizieren „Medium" häufig zum einen nahe an der Etymologie als (Ver-)Mittler[89] und nehmen zum anderen in der Regel Bezug auf Medientechnologien. Eine entsprechende Bestimmung sieht Medien beispielsweise als „Mittler, durch die in kommunikativen Zusammenhängen bestimmte Zeichen mit technischer Unterstützung übertragen, gespeichert, wiedergegeben oder verarbeitet und in abbildhafter Form oder symbolischer Form präsentiert werden" (Tulodziecki 1997: 8). Auch das Online-Wörterbuch des DUDEN

---

89 Zur etymologischen Herkunft aus dem Neutrum des sowohl adjektivisch als auch substantivisch gebrauchten lateinischen *medius, a, um* mit der Bedeutung „der Mittlere/ der in der Mitte befindliche" u. Ä. vgl. Hagen 2012. Dort findet sich zurecht aber auch der Hinweis: „Allerdings gehen Etymologie und eine lexikographische Wortgeschichte an der Klärung vorbei. Es ist nicht das klassische Latein, das hier weiterhilft" (ebd.: 13).

vertritt einen engen Medienbegriff, was zeigt, dass dieser eher der alltagssprachlichen Begriffsverwendung entspricht. Dort heißt es: „1. vermittelndes Element […] 2.a) Einrichtung, organisatorischer und technischer Apparat für die Vermittlung von Meinungen, Informationen, Kulturgütern; eines der Massenmedien Film, Funk, Fernsehen, Presse b) [Hilfs]mittel, das der Vermittlung von Information und Bildung dient (z. B. Arbeitsblatt, Buch, DVD)". (DUDEN; zuletzt einges. am 10.01.22).[90]

Einen sehr weiten Medienbegriff vertritt prominent etwa Marshall McLuhan, der Medien als „extensions of man" definiert und darunter auch z. B. Motorräder, Kleidung, Uhren oder Waffen subsumiert (vgl. McLuhan, 2001 [1964]). Noch umfassender ist der systemtheoretische Medienbegriff. So sind bei Niklas Luhmann Geld, Liebe und sogar Macht Beispiele für symbolisch generalisierte Kommunikationsmedien (vgl. u. a. Luhmann 1998: 316–405).[91] Während Luhmanns abstrakterer Begriff terminologisch scharf und vor dem Hintergrund seiner Gesellschaftstheorie nachvollziehbar ist, sich allerdings „mit dem der Medienwissenschaften nur selten berührt" (Bolz 2001: 37), bezieht McLuhans technischere Medientheorie den größeren Zusammenhang technologischen Fortschritts ein, strebt jedoch terminologische Präzision oder Konsistenz gar nicht an. Wenn Faulstich polemisiert, McLuhan sei sicher vieles gewesen, nur kein Wissenschaftler (vgl. Faulstich 2003: 22), ist das nicht zuletzt darauf zurückzuführen, dass McLuhan gerade bei Definitionen keine wissenschaftlichen Ansprüche verfolgt. Noch weiter als Luhmann und McLuhan geht der Philosoph Mike Sandbothe, wenn er die kantianischen Anschauungsformen von Raum und Zeit als „grundlegende Medien unseres Wahrnehmens und Erkennens" auffasst (vgl. Sandbothe 1997: 56). Von diesem weiten Medienbegriff grenzt er aber selbst Medien im engen (Bild, Schrift, Sprache) und im engsten Sinn (Radio, Fernsehen, Internet etc.) ab (vgl. ebd.), was ihn in die Nähe dessen bringt, was hier als Medien im engen Sinn beschrieben wird.

---

90 Es folgen noch weitere Gebrauchsweisen des Wortes „Medium", die in diesem Zusammenhang allerdings keine Rolle spielen, etwa das geistige Medium als Mensch, der scheinbar mit dem Übersinnlichen in Kontakt treten kann, aus dem Bereich der Parapsychologie.

91 Der engere, eher alltagssprachliche Medienbegriff findet sich bei Luhmann in diese weitere Konzeption eingebettet wieder, wenn er etwa die Massenmedien als *eine* Art von Medien neben den anderen beschreibt. So definiert er „Massenmedien" als „alle Einrichtungen der Gesellschaft […], die sich zur Verbreitung von Kommunikation technischer Mittel der Vervielfältigung bedienen" (Luhmann 2009 [1996]: 10).

Weite Mediendefinitionen wie die von Luhmann und McLuhan mögen spezifische Stärken und Schwächen aufweisen, für die konkrete mediendidaktische Arbeit sind sie kaum hilfreich. So konstatiert Klaus Maiwald: „Weniger ergiebig für die Modellierung von Lehr-Lern-Prozessen bleiben jedoch zu stark entgrenzende und abstrakte Medienbegriffe." (Maiwald 2019: 7) Dies heißt indes nicht, dass nicht einzelne Aspekte der weiteren Mediendefinitionen für die didaktische Theoriebildung von Nutzen sein können. So greift Bönnighausen bei ihren Ausführungen auf die Dichotomie von Medium und Form zurück, die Luhmann – aufbauend auf Überlegungen Fritz Heiders – im Rahmen seiner Theorie entwickelt hat, ohne dabei Luhmanns gesamte Medientheorie zu übernehmen (vgl. Bönnighausen 2018: 523f, Bönnighausen 2006: 192, ferner Luhmann 2008 [1986]: 123–126, Heider 2005 [1926]).

In der Didaktik ist man daher gut beraten, bereits aus heuristischen Gründen einen engen Medienbegriff zu präferieren, indes ist die angesprochene etymologisierende Rede vom Medium als Mittler ebenfalls zu vermeiden, da hier ein simples Sender-Botschaft-Empfänger-Modell impliziert wird, in dem nicht hinreichend reflektiert ist, dass das jeweilige Medium die in ihm getätigten Aussagen entscheidend mitprägt. Seinen prägnantesten Ausdruck hat diese Einsicht wiederum bei einem Vertreter des weiten Medienbegriffs gefunden, nämlich in Marshall McLuhans überspitztem Bonmot „The medium is the message" (vgl. McLuhan 2001 [1964]: 7–23),[92] und Luhmann betont die Doppeldeutigkeit seines Titels *Die Realität der Massenmedien*: Massenmedien sind nicht nur real, sie erschaffen (ihre) Realität (vgl. Luhmann (2009 [1996]): 11–13). Ist McLuhans Diktum mag „zweifelsohne übertrieben" (Wolf 2019: 26) sein, gemahnt aber, dass Vorstellungen vom Medium als Behältnis, wie sie im engen Medienbegriffen noch mitschwingen, zu kurz greifen. Weniger problematisch nimmt sich der Technologiebezug aus, hier ist allerdings der Problematik gerecht zu werden, dass der alltagssprachliche Medienbegriff sich auf kategorial recht unterschiedliche Weise auf Technologie bezieht. So können ein Film, eine DVD, ein Film, das Internet, E-Mail oder ein Smartphone mit gleicher Berechtigung als Medium bezeichnet werden. Statt der bisher aufgeführten engen Definitionen sind daher mehrdimensionale enge Medienbegriffe am aussichtsreichsten, um die Vielgestaltigkeit des Phänomens Medialität adäquat abzubilden.

---

92 Performativ-medienreflexiv verballhornt zu „massage" in McLuhan/ Fiore 1996 [1967]). Dazu, dass auch McLuhan nicht klären kann, was er in diesem Satz mit „Medium" (und mit „Bedeutung") überhaupt meint, vgl. Eco 2013 [1967]: 260–262.

Ein derartiger Medienbegriff, der in der Deutschdidaktik mittlerweile oft aufgegriffen wird, ist der „Kompaktbegriff" Siegfried J. Schmidts (vgl. Schmidt 2012 u. ö.; Maiwald 2019: 8; Frederking/ Krommer/ Maiwald 2018: 21–23).[93] Schmidt geht von einem (relativ) engen Medienverständnis aus, legt seinen Medienbegriff aber als Synthese vierer möglicher Komponenten an. Als Medien lassen sich demnach 1) Kommunikationsinstrumente erfassen (Sprache, Bilder, nonverbale Kommunikationsmittel etc.), 2) Medienangebote (Bücher, Computerspiele, Gemälde, Filme etc.), 3) technische Dispositive (Computer, Handy, Schreibutensilien etc.) und 4) Institutionen und Organisationen (Verlage, Plattenfirmen, Fernsehsender etc.).

Eng mit Schmidts Kompaktbegriff verwandt, aber weniger auf das Mediensystem bezogen, sondern am einzelnen Medienartefakt ausgerichtet und begrifflich präziser ist die dem narratologischen Kontext entstammende Typologie von Marie-Laure Ryan (vgl. Ryan 2006: 16–25, 2014: 29f). Diese unterteilt drei Dimensionen von Medien, denen jeweils spezifische Zugriffsweisen entsprechen: die semiotische, die technologische bzw. materielle und die kulturelle.[94]

1) Die semiotische Dimension bezieht sich auf das zugrunde liegende Zeichensystem, also darauf, ob es sich etwa um sprachlichen Text, Bilder oder Musik handelt. Natürlich liegen dabei auch Mischformen vor.

2) Unter der technischen Dimension versteht Ryan die materielle Darbietungsform der Zeichen und die Technologien, die in ihre Darstellung involviert sind. Sprachliche Zeichen können auf Papier codifiziert sein, auf Papyrus, einem E-Book-Reader oder als gesprochenes Wort. Zur materiellen und technologischen Dimension zählen eine ganze Reihe von Dingen: Bei Filmen gehören etwa die Aufnahmetechnologien dazu, also Kameras und Mikrophone, sowie die gesamte Postproduktion, es zählen die Speichermedien dazu, grundlegend etwa der Unterschied zwischen analogem Filmmaterial und digitalem Filmbild, weitergehender aber auch der von VHS, DVD, vollständiger digitaler Speicherung etc., und zuletzt die Frage der Abspielmedien, also der nach Kino, Fernseher, Video-Projektor oder zunehmend PC und Smartphones. Somit scheint es zunächst zu kurz zu greifen, schlicht „Fotografie, Film oder Radio" (Friedmann 2017: 14) als unterschiedliche Medientechnologien gemäß dieser Definition aufzuzählen, allerdings

---

93 Einen Vorschlag, der in dieselbe Richtung geht, hat bereits Saxer 1999 ausgearbeitet.

94 Der Begriff der Dimension wird in Ryan (vgl. 2014: 29) verwendet, von Ryan aber nicht stringent beibehalten. Durchgehend von Dimensionen spricht Friedmann (vgl. 2017: 13f) bei seiner Paraphrase Ryans, dem ich hier folge.

gibt Ryan selbst an, bei Arbeiten zur transmedialen Narratologie nur jene Aspekte der materiellen und technologischen Dimension einzubeziehen, die für die Narrativität relevant sind (vgl. Ryan 2006: 21). Dabei spielt es nun keine bedeutende Rolle, wie der Film gespeichert wurde, und ob man ihn streamt oder auf einer DVD schaut, sodass man es tatsächlich vertreten kann, schlicht „Film" als eine Form von technologischem Medium zu betrachten.

3) Die kulturelle Dimension schließlich beachtet, dass viele Medien nur durch kulturelle Zuschreibungen und institutionelle Gegebenheiten voneinander abgegrenzt sind. Das Theater basiert auf denselben semiotischen und materiellen Grundlagen wie das Musical, das Ballett oder die Oper; der Übergang von Hörbuch zu Hörspiel ist mitunter fließend (vgl. Müller 2012a: 26), ebenso der Übergang von Bilderbüchern zu Comics oder von Comics zu illustrierten Romanen. Die Zeitung ist ein Medium, das verschiedene semiotische Elemente verwendet, die es sich wiederum mit anderen Medien teilt, das zugleich selbst in unterschiedlichen Medientechnologien (gedruckt oder online) rezipiert werden kann, bei digitalen Spielen lässt sich die Frage aufwerfen, ob es einen Unterschied ausmacht, ob diese auf dem PC, einer Konsole oder dem Smartphone gespielt werden (vgl. Friedmann 2017, 13). Medien lassen sich daher nicht in jedem Falle *eo ipso* voneinander unterscheiden, sondern werden in einigen Fällen eben nur konventionell als distinkt wahrgenommen, was auch Rajewsky in ihre bereits zitierte Intermedialitätsdefinition einbezogen hat.[95]

Ryans multidimensionaler Medienbegriff soll im Folgenden zugrunde gelegt werden, da er einerseits viele Überschneidungen und Ähnlichkeiten mit dem in der gegenwärtigen Deutschdidaktik viel verwendeten Kompaktbegriff aufweist, sodass an bisherige didaktische Diskurse angeschlossen werden kann, und da er zugleich klar, handhabbar und eingängig ist und vor einem narratologischen Kontext entwickelt wurde. Schließlich wird ein narratologischer Zugriff in der vorliegenden Arbeit zentral sein. Zunächst aber sei auf die erwähnten bisherigen didaktischen Diskurse eingegangen, wichtige Konzepte und Positionen vorgestellt und das Feld abgesteckt, in dem sich diese Arbeit verortet.

---

95 Die Abgrenzung von Film zu Buch dagegen fällt selbstverständlich leichter, allerdings gibt es Übergangsformen zwischen Spielfilm und filmisch dokumentierten Theaterinszenierungen. Exemplarisch sei hier Peter Gorskis Adaption von Goethes *Faust* (1960) erwähnt.

3.1.2 Bisherige Konzeptionen: Medienintegrativer, intermedialer und symmedialer Deutschunterricht

In der bisherigen Deutschdidaktik lassen sich drei verschiedene Konzeptionen von Mediendidaktik unterscheiden: der (medien)integrative, der intermediale und der symmediale Literaturunterricht.[96] Den (medien)integrativen Literaturunterricht hat maßgeblich Jutta Wermke in den 1990er-Jahren geprägt, nachdem Rudolf Denk bereits 1977 „einen künftigen integrativen Medienunterricht im Fach Deutsch" (Denk 1977: 10) gefordert hatte. Auf Wermkes grundlegenden Ausführungen, die von der Feststellung ausgehen, dass Deutschunterricht in einer Medienkultur notwendig medienintegrativ sein muss, da sein traditioneller Gegenstandsbereich, das Buch bzw. die Buchkultur nur noch bedingt isoliert betrachtet werden kann" (Wermke 1997: 46), bauen die späteren Konzeptionen auf. Wermke fordert den Einbezug weiterer Medien und Medienästhetiken in den Unterricht, da Bücher in der Medienkultur stets multi- bzw. intermedial vernetzt seien, die Behandlung von Fällen des Medienwechsels, bei denen das Buch nicht mehr „Leitmedium", sondern „Folgemedium" ist, und eine mögliche Umkehrung der Reflexionsrichtung, bei der nicht nur eine filmische Adaption daraufhin untersucht wird, ob sie gelungen ist, sondern ebenso literarische Texte auf ihre Eignung für audiovisuelle Umsetzung befragt (Wermke 1997: 113). Bleibt das Konzept auch aus heutiger Sicht in einigen Punkten vage, muss doch die bedeutsame „Pionierarbeit" (Frederking/ Krommer/ Maiwald 2012: 93) auf dem Feld der Mediendidaktik Deutsch gewürdigt werden.

Während Wermke dabei bereits auf die grundlegende Intermedialität ästhetischer Gestaltungen eingeht und feststellt, Signum unserer gegenwärtigen Medienkultur sei „über Koexistenz und Konkurrenz der spezifischen Medien hinaus ihre multimediale und intermediale Vernetzung" (Wermke 1997: 46), hat vor allem Marion Bönnighausen ein systematisches Konzept des intermedialen Literaturunterrichts ausgearbeitet. Deutschunterricht in diesem Sinne setzt an

---

96 Frederking, Krommer und Maiwald zählen noch den computerunterstützten Deutschunterricht als vierte Konzeption auf (vgl. 2012: 202f), wobei sie sich auf die Publikationen von Kepser 1999 und Jonas/ Rose 2002 beziehen. Da es dabei jedoch um den Einbezug eines bestimmten technischen Mediendispositivs geht und keine theoretische Konzeption zum generellen Umgang von Medien entwickelt wird, die sich auf verschiedene Einzelmedien übertragen lässt, wird diese Einordnung hier nicht übernommen. Ebenso werden Konzeptionen aus dem Bereich der Sprachdidaktik nicht beachtet, da der Umgang mit narrativen und ästhetischen Gestaltungen im Fokus liegen soll und Medien nicht lediglich als Kommunikationsmittel betrachtet werden.

Intermedialitätsphänomenen an. Er zielt dabei darauf ab, an den Schnittstellen der Medien deren unterschiedliche Gestaltungsmittel erfahrbar zu machen. Im Fokus steht „die sinnliche und analytische Erfahrung von Mediendifferenz" (Bönnighausen 2006: 200). Der intermediale Literaturunterricht sieht Intermedialität als – in den Worten Sibylle Krämers – „eine epistemische Bedingung der Medienerkenntnis" (Krämer 2003: 82). Mit Medien sind dabei Kunstmedien gemeint, denn im Hintergrund des intermedialen Deutschunterrichts steht ein „integrativer Medien- und Kunstbegriff" (Bönnighausen 2018: 523), bei dem stets eine Verknüpfung von „handwerklich-technischen Bedingungen" und „technisch-apparativem Anteil" (Paech 1998: 17, vgl. Bönnighausen 2019: 138) angenommen wird. Gegenüber der auf kritische Teilhabe am rationalen öffentlichen Diskurs ausgerichteten Medienpädagogik wird somit die ästhetische Erfahrung von Medialität fokussiert. Es geht entsprechend darum, nachzuvollziehen, „wie die einzelnen Kunstformen aufgrund ihrer spezifischen medialen Materialität ihre ästhetischen Äußerungen gestalten" (Bönnighausen 2006, S. 200f). Denn, wenn „Formen von einem Medium in ein anderes transponiert werden, und hierum geht es bei dem Phänomen der Intermedialität, muss die dahinter sich verbergende Materialität offen gelegt werden." (Bönnighausen 2013: 525)

Das Konzept sieht vor, dass sich einzelne Medien voneinander abgrenzen lassen und die spezifische Medialität von großer Bedeutung für die Wirkung der einzelnen Künste ist. Marion Bönnighausen spricht von der „Annahme einer substantialistischen Definition der Künste bzw. Medien" (Bönnighausen 2010, S. 524). Sie bezieht ihr Konzept zum einen auf intermediale Bezüge in literarischen Texten oder Filmen (vgl. Bönnighausen 2006, 2008), zum anderen auf Theaterinszenierungen als Phänomenen der Medienkombination (vgl. Bönnighausen 2009),[97] die Arbeit mit Werken des Medienwechsels lässt sich aber problemlos hinzuziehen.[98] Auch Rajewsky hatte bereits erklärt:

---

97 Auch die anderen Beiträge in Bönnighausen/ Rösch (Hrsg.) 2004 beziehen sich auf diese beiden Dimensionen von Intermedialität, einige Beiträge in Lecke (Hrsg.) 2008 gehen allerdings auf Medienwechsel ein. Die beiden Beiträge, die sich hauptsächlich mit dem Medienwechsel, konkret sogar der Literaturverfilmung (einmal am Beispiel von *Emil und die Detektive* und seiner filmischen Umsetzungen und einmal am Beispiel von Shakespeares *Romeo and Juliet*), befassen, haben allerdings keinen didaktischen Schwerpunkt und verbleiben größtenteils auf der Ebene des inhaltlichen Vergleichens (vgl. Erlinger 2008, Wett 2008).

98 Am Rande erwähnt wird sie in Bönnighausen 2008: 53f. Als „allseits vertrautes Beispiel" für Intermedialität bezeichnet wird die Literaturverfilmung von Sahli 2009: 141, vgl. 141–143, vgl. ferner Tonsern 2015.

Die Beschäftigung mit Formen des Medienwechsels fordert Fragen nach den Kontinui-
täten und insbesondere nach den Veränderungen heraus, die sich infolge des Transfers
eines bestimmten Ausgangsprodukts bzw. Produktsubstrats „von einem Medium in ein
anderes mit seinem je spezifischen Code, seinen Bedingungen, seinen Möglichkeiten
und Grenzen" ergeben (Rajewsky 2004: 22)[99].

Einen mediendidaktischen Entwurf, der an Bönnighausens Überlegungen
anzuknüpfen versucht, stellt die intermediale Lektüre von Iris Kruse dar. Kruse
erklärt: „Schüleräußerungen im Zuge von unterrichtspraktischen Erprobun-
gen der intermedialen Lektüre zeigen, dass hierin vielfältige Möglichkeiten
dazu angelegt sind, Mediendifferenz erfahrbar werden zu lassen" (Kruse 2011,
207; vgl. 2010: 179f). Bei der intermedialen Lektüre werden Medienverbundangebote genutzt, um Schüler:innen die zugrunde liegende (transmediale) Story
über verschiedene Medien nahezubringen. Dabei werden je unterschiedliche
Teile der Geschichte in unterschiedlichen Medien rezipiert sowie einzelne Teile
in verschiedenen Medien wiederholt und verglichen. In den medienspezifisch
angelegten Rezeptionsgesprächen sowie den Moderationsphasen zwischen den
jeweiligen Ausschnitten soll dabei unter anderem die Mediendifferenz in den
Blick genommen werden (vgl. z. B. Kruse 2019, 2015, 2014b). Produktorientiert
werden die intermedialen Rezeptionseindrücke festgehalten in einem „Hör-
Lese-Seh-Plakat oder -Heft" (Kruse 2019: 115). Kruse empfiehlt dieses Vorgehen vor allem für den Primarbereich und die frühe Sekundarstufe I. In jüngeren
Publikationen regt sie den Einsatz von intermedialen Lektüren zudem für den
inklusiven Deutschunterricht an (vgl. Kruse 2016a, 2016b).[100]
    Das Modell wirkt zunächst überzeugend, birgt jedoch Schwächen und Pro-
bleme. Neben der Frage, ob die intermediale Lektüre nicht die Leseförderung
untergräbt, ist es vor allem ein Problem, dass ausgehend von der abstrakten Story,
die dem Verbund zugrunde liegt, im didaktischen Setting ein neues Medium
konstruiert wird, anstatt dass die Schüler:innen die einzelnen Werke als ästhetische Gestaltungen eigenen Rechts erfahren können. Zudem funktioniert das
Vorgehen nur bei Verbünden, die ein hohes Maß an Werktreue zum Ursprungs-
werk aufweisen, sodass diese Kategorie sich hier wieder einschleicht und die
Erwartungen der Schüler:innen, dass Adaptionen werkgetreu zu sein haben,

---

99 Das Zitat im Zitat stammt aus Bogner 1998: 355.
100 In einem anderen Sinn wird die Formulierung „intermediale Lektüre" von Hans
    Lösener verwendet. Er bezieht diesen Begriff allein auf die Erarbeitung der impli-
    zierten Inszenierung von Dramentexten, also deren inhärente Intermedialität (vgl.
    Lösener 2009).

sich verfestigt. Zu guter Letzt lässt sich anmerken, dass in den Ausführungen Kruses immer noch die Printmedien im Fokus stehen, zumal sie Adaptionen in andere Medien wiederholt unter Trivialitätsverdacht stellt (vgl. v. a. Kruse 2014a, 2019) und an ihren Beispielen die „tiefgreifenden ästhetischen Deformationen" (ebd. 2014a: 5) beklagt. Vor diesem Hintergrund ist es bezeichnend, wie Volker Frederking kritisch anmerkt, dass Kruse den Terminus des „medienintegrativen Deutschunterrichts" weiterhin verwendet (vgl. Frederking 2019: 159).

Die dritte einflussreiche mediendidaktische Konzeption, der symmediale Deutschunterricht, geht auf Frederking zurück, der diese in einer Reihe von Publikationen ausgearbeitet hat, wobei der Schwerpunkt mal auf Leseförderung (vgl. Frederking 2004a; 2004b), auf ästhetischer Bildung beim Umgang mit Lyrik (vgl. Frederking 2008), allgemein auf medialer Bildung (Frederking/ Krommer 2013), aber auch auf Filmdidaktik (vgl. Frederking/ Schneider 2010) und Literaturverfilmungen (vgl. Frederking 2006, 2013) liegt. Der symmediale Deutschunterricht fokussiert nicht die Differenz, sondern das funktionale Miteinander verschiedener Medien. Dabei werden Phänomene wie Medienkombinationen und Medienverbünde als Formen des Zusammenspiels verschiedener Medien betrachtet, die bestimmte „symmediale Leseweisen" (Frederking 2013: 543) einfordern würden. Doch zum einen konstatiert Frederking, dass es solche Phänomene schon immer gab (Frederking 2005: 188–191, 2013: 15–25), zum anderen betont er vor allem das „Metamedium" (Youngblood 1991: 309) Computer, das diverse mediale Formen in sich vereinigt.[101] Durch die Digitalisierung soll das Zusammenspiel von Medien eine neue Stufe erreicht haben, sodass „nicht die Differenz der Einzelmedien das medienkulturgeschichtliche Novum ist, sondern ihre Konvergenz" (Frederking 2013: 549; vgl. Frederking 2006, S. 209).[102] Vor dem Hintergrund verstärkter gegenseitiger Einflussnahmen von Medien aufeinander in der Zeit der Digitalisierung räumt auch Bönnighausen ein, dass es in Bezug auf digitalisierte Medien „zumindest fraglich ist, typische Merkmale medialer Verfahrensweisen einzelner Künste ausweisen zu wollen" (Bönnighausen 2019: 138) und betont statt der Suche nach spezifisch „Filmischen"

---

101 Frederking baut auf dem Begriff „Symmedia" von Matthias Berghoff (1998: 283) auf, der allein auf die neuen Medien zugeschnitten war, möchte diesen aber erweitern. Zu neuen Medien als „symmediale Texte" vgl. auch Krommer 2013: 250–270.

102 Zum Begriff der Medienkonvergenz als Produktion, Produkt, Distribution und Rezeption umfassende Kategorie zur Beschreibung wechselseitiger medialer Durchdringung vgl. Barsch 2011, Möbius 2014. Der Begriff umfasst damit Medienverbünde als eine bestimmte Marketingstrategie, ist aber deutlich weiter gefasst.

oder spezifisch „Literarischem" das konzeptionelle Miteinander der Künste (vgl. ebd.: 139). Frederking zieht daraus die weitreichende Konsequenz, Phänomene des Zusammenspiels von Medien als *„Emergenz*-Phänomen[e]" (Frederking 2014: 6) zu betrachten, bei denen das synästhetisch erfahrbare Ganze mehr darstellt als die Summe seiner einzelnen Teile. Daneben wird ein kreativer Umgang mit Medien als Unterschied zum intermedialen Deutschunterricht angegeben (vgl. Frederking 2013: 549f). Gerade auch für den Anfangsunterricht sehen Volker Frederking und Tanja Römhild Vorteile eines solchen Vorgehens (Frederking/ Römhild 2016).[103] Der Ansatz versteht sich dabei aber als Erweiterung, nicht als Gegenkonzept des intermedialen Deutschunterrichts, weshalb Frederking intermediale Vorgehensweisen immer wieder einbezieht.[104] Unter anderem schlägt er klassische Buch-Film-Vergleiche vor (Frederking/ Schneider 2010: 292–294; Frederking 2013: 557).

Allerdings hat der Ansatz gegenüber dem intermedialen einige entscheidende Nachteile. Allem voran geraten recht differente Phänomene durcheinander. So lassen sich Medienverbünde nicht mit gleichem Recht als emergente Phänomene bezeichnen wie Medienkombinationen. Während Medienverbünde unscharfe Ränder aufweisen und unsystematisch wachsen können, werden sie durch diesen Begriffsgebrauch als gegebene Entitäten hypostasiert.[105] Auch die

---

103 Beide Ansätze wurden auch bereits an die Kompetenzdebatte angeschlossen. Während Bönnighausen (2008) eine intermediale Kompetenz diskutiert, beziehen Krommer und Dreier den symmedialen Ansatz in den Medienkompetenzdiskurs ein (Krommer/ Dreier 2013).

104 Man kann zudem die Frage stellen, ob nicht bereits jeder Versuch des Ausdrucks synästhetische Erfahrungen wieder eine Referenz auf Einzelmedien beinhalten muss und eben dadurch schon wieder zu einer intermedialen Reflexion wird. Die Paradoxie ist verwandt mit der, die Stefan Riegler für den Diskurs um Synästhesie insgesamt notiert: „In den Fokus gerät damit etwas Paradoxes: Was einerseits in der automatenhaften Stumpfsinnigkeit reflexartiger intermodaler Kopplung nachgerade dafür prädestiniert ist, selbst gar nicht wahrgenommen zu werden, lenkt als beschreibbares und beschriebenes Phänomen die Aufmerksamkeit gerade reflexiv auf die Wahrnehmung zurück und bringt sie in den Blick." (Rieger 2008: 73). Wie Volker Rohloff zeigt, lässt sich Synästhesie ohnehin am besten gemäß Merleau-Pontys Konzept der Korrespondenz der Sinne modellieren, das auch Brüche und Spannungen einbezieht (vgl. Roloff 2008: 19–23).

105 Allerdings geht zumindest die Bestimmung von Medienverbund durch Ewers in eine ähnliche Richtung, wenn er den Verbund definiert als ein „Hypermedia-Genre, […] bei dem die plurimediale Inszenierung von Anfang an intendiert ist" (Ewers 2006: 298).

Vorstellung der synästhetischen Wahrnehmung lässt sich hier in geringerem Maße behaupten als bei Medienkombinationen. Daneben kann die Arbeit mit symmedialen Lernarrangements die ästhetische Erfahrung der einzelnen Kunstwerke verstellen. Wenn es um die synästhetische Erfahrung eines Computerprogrammes geht, das z. B. textuelle, piktorale, auditive, audiovisuelle Umsetzungen eines ursprünglichen, literarischen Werkes bietet, muss die Frage gestellt werden, ob hier nicht vom didaktischen Setting aus ein neues Werk im Sinne einer Medienkombination entsteht, das die Schüler:innen ästhetisch rezipieren, statt einen Zugriff auf eines oder mehrere der einzelnen Werke erfahren zu können. Es mag sein, dass nun die Konvergenz das kulturgeschichtlich Neue ist und die gegenwärtige Medienkultur dazu tendiert, die Einzelmedien zunehmend zu vermengen, allerdings stellt sich die Frage, ob es sich hier nicht um einen Fall der von Wolfgang Welsch beklagten „*An*-ästhetisierung" (Welsch 2003 [1990]: 13) postmoderner Gegenwartsgesellschaft handelt, bei der zwar ästhetische Gestaltungen verwendet werden, um Stimmungen und Atmosphären zu kreieren, die gestalterischen Elemente als solche aber gar nicht wahrgenommen werden sollen. So wären Medienverbünde beispielsweise auf die Multiplizierung von Konsummöglichkeiten ausgerichtete Konglomerate, bei denen es nicht mehr darauf ankommt, ob die Rezipient:innen die Gestaltungen eines Einzelmediums mit ästhetischem Blick wahrnehmen (gleichwohl das freilich möglich bleibt). Das Argument liefe dann auf einen naturalistischen Fehlschluss hinaus. Während der symmediale Ansatz sich durch die Anpassung des Unterrichts an mediengeschichtliche Phänomene der Gegenwart definiert, weist der intermediale eine klare Zielperspektive auf, die in der Vermittlung medialer Unterschiede und der Schärfung der ästhetischen Wahrnehmung liegt. Michael Baum, der den symmedialen Ansatz allerdings für ein „vielversprechendes Konzept" und eine mögliche Konkurrenz zum intermedialen hält, weist noch auf das Problem hin, das der stetige Fokus auf mehrere Medien bietet, weil intermediale Bezüge z. B. aus dieser Warte überhaupt nicht erklärt werden können (vgl. Baum 2006: 286).[106]

3.2 Für eine transmediale Herangehensweise

3.2.1 Begriffsklärung „Transmedialität"

Hier soll nun ein Konzept des transmedialen Deutschunterrichts entwickelt werden, das auf dem intermedialen Ansatz aufbaut, diesen aber radikalisiert. Dazu

---

106 Zum Roman *Tschick* im intermedialen und im symmedialen Deutschunterricht vgl. Hodson/ Sieber 2015: 261–265.

ist zunächst zu erklären, was unter „Transmedialität" überhaupt verstanden wird und in welchem spezifizierten Sinne der Begriff in dieser Arbeit verwendet wird. Als Ausgangspunkt für diese Frage sei noch einmal Rajewskys bereits in der Einleitung zitierte Definition aufgriffen. Rajewsky versteht darunter „[m]edienunspezifische Phänomene, die in verschiedenen Medien mit den dem jeweiligen Medium eigenen Mitteln ausgetragen werden können, ohne daß hierbei die Annahme eines kontaktgebenden Ursprungsmediums wichtig oder möglich ist" (Rajewsky 2002: 13 (Grafik). Sie spricht auch von „medienunspezifischen ‚Wanderphänomene[n]'" (ebd.: 12) und nennt als Beispiele das Auftreten eines Stoffes – etwa eines Mythos oder einer Legende – in verschiedenen Medien, die Umsetzung einer bestimmten Ästhetik bzw. eines Diskurstyps wie etwa der Parodie in unterschiedlichen Medien (vgl. ebd.: 12f).[107]

In diesem Sinne lassen sich ganz verschiedene Phänomene als transmediale beschreiben: Neben Mythen und Sagen treten auch einzelne Sujets, Motive und Topoi medienübergreifend auf und können zwischen Medien umherwandern. Einen *locus amoenus* beispielsweise kann man ebenso gut malen wie beschreiben, Wasserleichen begegnen u. a. in der Lyrik Brechts, Heyms oder García Lorcas, auf einem präraffaelitischen Gemälde John Everett Millais' (hier wiederum mit Bezug auf Shakespeares Ophelia), in der Musik, Musikvideos (beispielsweise *Where the wild roses grow* von Kylie Minogue und Nick Cave), in Graphic Novels und Filmen (oft wieder angelehnt an die Darstellung bei Millais).

Bönnighausen führt noch Key Visuals als mediendidaktisch relevantes Transmedialitätsphänomen an. Diese lassen sich als „in höchstem Maße konventionalisierte, gezielt durch visuelle Prägnanz Emotionalität evozierende Einheiten" (Bönnighausen 2019: 143) in konzeptioneller Nähe zu Topoi und Motiven einordnen, sind aber keinesfalls damit deckungsgleich. Denn bei diesem Konzept wird zum einen der Aspekt der Visualität betont, zum anderen spielt das kulturelle Gedächtnis eine Rolle, in dem sich solche Bilder verankern und wieder abgerufen werden können.

---

107 Hingewiesen sei noch darauf, dass über das genaue Verhältnis von Transmedialität und Intermedialität Dissens herrscht. Während Rajewsky die Transmedialität aus der Intermedialität exkludiert, ordnet Wolf sie dieser als ein Teilbereich unter (vgl. Wolf 2002a; 2014: 25–27), was man allerdings im Mindesten als kontraintuitiv bezeichnen kann (vgl. Thon 2016:13). Da diese Debatte jedoch ohne konkrete analytische Konsequenzen rein auf begrifflicher Ebene verbleibt und für die vorliegende Arbeit keinen großen Ertrag bringt, sei sie hier nicht weiterverfolgt.

Aber nicht nur einzelne Motive und Ähnliches, auch größere kulturhistorische Entwicklungen breiten sich durch mehrere Medien aus, sodass auch die meisten kulturgeschichtlichen Strömungen als transmediale Phänomene zu erfassen sind. Wolf nennt die Empfindsamkeit im 18. Jahrhundert als Beispiel (vgl. Wolf 2019: 32), er könnte aber auch fast alle anderen Strömungen sowie, wenn man es so nennen will: Epochen anführen.[108]

Immer wieder betont wird vor allem die Transmedialität von Narration bzw. Narrativität (v. a. nebst anderen Mahne 2007, Thon 2016, Friedmann 2017). Marie-Laure Ryan bezeichnet Narration daher als sich in verschiedenen Medien manifestierende „universal structure" (Ryan 2001: 581), Bönnighausen als „transmediale Universalie" (Bönnighausen 2019: 139).[109] Dass Narration ein Phänomen ist, das sich in verschiedenen Medien manifestieren kann, liegt dabei auf der Hand, dass dabei die je eigenen darstellerischen Mittel eines Mediums ergriffen werden, ebenso. Weniger aufgegriffen wird Rajewskys Wandermetapher, die für ihre Definition aber ohnehin nicht zentral ist.

So wie Narration und Narrativität insgesamt dem Bereich der Transmedialität zuzuschlagen sind, lassen sich einzelne Bereiche des Narrativen transmedial untersuchen. Jan-Noël Thon beschäftigt sich bei seiner Untersuchung der Transmedialität des Narrativen mit drei Aspekten: der Storyworld, der Erzählinstanz [narrator] und der Darstellung von Subjektivität (vgl. Thon 2016). Diverse transmediale „Elemente des Narrativen" führt Joachim Friedmann auf, wobei er allerdings tendenziell unsystematisch vorgeht und Phänomene nebeneinanderstellt, die auf gänzlich verschiedenen Ebenen zu verorten sind und teilweise nicht einmal in den Bereich der Narratologie fallen, die Sinnproduktion durch Basisoppositionen etwa, die nichtnarrative Gestaltungen in gleichem Maße betrifft.[110] Andere Elemente sind unter anderem die Handlung durch Konflikt, die Emotionalität, Figuren oder Wendepunkte.

Dass Narrativität ein transmediales Phänomen bzw. eine transmediale Universalie ist, bildet natürlich die Grundlage des Medienwechsels von Erzählungen,

---

108 Vor diesem Hintergrund könnte es für den Deutschunterricht übrigens bereichernd sein, wenn man schon an Epochenmodellen festhalten will, transmediale Aspekte mit einzubeziehen. Bei der Erarbeitung der metrisch strikten Gedichtform Sonett in einer Unterrichtsreihe zur Lyrik des Barocks ließen sich beispielsweise Querbezüge zu formstrenger Barockmusik, zum Gesellschaftstanz des Menuetts sowie zu geometrisch angelegten Barockgärten und -schossanlagen eröffnen.

109 Dabei nimmt sie Bezug auf Achim Hölters Verortung von *supramedialem* Erzählen „auf der Ebene ästhetischer Universalien" (Hölter 2011: XV).

110 Vgl. hierzu auch meine Rezension: Althüser 2018.

wie Literaturverfilmungen sie darstellen. Nur dadurch ist es möglich, dass eine Story von einem Medium in ein anderes transponiert wird; die in Kapitel 2.2.2 entwickelte Dichotomie von transmedialer Story und medial konkretem Discourse findet hier ihre Grundlage und dadurch die Möglichkeit, „in größerem Umfang narrative Strukturen und Motive" zu übernehmen, wie es in Kapitel 2.2.4 in der Definition von Literaturverfilmung hieß.

3.2.2 Transmedialität und Verfilmungen

Die Literaturverfilmung war oben (Kap. 2.2.2) als Phänomen intermedialer Intertextualität beschrieben worden und wird auch sonst in der Forschung in der Regel als Intermedialitätsphänomen beschrieben, eben eines des intermedialen Medienwechsels nach Rajewsky.[111] Man könnte sogar behaupten, dass Literaturverfilmungen das prominenteste Beispiel von Medienwechsel und Intermedialität überhaupt darstellen. Eine transmediale Herangehensweise vorzuschlagen, mutet daher zunächst kontraintuitiv an und bedarf einer Erklärung. Allerdings ist die Zuordnung gar nicht so klar, da auch die Rezeptionshaltung eine Rolle spielt und die Grenze zur Transmedialität mitunter fließend sein kann (vgl. Rösch 2004: 71, Kammerer 2014: 247). Sicher nicht zuletzt aufgrund dieser beiden Tatsachen sprechen Kepser und Abraham in einem Atemzug vom „inter- und transmedialen Vergleich" (Kepser/ Abraham 2016: 217), wenn es um die Erarbeitung medialer Spezifika an Phänomenen des Medienwechsels geht.

Dass die Rezeption von Bedeutung ist, wenn es darum geht, Phänomene als inter- oder transmedial zu erfassen, zeigt sich bereits bei Rajewsky selbst, wenn sie erklärt, als sie das Verfahren der Parodie den transmedialen Phänomenen zuordnet, dieses sei „zwar im literarischen Medium entwickelt und paradigmatisch verwirklicht worden" (Rajewsky 2002: 13), ein Ursprungsmedium ist also erkennbar, die Tatsache spielt aber für die Rezeption von Parodien keine Rolle mehr. Weiter heißt es,

ein Film oder ein Gemälde [könne] auf biblische Stoffe oder auch auf Mythen und Legenden rekurrieren, ohne daß diese als an ein bestimmtes Ursprungsmedium gebunden rezipiert würden. Ein solcher Film und ein solches Gemälde nehmen also nicht *per definitionem* auf die Bibel oder auf mythologische Erzählungen in deren Eigenschaft als Texte Bezug, sondern in vielen Fällen schlicht auf bestimmte Stoffe, die unabhängig des Ursprungsmediums im kollektiven Gedächtnis der Zeit verankert sind (ebd.).

---

111 Es gibt indes auch deutlich von Rajewsky abweichende Typologien, die Literaturverfilmungen etwa *per se* unter Transmedialität fassen (vgl. bspw. Herlinghaus 1994: 19, vgl. ferner die Definition in Rösch 2004: 71).

Auch hier ist also die eigene Rezeptionsweise bedeutsam. Gerade das Bibelbeispiel macht das deutlich, da hier der Prätext, die Bibel, offensichtlich identifizierbar ist. In der christlichen Tradition stehende bzw. sich mit dieser auseinandersetzende Kunstwerke können jeweils für sich oder vor dem Hintergrund anderer, dieselben Geschichten und Motive aufgreifender Kunstwerke gelesen werden, es ist aber immer auch möglich, den direkten Bezug zur Bibel zu eröffnen.[112] Auch beim Umgang mit Parodien sind Rezeptionsweisen denkbar, bei denen es von Bedeutung ist, dass es sich ursprünglich um ein literarisches Verfahren handelt; es wäre nur eine sehr ungewöhnliche Herangehensweise. Schon an Rajewskys Beispielen lässt sich somit zeigen, dass Intermedialität und Transmedialität Phänomene mit unscharfen Rändern und einem großen Grenzbereich sind, in denen es eine Frage der jeweiligen Lesart ist, wie man einen konkreten Fall einordnet.[113]

Auch bei der Definition von Literaturverfilmung war in Kap. 2.2.4 bereits mit Bezug auf Hutcheons Dichotomie von Text und Werk betont worden, dass sich Literaturverfilmungen in ein Verhältnis intermedialer Intertextualität stellen lassen, man dies aber nicht unbedingt machen muss. Lediglich Literaturverfilmungen im engeren Sinne legen diese Lesart nachdrücklich nahe. Die Ähnlichkeiten, die die besagten Disney-Filme zu Shakespeare-Dramen aufweisen, sind als Randphänomen erwähnt worden, bei denen diese Lesart eher unüblich ist. Doch ob man die Filme nun intermedial als Literaturverfilmungen interpretiert oder nicht, transmedial haben sie an ähnlichen Stoffen, Motiven und Handlungsstrukturen Anteil. Noch klarer lässt sich das wiederum für Mythenfilme wie Pasolinis MEDEA oder Reitz' DAS GOLDENE DING behaupten, die man

---

112 Um ein Beispiel aus der bildenden Kunst zu geben: Die zentrale Zeigegeste auf Pablo Picassos Gemälde *La Vie* (1903) lässt sich interpiktoral vor dem Hintergrund anderer Gemälde mit dem ikonografischen Motiv des *Noli me tangere* erschließen, wobei man es als avantgardistisch-modifizierende Auseinandersetzung mit dem entsprechenden Gemälde Antonio da Correggios (ca. 1518) verstehen kann, oder mit direktem intermedialen Bezug auf das Johannesevangelium lesen als Ausdruck nietzscheanischer Selbstvergöttlichung des Künstlers. Natürlich lässt sich das Bild drittens gänzlich ohne Bezug auf irgendwelche Prätexte interpretieren, etwa tiefenpsychologisch als eine Darstellung der Schwierigkeit, sich von Mutter und Elternhaus abzulösen und abzugrenzen. Zu diesem Gemälde, den Schwierigkeiten, es zu deuten, und seinen verschiedenen bisherigen Deutungsmöglichkeiten vgl. Becht-/Wehmeier 2003.

113 Gudrun Marci-Boehncke hat ebenfalls bereits darauf hingewiesen, dass Intermedialität stets auch ein Konstrukt auf Rezipient:innenseite ist (vgl. Marci-Boehncke 2008: 87–90).

intermedial auf konkrete Vorlagen wie Euripides' Tragödie beziehen kann, aber ebenso als Bestandteil des transmedialen Mythendiskurses betrachten muss. Legen also engere Verfilmungen eine intermediale Lesart nahe, handelt bei den Verfilmungen im weiteren Sinne werkgenetisch zwar weiterhin um ein intermediales Verhältnis, das den wenigsten Rezipient:innen aber überhaupt bekannt sein dürfte, bei Bekanntheit natürlich intermedial rezipiert werden kann; dennoch ist hier die Grenze zur Transmedialität wieder fließend. Und selbstverständlich müssen auch Verfilmungen im engeren Sinne nicht notwendig intermedial gelesen werden.

Daneben ist oben festgestellt – und kritisiert – worden, dass Typologien von Literaturverfilmungen (Wagner, Kreuzer, Schanze) diese häufig anhand ihres Grades an Werktreue systematisieren, dabei aber die freieren Adaptionen als ästhetisch höherwertiger einstufen. Erstaunlich ist, dass gerade die hier bevorzugten Adaptionstypen transmediale Lesarten nahelegen und der Grad an Präferenz für intermediale Lesarten entlang der anderen Typen relational zunimmt.[114]

Auch im Falle von Franchises bzw. Medienverbünden stellt sich diese Frage. Nimmt man den Harry-Potter-Verbund als Beispiel, liegt in historischgenealogischer Perspektive eindeutig ein Fall von Intermedialität vor, da sich der Verbund ausgehend von einem Ursprungsmedium, der ab 1997 erschienenen Kinderbuchreihe von Joanne K. Rowling, durch eine Reihe von Medienwechseln gebildet hat. Geht man allerdings von tatsächlichen Rezeptionsweisen aus, bleibt mit Ewers zu konstatieren, dass die „mediale Einstiegsversion" für viele heutige Kinder- und Jugendliche die Filmreihe ist und dass sicher einige Rezipient:innen neben dem Film noch weitere Medienangebote wie etwa Videospiele, LEGO-Spielzeug, Hörmedien oder Theaterstücke wahrnehmen, die Bücher selbst aber nicht lesen. Ebenso ist die Rezeptionshaltung denkbar, dass die Bücher als *eine* Umsetzung des Stoffes unter vielen gelesen werden, ohne sich überhaupt darum Gedanken zu machen, ob es sich um das Ursprungsmedium handelt. Um zu sagen, ob diese Herangehensweise tatsächlich vorkommt, wäre natürlich empirische Evidenz vonnöten, bei anderen Verbünden lässt sich dieses Phänomen aber bestätigen. Daneben fällt die Intermedialität zum Ursprungsmedium bei wachsenden Verbünden zunehmend indirekt aus. So beziehen sich die Rico&Oskar-Comics nicht direkt auf das Buch, sondern stellen Adaptionen der Rico-Oskar-Animationsfilme dar, die im Rahmen der Sendung mit der Maus im WDR gezeigt wurden und ihrerseits kurze Fortsetzungen der Buchreihe

---

114 Vor diesem Hintergrund ist es aber konsequent, dass Kreuzer die *Aneignung von literarischem Rohstoff* eben nicht mehr als Verfilmung bezeichnet wissen will.

darstellen. Nicht zuletzt muss man festhalten, dass das variierende Wiedererzählen im Rahmen von Medienverbünden dem Verfahren mythischen oder legendenhaften Erzählens nicht unähnlich ist, mit dem einzigen Unterschied, dass das Ursprungsmedium noch identifizierbar ist, dem man aber vielleicht nicht zu viel Bedeutung beimessen sollte, wenn das in der gewöhnlichen Rezeption auch nicht unbedingt der Fall ist. Trotz deutlich erkennbarem Ursprungsmedium scheint es also vertretbar, Medienverbünde als transmediale Phänomene zu erfassen, so wie Klaus Maiwald bezüglich der medialen Adaptionen von Michelangelos David-Plastik festhält: „Obwohl hier ein Ursprungsmedium identifizierbar ist, könnte auch die Allgegenwart des ‚David' als transmedial gelten." (Maiwald 2019: 11)

Wenn es mitunter eine Frage der eingenommenen Lesart ist, ob Verfilmungen sowie die anderen angesprochenen Phänomene als inter- oder als transmedial rezipiert werden, gilt erst recht für didaktische Settings, dass beide Zugriffe möglich sind, dass ein Deutschunterricht sich aus einer inter- und einer transmedialen Perspektive an Literaturverfilmungen annähern kann, je nachdem ob die Eigenheiten des Medienwechsels oder ob das Gemeinsame der narrativen Grundlage betont werden, ohne die beiden in Vergleich stehenden Werke auf ein Rezeptions- und Ableitungsverhältnis festzusetzen.

3.2.3 Verfilmungen im transmedialen Deutschunterricht

Zwei erste Ansätze für transmediale Herangehensweisen im Deutschunterricht stammen von Marion Bönnighausen und Ingo Kammerer. Dass Bönnighausen neben ihren Arbeiten zum intermedialen Deutschunterricht auch ein Konzept transmedialen Deutschunterrichts vorlegt, überrascht nicht, wenn man die Unschärfen und Überschneidungen der beiden Termini betrachtet, und bedenkt, dass zumindest gemäß Wolfs Systematik Transmedialität sogar als Teilbereich von Intermedialität gilt. In der Auseinandersetzung mit transmedialem Erzählen im Bilderbuch betont sie die Universalität des Narrativen und schließt an transmediale Konzepte an, da diese „weniger kontrastive Beobachtungen der medialen Parameter und ihrer jeweiligen Spezifik bzw. auch Übergängigkeit in den Mittelpunkt [stellen], sondern die Art und Weise, wie verschiedene Medien querliegende Strukturen umsetzen" (Bönnighausen 2019: 139). Neben dem Narrativen gilt ihr Augenmerk den bereits erwähnten Key Visuals. Diese sollen einen Anschluss der Bilderbuchlektüre an die visuellen Wissens- und Erfahrungsbestände der Schüler:innen gewährleisten. So wird dargestellt, dass etwa eine Fluchtszene in *Herr Schnuffels* zu hyperkulturell erzeugten Bildern aus dem Themenfeld Flucht oder Key Visuals aus den Wissensbeständen der

Schüler:innen in Beziehung gesetzt werden kann, bei *Wo ist mein Hut?* sollen Key Visuals abgerufen und auf die Bilderbuchdarstellung bezogen werden, die im Zusammenhang mit philosophischen Fragen über Recht/Unrecht, Lüge, Gewalt und Selbstjustiz zu verorten sind (vgl. ebd.: 146–148).

Einen ersten Entwurf zu einer transmedialen didaktischen Auseinandersetzung mit Literaturverfilmungen legt Ingo Kammerer mit einer Erarbeitung von Friedrich Dürrenmatts *Das Versprechen* und dessen Verfilmungen vor, die er als „kleinen […] Medienverbund" (Kammerer 2014: 248) auffasst. Auch Kammerer geht von einer gewissen Unschärfe der Begriffe Inter- und Transmedialität aus, da auch medienunspezifische Wanderphänomene Medienwechsel voraussetzen. Unter diese Phänomene subsumiert er dabei „Stoffe, Motive, Figurentypen und – konstellationen, Handlungsmuster, Narrationskategorien, Gattungs- und Genremerkmale etc." (ebd.: 247f), also „genuine deutsch- resp. literaturdidaktische Inhalte" (ebd.: 247). Konkret befasst er sich bei seinem Beispiel mit der Gestaltung von Wendepunkten, also einer narrativen Kategorie. Lassen sich Inter- und Transmedialität also sachanalytisch nicht immer trennscharf differenzieren, wird hier auf der Ebene des didaktischen Zugriffs unterschieden. Ein intermedialer Literaturunterricht fokussiert an Phänomenen der Intermedialität wie u. a. dem Medienwechsel die jeweiligen medialen Spezifika, während ein transmedialer Literaturunterricht an Phänomenen des Medienwechsels das Unspezifische, die transmedialen Universalien wie Handlungsmuster u. Ä. in den Blick nimmt. Eine vollständige ‚media blindness' strebt er freilich nicht an, denn dann ließe sich fragen, warum überhaupt mehrere Medien eingesetzt werden müssen, statt die Phänomene rein intramedial zu erarbeiten. So räumt er ein, dass zu der „transmedialen Stoffbewegung und -wandlung" auch „die Analyse intermedialer Wechselphänomene" und der „Bedingungen medienspezifischer Narration" (ebd.: 264) hinzuzuzählen seien.

Mein Vorschlag für einen transmedialen Deutschunterricht in Bezug auf Literaturverfilmungen betont wie Bönnighausen die Universalität des Narrativen und schließt darüber hinaus an Kammerers Überlegungen an. Das transmediale Herangehen verstehe ich dabei als eines, das in Bezug auf Literaturverfilmungen weniger die Frage fokussiert, wie die Literaturverfilmung als Literaturverfilmung ihren literarischen Prätext produktiv rezipiert, als eines, das beide Werke als Umsetzungen derselben abstrakten Story in verschiedenen Medien ansieht, deren Vergleich daher Aufschluss sowohl über die Transmedialität eben dieser abstrakten Story bzw. des Erzählens überhaupt als auch über die jeweils medienspezifische Umsetzung und damit – ebenso wie im intermedialen Literaturunterricht nach Bönnighausen – die jeweilige Medialität gibt. An zwei medialen Ausgestaltungen derselben abstrakten Story werden Gestaltungsweisen

unterschiedlicher Medien erfahr- und analysierbar. Damit wird auch unterrichtlich erschließbar, inwieweit – gemäß dem Diktum „The medium is the message" – einerseits Bedeutung, andererseits Wirkung durch das jeweilige Medium
bedingt wird. Mit Nicole Mahne lässt sich sagen: „Speziell der Medienwechsel
zwischen den Erzählgattungen, die auf ungleichen Zeichensystemen beruhen,
lässt die Auswirkungen der Form auf den Inhalt sinnfällig werden" (Mahne
2007: 126).

   Unter transmedialer Perspektive spielt also, wie Wolf schreibt, „für den
Beobachter eine mögliche medienspezifische Quelle keine Rolle, sondern nur
die Tatsache, dass dieses in mehreren Medien vorkommen kann und so den
Medienvergleich anregt." (Wolf 2019: 32) Transmedial mit Literaturverfilmungen umzugehen, heißt also, Text und Film als zwei konkrete ästhetische
Bearbeitungen auf Basis derselben transmedialen Story zu rezipieren und nicht
als Text und dessen intertextuelle Umsetzung in einem neuen Medium. Dass
historisch-genetisch ein Werk vor dem anderen entstanden ist und die Entstehung des anderen bedingt hat, spielt vor diesem Hintergrund keine Rolle. Der
so verstandene transmediale Umgang mit Adaptionen ist daher auch nicht der
traditionellen Reihenfolge verpflichtet, zunächst das Buch und dann die Verfilmung zu behandeln. Welche Vor- oder Nachteile eine Umkehr der unterrichtlichen Rezeptionsreihenfolge mit sich bringen könnte, soll daher in Kap. 5.2.3
noch diskutiert werden.

   Eine Thematisierung von Literaturverfilmungen unter transmedialem Vorzeichen blendet das historische Nacheinander der beiden Gestaltungen also methodisch aus. Anstatt die Frage zu stellen, wie die Literaturverfilmung die Handlung
des Romans umsetzt – erst recht nicht, wie adäquat oder werkgetreu sie sich
zur Vorlage verhält –, bezieht sie beide Kunstwerke auf die ihnen zugrunde liegende abstrakte, transmediale Story. Es geht also darum, Text und Film weniger
im Verhältnis von Vorlage und Bearbeitung zu sehen, denn als zwei konkrete
Umsetzungen der transmedialen Story in verschiedenen Medien. Selbstverständlich ist, wie oben bereits dargestellt wurde, diese transmediale Story ein
Konstrukt, das erst in der Rezeption aus beiden Werken entsteht und kein den
tatsächlichen Ausarbeitungen vorgelagertes Eidos. Auch ist zu beachten, dass
nicht alle Unterschiede in den beiden Umsetzungen medial bedingt sind, was in
den Ausführungen über Literaturverfilmungen bereits deutlich wurde.

   Literaturverfilmungen als Standardfall des Medienwechsels bieten sich
für ein medienvergleichendes Herangehen besonders an. So heißt es bei Maiwald: „Was Film ist und kann, das wird besonders gut erfahrbar im Vergleich
zu dem, was Schriftliteratur ist und kann" (Maiwald 2015: 23), wobei sich noch
hinzufügen lässt, dass sich auch, was Schriftliteratur ist und kann, besonders

gut im Vergleich erfahren lässt. Wieser bezieht die Ebene der Rezeption mit ein: „Adaptionen bieten die Möglichkeit, im Abgleich verschiedener Medien die sonst oft implizit verbleibenden durch die jeweilige mediale Materialität beding-ten Rezeptionsprozesse zu reflektierten (Wieser 2016: 96f).[115] Aber ebenso wie mit Literaturverfilmungen kann im transmedialen Deutschunterricht auch mit anderen Adaptionen umgegangen werden, die Literaturverfilmung wird hier nur als ein – gerade auch im bisherigen Deutschunterricht – sehr präsentes Beispiel exemplarisch herausgegriffen.

Denkbar ist zudem ebenso das umgekehrte Verhältnis, bei dem ein Film als Buch adaptiert worden ist, was allerdings deutlich seltener der Fall ist, zumin-dest, wenn man anspruchslose Tie-in-Novelisationen von Erfolgsfilmen im Tri-vialliteratursegment beiseiteläst. Es finden sich aber durchaus beachtenswerte Ausnahmen.[116] Wenn das zeitliche Nacheinander keine Rolle spielen soll, kein Verhältnis von Original und Ableitung aufgebaut werden, gibt es auch keinen Grund, einen Unterschied zwischen Filmen mit Novelisationen sowie zwischen Büchern mit Verfilmungen zu behaupten. Ebenso wie Franchises können medial spezifische Umsetzungen von Mythen und Sagen im transmedialen Deutsch-unterricht verglichen werden oder eben statt gesamter Erzählkunstwerke die medial unterschiedliche Umsetzung einzelner transmedialer Motive und Sujets wie das oben angesprochene Wasserleichenmotiv.[117]

---

115 Auch Abraham betont die medienspezifischen „Rezeptionsmodi" in seinen Ausfüh-rungen zum poetischen Verstehen (vgl. Abraham 2010: 12, ferner Punkt (6) ebd.: 17).

116 Zu nennen wäre hier zum Beispiel Friedrich Dürrenmatts *Das Versprechen. Req-uiem auf dem Kriminalroman* (1958) auf Grundlage seines Drehbuchs zum Film Es GESCHAH AM HELLLICHTEN TAG (R: Ladislao Vajda, 1958) sowie Thomas Brussigs *Am kürzeren Ende der Sonnenallee* (1999) ebenfalls nach dessen eigenem Drehbuch für den Film SONNENALLEE (R: Leander Hausmann, 1999). Ein interessantes Beispiel aus der jüngeren Gegenwart findet sich in Quentin Tarantinos Roman *Once upon a time in Hollywood* (2021) nach seinem gleichnamigen Film von 2019, der beträcht-liche Unterschiede zu diesem aufweist, da Tarantino ein gutes Gefühl dafür zu haben scheint, was in den jeweiligen Medien am besten funktioniert, und in dem sich dar-über hinaus einige Passagen als Reflexionen eben über die unterschiedlichen media-len Möglichkeiten von Film und Buch lesen lassen. Zum Fall von Morthon Rhues im Deutschunterricht vielthematisierten Jugendbuch *Die Welle*, das 1981 als Buch zum gleichnamigen Film von Alexander Grasshoff erschien, vgl. Kepser/ Abraham 2016: 125f.

117 Ebenfalls dem transmedialen Deutschunterricht zuzuordnen wären Vorschläge, statt klassisch einen literarischen Text und seine Verfilmung zu vergleichen, mediale

Was indes Franchises bzw. Medienverbundsysteme betrifft, kann die Gefahr bestehen, dass die der Einbezug vieler Einzelmedien die Aufmerksamkeit für die Einzelmedium schwächt, wie es auch für die intermediale Lektüre nach Iris Kruse festgestellt wurde. Daher ist es ratsam, bei der Arbeit mit Verbundmedien aus größeren Verbünden eine Auswahl zu treffen und nur zwei bis drei Medien einzubeziehen, was in dieser Arbeit mit der klassischen Kombination Buch und Verfilmung versucht wird. Eine Alternative, die ebenfalls der Reduktion von Komplexität und damit der Bündelung der Aufmerksamkeit dient, bestünde im fokussierten Arbeiten etwa an einem Motiv in verschiedenen Medien statt dem Vergleichen ganzer narrativer Gestaltungen.

Freilich gibt es Gemeinsamkeiten zwischen dieser transmedialen Herangehensweise und den vorherigen mediendidaktischen Konzeptionen, insbesondere zum intermedialen, als dessen Radikalisierung er oben schon bezeichnet wurde. Mit dem intermedialen Deutschunterricht teilt sich der transmediale in dem hier verstandenen, auf die Thematisierung von Narrativität in verschiedenen Medien abzielenden Sinne zunächst den integrativen Medien- und Kunstbegriff.[118] Damit einher geht ein Fokus auf Ästhetik, ästhetische Gestaltung sowie deren mediale Bedingtheit. Der transmediale Deutschunterricht befasst sich mit der medial spezifischen ästhetischen Ausprägung narrativer Gestaltungen sowie deren je unterschiedlicher phänomenaler Wirkung und Semantik. Der Möglichkeit, an verschiedenen Erzählmedien ästhetische Erfahrungen zu machen, wird Platz eingeräumt, diese ästhetischen Erfahrungen sowie deren mediale Bedingungen werden im Anschluss reflektiert. Der transmediale Deutschunterricht, so wie er hier vertreten werden soll, teilt sich also ebenfalls das Augenmerk auf mediale Differenzen mit dem intermedialen und die Frage, wie es bei Bönnighausen heißt, „wie die einzelnen Kunstformen aufgrund ihrer spezifischen

---

Unterschiede in der vergleichenden Rezeption von Werken ähnlicher Inhalte (Rudloff 2002) oder Formen (Schönleber 2006) zu erarbeiten.

118 Selbstredend sind andere Konzeptionen transmedialen Deutschunterrichts denkbar. Es ließe sich etwa die Darstellung eines Nachrichtenereignisses in verschiedenen Nachrichtenmedien verfolgen und unter der Fragestellung vergleichen, wie die jeweilige Medialität die Darstellung des Ereignisses affiziert. Hier bietet sich sogar eine große Chance zum Aufbau kritischer Medienkompetenz, indem bewusst gemacht wird, dass auch Nachrichten nicht einfach Realität wiedergeben, sondern – man denke an Luhmanns oben zitierten Buchtitel – Realität schaffen. Da in dieser Arbeit indes die Transmedialität von Narration und die transmediale Story in das Zentrum gestellt werden, werden solche Überlegungen im Rahmen dieser Arbeit nicht weiterverfolgt.

medialen Materialität ihre ästhetischen Äußerungen gestalten" (Bönnighausen 2006, S. 200f).[119]

Was die sogenannte intermediale Lektüre Kruses betrifft, lässt sich ohnehin die Frage stellen, ob man dieses Vorgehen nicht ebenso gut als transmedial bezeichnen kann. Schließlich weist sie einen starken Bezug auf Medienverbundsysteme bzw. Franchises auf, während die Chronologie und Rezeptionsbezüge zwischen den Gestaltungen hier ebenfalls keine Rolle spielen.

Mit dem symmedialen Ansatz gemein hat der transmediale, dass handlungs- und produktionsorientiertes Herangehen nicht ausgeschlossen sein muss; es stellt sich indes die Frage, ob Handlungs- und Produktionsorientierung denn aus intermedialer Perspektive unbedingt ausgeschlossen ist oder ob sie nur einfach in den bisherigen Konzeptionen nicht beachtet wurde, aber durchaus denkbar wäre. Auf den ertragreichen Einbezug von handlungs- und produktionsorientierten Verfahren wird unten in Kapitel 5.2.4 noch am konkreten Fall von Literatur und Verfilmung eingegangen. Denn zentral ist, dass alle eingesetzten Verfahren und Methoden auf die Zielperspektive des transmedialen Deutschunterrichts abgestimmt sind.

Was die Ziele transmedialer Thematisierung von Literaturverfilmungen betrifft, steht erstens die medial spezifische Ästhetik im Zentrum, lassen sich die spezifischen Gestaltungsmittel, mit denen verschiedene Kunstmedien ihre ästhetischen Äußerungen tätigen, vergleichen anhand der transponierten transmedialen Story, die die Medien teilen. Wie beim intermedialen Ansatz geht es um sinnliche und analytische Erfahrung von Mediendifferenz. Zweitens rückt der Zusammenhang von Medialität und Bedeutung in den Fokus und die Frage, inwiefern sich Buch und Verfilmung durch mediale Gegebenheiten notwendig in ihrer Aussage bzw. Buch und Film in ihren Aussagemöglichkeiten unterscheiden. Schließlich stehen verschiedenen Kunstmedien je verschiedene Gestaltungsmittel zur Verfügung und diese bestimmen die Bedeutung mit. Dass Medialität die jeweils getätigten Aussagen entscheidend mitprägt, war anfangs des Kapitels mit Bezug auf McLuhan schon angesprochen worden. Hier überhaupt methodisch

---

119 Dies ist freilich nicht selbstverständlich, könnte man doch argumentieren, dass der Begriff „transmedial" etwa bei Rajewsky eben das medial *nicht* Spezifische, das Supramediale bezeichnet. Der reine Fokus auf Medienübergreifendes, ohne dessen konkrete Materialisierungen mitzudenken, scheint für den Deutschunterricht jedoch wenig ertragreich. Eine Mediendidaktik, die Medialität nicht mitreflektiert, scheint mir eine Contradictio in Adjecto darzustellen. Zudem fiele die reine Thematisierung von Übermedialem, ohne dessen konkreten Realisierungsbedingungen einzuholen, tatsächlich einem vulgärplatonischen Idealismus anheim.

zu trennen, stellt bereits wieder mit Elliott eine Häresie gegen den akademischen Konsens dar. Und nicht nur die Bedeutung ändert sich, auch die Wirkung auf die Rezipient:innen unterscheidet sich notwendig stark. Das hängt freilich wieder mit dem ersten Punkt, der medial spezifischen Ästhetik zusammen. Für unterrichtliche Zusammenhänge muss man freilich schauen, welche Änderungen wirklich aufgrund der Medienspezifik zwingend sind und welche sich aus einem veränderten Rezeptionshorizont ergeben.

Bedeutsam für die Diskussion der Medienspezifik des Mediums Film ist zudem noch eine Dichotomie von Christian Metz, der zwischen *filmischen* Codes zum einen und *kinematografischen* Codes zum anderen differenziert (vgl. Metz 1973: 34). In die Forschung zu Literaturverfilmungen wurde dieser Gegensatz bereits von Schneider und Hurst eingebracht (vgl. Schneider 1981: 97–101, Hurst 1996: 78f). Filmisch sind Hurst zufolge alle semiotischen Codes, auf die Filme zurückgreifen können, also auch sprachliche, musikalische und kulturelle. Als kinematografisch bezeichnet Hurst hingegen das filmische Bild. Ein Film ist nach Hurst „ohne sein kinematografisches Element (Bild) kein Film mehr" (ebd.: 78). Hier soll der zweite Begriff etwas weiter gefasst werden, da auch die Tonspur mittlerweile als fester Bestandteil des Mediums gelten sollte. Kinematografisch wäre dann die filmspezifische audiovisuelle Darstellung der *histoire*, also das Zusammenwirken von Kamera, Montage, Mise-en-scéne – und Toninszenierung – des Films. Vor allem aber die Sprache bliebe dabei weiter lediglich filmisch. Filmisches Erzählen muss vom Audiovisuellen ausgehend verstanden werden (vgl. Hickethier 2007: 104–106). In einer ähnlichen Modifizierung wird die Dichotomie übernommen von Kuhn, der zwischen sprachlichen und kinematografischen/ audiovisuellen Zeichen unterscheidet (vgl. Kuhn 2013: 75). Diese Unterteilung wird hier nicht übernommen, da Sprache zwar das prägnanteste Beispiel für ein filmisches Erzählmittel ist, das nicht unbedingt kinematografisch ist, allerdings nicht das einzige. So würde es sich auch bei dem Einsatz von Fotografien bzw. quasifotografischen *Freeze Frames* um ein filmisches Mittel handeln, das die Möglichkeiten der kinematografischen Darstellung unterminiert, also nicht *stricto sensu* als kinematografisch eingeordnet werden kann. Chris Markers experimenteller Science-Fiction-Kurzfilm LA JETÉE (Am Rande des Rollfelds; 1962) wäre ein Beispiel für einen Film, der als Experiment auf diese Weise bewusst seine Medialität unterläuft, da er mit einer einzigen Ausnahme lediglich aus Standbildern besteht. Für die auf mediale Spezifika abziehende Kontrastierung von Buch- und Filmmedium sind vor allem die kinematografischen Codes zentral.

3.2.4 Narratologie und Semiotik und andere Vergleichszugänge

Mit dem Bezug auf eine transmediale abstrakte Story liegt ein narratologischer Zugriff nahe, auch Kategorien für einen transmedialen Vergleich von Film und Buch lassen sich daher zunächst dem narratologischen Diskurs entnehmen. Zu ergänzen sein wird dies, da die narrative Gestaltung bei weitem nicht alle Möglichkeiten der medial spezifischen Konkretisierung einer Story umfasst, um semiotische Vergleichskategorien. So betont etwa Tonsern, dass ein rein narratologischer Vergleich die Gefahr birgt, die medialen Eigenheiten der Einzelmedien zu missachten (vgl. Tonsern 2015: 44). Die semiotische Ebene war zudem mit Ryan als eine der drei Dimensionen von Medialität identifiziert worden, für die Erfahrung und Analyse ästhetischer Gestaltungen ist sie die zentrale, gleichwohl die anderen je nach Kunstwerk unterschiedlich stark hineinspielen können.

Mit dem narratologischen Zugriff kann auf die bestehende Forschung aufgebaut werden, denn tatsächlich wählen die meisten Arbeiten, die sich bisher mit Literaturverfilmungen im Unterricht befassen, bereits narratologische Vergleichskategorien.[120] Vor allem die unterschiedlichen Möglichkeiten der narrativen Vermittlung stehen dabei immer wieder um Fokus (vgl. Volk 2004: 46–57, Staiger 2010a: 25–36, Maiwald 2015: 17f, 20). Die bisher einzige deutschdidaktische Dissertation zu Literaturverfilmungen, Susanne Kochs *LiteraturFilmUnterricht: Bewertungsgrundlagen und didaktisches Potenzial der Literaturverfilmung für den Deutschunterricht am Beispiel von Eyes Wide Shut* (2009; für eine konzise

---

120 Vor allem um das Jahr 2010 herum ist viel zu Literaturverfilmungen im Deutsch-unterricht publiziert worden, Kepser spricht daher sogar von einer „Renaissance in der Erforschung des Phänomens" (Kepser 2012a: 106) in Wissenschaft und Didaktik. Neben zwei unterrichtspraktisch ausgerichteten Monografien, Michael Staigers *Literaturverfilmungen im Unterricht* (2010a) und Klaus Maiwalds *Vom Film zur Literatur: Moderne Klassiker der Literaturverfilmung im Medienvergleich* (2015), liegen aus jüngerer Zeit eine Fülle an Einzelanalysen zu einzelnen konkreten Verfilmungen vor. Dies betrifft im Bereich des Kinder- und Jugendfilms die Verfilmungen von Kästners *Emil und die Detektive* (vgl. Erlinger 2008, Maiwald 2010, Althüser 2017a), Preußlers *Krabat* (vgl. Maiwald 2010c), Carrolls *Alice im Wunderland* (vgl. Meyer 2013), die Märchen von Hauff (vgl. Heinke 2006) und Steinhöfels *Rico, Oskar und die Tieferschatten* (vgl. Lexe 2016, Maiwald 2018). Daneben findet die Bilderbuchverfilmung in den letzten Jahren zunehmend Beachtung (vgl. Brendel-Perpina/ Abraham 2012, Staiger 2012, Kudlowski 2013, Abraham 2016: 128–132). Den Einsatz verschiedener Bücher und Bilderbücher und ihrer Verfilmungen für den Grundschulunterricht diskutiert Niklas 2016. Im Bereich der Erwachsenenliteratur sind wichtige Einzelstudien der letzten Jahre Kammerer 2006, Staiger 2011 und Kammerer 2014.

Darstellung der wichtigsten Thesen vgl. auch Koch 2010) arbeitet mit den Begriffen Stanzels.[121] Koch konzentriert sich dabei auf die Sachanalyse und möchte Lehrer:innen Kriterien an die Hand geben, „eine Verfilmung als gelungen oder weniger gelungen zu bewerten, damit diese entsprechend im Deutschunterricht eingesetzt werden kann." (Koch 2009, 277).[122] Festzustellen ist jedoch, dass ungeachtet, ob zum Zugriff auf die Ebene der narrativen Vermittlung die Ausrichtung an Stanzel oder Genette gewählt wurde, die Forschungen der postklassischen transmedialen Narratologie und der Filmnarratologie der letzten Jahre noch nicht miteinbezogen wurden.

Die narrative Perspektive[123] wird in der Regel gänzlich ausgelassen oder nur marginal behandelt. Volk geht in einem Absatz darauf ein, ohne tragfähige Kategorien anzubieten (vgl. Volk 2004: 55); Staiger spricht knapp die Möglichkeit an, zwischen objektiver und subjektiver Kamera zu wechseln (vgl. Staiger 2010a: 34f); Elisabeth K. Paefgen betont die Bedeutung der filmischen Subjektivitätskonstruktion für die Thematisierung von Literaturverfilmungen, bietet aber kein systematisches Modell an, nach dem sich diese analysieren lassen (vgl. Paefgen 2008: 33–38); Maiwald stellt in seiner tabellarischen Gegenübersetzung der Differenzen vom literarischen und filmischen Erzählen „Inneres, Reflexion"

---

121 Eine Dissertation ohne didaktische Ausrichtung aus demselben Zeitraum stammt von Stefan Volk: *Film lesen: Ein Modell zum Vergleich von Literaturverfilmungen mit ihren Vorlagen* (2010). Auch Volk nähert sich dem Gegenstand narratologisch, zum Teil ferner semiotisch, an und nutzt Genette'sche Kategorien. Leider sind die zwei Bände, die Volk unter dem Titel *Filmanalyse im Unterricht: Literaturverfilmungen in der Schulpraxis* (Bd. 1: 2004; Bd. 2: 2012) in der Unterrichtsmaterialreihe EinFach Deutsch publiziert hat, von diesem Zugriff größtenteils unabhängig gestaltet, sodass hier kein Bezug von Theorie und Praxis gegeben ist.

122 Trotz vieler guter Beobachtungen in Teilaspekten leidet die Arbeit gerade an ihrem methodischen Zugriff, da Koch sich gleich zweifach an der morphologischen Poetik orientiert und neben Stanzels Trias der Erzählsituationen auch Goethes Gattungstrias einbezieht. Ihren Anspruch, Kategorien zu finden, die den Film nicht mit literaturwissenschaftlichen Mitteln analysiert, kann sie nicht einlösen, wenn sie über ihr „Modell der Äquivalenzbildung" (ebd., 62) versucht, filmische Pendants zu den drei Erzählsituationen sowie den drei Gattungen zu finden und beispielsweise in besonderen, ästhetisch auffälligen Licht- und Farbgestaltungen lyrische Äquivalente des Films entdeckt (vgl. ebd., 266–270).

123 „Perspektive" wird in dieser Arbeit in narratologischen Zusammenhängen verwendet als Oberbegriff für die literarische Fokalisierung sowie alle Phänomene der filmischen Fokalisierung, Okularisierung und Aurikularisierung. Nicht verwechselt werden sollte dieser Begriffsgebrauch mit der Kameraperspektive.

und „Äußeres, Handlung" (Maiwald 2015: 20) gegenüber, verkennt die Möglichkeit filmischer Fokalisierung also vollkommen. Zwar räumt Maiwald selbst „normative Vergröberungen" (Maiwald 2015, 20) in dieser Gegenüberstellung ein, doch auch als Tendenz ist dieser Gegensatz schwierig aufrechtzuerhalten und entspricht vor allem vielen mit Subjektivität spielenden Filmen der Gegenwart nicht mehr. Stattdessen werden damit alte Vorurteile fortgeschrieben. Da sich bei der Perspektivdarstellung im Film somit noch einige erhebliche Defizite zeigen, soll die Perspektive in der vorliegenden Arbeit ausführlich thematisiert werden.

Wie erwähnt sollen neben narratologischen Kategorien semiotische einbezogen werden. Hier lässt sich wieder an Maiwald anknüpfen, der in der besagten Gegenüberstellung der symbolischen, abstrakten und linearen Sprache die ikonische, konkrete und synthetische Ausdrucksweise des Films entgegensetzt (vgl. Maiwald 2015: 16f, 20). Dass semiotische Kategorien sich zum Vergleich verschiedener narrativer Medien eignen, betonen auch Kepser und Abraham (vgl. Kepser/ Abraham 2016: 124).[124] Maiwalds unter anderem an der Zeichentheorie von Pierce ausgerichteter Ansatz kann dabei mit leichten Modifikationen fortgeführt werden. Die semiotisch-strukturalistische Ansätze vornehmlich französischer Provenienz eignen sich für das auf mediale Spezifika abzielendes Arbeiten der hier vertretenen transmedialen Konzeption weniger. Semantische Oppositionen, eine auf Grenzüberschreitungen basierende Raumsemantik und Ähnliches lassen sich medienübergreifend finden.

Da es rein um die Analyse und Erfahrung der spezifischen Medialität gehen soll, werden kontextuelle, werkexterne Aspekte in dieser Arbeit ausgeblendet, die in der Didaktik von Literaturverfilmungen sonst noch eine große Rolle spielen. Hier kann abermals das Beispiel Maiwalds angeführt werden, der aktiv fordert: „Die Erschließung eines Films sollte nicht textimmanent bleiben, sondern auch kontextuelle Phänomene erfassen." (Maiwald 2013b: 165) Damit meint er nicht nur, aber vor allem Nebentexte wie Teaser, Trailer und Plakate, also die Werbung für den Film. Es geht darum, den Film im Kontext seiner Vermarktung zu analysieren. Wenn dies beim Film geschieht, beim Buch aber nicht,

---

124 Ferner sei auf Spinner hingewiesen, der mit Bezug auf Maiwalds auf Eco gestützte Habilitation (vgl. Maiwald 2005) ausführt, dass die Semiotik in der Literaturdidaktik insgesamt keine große Rolle mehr spiele, für die Theater- und Mediendidaktik aber noch einen großen Stellenwert habe (vgl. Spinner 2013b: 58f). Spinner führt das allerdings im semiotisch geprägten Band von Schilcher/ Pissarek (Hrsg.) 2013 aus, der zu einer gewissen Renaissance dieser Zugriffe geführt hat.

kann dies den Film zu einem Konsumgut herabsetzen, während das literarische Werk hingegen als künstlerisches Artefakt für sich selbst zu stehen scheint. Dieses Vorgehen birgt also wieder die Gefahr der Reproduktion alter Vorurteile. Diese Gefahr scheint Maiwald nicht zu sehen, denn dazu passend kontrastiert er in einer tabellarischen Gegenüberstellung von Differenzen zwischen Film und Buch, dass „ästhetisches Kalkül" beim Roman sich dem „kommerzielle[n] Kalkül" beim Erstellen von Filmen (Maiwald 2015: 19f) gegenübersetzen ließe. Er verbindet dies mit der Gegenüberstellung von individuellem/r Schriftsteller:in und kollektiver Filmproduktion und führt aus:

> Mit der Schriftliteratur verbinden sich (seit der Epoche des Sturm und Drang) genieästhetische Vorstellungen von original geschöpftem Werk eines erhabenen Autors: Der Dichter kehrt sein Innerstes nach außen und will uns etwas Wichtiges, Tiefgründiges sagen – selbst wenn er dabei arm bleibt. Dagegen kann ein Film sehr leicht als kommerziell und daher ästhetisch kalkuliertes Konsumgut abgetan werden: Die Urheber sind keine Schöpfer, sondern Filmemacher; das Resultat ist kein Werk, sondern ein Produkt; der Zweck ist weniger die Erhebung des Geistes als der Erfolg am *box office*. (ebd., 19f)[125]

In den Formulierungen zeigt sich, dass Maiwald diese Vorstellungen zwar nicht vollends zu teilen scheint, sondern allgemeine Überzeugungen wiedergibt, er kritisiert sie jedoch auch nicht eindeutig, sondern nimmt stattdessen die beiden besagten Gegensätze in die Tabelle auf. Obwohl er selbst diese an verschiedenen Stellen deutlich ablehnt, gerät Maiwald damit versehentlich in die Gefahr der Abwertungsdidaktik.[126] Die Gegenübersetzung von kollektiven Produzent:innen und individuell schaffenden Schriftsteller:innen kann leicht in eine

---

125 Man beachte, dass in diesem Zitat „ästhetisch kalkuliert" eine andere Konnotation hat als in der Tabelle. Ähnliche Ausführungen finden sich auch in Hermann 2015: 11–13.

126 Ein versehentlicher Rückfall in die Abwertungsdidaktik lässt sich im Diskurs häufiger und häufig in weit schärferer Form beobachten. Peter Christoph Kern beispielsweise betont, dass zu den Zielen der Arbeit mit Verfilmungen „nicht die Abwertung des Films zählt", um dann zu erklären, dass nach dem ersten von drei von ihm vorgeschlagenen Verfahren „die kommerzielle Rezeptionssteuerung [...] durch Aufweis der Generalisierungen komplexer Problemfelder, der Vereinfachung oder Auslassung von Handlungssträngen, der Stilisierung zu Erzählmustern, der Stereotypisierung von Personen und des Einsatzes von textfremden Mitteln (Starbesetzung, pittoreske Landschaften usw.)" (Kern 2006a: 225) aufzudecken wäre. Trotz der Ankündigung schwingt in jedem einzelnen Wort die Herabsetzung der als bloßem kulturindustriellen Produkt wahrgenommenen Filmversion mit. Wie eine Adaption ohne Einbezug „textfremde[r] Mittel" vonstattengehen soll, sei dahingestellt.

überkommene Genieästhetik – Maiwald selbst spricht davon – zurückführen. Solche Positionen hatte schon Schneider kritisiert:

> [D]ie Suche nach Argumenten, warum der an ein Kollektiv gebundene Produktionspro-
> zeß im Unterschied zu der technisch gesehen individuellen Produktion wortsprachli-
> cher literarischer Texte die ‚Literarizität' verhindern soll, führt zu einem Biographismus
> und zu einer Aufwertung der Frage nach der Autorintention – zu Fragestellungen also,
> deren relativer Stellenwert für die Analyse literarischer Texte immer wieder betont wird.
> (Schneider 1981: 8)

Auch das Rentabilitätskriterium, wonach Filme aufgrund der höheren Kosten ein größeres Publikum ansprechen müssen, dadurch zwangsläufig „Volkskunst" (Balázs 2001 [1924]: 10; vgl. ferner Balázs 2001 [1930], 146–167) darstellen, lässt sich allenfalls als Tendenz behaupten. Viele Romane entsprechen ebenfalls dem Massengeschmack, entweder aus ökonomischem Kalkül oder sogar, weil der/die Schriftsteller:in diesen Geschmack selbst teilt, während viele anspruchsvolle Filme dezidiert aus der Logik des Kommerzes ausbrechen.[127]

Das größere Problem hier wie bei der Gegenübersetzung kollektiver und indi-vidueller Autorschaft ist die implizite Wertung. Im Unterricht kann diese schon evoziert werden, wenn Literatur werkimmanent oder autorzentriert analysiert wird, bei Filmen hingegen über die Vermarktung gesprochen wird, also Wer-bematerialien und Merchandisingartikel einbezogen werden. Setzt man bei der Filmanalyse epitextuelles Material ein, sollte dies beim Buch auch geschehen. Wenn man aber ästhetisches Lernen ermöglichen will und keine Medienkritik betreiben, was Maiwald eigentlich vorhat,[128] stellt sich die Frage, ob man auf die Thematisierung der Vermarktung in beiden Fällen nicht verzichten kann. Restbestände der Abwertungsdidaktik finden sich auch in der Zuschreibung von Originalität an die Literatur und Nachahmung an den Film (vgl. Maiwald 2015: 20). Medienspezifik wird hier also in einem ahistorischen Sinn als abso-lute Medienspezifik verstanden, während Maiwalds Ausführungen an Versuche anschließen, statt einer allgemeinen eine kontextualisierte Medienspezifik zu vertreten, die auch an sich zufällige, aber etablierte Konventionen einbezieht (vgl. dazu Gjelsvik 2013: 247, 253f).

---

127 Auch Maiwald muss dies eingestehen, wenn er in einer Endnote abermals „das Holz-
schnittartige der Gegenüberstellung" einräumt und anerkennt, dass es seriell produ-
zierte Massenware im Buchsektor ebenso gibt wie das anspruchsvolle Autorenkino
der Nouvelle Vague (vgl. Maiwald 2015, 149).

128 So äußert sich Maiwald kritisch zum Adjektiv „kritisch" in Bildungsstandards über
Filmvermittlung (vgl. Maiwald 2013b: 162).

Dass aus transmedialer Perspektive der Prozess der Adaption im Unterricht keine Rolle spielen sollte, ist unmittelbar einsichtig, dass dieser die beiden konkreten Gestaltungen der Story ja wieder in ein Ableitungsverhältnis setzen würde. Konzepte zum eigenen Drehen einer Adaption wie Kamela Elliotts „Doing Adaptation" (vgl. Elliott 2014) oder die Ergänzung der analytischen Arbeit an einer Verfilmung um die eigene Produktion als „Transfer der analytischen und reflexiven Erkenntnisse in die Praxis" (Staiger 2010a: 99), aber auch der gelegentlich vorgeschlagene Einbezug des Drehbuchs in die Analyse einer Verfilmung[129] lassen sich mit dieser Perspektive nicht vereinbaren. Erst recht gilt das für Ansätze, die ein „Doing Adaptation" beginnen, aber bei der Umsetzung in ein Drehbuch oder auf dem Erstellen von Storyboards für einen möglichen Film stehen bleiben, den eigentlichen Filmdreh jedoch außen vor lassen (vgl. aktuell Abraham 2018, paradigmatisch Maurer 2010a: 97–99). Kann Elliott zeigen, dass ihr Verfahren bei ihren Studierenden konservative Vorurteile der Werktreue abbaut, weil die Studierenden sich beim Drehen mit gegebenen Möglichkeiten arrangieren und gegebenenfalls improvisieren müssen (vgl. Elliott 2014:77, vgl. im selben Band ähnlich ferner Hayton 2014: 129), fällt bei der Variante, die bei Drehbuch bzw. Storyboards Halt macht, auch dieser Effekt weg.

Ebenso wie jegliche Form der Abwertungsdidaktik dem Film gegenüber aus transmedialer Perspektive abgelehnt wird, wäre das Gegenteil zu vermeiden, bei dem das Buch gegenüber dem Film herabgemindert wird. Ein Plädoyer für den Einsatz schlechterer Romane erheben zwar Maiwald und Wamser:

> Der Vergleich eines (gut gemachten) Films mit einem (schlecht gestrickten) Roman kann […] zeigen, dass Erzählen stets medienspezifischen Voraussetzungen folgt und dass ein Buch nicht allein deshalb wertvoller ist, weil es ein Buch ist. (Maiwald/ Wamser 2008: 72)

Im Sinne des transmedialen Deutschunterrichts wäre aber ein möglichst minimales Maß an Wertung am besten. Darüber hinaus läuft der Unterricht durch dieses Vorgehen Gefahr, vom Lesen abzuschrecken, was keinesfalls Ziel des Deutschunterrichts sein kann. Gerade bei Behandlung von Kinder- und

---

129 Beispielsweise schlägt Volk am Beispiel des Jugendfilms CRAZY (Hans Christian-Schmid; 2000) vor, einen Ausschnitt aus dem Drehbuch von Michael Gutmann mit dem entsprechenden Kapitel aus Benjamin Leberts Roman (1999) zu vergleichen („was wurde gekürzt, verändert, wie ist die jeweilige Erzählsituation...?" (Volk 2004: 68)) oder Roman- und Drehbuchfassung mit dem fertigen Film zu vergleichen (vgl. ebd.).

Jugendfilmen wäre dies zu bedenken, da in den unteren Schulstufen derartige Sekundärschäden im Bereich der Lesemotivation durchaus möglich sind.

Angeknüpft werden soll aus transmedialer Perspektive also an die narratologischen Konzeptionierungen des Medienvergleichs, daneben sollen die semiotischen Ansätze Maiwalds aufgegriffen werden. Dabei wird im Bereich der Narratologie neuere, im didaktischen Diskurs bisher nicht beachtete Forschung einzubeziehen sein und vor allem die narrative Perspektive zu ergänzen. Bei den semiotischen Kategorien wird eine terminologische Schärfung ebenfalls anvisiert.

4. Medial spezifische Gestaltungsmittel von Film und Literatur

4.1 Semiotische Differenzen

4.1.1 Vorüberlegungen zur medienkomparativen Semiotik

Aufgrund der unterschiedlichen Zeichensysteme der Medien Literatur und Film – Schrift zum einen, ein Konglomerat visueller und auditiver Signale zum anderen – liegt ein semiotischer Vergleich auf der Hand. Während mit der Linguistik als Teilbereich der Semiotik jedoch recht klar ist, wie ein semiotischer Zugriff auf die Sprache und damit auch die Schriftsprache aussieht, ist dies für den Film nicht selbstverständlich. Unterscheiden lassen sich zwei Hauptströmungen: In der einen wird das Modell der Linguistik auf den Film ausgedehnt und Film als eine Form von Sprache analysiert; die zweite versteht die Semiotik als eine übergreifende Kulturwissenschaft, die sich mit jeweils verschiedenen Zeichentypen auseinandersetzen muss. Vor allem der strukturalistische Ansatz Christian Metz' arbeitet mit einem dezidiert linguistischen Begriffsinstrumentarium, während Umberto Eco in Bezug auf den „Versuch, die visuellen Kommunikationen semiotisch zu interpretieren", betont, „daß nicht alle Kommunikationserscheinungen mit den Kategorien der Linguistik erklärt werden können." (Eco 2002 [1972], 197) Selbstredend gilt dies für audiovisuelle Kommunikation ebenso (vgl. Schneider 1981, 95–97).

Ein medienkomparatistisches Vorgehen zur Herausarbeitung medialer Spezifika muss sich auf den zweiten Zugang berufen, mag der erste auch eine genuine Filmsemiotik darstellen. Gerade, wenn es um die Abgrenzung von Literatur als sprachlichem Medium geht, ist es kontraproduktiv, Film ebenfalls als Sprache zu behandeln, da es den Blick auf die mediale Eigentümlichkeit des Films gerade verstellt. Eco schlägt vor, den Begriff „Sprache" in Bezug auf Filme zu vermeiden und allgemeiner von „Kodes" zu sprechen, da er es „als eine Quelle von Missverständnissen erachte[t], die verschiedenen kommunikativen Codes nach dem Muster jenes speziellen und in besonderem Maße systematisierten, nämlich zweifach gegliederten Codes, den die Wortsprache darstellt, beschreiben zu wollen." (Eco 1972: 364) Doch trotz aller Distanzierungsversuche kann auch Eco sich nicht vollständig von der Analogie zur Sprache lösen, „bleiben seine Ausführungen und der Ausrichtung auf das Paradigma der natürlichen Sprache verhaftet." (Gräf et al. 2012: 24)

Für ein medienkomparatistisches Vorgehen muss die Abgrenzung schärfer sein. Nicht nur die Entscheidung für den Begriff „Sprache" wird hier nicht übernommen, auch zentrale Fragen der Filmsemiotik wie jene nach den distinkten, bedeutungskonstitutiven Minimaleinheiten des Filmes helfen bei der Fragestellung nach dem Spezifischen der im Film verwendeten Zeichen nicht weiter und werden deshalb nicht aufgegriffen. Zu beachten ist zudem, dass die spezifisch kinematografischen Zeichencodes Inhalt der Untersuchung sind und nicht die Gesamtheit der filmischen codes, da Film wie bereits diskutiert auch auf die Sprache selbst zugreifen kann. Das kinematografische Zeichen wird in der Regel als ein ikonisches bestimmt, was in dieser Arbeit beibehalten wird. Allerdings zeigt ein genauer Blick, dass es mit dieser Bestimmung nicht so einfach ist und eine Reihe von Prämissen dafür zu klären sind, weshalb sich ein genauerer Blick auf den Charakter des filmischen Zeichens lohnt. Zudem wird eine kleine Ergänzung zu machen sein. Bevor dies jedoch diskutiert wird, sollte zunächst ein Blick auf die Sprache eben als das Zeichensystem, dessen sich die Literatur bedient, geworfen werden.

4.1.2 Literatur als symbolisches Medium

Literarischen Texten liegt als (schrift)sprachlichen Gestaltungen ein symbolisches Zeichensystem zugrunde. Die einzelnen Symbole werden linear präsentiert; Signifikant und Signifikat stehen also in einem arbiträren und assoziativen Verhältnis; ihre Beziehung basiert auf reiner Konvention (vgl. klassisch hierzu Saussure 1967: 76–82).

Daraus folgt zunächst, dass die phänomenale Beschaffenheit des Signifikats ausgeblendet wird. Welche Drucktype gewählt wurde, wie kräftig die Druckerschwärze aufgetragen wurde, ob man den Text auf Papier oder einem E-Book-Reader liest, hat keine Bedeutung. Allein die evozierten Imaginationsbilder machen die Wirkung eines literarischen Textes aus. Des Weiteren ermöglicht der Code aus linear angeordneten Symbolen ein variables Rezeptionstempo. Der Lesende kann langsamer oder schneller lesen, weniger Interessantes überfliegen oder gar auslassen, auch kann innegehalten werden, um über das Gelesene nachzudenken oder den Leseprozess an einem anderen Zeitpunkt fortzusetzen. Im Kino ist das nicht möglich und auch im Heimkino nur begrenzt.[130]

---

130 Unterbrochen oder angehalten werden kann in jedem Fall, worauf sich einige Sendungen auch schon eingestellt und Easter Eggs für Fans versteckt haben, die sich nur bei angehaltenem Bild erkennen lassen. Der Wechsel der Abspielgeschwindigkeit gestaltet sich schwieriger; zwar lässt sich bei digitalen Abspielgeräten die Geschwindigkeit

Doch andere semiotische Bedingungen sind noch kennzeichnender für die literarische Rezeption: Aufgrund der Arbitrarität und Assoziativität symbolischer Zeichen ist literarischen Texten eine grundsätzliche Unbestimmtheit zu eigen. Nach Ingarden ist es Aufgabe der Rezipient:innen, das Sinn-Angebot des Textes zu konkretisieren. Erst der Lesende füllt solche „Unbestimmtheitsstellen". Als Beispiel nennt Ingarden die Augenfarbe einer Thomas-Mann-Figur:

> Eine solche Stelle zeigt sich überall dort, wo man aufgrund der im Werk auftretenden Sätze von einem bestimmten Gegenstand (oder von einer gegenständlichen Situation) nicht sagen kann, ob er eine bestimmte Eigenschaft besitzt oder nicht. Wenn etwa in den *Buddenbrooks* die Augenfarbe des Konsuls Buddenbrook nicht erwähnt wäre (was ich nicht nachgeprüft habe), dann wäre er in dieser Hinsicht überhaupt nicht bestimmt, obwohl zugleich aufgrund des Kontextes und der Tatsache, daß er ein Mensch war und der Augen nicht beraubt, implicite bekannt ist, daß er irgendeine Augenfarbe haben musste; nur welche, das wäre nicht entschieden. (Ingarden 1968: 49)

An solche Unbestimmtheiten schließt auch Wolfgang Iser an, der sich allerdings in seinem Konzept der „Leerstellen" weniger mit der speziellen Medialität literarischer Gestaltung befasst, als zu erklären versucht, wie die Rezeption eines literarischen Werkes als Zusammenspiel von Text und Lesendem funktioniert und wie neue Lektüren neue Interpretationen generieren können. An dem für Interpretationen nicht aussagekräftigen *Buddenbooks*-Beispiel ist er folglich nicht interessiert und kanzelt es als „recht trivial[...]" (Iser 1975a: 251) ab. Leerstellen sitzen „[i]mmer dort, wo Textsegmente unvermittelt aneinanderstoßen" (Iser 1984: 302). Sie bilden „als ausgesparte Anschließbarkeit der Textsegmente zugleich die Bedingungen ihrer Beziehbarkeit." (Iser 1984: 302) Es sind also z. B. Ellipsen und Textstellen, an denen Erzählperspektiven oder Erzählstränge aneinanderstoßen.

Das größere Vorhandensein von Unbestimmtheits- und Leerstellen wird häufig herangezogen, wenn eine vermeintliche Höherwertigkeit der Literatur gegenüber dem Film begründet wird. Iser selbst hat es zum Gütekriterium literarischer Werke (und man darf mutmaßen: künstlerischer Gestaltungen *in genera*) erklärt, wenn möglichst viele Leerstellen vorhanden sind (vgl. Iser 1975a: 236), und wertet – danach wenig überraschend –Wahrnehmungsbilder gegenüber Vorstellungsbildern ab (vgl. Iser 1975b: 263). Er steht damit nicht allein,

---

variieren und Gerüchte über die Verbreitung von Serien-Speed-Viewing, bei dem in erhöhter Geschwindigkeit nur die Handlung nachvollzogen wird, um mitreden zu können, kursieren immer wieder, die phänomenal-ästhetische Qualität des Geschauten geht dabei jedoch verloren.

sondern entspricht einer weitverbreiteten Idee höherer Dignität der abstrakteren Literatur: Während diese auf die Fantasie der Leser:innen baue und die aktive Mitarbeit der Rezipient:innen einfordere, ließe der Film die Einbildungskraft verkümmern und würde die Zuschauer:innen in eine passive Konsumhaltung drängen. Gerade in Bezug auf Kinder- und Jugendfilme ist dieses Argument aus bewahrpädagogischer Warte immer wieder vorgetragen worden, die Angst eines Fantasieverlusts von Kindern provoziert starke Reaktionen gegen das vermeintlich schädliche Medium.

Natürlich muss man eingestehen, dass der Konsul Buddenbrook in den Verfilmungen des Romans stets eine bestimmte Augenfarbe hat, zuletzt die blauen Augen Armin Müller-Stahls (vgl. BUDDENBROOKS; R: Heinrich Breloer, 2008), natürlich muss jede Verfilmung viele Unbestimmtheits- und Leerstellen des Grundlagentextes füllen. Zugleich ist aber zu betonen, dass Leerstellen im Film ebenso vorzufinden sind wie in der Literatur.[131] Iser selbst verweist bei der Erläuterung seines Konzeptes sogar auf Ausführungen zum Filmschnitt von Béla Balázs (vgl. Iser 1984: 302f). Vor allem die Montage erzeugt Leerstellen zwischen den einzelnen Szenen, aber auch die Kadrierung kann Leerstellen erzeugen, wenn wichtige Teile der Handlung nicht im Bild gezeigt werden, beispielsweise bei einem Gespräch nur einer der beiden Sprechenden zu sehen ist, zudem können Informationen im Bild verdeckt sein, wenn in einem Krimi das Gesicht des Täters etwa unter einem Schatten verborgen ist, und häufig lassen Filme die Zuschauer:innen auch über das Innenleben von Figuren im Unklaren, obwohl es – darauf wird in Kap. 4.2.5 noch eingegangen – die Möglichkeit interner Fokalisierung im Film gibt.

Leerstellen gibt es im Film also ebenso wie in der Literatur, wobei der „Leerstellenbetrag" (Iser 1975a: 247) von Film zu Film natürlich variiert, wie er auch bei jedem Buch unterschiedlich hoch ist. Dass die auf dem Symbolmedium Sprache basierende Literatur tendenziell deutlich unbestimmter ist als der audiovisuell vorgehende Film, lässt sich hingegen schwieriger bestreiten. Die Rezeption von Literatur ist daher in stärkerem Maße individuell als die eines Filmes. Die Konkretisation des Unbestimmten stellt einen zentralen Bestandteil literarästhetischer Erfahrung da. Der Film kann zwar verschieden emotional verarbeitet und interpretiert werden, aber alle Zuschauer:innen nehmen dasselbe Filmbild wahr und dieselbe Tonspur, die beim Lesen evozierten Vorstellungsbilder

---

131 In der Filmsemiotik wird für Leerstellen auch der Terminus „Nullposition" verwendet (vgl. Gräf et al. 2017: 66–69).

sind viel stärker von individuellen Prädispositionen abhängig.[132] Mit McLuhan gesprochen ist Literatur ein kaltes (detailarmes, mehr Eigenaktivität des Rezipient:innen erforderndes) Medium, Film ein heißes (detailreiches) (McLuhan 2001 [1964]: 24–35).[133]

Dass ein höheres Maß an Leer- und Unbestimmtheitsstellen überhaupt den Wert eines Werkes steigert, ist allerdings ebenfalls eine Setzung, die man nicht teilen muss. Denn so verdienstvoll Isers Arbeiten zur Rezeptionsästhetik sind, ist zurecht darauf hingewiesen worden, dass diese Ansicht nicht wissenschaftlich belegbar, sondern schlicht „sehr subjektiv" (Schlickers 1997: 38) ist. Zudem fällt auf, dass gerade beim jungen Medium Film häufig derart argumentiert wird. Man würde sich hingegen nicht darüber beklagen, dass Leonardo dem Betrachter der *Mona Lisa* fest vorgibt, wie ihr Lächeln aussieht, statt seine eigene Mitarbeit dabei einzufordern und dadurch dessen Fantasie anzuregen.

4.1.3 Die Ikonizität des Films

Während unzweifelhaft ist, dass Literatur aus symbolischen Zeichen besteht, ist es nicht ganz so leicht, zu bestimmen, welchem Zeichentyp der Peirce'schen Trias Filme zuzuordnen sind.[134] In aller Regel stellt man dem Symbolmedium

---

132 Man könnte einwenden, dass schon allein aufgrund der unterschiedlichen Sitzplätze alle Zuschauer:innen eine unterschiedliche Perspektive auf das Filmbild haben. Aus phänomenologischer Perspektive lässt sich allerdings entgegnen, dass diese Unterschiede kaum einen Einfluss auf unseren Bildeindruck haben. Lambert Wiesing, der mehrfach betont, dass es keine individuelle Sichtweise auf ein Bildobjekt gibt, erklärt: „Deshalb sehen zwei Kinobesucher, obwohl der eine ganz links und der andere ganz rechts im Saal sitzt, dennoch genau denselben Film, auch wenn sie nicht aus derselben Richtung auf die Leinwand schauen. (Beim Theater gilt dies übrigens nicht: dort kommt es durchaus vor, daß nicht von jedem Platz alles auf der Bühne gesehen werden kann.)" (Wiesing 2014: 160f). Die dramaturgischen Konsequenzen daraus führt auch David Bordwell als einen fundamentalen Unterschied zwischen Film und Theater an (vgl. Bordwell 2001: 39–41).

133 Stutzig macht allerdings, dass McLuhan den Fernseher wieder als kalt ansieht. Vielleicht sollte man es mit Detlef Kremer halten, der angesichts kühler Netzseidenstrümpfe, bei denen das Auge das Bild zwischen den Maschen selbst zusammensetzen muss, und heißer glatter Nylons in McLuhans Œuvre mutmaßt, dass man diese Unterscheidung vielleicht nicht ganz so ernst nehmen muss (vgl. Kremer 2004: 40).

134 Die Verwendung von Ikon, Index und Symbol ist bei Peirce viel differenzierter und komplexer, als sie häufig dargestellt wird. Hier ist allerdings nicht der Platz, Peirce-Argumentation gegen seine Rezeption abzugrenzen. Stattdessen wird die populäre Form der Trias angewendet, da sie für die hier angestrebte Argumentation funktional

Literatur den Film als Ikon gegenüber. So vertritt Maiwald diesen Gegensatz als Teil einer Gegenüberstellung der Zusammensetzungen „Symbolisch-abstrakt-linear" und „Ikonisch-konkret-synthetisch" (Maiwald 2015: 20). Diese beiden Triaden werden bei Maiwald nicht genauer ausgeführt, die Zuordnung des Attributs „ikonisch" zum Film scheint aber zunächst intuitiv einleuchtend: Im Filmbild steht der filmische Signifikant natürlich in einem abbildhaften Verhältnis zu seinem Signifikat. Es handelt sich folglich um piktorale Repräsentationen.[135]

Ikonische Zeichen sind nicht wie symbolische vollständig arbiträr, weisen dennoch einen gewissen Grad an Konvention auf, ohne den sie nicht zu dechiffrieren wären. So weisen die Piktogramm-Figuren auf Toilettentüren nur durch Konvention auf die Signifikate Mann und Frau hin, rein aufgrund des Bildes denkbar wäre auch: jeder Mensch, der einen Rock trägt, und jeder Mensch, der eine Hose trägt, unabhängig vom Geschlecht, denn schließlich tragen auch Frauen nicht selten Hosen und Männer können Röcke tragen. Für den Film gilt dies, anders als Maiwald annimmt (vgl. Maiwald 2015: 16), nicht minder, da auch die filmische Ähnlichkeitsbeziehung stets nur einzelne Eigenschaften betrifft. Nehmen wir beispielsweise einige Eigenschaften des Eiffelturms. Es handelt sich um ein hohes Eisenfachwerkgestänge, seine Farbe ist (heutzutage) rostbraun und er erstreckt sich in Länge, Höhe und Breite. Angenommen der Eiffelturm taucht nun in einem Establishing Shot in einem Film auf, so lässt sich die Struktur noch immer als Fachwerkgestänge beschreiben, doch statt Eisen besteht sie nun aus Licht. Die Farbe ist immer noch rostbraun, was aber wiederum nicht der Fall ist, wenn es sich um einen Schwarz-Weiß-Film handelt. Statt in drei Dimensionen erstreckt er sich nur in zwei, gleichwohl wirkt er aus gestaltpsychologischen Gründen dreidimensional. Die Ähnlichkeit ist somit nur partiell, manche Eigenschaften korrelieren, andere nicht. Je nach Film kann das Ausmaß der Korrelationen sogar variieren, wie das Farbbeispiel zeigt.[136]

Dieses Problem bemerkt bereits Eco, bei dem es heißt:

---

ist. In der Filmtheorie greift Deleuze stark auf Peirce zurück, fasst beispielsweise sein Affektbild als Ikon. Seine Rezeption ist aber ebenfalls eigenwillig und für seine eigene Theorie in Wahrheit überraschenderweise gar nicht so ergiebig, wie Vandenburger 1997 darstellt.

135 Dieser Begriff ebenso wie der der Ähnlichkeit ist allerdings immer wieder vehementer Kritik ausgesetzt, sehr detailliert etwa in Goodman 2015 [1976], 15–50.

136 Zum Problem der Ähnlichkeit am Beispiel der Farbe aus filmsemiotischer Perspektive vgl. Lotman 1977: 33–35.

Die ikonischen Zeichen reproduzieren einige Wahrnehmungsverhältnisse, die auf den normalen Wahrnehmungskodes gründen, mit anderen Worten, wir nehmen das Bild wahr als eine auf einen gegebenen Kode bezogene Nachricht; dieser Kode jedoch ist der normale Wahrnehmungskode, der jedem Erkenntnisakt vorangeht. Zwar „reproduziert" das ikonische Zeichen die Wahrnehmungsverhältnisse, doch es reproduziert nur „einige". (Eco 1972: 366)[137]

Ohne Code sind also auch Ikone nicht denkbar. Ein noch höheres Maß an Konventionalität als die einzelnen Filmbilder weisen die filmischen Makrostrukturen auf: Wenn es sich um einen Establishing Shot handelt, bedeutet dies, dass die folgenden Szenen in Paris stattfinden, nicht etwa notwendig auf dem Marsfeld und ebenso unwahrscheinlich irgendwo anders in Frankreich. Vor allem muss der Eiffelturm selbst im Folgenden keine Rolle mehr spielen. Dennoch lässt sich bemerken, dass der Grad an Ähnlichkeit im Vergleich zu Zeichnungen, Gemälden o. ä. sehr hoch ist, im Gegensatz zum sprachlichen Symbolsystem ist Ähnlichkeit überhaupt vorhanden.[138]

Ikonische Zeichen bewirken, dass die repräsentierten Objekte in konkreter Weise gegeben sind, was auch Maiwald dem filmischen Zeichen schließlich als dritten Epitheton zuschreibt. Über die Unbestimmtheit der abstrakt-symbolischen literarischen Zeichen ist schon gesprochen worden. Der Film jedoch präsentiert alles, was er präsentiert, in konkreter Weise. Farbe im Film, um bei dem Farbbeispiel zu bleiben, ist immer ein konkreter Farbton, der sich mit Worten nie genau beschreiben lässt, sodass die Augenfarbe des Konsul Buddenbrook nicht nur bekannt ist, also als blau, hellblau, azurblau etc. angegeben sein kann, sondern ein ganz bestimmter, phänomenaler und vorsprachlicher Farbeindruck übermittelt wird,[139] „ein letzter Rest ihrer Wirkung bleibt unübersetzbar." (Marschall

---

137 In einer späteren Publikation greift Eco auf den Begriff des „Wahrnehmungsmodells" zurück, um diesem Problem zu entgehen: „Wenn das ikonische Zeichen mit irgendetwas Eigenschaften gemeinsam hat, dann nicht mit dem Gegenstand, sondern mit dem Wahrnehmungsmodell des Gegenstandes" (Eco 2002 [1972]: 213).

138 Ebenso lässt sich Maiwald insoweit zustimmen, als dass die Konventionalität in dem Maße gering ist, dass „keine distinkt isolierbaren und frei kombinierbaren kleinsten Einheiten, kein Lexikon und keine Grammatik im linguistischen Sinn" vorliegen (Maiwald 2015 16). Viele Filmsemiotiker:innen würden hier selbstredend vehement widersprechen.

139 In anderer, nicht-phänomenaler Hinsicht kann Sprache natürlich auch konkreter sein. So wissen wir weder in Film- noch Buchfassung der *Buddenbrooks*, ob der Konsul eine gerade oder eine ungerade Anzahl von Haaren auf dem Kopf hat. Zwar wäre diese Frage für jeden Schauspieler festgelegt, während aber schon am tatsächlichen Schauspieler niemand nachzählen würde, ist dies am Filmbild unüberprüfbar. Was

2009: 238) Farbe wirkt sogar unmittelbar physiologisch (vgl. ebd.: 49f). Auch im Falle einer symbolischen Farbnutzung gilt das natürlich. Im Film ebenso wie in der Literatur kann beispielsweise das blaue Kleid einer Frau als Symbol für Unschuld fungieren, indem auf das blaue Gewand Marias in der christlichen Ikonografie verwiesen wird.[140] Im Film bleibt die symbolische Bedeutung allerdings fast immer dem konkreten sinnlichen Eindruck nachgeordnet.[141]

Vor allem ist dem filmischen Bild und Ton grundsätzlich ein dezidierter Überreichtum inhärent. In jedem Filmbild finden sich unzählige Informationen, die in Bezug auf das Filmganze nicht semantisiert sind, die weder für die Handlung noch die Gesamtaussage von Bedeutung sind. Zwar nutzen viele Filme Wettermetaphorik, in den meisten ziehen Wölkchen jedoch vollkommen unbemerkt durch den Hintergrund und in keinem Film haben alle Wolken eine Bedeutung, geschweige denn jede Wolkenform. Auch Farben werden häufig symbolisch verwendetet, in der Regel bezieht sich die Farbsymbolik jedoch nur auf einige markante Kulissen, Kostüme, Requisiten etc. In keinem Film hat jede Farbnutzung eine Bedeutung oder Funktion (vgl. Marschall 2009: 98).[142] So schreibt bereits Frieda Grafe über Farbe im Film: „Sie ist eine Erfahrung, die nicht aufgeht in Funktionalität. Sie lässt sich nicht auf Information reduzieren"

---

die Literatur betrifft, so macht Thomas Mann dazu zwar keine Aussage, er hätte aber die Möglichkeit gehabt, zu schreiben: „Johann Buddenbrook hatte eine (un)gerade Anzahl von Haaren auf dem Kopf."

140 Daher kann man bei der unterrichtlichen Vermittlung von Filmen auch „die symbolische Aufladung von Körperhaltungen, Gesten, Farben und Gegenständen […] deuten" (Abraham 2016: 36). Bewusst sein sollte man sich dabei aber der Tatsache, dass man sich dabei im Bereich des Filmischen und noch nicht des Kinematografischen befindet, gerade in Bezug auf Literaturverfilmungen also nichts zu medialer Differenz aussagt.

141 Aus Richtung der psychoanalytischen Filmtheorie mag hier Widerspruch angemeldet werden, da die symbolische Ebene (im Freud'schen oder Lacan'schen Sinne) natürlich unbewusst auf die Betrachter wirken könnte. Während sich diese Annahme allerdings der empirischen Überprüfbarkeit entzieht, zeigt ein Gegenbeispiel Susan Sontags die Defizite dieser Ansicht auf: „Ingmar Bergman may have meant the tank rumbling down the emty night street in *The Silence* as a phallic symbol. But if he did, it was a foolish thought. […] Taken as a brute object, […] that sequence with the tank is the most striking moment in the film. Those who reach for a Freudian interpretation of the tank are only expressing their lack of response to what is on the screen" (Sontag 2009 [1964]: 9f).

142 Zu den Funktionen von Filmfarbe vgl. Wulff 1988: 366f.

(Grafe 2002 [1988]: 40). Gleichwohl trägt jede Farbnutzung zur filmischen Gesamtwirkung bei.

Dieser Überreichtum der Filmbilder ist allerdings für ihren illusionistischen Charakter zentral und bedingt einen starken Realitäts- bzw. Wirklichkeitseffekt im Sinne Roland Barthes (vgl. Barthes (2006) [1968]; Oudart (1971)).[143] Daneben wirken die audiovisuellen Zeichen unmittelbar phänomenal. Farben etwa können unmittelbar Stimmungen auslösen. Der Regen in einem Film mag Traurigkeit etc. symbolisieren, zugleich wirken die Bilder verregneter grauer Gegenden aber bereits in direkter Weise auf die Stimmung der Betrachtenden ein. Ein Decodierungsprozess ist hierbei nicht vonnöten, womit allerdings nicht gesagt werden soll, dass Film insgesamt keiner Interpretation und Deutung bedürfe.

4.1.4 Indexikalische Elemente des Films

Allerdings spricht auch einiges dafür, im Film Momente des Indexikalischen zu erkennen. Das Filmbild (und auch die Tonaufzeichnung) beinhaltet genau wie eine Fotografie immer einen Rückverweis auf eine ehemals tatsächlich vorhandene Realität, selbst wenn diese Realität aus künstlichen Kulissen erstellt worden ist. Eine fotografische oder filmische Aufnahme stellt „nicht nur einen Gegenstand dar, wie eine Zeichnung das tun kann, sondern es ist gleichzeitig auch eine *Spur* von ihm und hat dieselbe Funktion, wie der ringförmige Fleck auf der Tischplatte, der die (frühere) Anwesenheit eines Weinglases bezeugt." (Eco 2016 [1972]: 62). Zumindest gilt dies für die längste Zeit der Filmgeschichte, das Aufkommen der digitalen Tricktechnik relativiert diese Feststellung ein Stück weit.[144] Die Frage nach der semiotischen Grundlage des Films führt also zur Diskussion des filmischen bzw. fotografischen Realismus zurück, auf die im Folgenden genauer einzugehen sein wird.

Während vor allem Pier Paolo Pasolini in seinen filmsemiotischen Ausführungen den Film als Ausdruck der Wirklichkeit feiert (vgl. Pasolini 1971), wird die Indexikalität bei Eco und Metz fast gänzlich übergangen. Peirce selbst changiert bei der Einordnung der Fotografie zwischen beiden Möglichkeiten und betont mal deren Ikonizität, mal deren Indexikalität[145]. Er relativiert seine eigene

---

143 Für einen interessanten Versuch, Barthes' Realitätseffekt auf die Bazin'sche Filmtheorie zu beziehen vgl. Kirsten 2009.

144 Natürlich gilt die Feststellung ohnehin nur für den Realfilm, bei Animations- und Zeichentrickfilmen lässt sich höchstens über einen gewissen Realismus der Tonebene diskutieren.

145 Darauf weist Eco hin (2016 [1972]: 62).

Trias ohnehin, wenn er feststellt, es sei oft „ein rechtes Problem, zu sagen, welcher Klasse ein Zeichen angehört." (Peirce 1932: 265) Es scheint, dass man fotografische und filmische Bilder als ikonisch *und* indexikalisch betrachten muss. Wenn in einer Dokumentation über das Leben italienischer Fischer ein Fischerboot gezeigt wird, ist dies sowohl ein ikonisches Abbild eines Fischerbootes, dass für die Betrachter vermittels Ähnlichkeitsbeziehung als Fischerboot erkennbar ist, als auch ein Index dafür, dass tatsächlich dieses reale Boot vor der Kamera hergefahren ist. Dies gilt auch, wenn ein Spielfilm mit fiktionaler Handlung vorliegt, beispielsweise für die Boote in Luchino Viscontis neorealistischem Meisterwerk LA TERRA TREMA (1948), das sich der Lebenswirklichkeit sizilianischer Fischer anzunähern versucht.

Zwar ist der Fall bei fiktiven Filmen etwas komplexer; Gültigkeit hat die Feststellung aber auch hier. So stellt, die Frau, die in den meisten Szenen von Joe Wrights Tolstoj-Verfilmung ANNA KARENINA (2012) zu sehen ist, Anna Karenina dar, eine fiktive russische Adelige des 19. Jahrhunderts, die mit einem Staatsbeamten verheiratet ist, Ehebruch begeht und sich schließlich selbst tötet. Es handelt sich also um eine ikonische Darstellung einer fiktiven Figur, die auf der symbolischen Darstellung derselben Figur in Lew Tolstojs Romanvorlage (1877) basiert.[146] Zugleich liegt jedoch ein indexikalischer Verweis auf die Tatsache vor, dass die reale britische Schauspielerin Keira Knightley einmal ein Kostüm mitsamt entsprechender Maske getragen hat, um die fiktive Figur Anna Karenina darzustellen.[147] Diese Dimension des filmischen Zeichens darf schon deshalb nicht ausgeblendet werden, weil Bezugnahmen darauf in der Anschlusskommunikation deren Bedeutung für die Rezeption anzeigen, beispielsweise wenn Knightley als Darstellerin der Rolle mit Sophie Marceau verglichen wird.

Diese Überlegungen führen zur vor allem in der klassischen Filmtheorie kontrovers diskutierten Frage nach einem tendenziellen filmischen Realismus. Konzeptionen des filmischen Realismus gibt es in verschiedenen Ausprägungen. Es ist hier nicht der Ort, die einzelnen Positionen detailliert gegeneinander

---

146 Ob das Signifikat fiktional ist, ist für die Semiose irrelevant. Auf eine fiktive Figur kann genau wie auf ein reales Referens verwiesen werden, wenn man beides als „kulturelle Einheiten" im Sinne Ecos betrachtet. Eine kulturelle Einheit zum Signifikant /Einhorn/ existiert ebenso wie zum Signifikant /Napoleon/ (vgl. Eco 2002 [1972], 69–76).

147 Anhand des Beispiels von Woody Allen und seiner Figur Zelig zieht Lambert Wiesing ähnliche Überlegungen von der entgegensetzten Seite auf. Ihm geht es darum, dass ein Bild von Allen mit der Bildunterschrift „Zelig", „symbolisch" auf die fiktive Figur Zelig verweist, spricht daneben aber vom „verursachenden, realen Woody Allen" (vgl. Wiesing 2014: 64f).

abzugrenzen. Stattdessen geht es darum, den gemeinsamen Kern zu suchen und für die Bestimmung der filmischen Indexikalität fruchtbar zu machen.

Eine auffällige Gemeinsamkeit stellt zunächst die Annäherung an das Medium Film vonseiten der Fotografie dar (vgl. Seel 2013a: 165). So erklärt Kracauer: „Das Wesen der Fotografie setzt sich in dem des Films fort" (Kracauer 1985 [1960]): 53).[148] Im „Wesen" beider Medien erkennt er Affinitäten zur ungestellten Realität, zum Zufall, zur Endlosigkeit und zum Umbestimmbaren. Für den Film kommt durch seine zeitliche Dimension lediglich als fünfte Affinität noch der „Fluß des Lebens", also Bewegung und Kontinuität, hinzu (Kracauer 1985 [1960]: 95–112). Bereits Bazin hatte für die Fotografie „eine ontologische Übereinstimmung zwischen dem Gegenstand und seiner Photographie" (vgl. Bazin 2015 [1955]b: 396) behauptet.[149]

In vielen Details unterscheiden sich die Ansätze von Kracauer und Bazin. Vor allem ist Bazin weniger normativ und weniger dogmatisch als Kracauer. Anders als dieser hat er einen „horror of praescriptive aestetics which dictate what is cinematic from what is not" (Andrew 1976: 142) und sieht das Reale zwar als Rohmaterial, mit dem der Filmkünstler umgehen muss, sieht aber anders als Kracauer keinen Zwang zu einer bestimmten Art und Weise der Nutzung. Als Essayist und Kritiker entwickelt er seine Aussagen unsystematisch an konkreten Beispielen. Mal scheinen Plansequenzen und innere Montage dem filmischen Realismus gerecht zu werden, mal die Geisteshaltung des Italienischen Neorealismus (vgl. beispielhaft Bazin 2015 [1955]a und 2015 [1955]b). Kracauer hingegen vertritt eine klare Bevorzugung dokumentarischer Filmstile, realistische Filme zieht er, wie er es nennt, expressionistischen oder formgebenden vor (vgl. dazu Kracauer 1985 [1960]: 57–64). Beiden gemeinsam ist jedoch die Einschätzung des Films als eine um die Dimension der Zeit erweiterte Vollendung der Fotografie sowie die der „Enthüllung des Wirklichen" als gemeinsame medialästhetische Wirkmöglichkeit von Fotografie und Film (vgl. Bazin 2015 [1945], S. 39). Auch Panofsky sieht die äußere Realität als wesensadäquaten Stoff der

---

148 Zur Fotografie vgl. auch Kracauer 1985 [1960]: 25–50.

149 Als weitere Vertreter einer realistischen Fotografietheorie lassen sich u. a. Sontag (1977), Walton (1984) und Barthes (1989) anführen. Den Schluss von Fotografie auf Film würde Barthes allerdings nicht mitgehen. Schließlich fragt er sich an anderer Stelle, ob es sinnvoll wäre, „zwischen Film und Fotografie nicht mehr einen bloßen Gradunterschied zu sehen, sondern einen grundsätzlichen Gegensatz: Der Film wäre dann keine bewegte Fotografie; in ihm verschwände das *Dagewesensein* zugunsten eines *Daseins* der Sache." (Barthes 1990 [1964]: 40)

Filmkunst und den Film als eine dem materiellen Weltverständnis des 20. Jahrhunderts gemäße Kunstform an (vgl. Panofsky 1999 [1947]: 53f).[150]
    Was die Perspektive der Didaktik und Vermittlung betrifft, betont Bergala
den „Realitätsgehalt des Kinos" (Bergala 2006: 36), den leugne, wer Film wie
eine Sprache interpretiere. Er bezieht sich dabei auf die Aussage Pier Paolo Pasolinis, das Kino drücke „die Wirklichkeit mit der Wirklichkeit selbst aus." (zit.
nach Bergala 2006: 36) Im deutschdidaktischen Diskurs hingegen wird in den
letzten Jahren eher die Inszeniertheit auch der vermeintlich realistischsten Filme
betont, ob es sich nun um frühe Filme der Brüder Lumieré handelt (vgl. Preuß
2011a, 2011b, 2017) oder um Dokumentarfilme (vgl. die verschiedenen Beiträge
in Kepser/ Kammerer (Hrsg.) (2014)). Solchen Bestrebungen soll hier nicht im
Geringsten widersprochen werden, Schüler:innen für die Inszeniertheit alles
Abgebildeten zu sensibilisieren oder auf die Möglichkeit medialer Manipulation
aufmerksam zu machen sind wichtige Unterrichtsziele. Man kann aber argumentieren, dass sie überhaupt nur deshalb nötig sind, weil der Film mit Rückgriff auf Objekte der Realität erzählt.
    Hier soll aus semiotischer Perspektive keine derart weitreichende Realismus-
Theorie vertreten werden wie bei Kracauer, es wird aber eine grundsätzliche
Möglichkeit indexikalischen Verweisens auf Realität im filmischen Bild behauptet. Es handelt sich somit um eine Minimalvariante des filmischen Realismus.
Ein solcher rein indexikalischer Realismus widerspricht auch nicht der Betonung
filmischer Inszeniertheit. Schon sobald jemand, um beim Beispiel von oben zu
bleiben, Keira Knightleys Schauspiel kommentiert, nimmt er Bezug auf die indexikalische Dimension des filmischen Zeichens, damit jedoch wird gerade nicht
verkannt, dass es sich bei dem Film um eine Inszenierung handelt, schließlich
ist das Schauspiel eben Teil der Inszenierung. Auch wenn man untersucht, wie
Kameraperspektiven, Beleuchtung etc. ihre Figur darstellen, leugnet man nicht,
dass dies Mittel der Inszenierung von etwas Realem sind. Und bei aller Arbeit
mit Kostüm, Requisite und Studioset etc. lässt sich nicht behaupten, dass diese,
wiewohl sie illusionserzeugend wirken, nicht Teil einer außerfilmischen Realität
sind. Zudem sei gesagt, dass der grundsätzliche indexikalische Realismus, der in
dieser Arbeit vertreten wird, keinesfalls all die weitreichenden Implikationen der
Filmtheorie Kracauers und dessen problematische Normativität teilt. Es soll keinesfalls behauptet werden, dass dokumentarische Filme oder solche mit hohen
dokumentarischen Anteilen *eo ipso* besser/ gelungener/ ästhetisch hochwertiger

---

150 Mit Abstrichen ein weiterer Vertreter des filmischen Realismus ist Stanley Cavell (vgl.
     Cavell 1979).

wären als andere. Auch wenn der indexikalische Realismus eine generelle medienspezifische Tendenz ist, kann er verschieden stark genutzt werden bzw. zum Tragen kommen. Gerade an dieser Stelle ist die Position des filmischen Realismus immer wieder vehementer Kritik ausgesetzt, durch Vertreter:innen eines anti-realistische Formalismus, aber ebenso durch Theoretiker:innen, die wie Martin Seel betonen, dass „sich das Medium Film gegenüber der Opposition von Realismus und Anti-Realismus [...] grundsätzlich *indifferent* verhält. Film ist ein gegenüber diesen Möglichkeiten radikal *unbestimmtes* Medium." (Seel 2013a: 126). Dass sowohl Realismus als auch Illusion ihre Berechtigung haben, muss man eingestehen, ebenso, dass viele bedeutende Filme – gerade im heutigen CGI-Zeitalter[151] – eher auf Illusion als Realismus abzielen. Allerdings funktioniert die Illusion nur so überzeugend, weil es die fundamentale Möglichkeit der Realitätsdarstellung gibt.[152] Aus der hier gewählten semiotischen Perspektive wird man daher anerkennen müssen, dass der Film im Vergleich zu der auf symbolischen Zeichen basierenden Literatur, deutlich stärker auf eine außer ihm liegende Realität verweisen *kann*. Zumindest ein indexikalischer Realismus ist daher unumgänglich. Eine Schwierigkeit stellen die neuen Mittel der digitalen Bilderzeugung aber insofern dar, als dass in vielen Fällen nicht mehr zu entscheiden ist, was real und was künstlich ist. Es ist zwar selbstverständlich, dass die Enterprise im neuesten Star-Trek-Film ebenso wie die Zauberei in den Harry-Potter-Filmen computergeneriert ist, schwierig wird es aber z. B. bei einer Szene in einem der Filme, bei der Hermione, Harry und Ron sich an einem See verstecken. Die Szene hätte an einem realen See gedreht werden können, wurde aber tatsächlich im Studio

---

151 Die Digitalisierung hat natürlich große Auswirkungen auch auf das Verfilmen, da durch computergenerierte Special Effects viele Bücher gerade aus den Genres Fantasy und Science-Fiction als Realfilm umgesetzt werden können, die lange als unverfilmbar galten. Am Beispiel des *Lord of the Rings* vgl. hierzu Blüml 2012.

152 Eine lange Debatte gab es etwa über das „Ghosting" in ROGUE ONE – A STAR WARS STORY (R: Gareth Edwards, 2006). Um die Figur des Grand Moff Tarkin aus STAR WARS (R: George Lucas, 1977) wieder vorkommen lassen zu können, obwohl deren Schauspieler, Peter Cushing, bereits 1994 verstorben ist, wurde dessen Aussehen digital auf einen Motion-Capture-Schauspieler übertragen. Man kann nun argumentieren, dass eben die Möglichkeit, Tote scheinbar wieder auferstehen zu lassen, dafür spricht, dass hier kein realistisches Medium vorliegt. Man kann aber genauso gut sagen, dass der ganze Aufwand nur deshalb notwendig war, weil der originale Star-Wars-Film von 1977 indexikalisch auf das Aussehen Peter Cushings verweist, eben die filmische Möglichkeit des Realismus hier eine Realitätsillusion erzwang.

in London vor einem Green-Screen abgefilmt; die Aufnahmen des Sees wurden später eingefügt. Emma Watson, Daniel Radcliffe und Rupert Grint waren niemals an diesem See. Doch selbst hier bleibt es dabei, dass die drei Schauspieler:innen die Szene tatsächlich gespielt haben und dass die Bilder des Sees Aufnahmen eines realen Sees waren.

Während solche Filme mit pseudoindexikalischen Illusionen arbeiten, gibt es jedoch auch einige Filme, die die Möglichkeit des Realismus in hervorgehobener Weise nutzen, wobei mehrere Spielarten auftreten. Dazu zählt das Spiel mit ungestellten Szenen wie in David Wnendts ER IST WIEDER DA ebenso wie der Einbezug von Dokumentarmaterial, der wiederum in verschiedenen Varianten geschehen kann. In Schlöndorffs MICHAEL KOHLHAAS – DER REBELL gab es von der eigenen Spielfilmhandlung abgesetzt authentische Aufnahmen von Demonstrationen im Umfeld der 1968er-Bewegung, Andrea Arnold integriert Naturaufnahmen von Flora und Fauna Yorkshires in ihre Brontë-Adaption WUTHERING HIGHTS (2011). Gerade Tiere sorgen ohnehin immer wieder für einen Einbruch des Realen, und sei es die Fliege im Gesicht des einen Cowboys in der Bahnhofsszene aus C'ERA UNA VOLTA IL WEST (R: Sergio Leone; 1968), die eindrücklicher ist als der Wassertropfen auf dem Hut des anderen, schlicht, weil hier die Unberechenbarkeit bei der Arbeit mit dem Realen stärker ist. Auch ein Cameo einer bekannten Person kann bewusst mit dieser Ebene spielen, beispielsweise wenn Erich Kästner sich in Kurt Hoffmanns Verfilmung (1954) seines Romans *Das fliegende Klassenzimmer* (1933) in einer fiktiven Rahmenhandlung selbst darstellt, in der er im Sommer auf einer Almwiese sitzt und versucht, die im Winter spielende Romanhandlung zu imaginieren. Im weiteren Verlauf der Filmhandlung fungiert er zudem als Voice-Over-Erzähler.

Daneben kann sich die Unberechenbarkeit der Realität immer wieder an einzelnen Stellen in Filme einschleichen, man denke allein an die Unwägbarkeiten des Wetters für Filme, die viel unter freiem Himmel und nicht im Studio gedreht wurden. Dabei kann es zu glücklichen Zufällen kommen.[153] Etwas gelangt zufällig in das Bild, das dessen Wirkung vollständig verändert,[154] und dann dort

---

153 Bergala erörtert: „Zufall ist all das an einer Einstellung, selbst der durchgeplantesten, was sich der Kontrolle entzieht und nur ein einziges Mal, im Moment dieser Aufnahme stattfindet: dieses Tier oder dieser Passant, die durchs Blickfeld laufen, die Form jener Wolke in dem Augenblick, in dem die Kamera läuft, oder gerade dieser, vom Schauspieler nicht beabsichtigte, flüchtige Klang der Stimme" (Bergala 2006: 106). Dazu, dass auch Bergala die Inszeniertheit des im Film Dargestellten betont, vgl. ebd.: 102.

154 „Wunderbar die Zufälle, die mit Präzision arbeiten", beginnt einer der filmästhetischen Aphorismen von Robert Bresson (Bresson 2013 [1975]: 37). Es gibt natürlich auch

gelassen wird, oder bereits beim Drehen werden besondere Umstände bemerkt, die sich nutzen lassen, um einzelne Szenen besonders reich zu machen.[155] Berühmt ist der Gewittersturm im Monument Valley in John Fords Western SHE WORE A YELLOW RIBBON (1949), bei dem sich Ford für das Weiterdrehen entschieden hatte, als das Unwetter anrollte, was nicht ganz ungefährlich war, aber zu eindrücklichen Bildern führte, die dem Film den Oscar für die beste Kamera bescherten. Als weiteres, gerade für den Zusammenhang dieser Arbeit einschlägiges Beispiel sei eine Szene aus der Verfilmung SVETAT E GOLYAM I SPASENIE DEBNE OTVSYAKADE (R: Stephan Komandarev, 2008) nach Ilija Trojanows Roman *Die Welt ist groß und Rettung lauert überall* (1996) erwähnt. Hier sieht man während der auch im Buch wichtigen Tandemfahrt plötzlich einen riesigen und kräftigen Regenbogen über einem Gebirgstal. Während die Erwähnung eines Regenbogens in einem Buch sofort unter Symbolverdacht gerät, schlimmstenfalls kitschig wirkt, verweist das filmische Bild – sofern keine Computereffekte o. ä. eingesetzt wurden – zuallererst auf die Tatsache, dass der Regenbogen tatsächlich dort gewesen ist. Und eben das, diese Freude über den angenehmen Zufall, macht den besonderen Reiz dieser Szene im Film aus. Solche Momente sind vielleicht selten, vor allem in nach detailreichem Drehbuch und Storyboards im Studio gedrehten und in der Postproduction bereinigten Hollywood-Blockbustern, da sie allerdings im Medium der Literatur überhaupt nicht möglich sind, sollten sie hier erwähnt werden. Einzelne Regisseur:innen lassen sich sogar stark von solchen Zufällen leiten und machen diese „openness to the aleatoric miracle" (Sontag 2009 [1968]: 173) zu ihrem wiederkehrenden Stilprinzip, wie Susan Sontag bei Godard beobachtet – auch bei seinen Literaturverfilmungen.[156]

Zufälle, die den Film nicht unbedingt verbessern; solche Filmfehler bilden aber nicht den besten Ausgangspunkt für die Vermittlung von Filmästhetik (vgl. dagegen aber Metzger 2002).

155 Hier besteht eine Nähe zum Barthes'schen Punktum. Allerdings bestimmt Barthes dieses rein auf Ebene der Rezeption, während Details wie die hier erwähnten schon während des Drehens entdeckt werden können. Sie müssen es freilich auch nicht, vollständige Zufälle sind natürlich auch denkbar (vgl. Barthes 1989: 36–57).

156 Für ein konkretes Beispiel für die Nutzung des Zufälligen bei Godard vgl. auch Bergala 2006: 113f.

4.1.5 Synthetik statt Linearität

Wie gesehen taucht der Vermerk „ikonisch" bei Maiwald in enger Verbindung zu „synthetisch" auf, das dieser dem Adjektiv „linear" bei der schriftmedialen Literatur entgegensetzt. Als „synthetische Kunst" (Lotman 1977: 145) hatte vor allem Jurij Lotman den Film gefeiert. Dieser erklärt:

> Wir haben die komplexe semantische Struktur „des Erzählens vermittels beweglicher Bilder" untersucht. Aber der moderne Film bedient sich nicht nur dieser Sprache: er enthält auch unmittelbar sprachliche Mitteilungen, musikalische Mitteilungen, er aktiviert außertextliche Beziehungen, die vielfältige Bedeutungsstrukturen an den Film anschließen. Alle diese semiotischen Schichten sind auf komplexe Weise miteinander verzahnt, und ihre wechselseitigen Beziehungen ergeben wiederum semantische Effekte. Diese Fähigkeit des Films, die verschiedenartigsten Typen der Semiose ‚aufzusaugen' und in einem einzigen System zu organisieren, ist gemeint, wenn vom synthetischen oder polyphonen Film gesprochen wird. (ebd.)

Die außertextlichen Beziehungen betreffen literarische Texte nicht minder und sind hier daher außer Acht zu lassen. Dass Film aber neben bildlichen auch musikalische (und andere akustische) Zeichen sowie direkte sprachliche Botschaften verwendet und diese verschiedenen Codes synchron auftreten, unterscheidet ihn von der Literatur, die ihre Zeichen rein linear anordnet. Es geht also um die spezifischen Möglichkeiten und Wirkungen der Multimodalität des Films oder in Rajewskys Worten: der intermedialen Besonderheiten des Films als Medienkombination. Das Zusammenspiel der Zeichenebenen kann auf verschiedene Weise gestaltet sein; sie können sich ergänzen, verstärken oder sogar widersprechen. Dadurch können sich sogar zwei Szenen zugleich abspielen: Während Gustav Aschenbach in Morte a Venezia noch in seinem Hotelzimmer zu sehen ist, ist das Strandgeschehen als akustische Atmo schon wahrnehmbar, so wie Aschenbach es durch die geöffnete Balkontür hören kann. Das Verhältnis von Bild und Ton soll in Kapitel 4.2.4 unter narratologischer Perspektive noch genauer verfolgt werden.

In einem leicht anderen Sinn findet sich der Gegensatz von Synthetik und Linearität auch bei Chatman wieder, der der filmischen „immediate visual synthesis" das „linear detailing through time" entgegensetzt (Chatmann 1978: 107; ebenfalls zitiert in Maiwald 2015: 17). Chatman fokussiert noch nicht die Multimodalität des Films, sondern sieht Synthetik bereits auf der visuellen Ebene, also in den einzelnen Ikonen. Dies widerspricht Lotman nicht, kann aber als Ergänzung gesehen werden. In jedem Bild werden immer mehrere Informationen zugleich vermittelt, entsprechend gilt dies für filmische Bilder, auch wenn diese wieder in einer zeitlichen Reihenfolge stehen, also ihrerseits linear angeordnet sind. Beispielsweise sind sämtliche äußerlichen Erscheinungsmerkmale des von Klaus Maria Brandauer gespielten Cipolla in dessen MARIO UND DER ZAUBERER (1994) zugleich zu sehen, während Thomas Mann sie in der zugrunde liegenden Novelle (1930) wohlüberlegt komponiert hat, weil er sie in eine Reihenfolge bringen musste.

Mann beginnt die Beschreibung der Figur, indem er seinen Erzähler über dessen Alter mutmaßen lässt. Dann beschreibt dieser das Gesicht, zunächst die Augen, dann den Mund und als letztes den Bart, bevor er sich der Kleidung widmet, beginnend beim Mantel, über Handschuhe, Schal bis zum Zylinderhut. Es folgt dann eine bereits wertende historische Einordnung, bevor abermals mit Bezug auf die Kleidung festgestellt wird, dass diese nicht richtig sitzt. Abschließend wird Cipollas Gestik und Mimik mit seinem sonstigen Erscheinungsbild abgeglichen (vgl. Mann 1981 [1930]: 202–204). Und nicht nur Cipolla allein wird im Film synchron charakterisiert, zugleich erhält der Betrachter/die Betrachterin Informationen über die Umgebung sowie je nach Bildausschnitt auch andere Figuren. Sowohl die literarische Figurenbeschreibung Manns als auch das filmische Auftreten Brandauers haben eine eigentümliche ästhetische Wirkung: Während Mann die Schichten von Cipollas Maskerade Stück für Stück beschreibt und so als solche ‚entlarvt' – nicht umsonst heißt sein Zauberer schließlich „Zwiebel" auf Italienisch –, können die Filmzuschauer:innen Emanation und Charisma der Figur selbst erfahren ebenso wie die Figuren im diegetischen Publikum.

Filmbilder können pluriszenisch gestaltet sein, d. h. es können mehrere Geschehnisse nebeneinander im selben Bild dargestellt werden. Bezogen auf den Film findet hier Bazins „innere Montage" (*découpage en profondeur*) ihren Platz. Dieser hatte den Terminus in Auseinandersetzung mit Filmen von Jean Renoir, William Wyler und Orson Welles entwickelt, die erweiterte Tiefenschärfe nutzen, um im Bildvordergrund und -hintergrund zugleich Handlungen bzw. Teile einer Handlung abspielen zu lassen (vgl. Bazin 1980 [1958]: 126–133; ferner Bazin (2015 [1955]a): 101–105). Zwei berühmte Szenen aus CITIZEN KANE (1941) sollen dies verdeutlichen: In der ersten, die noch in Kanes Kindheit spielt, sieht man seine Eltern mit seinem künftigen Vormund verhandeln, während Kane selbst im Bildhintergrund zwischen den Parteien zu sehen ist. Man sieht ihn durch ein Fenster, während er draußen im Schnee spielt. Sehr deutlich sind hier zwei Szenen, die sogar an verschiedenen Orten stattfinden, durch geschickte Bildkomposition zu einer verschmolzen.[157] Die zweite Szene

---

157 Zu dieser Szene vgl. auch meinen Unterrichtsvorschlag in Althüser 2018: 46–50.

ist der Suizidversuch von Kanes zweiter Frau Susan Alexander. Sehr weit vorne im Bild sind ein Fläschchen und ein Löffel in einem Glas zu sehen, dahinter eine liegende Frau, ganz im Hintergrund eine geschlossene Tür, durch die Kane dann in das Zimmer stürmt. Was in der Situation geschehen ist, lässt sich durch die Kombination dieser Zeichenschichten erschließen, noch bevor ein Satz gesprochen wurde. Noch deutlicher befinden sich mehrere Szenen in einem Filmbild, wenn dieses im Splitscreen-Verfahren geteilt ist und mehrere Einzelbilder zusammenstellt.

Allerdings weist auch Film als Zeitkunst ein Nacheinander auf. Während sich der Lesende durch die räumlich entfaltete Linearität bewegt, läuft der Film in der Geschwindigkeit von 24 Bildern pro Sekunde vor dem Betrachtenden ab. Die Bedeutung der Zeit für das Medium Film wird vor allem von Deleuze immer wieder betont, der sich dabei auf die Zeit-Philosophie Bergsons stützt. Befasst man sich mit den semiotischen Grundbedingungen des Mediums Film, darf man die Bewegung der Filmbilder nicht vergessen, Filmbilder sind Ikone, aber anders als Fotos bewegte Ikone.

Von besonderer Bedeutung für die zeitliche Dimension filmischen Erzählens sind die Schnitte, weshalb der Filmschnitt seit den russischen Montagetheoretikern immer wieder als zentral für die filmische Erzählweise und Bedeutungskonstituierung angesehen worden ist. In der klassischen Filmsemiotik hat vor allem Christian Metz eine detaillierte Montagetheorie ausgearbeitet, die auf dem strukturalistischen Begriff des Syntagmas aufbaut und in verschiedenen Montageformen fünf verschiedene Syntagmen ausmacht (vgl. Metz 1972: 160–184). Da die sprachlichen Analogien der strukturalen Semiotik hier wie erwähnt nicht aufgegriffen werden sollen, wird dieser Terminus nicht übernommen.

Filmschnitt und Montage sind jedoch nicht außen vor zu lassen. „Wer Filme verstehen will, muss sich mit Filmmontage auseinandersetzen" (Staiger 2010b: 113), schreibt Michael Staiger, in einem kurzen Überblick über Montagekonzepte und -geschichte für ein didaktisches Publikum (vgl. zudem Staiger 2010c). Weit verbreitet ist vor allem der unsichtbare Schnitt des klassischen Hollywood, die *découpage classique*. Im Gegensatz z. B. zur „intellektuellen Montage" Eisensteins wird beabsichtigt, dass die Zuschauer:innen der Filmhandlung folgen können, ohne von auffälligen Schnitten abgelenkt zu werden. Eine Reihe von Konventionen wie das Schuss-Gegenschuss-Prinzip, der Eyeline-Match, die Vermeidung des Achsensprungs, die Arbeit mit Establishing Shots und ggf. Re-Establishing Shots sorgen dabei dafür, dass der Schnitt den unaufmerksamen Zuschauer:innen kaum bewusst wird. Auch wenn sich einige Regeln wie die Vermeidung des Achsensprunges oder der Zwang zum Establishing Shot etwas gelockert haben, werden diese Konventionen noch immer von den meisten Filmen mehr oder minder verwendet. Vor allem Mainstreamfilme sind oft klassisch geschnitten und viele Kinderfilme sind dies auch, um der kognitiven Entwicklung der Kinder gerecht zu werden und sie nicht durch auffällige Gestaltungsmittel zu überfordern. Jugendfilme hingegen gehen oft recht frei mit den Konventionen um, da sie auf ein an der MTV- bzw. mittlerweile YouTube-Ästhetik geschultes Publikum abzielen.[158]

4.1.6 Sinnlichkeit statt Diskursivität?

Ein weiterer Gegensatz, der häufig auf Literatur und Film angewandt wird, ist jener der literarischen Abstraktheit und Diskursivität gegenüber dem konkret sinnlich wirkenden Filmbild. Was die symbolische Abstraktheit und die ikonische Konkretheit betrifft, war dies schon mit Bezug auf Ingardens Beispiel der Augenfarben des Konsuls Buddenbrook diskutiert worden (siehe Kap. 4.1.2). Und häufig ändern Verfilmungen Handlungsdetails, um die Geschichten (audio)visuell stärker zu machen.[159] In diesem semiotischen Gegensatz werden jedoch häufig weitreichende Implikationen verbunden, was die Diskursivität und Sinnlichkeit der Medien betrifft. Da schriftsprachliche Zeichen abstrakt und linear angeordnet sind, eignen sie sich demnach besser als die synthetischen und

---

158 Zur klassischen Montage vgl. statt vieler den gelungenen Überblick in Beil/ Kühnel/ Neuhaus 2012: 143–152.

159 Der Film ARRIVAL (R: Denis Villeneuve, 2016) beispielsweise erzählt ebenso wie Ted Chiangs zugrunde liegende Kurzgeschichte *Story of Your Life* (1998) vom Erstkontakt der Menschheit mit einer außerirdischen Zivilisation sowie von einer Linguistin, die die Sprache der Außerirdischen entschlüsselt und gemäß einer eigenwilligen Interpretation der Sapir-Whorf-Hypothese das Zeitverständnis dieser Spezies übernimmt. (Daher wurde der Film bereits für den deutschunterrichtlichen Einsatz zum Thema Sprachtheorien vorgeschlagen (vgl. Hilbert 2018).) In der Erzählung betreten die Außerirdischen die Erde allerdings nicht, sondern positionieren ihre Raumschiffe im Orbit und geben den Menschen Gerätschaften zur akustischen und visuellen Kommunikation. Im literarischen Medium funktioniert das problemlos, zumal Chiang stärker an philosophischen Gedankenspielen interessiert ist, als dass er die Außerirdischen als Bedrohung für die Menschheit inszenieren möchte. Im Film hätte diese Lösung nicht überzeugt, da die Bildlichkeit des Mediums direkte Interaktionen bevorzugt. Allein dadurch, dass die Figuren sich tatsächlich gegenüberstehen, entsteht nicht nur die Spannung, sondern überhaupt eine geschlossene visuelle Wirkung des Szenarios. Außerirdische, die nur akustisch kommunizieren, liefen dem Medium zuwider, bei der visuellen Fernkommunikation, wäre es zu einem irritierenden Bild-im-Bild-Verhältnis gekommen, anstatt dass kinematografisch stark wirkende unmittelbare Präsenz evoziert wird.

konkreten filmischen Zeichen, um abstrakte Inhalte, also theoretische und philosophische Gedanken und Gedankengänge, auszudrücken (vgl. Koch 2009: 45).
Am radikalsten hat Kracauer das Begriffliche als gänzlich „filmfremdes Element"
(Kracauer 1985 [1960]: 346) verdammt, da ikonische Medialität das unmittelbar Sinnliche präferiert und damit das Konkrete vor dem Allgemeinen.[160] Bohnenkamp würde von einer „Priorität des Sichtbaren" (Bohnenkamp 2012, 34)
sprechen. Hinzu kommt, dass das Filmmedium nach Kracauer Bewegungen vor
stiller Kontemplation bevorzugt. Mit Bezug auf Hitchcock erklärt er die Darstellung einer Verfolgungsjagd für wesentlich filmadäquater als etwa eine Diskussion über Transzendentalphilosophie (vgl. Kracauer 1985 [1960]: 72f, 345f).
Schepelen bemerkt, die filmische Visualität führe „näher an Handlung als an Reflexion, näher an Szene als an Resümee, näher an das Äußere als an das Innere,
an das Konkrete als an das Abstrakte." (Schepelen 1993: 36) Was die Innendarstellung betrifft, wird sich aus narratologischer Perspektive noch eine Korrektur
anbringen lassen müssen, die anderen Gegensätze scheinen zunächst einzuleuchten. Auch Maiwald notiert eine Tendenz der Literatur zur Diskursivität,
stellt ihr jedoch beim Film die Emotionalität entgegen (vgl. Maiwald 2015: 20).
Dieser Gegensatz ist etwas unglücklich gewählt, schließlich sollte fiktionale Literatur ebenso emotionalisierend sein wie fiktionaler Film.[161] Möglich ist, dass es
Maiwald um die oft behauptete „Emotionsschleuder" (Kern 2006b) Film geht,
der Kollateralschaden dieser Dichotomie ist es allerdings, dass die emotionali-
sierende Wirkung der Literatur verkannt wird.

Noch stärker in Zweifel zu ziehen ist allerdings die generelle Absage an
Begrifflichkeit und Philosophie im Film. Sicher wird in Filmen philosophisches
Gedankengut auf weniger direkte Weise ausgedrückt als in Büchern, sicher weichen viele – vor allem dem Mainstream zuzuordnende – Filme dem Diskursiven
aus, sicher greifen viele Verfilmungen eher die visuellen Stärken ihrer Grundlagentexte und nicht so sehr den philosophischen Gehalt auf; daraus jedoch zu

---

160 Kracauer fürchtet, dass Filme, die durch Nutzung sprachlicher Mittel sehr begrifflich
gestaltet sind, die Aufmerksamkeit, sogar vom spezifisch Kinematographischen weg-
lenken können, da der Rezipient sich auf den Inhalt des gesprochenen oder geschrieben Textes konzentrieren muss. Er fordert daher, „daß dem gesprochenen Wort seine
führende Stellung genommen [werden muss]. Der Dialog hört auf, eine Fessel zu
sein, wenn sein Inhalt hinter dem des Bildinhalts oder der materiellen Qualitäten der
Sprache zurücktritt" (Kracauer 1985 [1960]: 346).

161 Es sollte angemerkt werden, dass Maiwald selbst, der den Gegensatz auf der Ebene
der Rezeption ansiedelt, tendenziell auf Distanz zu diesem geht (vgl. dazu Maiwald
2015: 19).

schließen, dass Filme nicht die Möglichkeit der Diskursivität bieten, verkennt, dass auch der Film Möglichkeiten zu rationaler Diskursivität bietet. Die Philosophie ist im Film gerade bei gelungenen Beispielen philosophischer Filme allerdings eher „sehr subtil gestaltet" (Koch 2009: 46). Philosophische Filme wären demnach eher solche, die durch konkrete Situationen Fragen beim Rezipient:innen aufwerfen wie z. B. BLOW UP (R: Michelangelo Antonioni, 1966) oder BEING JOHN MALKOVICH (R: Spike Jonze, 1999), oder die in den Worten von Deleuze „einen Schock im Denken entstehen [...] lassen" (Deleuze 1997 [1985]: 205).[162] Dennoch gibt es dezidiert philosophische Filme; Filme, die sich als Stellungnahmen in geistesgeschichtlichen Diskursen lesen lassen. Ignorieren sollte man auch nicht die Gattung des Filmessays sowie philosophisch ausgelegte Dokumentarfilme.

Wie gesagt greifen viele Verfilmungen eher die Visualität ihrer Grundlagentexte auf, gerade dadurch entsteht häufig das Vorurteil der Verflachung, des mangelnden Tiefganges der Verfilmung sowie der erwähnten Popularisierung, unumgänglich ist das aber nicht. Und statt hieraus zu schließen, dass die Verfilmungen die diskursiven Inhalte der Vorlage grundsätzlich vernachlässigen, ist es zielführender zu schauen, auf welche andere Weise im Film Reflexion stattfindet.[163]

Um ein Beispiel zu geben, seien zwei Anfänge von einem Buch und seiner Verfilmung verglichen: Während der Roman *Nesnesitelná Lehkost Bytí* (Die unerträgliche Leichtigkeit des Seins, 1984) von Milan Kundera mit existentialistisch geprägten Gedanken über Nietzsches Ewige Wiederkehr einsetzt und von

---

162 Und natürlich gibt es – vor allem in der französischen Tradition – diverse Filme, deren Figuren sich in philosophisch tiefgründigen Gesprächen ergehen. Aber solche Filme funktionieren nur – hier ist Kracauer zuzustimmen –, wenn das Hauptaugenmerk nach wie vor auf der Wirkung der audiovisuellen Erscheinungen liegt. In einem fiktiven Beispiel, das Kracauer von Gabriel Marcel übernimmt, geht es um die Filmfigur eines Philosophieprofessors, der im Dialog Kant interpretiert. Kracauer und Marcel finden diese Figur problematisch, wenn das Publikum wirklich dessen Ausführungen folgen soll, wenn der Professor selbst und sein akademischer Habitus im Fokus der filmischen Inszenierungen stehen, sind seine Ausführungen über Kant akzeptabel, schließlich ist ihr genauer Inhalt dabei irrelevant, wichtig ist nur, dass die Figur gelehrt über Kant reden kann (Kracauer 1985 [1960]: 346).

163 Doch selbst, wenn man das Vorurteil teilt, muss man die Wertung nicht übernehmen: Marshall McLuhan und seine Schüler sollen die Verfilmungen von *Moby Dick* (1851) gefeiert haben, weil die von ihnen als störend empfundenen Abschweifungen und Essaykapitel Melvilles ausgelassen wurden (vgl. Wagner 1972: 202).

dort zu Parmenides überleitet, bevor zum ersten Mal die Hauptfiguren Teresa und Tomas erwähnt werden, beginnt die Verfilmung (THE UNBEARABLE LIGHT-NESS OF BEING, R: Philip Kaufman, 1988) unmittelbar mit einer Szene aus der Klinik, in der Tomas als Chirurg arbeitet. In dieser wird er direkt als Verführer etabliert, indem er eine Kollegin dazu überredet, sich für ihn zu entkleiden. Der populärphilosophischen Betrachtung in der Romanfassung steht in der Verfilmung ein konkretes sinnliches Geschehen gegenüber. Dennoch findet sich eine – in diesem Fall autoreferenzielle – Reflexionsebene: In der diskutierten Szene wird Tomas, der die Frau betrachtet, wiederum durch eine Scheibe von drei anderen Männern beobachtet. Ersetzt der Film also schriftsprachliche philosophische Betrachtung durch visuelle Sinnlichkeit, reflektiert er zugleich auf einer Metaebene den Hang des Filmmediums zum Voyeurismus.

Gegensätze von Begrifflich-Diskursivem und Sinnlich-Emotionalem können zudem leicht Gefahr laufen, in die Falle der Abwertungsdidaktik zu geraten, dem Film eine grundsätzliche Verflachung zu unterstellen. Mit dem semiotischen Unterschied zwischen konkretem und abstraktem Zeichen ist zudem ein weiterer Wirkungsunterschied verbunden, der regelmäßig zu Veränderungen von Buch- und Filmversion führt, aber tendenziell konventionell, nicht von der Medienspezifik erzwungen ist. Da die Auseinandersetzung mit dieser Konvention jedoch eher dazu dienen kann, falsche Vorstellungen von Werktreue abzubauen, sei dieser Unterschied dennoch kurz erwähnt. Es geht um die jeweils medial verschiedene Wirkung der Darstellung von visuell Abstoßendem sowie „die beiden Ernstfälle der leiblichen menschlichen Begegnung" (Seel 2003: 299): Gewalt und Sex.[164]

Abscheuerregende Bilder lassen sich beim Lesen leichter verdrängen, als es möglich ist, hässlichen und ekelerregenden Filmdarstellungen zu entkommen.[165]

---

164 Ein weiterer Unterschied besteht zudem in der je anderen Umsetzbarkeit und Wirkungsweise von Ironie und Witz (vgl. hierzu Koch 2009: 48f). Aus ihrer Feststellung, dass die Darstellung einzelner ironischer Sätze und schriftsprachlichen Wortwitzes jedoch nicht mit filmsprachlichen Mitteln nachvollzogen werden kann, schließt Koch jedoch, dass literarische Partituren mit derartigen konstituierenden Anteilen nicht unbedingt verfilmt werden oder zumindest nicht als Literaturverfilmung ausgewiesen werden sollten. An dieser Stelle wird die Argumentation wiederum problematisch, da eine deutliche Bezugnahme auf das Kriterium der Werktreue mitschwingt.

165 Diese Feststellung ist nicht neu. Schon Lessing hat im *Laookon* die unterschiedliche Wirkung beschriebener und gemalter Hässlichkeit gegenübergestellt und meint, dass „die Häßlichkeit in der Schilderung des Dichters zu einer minder widerwärtigen Erscheinung körperlicher Unvollkommenheiten wird, und gleichsam, von der Seite ihrer Wirkung, Hässlichkeit zu sein aufhöret." Sichtbare Hässlichkeit aber „beleidigt

Verfilmungen tendieren daher nicht selten zur Abschwächung von Hässlichkeit. In DAS PARFUM. GESCHICHTE EINES MÖRDERS (2006) von Tom Tykwer beispielsweise wurde der Schauspieler Ben Whishaw zwar für viele Szenen im Schmutz gehüllt, Grenouilles Knollennase, Krankheitsnarben u. ä. fehlen im Film jedoch; in der Serie GAME OF THRONES wurde bei vielen Figuren auf Schnittwunden und andere körperliche Entstellungen verzichtet. Koch weist darauf hin, dass in den ersten Harry-Potter-Bänden kaum Hinweise über das Aussehen Hermiones gegeben werden, neben ihren buschigen Haaren werden nur die etwas zu langen Vorderzähne erwähnt – und gerade auf die wird bei der filmischen Konkretisierung der Figur verzichtet (vgl. Koch 2009: 54f).

„[W]hen it comes to depiction of sex and violence, cinema has a particulary strong effect on ist viewer precisely because of its ‚embodiedness'" (Gjelsvik 2013: 257), stellt Anne Gjelsvik zu den beiden anderen Beispielen fest. Sie geht unter phänomenologischem Gesichtspunkt an Adaptionen heran und vergleicht Gewaltdarstellungen.[166] Sie argumentiert, dass viele Verfilmungen die Drastik der Gewalt abschwächen, da visuelle Gewalt die Rezipient:innen stärker affiziert. Sie erklärt,

that the emotional response to visual violence, even when related to cinematic fiction, is related to the fact that we ‚see it with our own eyes'. When we watch violence in fiction film, we do of course know that the violence is not real [...] but we tend to become what I will call ‚intoxicated by the indexical illusion', that is to say that when we see it, it is harder to accept that it is only imagery. (ebd.: 255)

Natürlich gesteht Gjelsvik ein, dass dies realistisch inszenierte Gewaltdarstellungen stärker betrifft als etwa die comichaft überdrehte Gewalt bei Quentin Tarantino und Robert Rodriguez. Zudem wäre ebenso denkbar, dass das Gewaltlevel bei einer Verfilmung – gerade wegen der starken Wirkung visueller Gewalt – gegenüber der Vorlage sogar erhöht wird.[167] Strömungen wie

---

unser Gesicht, widersteht unserm Geschmacke an Ordnung und Übereinstimmung, und erwecket Abscheu, ohne Rücksicht auf die wirkliche Existenz des Gegenstandes, an welchem wir sie wahrnehmen" (Lessing 1990 [1766]: 165, 169).

166 Für ein phänomenologisches Herangehen an die Gewalt *in* dem Kunstwerk und die Gewalt *des* Kunstwerkes vgl. auch Seel 2003: 295–323, ferner Seel 2013b. Unter didaktischer Perspektive siehe hierzu Bönnighausen/ Hankeln/ Zimmer 2013.

167 Hier könnte man DIE KLAVIERSPIELERIN (2001) anführen: Michael Haneke hat das Gewaltlevel gegenüber der Romanfassung Elfriede Jelineks (1983) nicht direkt erhöht, seine Filmversionen konzentriert sich aber auf Schockpotenzial und Schauwerte der Vorlage, ihre drastische Brutalität und sexuelle Explizitheit, indem sie vor allem die Liebeshandlung im zweiten Teil des Buches umsetzt, die Vorgeschichte Erika Kohuts

der Exploitation-Film bauen schließlich gerade auf die starke Wirkung filmischer Gewalt (vgl. dazu konzise Stiglegger 2007).[168] Gerade bei Verfilmungen für Kinder- und Jugendliche wird man aber wohl eher zur Abminderung von Sex- und Gewalt-Elementen neigen, da man Kindern bei der eigenen Verarbeitung während des Lesens mehr zutraut, als man ihnen im konkreten Filmbild zumuten würde.

4.1.7 Zwischenfazit

Es zeigt sich, dass die semiotische Gegenüberstellung von Maiwald, die die Literatur als „Symbolisch-abstrakt-linear" dem Film als „Ikonisch-konkret-synthetisch" gegenüberstellt, im Kern beibehalten werden kann, allerdings einige bedeutsame Aspekte filmischer Ästhetik unterschlägt, wenn man sie nicht um den dritten Begriff der Pierce'schen Trichotomie ergänzt, das Indexikalische. Zwar sind selbstverständlich alle Filme Inszenierungen, fiktionale Filme im Besonderen, manche erschaffen mit digitaler Technik sogar vollständige Kunstwelten. Dennoch sollte als Unterschied zur auf dem sprachlichen Symbolsystem basierenden Literatur festgehalten werden, dass in einigen Filmen der Einbruch

---

ebenso wie Jelineks subtiles Spiel mit psychologischen Deutungsansätzen und deren Unterminierung aber kaum übernimmt.

168 Für die Darstellung von Geschlechtsverkehr gilt im Grunde Ähnliches wie für die Gewalt, allerdings spielt in Bezug auf Sexualitätsdarstellungen neben der ‚indexical illusion' auch die tatsächliche filmische Indexikalität eine Rolle, die Spur des Realen im filmischen Bild. Die Schauspieler:innen sind wirklich teilweise oder vollständig nackt (oder entsprechende Körperdoubles sind es). Schließlich ist gar der Einsatz von Realsex möglich, der zwar außerhalb des pornografischen Genres insgesamt selten ist, aber vor allem in den letzten Jahrzehnten mehrfach in Mainstream-Spielfilmen verwendet wurde (z. B. Shortbus, R: John Cameron Mitchell, 2005; mehrere Filme Lars von Triers ab Idioterne, 1998). Im Kinder- und Jugendfilm sind solche Darstellungen natürlich nicht zu erwarten; wie oben dargestellt wurde, ist der Erotikfilm nicht umsonst das einzige Genre, dass sich nicht in diesem Hypergenre wiederfindet, und Wagener 2010 zeigt, derartiges ist vom Publikum auch nicht gewünscht (siehe Kap. 2.1.2); einige Jugendfilme wagen sich bei der Darstellung realer Sexualität aber dennoch weit vor. In Kay Pollacks Barnens Ö (1980) wird beispielsweise der erigierte Penis eines Jugendlichen gezeigt (vgl. dazu auch Exner 2009: 169f). Was für die Wirkung von Kinder- und Jugendfilmen in jedem Fall ebenfalls gilt, ist, dass auch sanftere Fälle körperlicher Erotik, vom Händchenhalten über das Küssen bis zum sogenannten Petting als von den Schauspieler:innen tatsächlich durchgeführte Aktionen erfahren werden.

des Realen ein besonderes ästhetisches Erleben ermöglicht. Dieser Aspekt des Films darf daher nicht vergessen werden.

Während Literatur als auf sprachlichen Symbolen basierende Kunstform linear rezipiert werden muss, geschieht die Filmrezeption zwar im Verlauf von Zeit, weist daneben aber auch starke Momente des Simultanen auf. Denn Film ist in mehrfacher Hinsicht synthetisch. Zum einen inhäriert dem ikonischen Zeichen eine grundsätzliche Mehrdeutigkeit und Pluriszenität, zum anderen greift der Film auf unterschiedliche Codes auf zwei verschiedenen medialen Ebenen zu, der Ebene des Bilds und der des Tons, und kann diese in verschiedener Weise kombinieren. Zum Bild kommen Geräusche sowie Musik, Sprache kann im gesprochenen Dialog, also auf der Tonebene, eingebracht werden, ebenso als Insert oder Zwischentitel im Film und nicht zuletzt können innerdiegetisch schriftliche Texte auftauchen. Die filmische Gesamtwirkung entsteht dabei erst durch die parallele oder widersprüchliche Gesamtkomposition dieser Zeichenebenen. Dies wird im nächsten Kapitel, wenn narratologisch gearbeitet wird, noch genauer zu analysieren sein.

Aus der unterschiedlichen Zeichennatur geht eine ganze Reihe von wirkungsästhetischen Unterschieden hervor, die hier an den Beispielen Hässlichkeit, Sex und Gewalt abgehandelt worden sind, und zudem wird häufig über eine vermeintliche Nähe des Filmmediums zu Sinnlichkeit, Emotion und Handlung und des Buchmediums zum abstrakten Diskurs unterstellt. Diese tendenziellen Unterschiede sollten hier nicht geleugnet werden, werden aber als lediglich konventionelle Medienspezifik und im Falle von Sinnlichkeit, Emotion und Handlung gegenüber Diskursivität als potenzielle Abwertungsdidaktik nur am Rande erwähnt.

Nun sollen zunächst aufbauend auf den semiotischen Besonderheiten der Medien ihre jeweiligen narratologischen Gestaltungsmöglichkeiten untersucht werden, bevor in einem weiteren Zwischenfazit die in beiden Kapiteln erarbeiteten medialen Gegensätze in einer tabellarischen Übersicht kontrastiert werden. Aus diesem Kapitel stammen dabei der Gegensatz von abstrakt-symbolischem Zeichentyp und konkret indexikalisch-ikonisch, sowie der räumlich linearen Zeichenanordnung gegenüber der synthetischen und zeitlich sukzessiven.

4.2 Narratologische Differenzen

4.2.1 Der Erzähler in der narrativen Literatur

Das Vorhandensein eines Erzählers galt in der Literaturwissenschaft lange Zeit als Proprium der erzählenden Literatur. Bereits Käte Friedemann (1965 [1910])

betont die Bedeutung des Erzählers[169] und Franz K. Stanzel setzt an diesem
Punkt den Ausgangspunkt seiner *Theorie des Erzählens* an (Stanzel 2008: 15–
21). Dennoch gibt es immer wieder Vorstöße, die Möglichkeit eines erzählerlosen Erzählens in der Literatur einzuräumen. Texte wie zwei Short Storys von
Ernest Hemingway, in denen sich keine direkten Anzeichen eines Erzählers
finden, werden dabei als Beispiele angeführt. Seymour Chatman etwa schlägt
den Begriff „nonnarrated" für solche Prosa vor (vgl. Chatmann 1978: 33f, 166–
199).[170] Allerdings finden sich in fast allen Texten Wertungen und subjektive
Färbungen, sodass ein gänzlich neutrales Erzählen ein sehr seltener Fall ist, und
auch in scheinbar neutral erzählten Texten gibt es noch Auswahl und Gestaltung des erzählten Stoffes, die sich dem Erzähler zuschreiben lassen, sodass man
hier eher von einem zurückgenommenen oder unmarkierten Erzähler sprechen
sollte, statt diesen ganz zu verwerfen.

Dass sich für das scheinbar erzählerlose literarische Erzählen auch der Terminus „Camera Eye" etabliert hat, deutet zudem an, dass diese Form literarischer
Erzählgestaltung als eher filmisch, also als intermedialer Bezug in der Literatur wahrgenommen wird. Bereits, dass hier ein solcher Bezug ausgemacht wird,
weist darauf hin, dass dem Film eher die Erzählerlosigkeit zugeschrieben wird,
der Erzähler hingegen mit Literatur und konzeptioneller Literarizität assoziiert
wird.[171]

---

169 In dieser Arbeit wird versucht, weitestgehend auf geschlechtergerechte Formulierun-
     gen zurückzugreifen. Beim Terminus „Erzähler", der je nach theoretischem Bezugs-
     punkt einmal eine abstrakte und damit geschlechtslose Erzählinstanz und einmal
     konkrete anthropomorphe Erzählerfiguren bezeichnen kann, wird auf die gender-
     gerechte Schreibweise verzichtet, um nicht zwischen „Erzähler" und „Erzähler:in"
     wechseln zu müssen. Wo konkrete Erzählerfiguren angesprochen sind, sind stets
     sämtliche Geschlechter mitgemeint.
170 Vgl. hierzu etwa Ryan 1981, die verschiedene Positionen gegenüberstellt und selbst
     eine Zwischenposition einnimmt, bei der alle Erzählungen einen Erzähler aufweisen,
     es aber einen unpersönlichen Fall ohne psychologische Grundlage gäbe. Zur Kritik
     an dieser Kompromisslösung vgl. Schmid 2008: 79–81. Eine scharfe Kritik der grund-
     sätzlichen Annahme eines Erzählers bieten Köppe/ Stühring 2011.
171 Dass der Begriff „Camera Eye" allerdings fragwürdige Implikationen über filmisches
     Erzählen beinhaltet, zeigt sich spätestens bei der Ebene der Perspektivübernahme. Wie
     im nächsten Teilkapitel genauer ausgeführt wird, ist das filmische Erzählen schließlich
     nicht perspektivlos (vgl. Schlickers 1997: 166). Aus entgegengesetzter Blickrichtung
     hat bereits Stanzel angemerkt, dass sich das Camera-Eye-Erzählen in der Literatur nie
     so weit treiben lässt, wie dies im Film möglich ist (vgl. Stanzel 2008: 296).

In der Narratologie wird im Allgemeinen davon Abstand genommen, den Erzähler als anthropomorphe Wesenheit anzusehen, stattdessen wird eine abstrakte Instanz angenommen. Dennoch lässt sich für die Literatur tendenziell das Vorhandensein einer anthropomorphen Erzählerfiktion behaupten. Bei Ich-Erzählern im Stanzel'schen oder homodiegetischen im Genette'schen Sinn ist dies sogar notwendig. Aber auch die meisten heterodiegetischen Erzählinstanzen weisen Merkmale auf, die sie tendenziell als menschlich bzw. menschenähnlich ausweisen. Auf die scheinbar erzählerlosen Texte trifft dies nicht zu, diese stellen allerdings wie gesagt einen seltenen Fall dar. Wolf Schmid argumentiert zudem, dass – wider alle Polemik gegenüber personifizierten Erzählern – in der konkreten Rezeption literarischer Texte eben doch eine menschliche Erzählerstimme imaginiert wird:

> [S]olche Depersonalisierung des Erzählerbegriffs entspricht in den meisten Fällen nicht unserer Wahrnehmung des Erzähltextes und der hinter ihm rekonstruierten Instanz. Der Erzähler wird vom Leser in der Regel nicht als abstrakte Funktion wahrgenommen, sondern als Subjekt, das unausweichlich mit bestimmten anthropologischen Zügen des Denkens und Sprechens ausgestattet ist. (Schmid 2008: 74)

Ob man diese durchaus nachvollziehbare Augmentation nun teilt oder nicht: Festhalten lässt sich, dass die Literatur die Möglichkeit zu einer menschlichen oder menschenähnlichen Erzählerfigur bietet und viele Texte diese nutzen.

Verschiedene Modelle wurden vorgeschlagen, um die Erzählinstanzen in der Literatur zu systematisieren. Hat sich in der internationalen narratologischen Debatte Gérard Genettes strukturalistisch-tabellarischer Klassifikationsansatz aus dem *Diskurs der Erzählung* (1972)[172] durchgesetzt, ist vor allem in Deutschland auch Franz K. Stanzels Triade typischer Erzählsituationen noch immer sehr einflussreich. Vor allem in Einführungen gibt es immer noch regelmäßig Kapitel zur Gegenüberstellung beider Standardmodelle. Es geht also noch immer um die „Vorliebe für mollige oder eckige Formen, zirkuläre oder binäre Strukturen" (Vogt 2008: 87) bzw. die Differenz von „germanischer Rosette und gallischer Taxonomie" (Bode 2011: 143) bei der Frage nach geeigneten Analyseinstrumentarien für die Untersuchung narrativer Literatur. Ohnehin setzte die Rezeption von Genette erst verzögert und sehr langsam ein, während Stanzels Ansatz lange das Hauptreferenzmodell blieb. Auch im schulischen Bereich war

---

172 Gerade in Einführungs- und Überblickswerken zur Narratologie finden sich bis in die Gegenwart immer wieder Kapitel zur Gegenüberstellung beider Ansätze. Beispielhaft erwähnt seien nur Martinez/ Scheffel 2009: 89–94, Fludernik 2006: 103–118, Lahn/ Meister 2008: 76–79.

und ist seine Einteilung wirkmächtig oder es wird auf eklektizistische Modelle zurückgegriffen.

Stanzel hat seine stark unter dem Einfluss der Goethe'schen Gattungstrias stehende morphologische Poetik der Erzählsituationen bereits in seiner Dissertation 1955 entwickelt (vgl. Stanzel 1955; vgl. ferner 1964), in der er *Ich-Erzähler*, *auktorialer Erzähler* und *personaler Erzähler* noch ganzen Romanen zuordnet und sie am Ende zu einer ersten Skizze des Typenkreises gruppiert.[173] In der 1979 zuerst erschienenen Monografie *Theorie des Erzählens* entwickelt er dieses Schema weiter und differenziert es deutlich aus. So schreibt er Erzählsituationen nicht mehr Romanen *in toto* zu, sondern sieht auch die Möglichkeit des Wechsels vor, was er als „Dynamisierung" bezeichnet (vgl. Stanzel 2008, 69: 89–95). Daneben integriert er – nun doch einem gewissen strukturalistischen Einfluss unterliegend – drei Oppositionen in sein Schema (*Reflektor/ Erzähler*; *Außenperspektive/ Innenperspektive*; *Ich-Bezug/ Er-Bezug*), die er als innere Achsen in sein nun dezidiert relational zu verstehendes Kreismodell aufnimmt (vgl. Stanzel 2008: 82–89).[174]

Problematisch bleibt in diesem detaillierter ausgearbeiteten Modell allerdings weiterhin, dass der Typenkreis auf verschiedenen kategorialen Ebenen liegende Aspekte kontaminiert. So entgeht er auch nicht einer Kritik, die einen zentralen Ansatzpunkt für Genettes Vorgehen darstellt. Im *Diskurs der Erzählung* schreibt dieser, es

> leiden die meisten theoretischen Arbeiten zu diesem Thema (die im wesentlichen Klassifikationen bieten) meines Erachtens erheblich darunter, daß sie, was ich hier *Modus* und *Stimme* nenne, miteinander vermengen, d.h. die Frage *Welche Figur liefert den Blickwinkel, der für die narrative Perspektive maßgebend ist?* wird mit der ganz anderen *Wer ist der Erzähler?* vermengt – oder, kurz gesagt, die Frage *Wer sieht?* mit der Frage *Wer spricht?* (Genette 1998: 132)

Genettes Unterteilung in Modus und Stimme wird in der vorliegenden Arbeit übernommen, statt „Stimme" sollte allerdings allgemeiner von „Vermittlung" gesprochen werden, um die enge metaphorische Bindung an sprachliche Texte zu vermeiden, wo es um Filme gehen soll (vgl. Kuhn 2013: 72–75, für eine detaillierte Untersuchung von Genettes Metapher vgl. Blödorn/ Langer 2006: 73–80). Genettes Konzept der Fokalisierung wird in Kap. 4.2.5 noch genauer zu

---

173 *Moby Dick* (1851) ist sein Beispiel für die Ich-Erzählung, *Tom Jones* (1749) für den auktorialen Erzähler und *The Ambassadors* (1903) für den personalen.

174 Für eine Variation, die auf die Perspektivachse verzichtet und so zu vier Situationen gelangt, vgl. Cohn 1981.

beschreiben sein. Von den Aspekten, unter denen Genette die Stimme wiederum betrachtet, nämlich „Zeit der Narration", „narrative Ebene" und „Person", ist vor allem der letzte hier zentral. Genette entwickelt dort bekanntlich einen Gegensatz von *homodiegetischen* Erzählern, die in der erzählten Geschichte vorkommen, und *heterodiegetischen*, die das nicht tun. Für den ersten Fall gibt er noch den Sonderfall des *autodiegetischen* Erzählers an, bei dem der Erzähler zugleich der Protagonist ist (vgl. Genette 1998: 175f).[175] Von Lahn und Meister wurde dieses Verhältnis des Erzählers zum erzählten Geschehen als ontologisches präzisiert (vgl. Lahn/ Meister 2008: 67–70). Damit fällt die Ebene der Wahrnehmung, die deutlich etwa in Stanzels personalem Erzähler anklingt, ebenso heraus wie der Rekurs auf grammatische Kategorien wie der Rede vom „Ich-Erzähler" (vgl. Genette 1998: 174f). Schließlich kann auch ein auktorialer Erzähler beispielsweise von sich sprechen und dazu auf das Pronomen „ich" zurückgreifen.

Die Trennung der Ebenen in Genettes Modell bedingt nicht nur eine stringentere Theorielogik, sondern bringt deutliche Vorteile bei der intermedialen Anwendung mit sich. Bei einer Übertragung von Stanzels Typen auf das Medium Film ist bereits der Ich-Erzähler problematisch, der sich auf ein grammatisches Phänomen bezieht und damit ein sprachliches Phänomen beschreibt. Beim Film, der zwar sprachliche Anteile aufweist, darüber hinaus aber andere audiovisuelle Codes einbezieht, kann entweder allenfalls im übertragenen Sinn von einem Ich-Erzähler gesprochen werden oder lediglich mit Bezug auf eine Voice-Over-Erzählfigur, die explizit in der ersten Person Singular auf sich selbst verweist. Hat Stanzels Modell also schon bei der Anwendung auf Literatur Schwächen, gerät es bei der Anwendung auf Filme endgültig an seine Grenzen.

Natürlich lässt sich im Rahmen einer didaktischen Arbeit argumentieren, dass Stanzel in der Schulwirklichkeit immer noch präsenter ist. Der Anschluss an den bisherigen Deutschunterricht scheint für Arbeiten wie die von Koch daher leichter möglich. Allerdings kann man auch genau gegenteilig argumentieren, dass die steigende Bedeutung der Behandlung intermedialer Phänomene ein weiteres Argument dafür bietet, dass die Schule von Stanzel Abstand nehmen sollte.

4.2.2 Die Problematik des *Voice Over*: Erzählerfiguren im Film

Die Frage, ob man im Film von einem Erzähler sprechen kann, ist Gegenstand einer längeren Forschungsdiskussion. Zunächst kann man konstatieren, dass diverse Filme wie beispielsweise A CLOCKWORK ORANGE (R: Stanley Kubrick;

---

175 Noch weiter ausdifferenziert hat dies etwa Lanser 1981, 160.

1971) oder AMERICAN BEAUTY (R: Sam Mendes; 1999) eine Voice-Over-Erzählerstimme aufweisen, die Teile der Handlung berichtet, Hintergrundinformatio-
nen liefert oder die dargestellte Handlung – nicht selten ironisch – kommentiert.
Die Voice-Over-Erzählerstimme kann dabei sowohl homo- als auch heterodiegetisch eingesetzt werden. Sie kann sowohl den inneren Monolog einer der Figuren in der jeweiligen Filmszene umsetzen oder in der jeweiligen Szene durch
die Vierte Wand hindurch an die Zuschauer:innen adressiert sein[176] als auch
nachträgliche Reflexionen zum Geschehen bieten. Die Nähe zum literarischen
Erzähler liegt daher auf der Hand.

Voice-Over-Erzähler gibt es aber bei Weitem nicht in allen Filmen und sie
sind für filmisches Erzählen keinesfalls unabdingbar.[177] Zudem steht die Erzählerstimme oft in Spannung zu den gezeigten Bildern und zu hörenden Geräuschen: Konnte der Erzähler das wirklich wissen? Erinnert er sich wirklich so
detailliert? Woher weiß er, wie es hinter dem Rücken seines erzählten Ichs
aussieht?

Bei dem Voice-Over-Erzähler handelt es sich nicht um ein genuin filmisches
Mittel, sondern um eine aus der Literatur übernommene Erzähltechnik. So
weist Harald Schleicher darauf hin, dass der Voice-Over-Erzähler „bezeichnen-
derweise besonders in Literaturverfilmungen Verwendung findet." (Schleicher
1991: 38) Für ihn stellt er ein „Extrem" da und ist „unfilmisch" (ebd.). Somit handelt es sich bei diesen Fällen primär um ein Produkt des Medienwechsels, wie
Mahne mit Bezug auf Schleicher erklärt (vgl. Mahne 2007: 101). Susanne Kaul
und Jean-Pierre Palmier führen die Beibehaltung eines Erzählers im Voice Over
bei Literaturadaptionen auf drei Gründe zurück: 1. Der genaue Wortlaut des
Originaltextes kann beibehalten werden. 2. Es können genauso viele Informationen mitgeteilt werden wie in der Vorlage, was die Erzählerstimme erzählökonomisch vorteilhaft macht. 3. Der mediale Transformationsprozess entfällt, sodass
die Bearbeitung weniger zeitliche und kreative Ressourcen verbraucht (Kaul/
Palmier 2016: 42f).[178] Wenn man auf diese Weise über den Produktionsprozess

---

176 Dieser Fall ist sicher seltener, kommt aber beispielsweise gleich in der ersten Szene
     von RICO, OSCAR UND DIE TIEFERSCHATTEN vor, vorauf in Kap. 6.2 noch einzugehen
     sein wird.

177 In dem interessanten Fall von Ridley Scotts BLADE RUNNER (1982) wechselt das Vor-
     handensein des Voice-Over-Erzählers sogar zwischen den verschiedenen Fassungen
     desselben Films. In der ursprünglichen Kinofassung gibt es Voice-Over-Kommentare
     des Protagonisten Rick Deckard, der Director's Cut von 1992 verzichtet darauf.

178 Zudem kann man dieses Verfahren auch als Ausdruck „eines imitierenden Bemühens
     [sehen], die literarische Erzählperspektive einzuholen." (Hermann 2015: 34)

argumentiert, erklärt man damit natürlich nicht, dass auch viele Filme, die keine Literaturverfilmungen sind, Erzählerstimmen aufweisen (AMERICAN BEAUTY wurde schon genannt, ein anderes Beispiel wäre Jean-Pierre Jeunets LE FABULEUX DESTIN D'AMÉLIE POULAIN (2001)).[179] Man kann das Voice Over in diesen Fällen aber ebenfalls als Intermedialitätsphänomen auffassen, zwar nicht als Rudiment des Medienwechsels, aber als intermedialer Bezug, als Übernahme eines literarischen Verfahrens in den Film. Erstaunlich häufig findet es Eingang in Filme, die an ein eher bildungsbürgerliches Zielpublikum adressiert sind, sodass es sich vielleicht um Konzessionen an den Geschmack dieser Zuschauergruppe handelt, die sozialisationsbedingt der Literatur noch am ehesten den Nimbus des Hochkulturellen zuschreibt.[180]

Hinzufügen muss man, dass auch in Literaturverfilmungen das Vorkommen einer Erzählerstimme keinesfalls bloßes Produkt des Medienwechsels sein muss, sondern wieder einen bewussten intermedialen Bezug darstellen kann. So wurde bereits das Beispiel des bewusst konzeptionell literarisch erzählten Films FONTANE EFFI BRIEST von Fassbinder angesprochen, der eine Erzählerstimme aufweist. Dabei fällt allerdings bereits in der ersten Einstellung auf, dass die Beschreibung des Herrenhauses nur partiell zu dem im Bild sichtbaren Haus passen will (siehe Kapitel 4.2.4). Anstatt dass Teile des Romans somit nicht kinematografisch inszeniert, sondern weiter im sprachlichen Medium belassen werden, setzt ein derartiger Einsatz Text und kinematografische Mittel in ein diskursives Verhältnis. Noch deutlicher zeigt sich ein derartiges Vorgehen gelungenen Erzählereinsatzes bei einer Literaturverfilmung in Christian Petzolds TRANSIT (2018). In Anna Seghers Roman erzählt der Protagonist in einer Pizzeria von seinen Erlebnissen, in Petzolds Film erzählt der Kellner der Pizzeria nach, was ihm der Protagonist berichtet hat. Die Bilder entsprechen dabei nicht immer vollständig dem Gesagten, ein Kuss fehlt, eine Geste findet sich nicht wieder, an einer Stelle scheint es, als würde der Protagonist bereits bekannten Figuren gerade zum ersten Mal begegnen. An vielen Stellen wird im Voice Over bereits von Dingen berichtet, die dann erst einige Sekunden später geschehen. Bildinszenierung und Textinhalt stehen durchgehend in einer konstruktiven

---

179 Dies streitet Schleicher nicht ab, zumal er das Produktions-Argument nicht selbst verwendet. Insofern ist unklar, weshalb Nicole Mahne meint, Schleicher wäre hier deshalb „nur bedingt zuzustimmen" (Mahne 2007: 101).

180 Wenn Regisseure selbst den Erzähler sprechen, wie etwa Quentin Tarantino in THE HATEFUL EIGHT (2015), lässt sich dies auch als ironische Inszenierung von Autorenkino interpretieren.

Dissonanz. Während oben darauf hingewiesen wurde, dass Voice Over und audiovisuelle Darstellung immer in einem Spannungsverhältnis stehen, wird in diesen Beispielen bewusst mit dem Aufbau von Widersprüchen zwischen beiden gearbeitet.

Zwei weitere Phänomene sind in diesem Zusammenhang kurz zu erwähnen, für die Ähnliches gilt wie für den Voice-Over-Erzähler, zum einen die erzählenden Inserts im Stummfilm, zum anderen der seltene Fall eines nicht nur akustisch, sondern auch visuell auftretenden Erzählers, wie er sich etwa in der Hauptfigur Alvy Singer in Woody Allens Annie Hall (1977) oder in Wes Andersons Moonrise Kingdom (2012) findet, dessen Erzählerfigur zunächst heterodiegetisch erscheint, in einer einzigen Szene dann jedoch entscheidend in die Handlung eingreift. Auch bei Literaturverfilmungen wurde diese Möglichkeit schon verwendet, so in High Fidelity (R: Stephen Frears, 2000) nach dem Roman von Nick Hornby (1995). Dieser Fall ist sicher noch „extremer" als der akustische Erzähler, schließlich ist der visuelle Erzähler eine paradoxe Gestalt, denn solange er beim Erzählen gezeigt wird, lässt sich die eigentliche Handlung nicht fortführen. Inserts hingegen waren im Stummfilm zwar die Regel, doch auch hier drängten Filmkritiker und -theoretiker auf die möglichst weitgehende Vermeidung dieses ‚unfilmischen' Verfahrens. Bekanntlich gab es sogar vollständig textlose Stummfilme, allerdings nur sehr wenige.

Ein weiteres Problem mit den Erzählern besteht in der Umsetzung der wörtlichen Erzählung in Filmbilder. Manche Erzählerstimmen kommentieren einfach das Geschehen, das gezeigt wird, bei anderen erzeugt der Film die Illusion, dass das, was gezeigt wird, dem entspricht, was die Figur im Weiteren erzählt, während die Erzählerstimme in Wirklichkeit ausgeblendet wird. Das Erzählte wird visuell umgesetzt, nach Kuhn kommt es zu einem „visuellen Ebenenkurzschluss" (vgl. Kuhn 2011, S. 311–314). In Citizen Kane etwa trifft der Journalist Thompson in der Rahmenhandlung auf drei Weggefährten Kanes, die ihm aus dessen Leben Bericht erstatten. Dabei werden die einzelnen Segmente der Binnenerzählung stets im Voice Over eingeleitet, das dann bald aussetzt, während das Publikum weiter davon ausgeht, gerade zu sehen, was die befragte Person Thompson mündlich berichtet. Als filmische Konvention akzeptiert, wäre hieran narratologisch problematisch, dass es eben doch einen Überschuss an Dargestelltem gibt. So ist stets mehr als eine Perspektive in der filmischen Darstellung enthalten und es werden Dinge im Bild gezeigt, die die Erzählenden eigentlich nicht wahrgenommen haben können. Nicht zuletzt ist die Frage schwierig, wie sich in diesen erzählten Passagen Filmmusik erklären lässt. Auch dort, wo das Erzählen einzelnen Erzählerfiguren zugeschrieben ist, gehört zur filmischen

Erzählung jeweils deutlich mehr, als das, was diese tatsächlich hätte erzählen können.

4.2.3 Die Debatte um den Filmerzähler

Auch wenn filmische Erzählerfiguren also als Erzähler problematisch sind, gibt es in der Filmnarratologie eine lange Debatte um die Frage nach einem Filmerzähler bzw. einer filmischen Erzählinstanz. Die Debatte um eine narrative Instanz als Äquivalent des filmischen Erzählers reicht dabei zurück bis mindestens zu Laffays Konzept des „grand imagier" (vgl. Laffay 1964: 81).

Gerade aus Perspektive des Strukturalismus wurde vehement versucht, das Konzept des Erzählers für den Spielfilm fruchtbar zu machen. Diese Versuche zielten freilich darauf ab, eine Instanz zu finden, der die gesamte filmische Erzählung als Erzählakt zugeschrieben werden kann und befassten sich nicht mit konkreten Erzählerfiguren. So schreibt Seymour Chatman, der das Konzept systematisch ausgearbeitet hat: „The cinematic narrator ist not to be identified with the voice-over narrator. A voice-over may be one *component* of the total showing" (Chatman 1990: 134). Hier berührt Chatman bereits einen Punkt, der im Zentrum der narratologischen Debatte stehen wird, nämlich die Frage, ob Erzählungen grundsätzlich Erzähler bzw. Erzählinstanzen aufweisen oder ob erzählerloses Erzählen möglich ist und sogar unumgänglich, wenn man mehr als sprachliche Zeichen verwendet. Chatman schreibt auch nichtsprachliche Zeichen einem Erzähler zu und definiert diesen als „composite of a large and complex variety of communicating devices" (ebd.: 134).[181]

Vor allem David Bordwell verwirft prominent das Konzept des filmischen Erzählers. Der Theoretiker des neoformalistischen Wisconsin-Projekts argumentiert dabei vor allem aus kognitivistischer Perspektive.[182] Der „cinematic narrator" ist für ihn nicht mehr als „an anthropomorphic fiction" (Bordwell 1985: 62), denn „in watching films, we are seldome aware of being told by an entirely human being" (ebd.: 62). In der gemeinsam mit seiner Ehefrau Kristin Thompson geschriebenen Einführung *Film Art* heißt es später: „Narration may also use a *narrator,* some specific agent who purports to be telling us the story."

---

181 Neben Chatmans Begriff des „cinematic narrator" finden sich auch einige ähnliche Bezeichnungen wie etwa der „film narrator" (Lothe 2000: 27f).

182 Neben den weiteren Vertreter:innen des Projekts lässt sich auch Edward Branigan in die Nähe Bordwells stellen, der aus einer kognitiven Position heraus zumindest tendenziell skeptisch gegenüber dem Konzept des Filmerzählers ist (vgl. Branigan 1992: 108–110).

(Bordwell/ Thompson 2010: 100) Direkt vor diesem Passus steht eine Definition von „Erzählen", die noch ohne den Erzähler auskommt. Es *kann* also durchaus Erzähler, sogar gemeint im Sinne einer Erzählerfigur geben, notwendig für das Erzählen ist dies nicht. Bordwell würde nicht bestreiten, dass Lester Burnham die Erzählerfigur des Films AMERICAN BEAUTY ist. Eine gewisse Skepsis auch für diesen Fall drückt sich allerdings in dem Wort „purports" aus. Bordwell stellt infrage, dass der Film tatsächlich vollkommen von Burnham erzählt wird und der Film nicht vielmehr nur so tut, als wäre Burnham es, der ihn erzählt. Bei Filmen, die keine explizite Erzählerfigur aufbauen, würde er erst recht darauf verzichten.

Stattdessen betont er, dass das Gelingen von Narration der Mitarbeit des Rezipierenden bedarf, da erst dieser aus dem filmisch Dargestellten eine zusammenhängende Geschichte konstruiert: „I suggest, however, that narration is better understood as the organization of a set of cues for the construction of a story. This presupposes a perciever, but not any sender, of a message." (Bordwell 1985: 62). Dazu bedient er sich bereits gelernter Schemata und Verstehensmuster wie Genrewissen und bekannten standardisierten Erzählabläufen sowie kultureller Vorannahmen. Bordwell bezieht sich dabei nicht auf reale Zuschauer:innen, sondern den „viewer" oder „spectator", eine angenommene hypothetische Entität (vgl. ebd.: 13).[183] Dadurch gelangt Bordwell in die Nähe vieler Literaturtheoretiker, die ab den 1970er-Jahren versucht haben, ähnliche Konstrukte für die Analyse des Lesers literarischer Texte zu entwickeln.[184] Genau hier liegt das Problem von Bordwells Ansatz: Leistet dieser einiges für die Beschreibung von Mechanismen der Filmrezeption, ohne dafür ähnlich viele ideologische Prämissen annehmen zu müssen wie die zu der Zeit in der Filmwissenschaft modischen Lacan'schen Ansätze, liegt sein Konstrukt doch auf einer anderen Ebene des Kommunikationsmodells, hat eine andere ontologische Valenz und beantwortet andere Fragen als eine Erzählinstanz.

Mit Konzepten der Konstanzer Rezeptionsästhetik wurde oben auch in dieser Arbeit argumentiert, ohne dass damit in irgendeiner Weise ein Verzicht auf das Erzählinstanzenmodell verbunden wäre. Zudem verbleibt das Konzept doch zu

---

183 Allerdings schwankt die Bestimmung des Zuschauers in Bordwells Texten und auch den anderen Schriften des Wisconsin-Projekts zwischen einem solchen hypothetischen und einem empirischen (vgl. Hartmann/ Wulff 1995: 12).

184 Dort finden sich unter anderem der informierte Leser (vgl. Fish 1970), der Archileser (vgl. Riffaterre 1973), der implizite Leser (vgl. Iser 1975a; 1984) oder der Modellleser (Eco 1987).

sehr im Abstrakten und Vagen für eine heuristisch zielgerichtete Verwendung im Rahmen der Narratologie, vor allem, was die Anwendung auf konkrete Werke betrifft (vgl. Kuhn 2013: 34f; Kaul/ Palmier: 17f). Der Ansatz zeigt sich bei den stark konventionalisierten Mainstreamfilmen des klassischen Hollywood am hilfreichsten, die auch das Korpus von Bordwells Untersuchung bilden, gerät bei narrativ originell gestalteten Werken jedoch schnell an seine Grenzen, da diese allenfalls als die Erwartungen des „Spectators" vor dieser Folie brechende Abweichung einbezogen werden können.[185]

Bordwells Vorwurf des Anthropomorphismus trifft zwar Chatmans Sprechweise vom filmischen Erzähler, es ist jedoch kein zwingender Einwand dagegen, überhaupt eine Erzählinstanz als heuristisches Konstrukt anzunehmen. Schließlich muss diese nicht notwendig als eine menschliche konzeptionalisiert sein. Die Frage, die sich eigentlich stellen sollte, ist weniger, ob es ein menschenähnliches Subjekt gibt, dass den Film erzählt, sondern ob man analytisch eine Ebene annehmen soll, der die Gesamtverantwortung für den Erzählakt zuzuschreiben ist.[186] Statt von einem Filmerzähler zu sprechen, wäre in diesem Fall jedoch, wie es sich in großen Teilen der narratologischen Debatte auch durchgesetzt hat, von einer (filmischen) Erzählinstanz zu sprechen.[187]

Für Susanne Kaul und Jean-Pierre Palmier ist allerdings auch diese Redeweise noch zu anthropomorph gedacht. Sie erklären nicht allein das Konzept des Filmerzählers für „unhaltbar" (Kaul/ Palmier 2016: 39), sondern unterstellen auch der Redeweise von Instanzen ein „Bedürfnis [...], den Erzählvorgang zu personalisieren, in dem auf eine intelligible Autorität verwiesen wird, die die Fäden des Erzählens in der Hand halte." (ebd.: 36) Stattdessen regen sie an, schlicht vom filmischen Erzählzusammenhang zu reden, um der Gefahr des Anthropomorphismus noch konsequenter zu entgehen, da der Begriff ihnen zufolge die Narrativität des Films „in ihrem impersonalen und zweckgebundenen Charakter treffend erfasst." (ebd.: 34). Den Terminus haben sie dabei von Hickethier

---

185 So betont Bordwell auch bei den gegenwärtigen Entwicklungen des Kinos hin zu gebrochenen, fragmentierten und unzuverlässigen Erzählungen, dass sie trotz allem noch immer einen Fuß in der klassischen Tradition hätten (vgl. Bordwell 2006: 73).

186 In diesem Sinne antwortet Chatman auf Bordwell: „If we argue that ‚narrator' names only the organisational and sending agency and that agency need not be a human [...], much of Bordwell's objection seems obliviated, and we are spared the consequences of a communication without communicator." (Chatman 1990: 127).

187 Daneben findet sich etwa bei Robert Burgoyne die Tendenz, weiter vom „cinematic narrator" zu sprechen, diesen jedoch klar und deutlich als „impersonal narrator" zu explizieren (vgl. Burgoyne 1990).

entlehnt, der allerdings noch am Instanzbegriff festhält. Für Hickethier gibt es im Film ebenfalls nicht den einen Erzähler, da zu allen sprachlichen Erzählmomenten stets noch die Erzählfunktion der Kamera hinzukommt: „Indem die Kamera als eigenständige visuelle Erzählinstanz auftritt, entsteht ein eigenes narratives System, das einen Erzählzusammenhang aufbaut" (Hickethier 2007: 96).[188] Kaul und Palmier nutzen den Begriff daher, um eine Zersplitterung des Filmganzen in einzelne Darstellungsmittel zu vermeiden:

> Die Narrativität des Films besteht nicht etwa aus der Summe der narrativen Funktionen der Einzelfaktoren, sondern in ihrer absichtsvollen Kombination, also im komponierten Zusammenspiel der verschiedenen Ausdrucksmittel. Damit stellt die Variabilität des Erzählzusammenhangs das konstitutive Merkmal seiner Narrativität dar. So kann ein Film Sprache oder Musik oder Farbmerkmale einsetzen, um zu erzählen, […] aber was den Film zu einer Erzählung macht, sind die verschiedenen Möglichkeiten, wie seine Bestandteile zu einer stimmigen Gesamtkomposition zusammengefügt werden können. (Kaul/ Palmier 2016: 34f)

Man kann hier leicht einwenden, dass allein die Unterstellung „absichtsvoller Kombination" ebenso wie der Hinweis auf Komposition wieder anthropomorph ist, auch Kaul und Palmier dieser Falle also nicht restlos entgehen. Eben solche Inkonsequenzen sind bereits mehrfach an Bordwell kritisiert worden (vgl. u.a. Heiß 2011: 36, Kuhn 2013: 36f, Thon 2016: 128f, um nur rezente Kritiker:innen anzuführen). Kuhn merkt an, dass eine „derartige Personifizierung der ‚narration' […] methodisch problematischer [sei] als die Annahme nicht-anthropomorpher Erzählinstanzen" (ebd.: 37). Eine klare Begründung hierfür liefert er nicht, es ist allerdings leicht einzusehen, dass die Zuschreibung menschlicher Attribute an die Erzählung selbst schwerlich einen analytischen Vorteil bietet, gegenüber der Annahme einer eigenen Instanzebene jedoch schwieriger zu reflektieren ist.

Ein weiterer Versuch, auf einen Filmerzähler als Instanz zu verzichten, besteht darin, statt des Bordwell'schen Verweisens auf den hypothetischen Rezipienten einen „hypothetical filmmaker" anzunehmen und ihm die Agency über die narrative Gestaltung zuzuschreiben (vgl. Alber 2010: 167). Dieser Terminus jedoch bezieht sich auf die falsche Instanzebene, lässt sich ein hypothetischer Filmmacher doch eher als ein Konstrukt denken, dem im Rezeptionsprozess die ästhetische und semantische Gesamtgestaltung zugeschrieben wird und nicht der Erzählakt, das also Wayne C. Booths umstrittenem Konzept des

---

188 Wenn Maiwald der literarischen Erzählerfigur die „[v]ermittelnde Apparatur" (Maiwald 2015: 20) entgegensetzt, geht es ihm möglicherweise um die Bedeutung der Kamera in diesem Sinne.

implied author ähnelt (vgl. Booth: 167–210).[189] Derselbe Kategorienfehler liegt vor, wenn Schlickers für den Film vom „impliziten Regisseur" spricht, der die Kamera zum Erzählen einsetzt, und ihn analog zum impliziten Autor bestimmt, der keine eigene Stimme habe, die verschiedenen Erzählstimmen aber einsetze (vgl. Schlickers 1997: 76f).[190]

Alles in allem lässt sich bis hier festhalten, dass es deutlich schwieriger ist, beim Film von einem Erzähler zu sprechen als beim literarischen Prosatext, dass es in der Forschung trotz mancher Vorstöße dagegen ein Bedürfnis gibt, den Erzählakt an eine Instanz zu binden. Die Einwände bestehen vor allem darin, dass der Rezipient beim Filmschauen nicht das Gefühl hat, ein menschlicher Erzähler würde die Geschichte präsentieren (Bordwell) und dass neben sprachlichen noch weitere Zeichenebenen hinzukommen (Hickethier, Kaul/ Palmier).

Der erste Einwand lässt sich wie gesehen entkräften, indem man die Redeweise von Erzählern vermeidet und stattdessen von Instanzen spricht, die einen analytischen Mehrwert bieten. Am zweiten Einwand setzt eine Tendenz in der Filmnarratologie der letzten Jahre an, statt von einem, von mehreren Instanzen auszugehen. Im Prinzip ist dieses Vorgehen bei Hickethier schon angelegt, wenn er die Kamera als „narrative Instanz" *neben* das sprachliche Erzählen setzt.

4.2.4 Zwei Instanzen statt einer Figur: VEI und SEI

Die Tendenz, für den Film mehrere narrative Instanzen anzunehmen, findet sich vor allem bei Markus Kuhn und bei Peter Verstraten.[191] Sie streben mit dieser Unterteilung der narrativen Instanz eine höhere analytische Schärfe gegenüber der Komplexität des vielschichtigen Mediums Film an. So scheint ein holistischer „cinematic narrator" der Episodizität, Fragmentarizität und erzählerischen Unzuverlässigkeit vieler Filme der jüngeren Filmgeschichte nicht gerecht zu werden. Im Kontext dieser Tendenz ebenfalls zu nennen wäre Thons Versuch einer Unterteilung, nach der verbales Erzählen – ähnlich wie Schmid es

---

189 Zur Debatte über den impliziten Autor vgl. statt vieler Kindt/ Müller 2006. Aufgrund der kollektiven realen Autorschaft hält Thon das Konzept gerade für Medien wie den Film für schwierig (vgl. Thon 2016: 134–138). Von Bordwell wird ein solches Konzept selbstverständlich ebenfalls zurückgewiesen (vgl. Bordwell 1985: 62).

190 Es sei allerdings darauf hingewiesen, dass Thon auch Konzepte wie den „cinematic narrator" für schwer vom impliziten Autor unterscheidbar hält (vgl. Thon 2016: 142).

191 Andere Forscher:innen wie Nina Heiß gehen diesen Schritt zwar nicht, betonen aber dennoch die Kopräsenz verschiedener medialer und semiotischer Erzählebenen im Film als Unterschied zur Literatur (vgl. Heiß 2011: 49).

im obigen Zitat für literarisches behauptet hat – im Rezeptionsakt in der Regel einem Erzähler zugeschrieben wird, also als narratorial zu bezeichnen ist, audiovisuelle Repräsentation, die eher dem hypothetischen Autor(kollektiv) zugeschrieben werden, aber als nichtnarratorial zu erfassen sind (Thon 2016: 152f). Dies vermag allerdings nicht zu überzeugen, da hier wieder zwei kategorial distinkte Ebenen vermischt werden.

Am deutlichsten schlägt sich die Tendenz getrennter Instanzen bei Markus Kuhn nieder.[192] Dieser unterscheidet zwischen visueller Erzählinstanz (VEI) und sprachlicher Erzählinstanz (SEI). Kuhn bezieht sich also dezidiert auf die Zeichenebenen Bild und Text, nicht auf die medialen Kanäle Bild und Ton. Die Gesamtheit der nichtsprachlichen auditiven Elemente klammert er daher aus und stellt nur in einer Fußnote die Frage, ob nicht als dritte Instanz auch eine auditive (AEI) angenommen werden müsse (Kuhn 2013: 94f). Diese Verkürzung um das Tongeschehen ist ihm bereits zum Vorwurf gemacht worden (vgl. Kaul/ Palmier 2016: 36, Thon 2016: 146). Jan-Noël Thon meint, dass der Terminus „Audiovisuelle Erzählinstanz" eigentlich treffender wäre (vgl. ebd.). Vermutlich würde Kuhn hierauf entgegnen, dass auch der Ton als solcher eigenständig eine Geschichte erzählen kann und daher als mögliche eigene Instanz beibehalten werden muss, obschon er in der Regel keine eigenständige Geschichte erzählt, sondern die anderen Instanzen unterstützt.

In dieser Arbeit wird daher Kuhns Unterteilung von SEI und VEI und lediglich optionaler AEI beibehalten. Die visuelle Erzählinstanz erkennt Kuhn als obligatorisch an, die sprachliche als fakultativ. Ein Film kann ohne jegliche Sprache erzählen und einige Stummfilme schaffen es tatsächlich, auf Zwischentitel größtenteils oder gar vollständig zu verzichten, auch den ersten kurzen narrativen Filmen aus der Frühzeit des Kinos gelingt es, ohne Rückgriff auf Sprache kleine Geschichten zu erzählen. Eine Erzählung vollständig ohne Bilder liefe dem Medium jedoch stark zuwider. Ein Film kann daher Kuhn zufolge mehrere visuelle Erzählinstanzen aufweisen, hat in jedem Fall zumindest eine. Er *muss* keine sprachliche Erzählinstanz nutzen, hat aber zumeist eine, kann sogar mehrere haben (Kuhn 2013: 95).

Als Sprache erfasst Kuhn die Erzählerstimme im Voice Over, Erzählungen von Figuren im Dialog, Zwischentitel und ins Bild eingeblendete Textinserts. Anhand des unzuverlässigen Erzählens verdeutlicht er, dass es weder ein Primat dieser sprachlichen noch der bildlichen Elemente gibt. Die SEI kann die VEI

---

192 Kuhn selbst betont die Bedeutung der narrativen Vermittlung für die vergleichende Analyse von Literaturverfilmungen und ihren Grundlagentexten (vgl. Kuhn 2007: 59).

hinterfragen und die VEI kann die SEI hinterfragen. Das Verhältnis zwischen beiden Instanzen kann in den Begriffen Kuhns disparat, komplementär, polarisierend oder überlappend sein.

Im ersten Fall widersprechen sich beide Instanzen, im zweiten ergänzen sie sich, im dritten verstärkt bzw. vereindeutigt eine Instanz die Aussagen einer anderen, im vierten geben sie beide dieselben Informationen, wobei entweder die VEI die SEI illustriert oder die SEI die VEI umschreibt. Vor allem die erste Situation disparaten Erzählens ist ein interessanter Fall, der die Unterscheidung von VEI und SEI notwendig macht (vgl. ebd.: 97–100).[193]

Ein Beispiel stellt der bereits erwähnte Anfang von FONTANE EFFI BRIEST dar: Eine SEI mit der Stimme von Rainer Werner Fassbinder trägt im Voice Over die Beschreibung des Briest'schen Anwesens aus Fontanes Romananfang vor, währenddessen präsentiert die VEI ein Haus, das Briest'sche Anwesen im Film, auf das die Merkmale der Beschreibung allenfalls partiell zutreffen.

Das Zuwiderlaufen beider Instanzen kann als metafiktionale Referenz punktuell sein, wenn die autodiegetische Voice-Over-SEI in THE WOLF OF WALL STREET (R: Martin Scorsese, 2013) die VEI korrigiert, dass er ein weißes Auto gefahren hätte, wie Don Johnson aus MIAMI VICE (1984–1989), worauf die Farbe des roten Ferrari im Bild sich zu Weiß ändert. Es kann aber ebenso für die Erzählweise eines gesamten Films konstitutiv sein wie im bereits diskutierten Beispiel von TRANSIT, bei dem Voice-Over-Erzählung und kinematografische Darstellung sich an mehreren Stellen widersprechen. Auch wenn man die von Kurwinkel und Schmerheim so bezeichnete Auralität von Kinder- und Jugendfilmen, d. h. die rezeptionsleitende Nutzung der Tonspur, herausarbeiten will, ist die Trennung der VEI von SEI und AEI hilfreich.

Der „heuristische Wert einer analytischen Trennung" (ebd.: 100) dieser beiden Ebenen scheint daher leicht einzusehen. Dafür ist allerdings die Fragmentierung des Erzählganzen in Kauf zu nehmen. Es mutet fast überraschend an, dass zwei verschiedene Instanzen ohne Verbindung überhaupt dieselbe Geschichte erzählen. Kuhn verweist hier auf den impliziten Autor (ebd.: 107), der allerdings eine Konstruktion von Rezipient:innenseite darstellt und nicht als Sendeinstanz eines narrativen Kommunikationsmodells dienen kann (zu dieser Kritik vgl. Heiß 2011: 38).

---

193 Während es ähnliche Unterscheidungen auch für Text-Bild-Zuordnungen bei Comics, Bilderbüchern o. ä. gibt, findet sich ein starker Einfluss vor allem in der Typologie der Zuordnungsmöglichkeiten von Filmmusik zu Filmbildern in Pauli 1976: 104.

Von Peter Verstraten kommt ein ähnlicher Vorschlag, der zwar weiterhin *einen* Erzähler annimmt und dieser Fragmentierung so entgeht, diesem aber zwei „sub-narrators" unterordnet. Verstraten geht dabei einen anderen Weg und zieht seine analytische Trennung nicht wie Kuhn entlang der Zeichenebenen, sondern entlang der medialen Kanäle:

> Since images and sounds can each tell a different story, I propose to divide the filmic narrator into a narrator on the visual track and a narrator on the auditive track. I proceed from the assumption that the narrator on the visual track is essentially deaf to all sounds, just as he narrator on the auditive track is blind to all visual influences. It is up to the filmic narrator to regulate the interaction between both sub-narrators. (Verstraten 2009, 7f).

Die Annahme gestaffelter Erzähler vermeidet die Fragmentierung des Erzählganzen.[194] Dass Verstraten dabei wieder anthropomorphe Termini verwendet, ließe sich leicht beheben. Das Problem der Konzeption ist ein anderes: Wenn der äußere Erzähler keine andere Funktion hat, als die beiden anderen Erzähler zu koordinieren, stellt sich die Frage, ob seine Annahme wirklich unvermeidbar ist. Genette würde wieder nach Ockhams Rasiermesser rufen und mit dem Bestreben, möglichst genaue Beschreibungen narrativer Phänomene mit einem möglichst klein gehaltenen Ensemble narrativer Instanzen zu erreichen, steht er nicht allein. Aus Gründen der Pragmatik wird hier nur von den verschiedenen Instanzen VEI und SEI gesprochen und die Frage der Verbindung beider Ebenen außen vor gelassen, da es sich um eine rein theoretische Frage handelt, die für den Unterricht ohnehin zu abstrakt ist.

Daneben stellt sich die Frage, welche Zweiteilung der Instanzen sinnvoller ist, die semiotische oder die mediale. Verstraten räumt anders als Kuhn auch den nichtsprachlichen auditiven Signalen einen Platz ein. Dadurch scheint sie für das Phänomen der Auralität sogar noch treffender. Dafür jedoch gerät seine Unterteilung bei Zwischentiteln und Inserts an ihre Grenzen. Auch besteht die Möglichkeit, dass lautsprachliche Informationen den sonstigen Geräuschen zuwiderlaufen.[195] Beide Konzeptionen scheinen ihre Stärken und Schwächen zu haben.

---

194 Nina Heiß bringt hier dieselbe Kritik an wie an Kuhn (vgl. Heiß 2011: 38), da sie „divide" offenbar als analytische Operation versteht, sodass Verstraten in ihrer Lesart *statt* eines „filmic narrators" zwei geteilte Erzähler annimmt. Hierbei ist der letzte Satz des von mir zitierten Passus offenbar überlesen worden.

195 Was die Einordnung nichtdiegetischer Musik betrifft, besteht eine Schwierigkeit in der Frage, inwieweit Musik überhaupt narrativ sein kann, also die Handlung nicht nur unterstützt, sondern eigenständig erzählen kann. Zwar finden sich interessante

Diejenige von Kuhn allerdings trifft eher das Problem, das Hickethier oben aufwirft, dass filmisches Erzählen wie literarisches sprachlich sein kann, daneben aber nichtsprachliche Erzählanteile hinzukommen (und sogar nur diese kinematografisch sind), die noch verortet werden müssen. Gewinnbringend ist die Unterteilung auch, wie sich noch zeigen wird, bei der Untersuchung der Fokalisierung. Sie scheint zudem aufgrund ihrer Bindung an die phänomenologischen Wirkweisen von Gezeigtem und Gesagtem eingängiger. Sie soll daher im Folgenden beibehalten werden.[196]

Was nun den Zusammenhalt des Erzählganzen betrifft, soll hier, statt wie Verstraten eine Art ‚Ober-Erzähler' zu bemühen, auf den Begriff des „filmischen Erzählzusammenhangs" zurückgegriffen werden. Die narrative Vermittlung im Film wird also beschrieben als ein filmischer Erzählzusammenhang, in dem sich verschiedene Instanzen, in der Regel eine visuelle (VEI) und eine sprachliche (SEI), manifestieren können. Damit lassen sich erzählerische Phänomene im Film an Instanzen adressieren und zugleich erhält man durch die Hypostase des Erzählzusammenhanges terminologisch klar *eine* Kategorie, die sich dem Erzähler bzw. der Erzählinstanz der Literatur gegenüberstellen lässt. Schließlich darf der Gesamtzusammenhang des Discourse nicht vergessen werden, da „die Narrativität des Films in der homogenen Zusammenführung seiner heterogenen Ausdruckselemente besteht" (Kaul/ Palmier 2016: 42).

4.2.5 Filmische Perspektivdarstellung

Dem Film wird wie gesehen häufig zugeschrieben, lediglich Außenperspektiven zu bieten. Auch in dem bereits erwähnten Begriff „Camera Eye" für die reine Außenperspektive in der Literatur schwingt dieses Vorurteil mit. Es handelt sich dabei aber um eine krasse Vereinfachung, die bei allem Willen zur didaktischen Reduktion auch für unterrichtliche Kontexte nicht aufrechterhalten werden

---

musiknarratologische Modelle wie der strukturalistische Ansatz von Tarasti (2004), Narration wird dabei aber in einem fast metaphorischen Sinn gebraucht (vgl. zu dieser Frage ferner Wolf 2002b).

196 Es ist möglich, dass die VEI auf der Bild- und die VEI auf der Tonebene unterschiedliche Informationen vergeben. So findet sich in ANNIE HALL eine Szene, bei der während eines Gesprächs zwischen Alvy und Annie unten im Bild in gelben Lettern eingeblendet wird, was die beiden Figuren denken, während sie etwas vollkommen anderes sagen. Hier würde aber auch Verstratens Einteilung nicht weiterführen, denn man muss immer noch trennen zwischen dem, was im Bild zu sehen ist und dem, was im Bild zu lesen ist, um die Szene vollständig zu interpretieren.

kann, weil sie zentrale filmische Gestaltungsmittel verkennt und in vielen Fällen sogar die Gestaltungsprinzipien ganzer Filme, etwa die stark subjektiv-traumhaft erzählten Werke David Lynchs, verfehlt.[197] Zwar stimmt es, dass Filme in der Regel die Außenansichten von Figuren bieten und man kann dies durchaus als eine Form von filmischer Normalsituation ansehen, doch kann die Kamera durchaus in einzelnen Einstellungen (Point-of-View-Shots) den Blick einer Figur wiedergeben. Auch die Tongestaltung eines Filmes kann die akustischen Wahrnehmungen von Filmfiguren wiedergeben, wenn z. B. eine Figur einen Telefonhörer an ihr Ohr hält und auch die Zuschauer:innen die Stimme des Anrufers hören.

Zudem muss die visuelle Außenperspektive einer Figur auch außerhalb der Point-of-View-Shots keinesfalls einer epistemischen Außenperspektive entsprechen. Einige Filme projizieren die Gedankenwelten der Figur in den scheinbar extern dargestellten Bildraum. Bei den Werken David Lynchs stellt sich daher als eine zentrale Interpretationsfrage, was als „real" und was als psychische Projektion der Hauptfigur angesehen werden muss. In David Finchers Film FIGHT CLUB (1999), um noch ein klareres Beispiel zu nennen, kann man den namenlosen Protagonisten und Tyler Durden in der Außenperspektive sehen, es liegt entsprechend kein Point-of-View-Shot vor, und trotzdem wird Tyler am Ende als Projektion des Protagonisten entlarvt. Derartige Filme, in denen die vermeintlich objektive Perspektive durch einen überraschenden *Plot twist* doch als subjektive enttarnt wird, sind keine zu vernachlässigende Ausnahmen eines experimentellen Avantgardekinos, sondern wurden in den letzten Jahrzehnten auch in Hollywood in großem Maße gedreht (vgl. Elsaesser 2009: 237–263, Krützen 2010: 35–203).[198] So lässt sich festhalten: „Eine subjektive Erzählhaltung

---

197 Im Folgenden wird dieses Vorurteil ausgeräumt, indem narratologisch nachgewiesen wird, mit welchen filmischen Mitteln Figurenperspektive erzeugt wird. Aus Sichtweise psychoanalytischer Immersionstheorien etwa kann man noch sehr viel basaler davon sprechen, dass Filme dem Publikum bestimmte Innensichten aufzwingen. So argumentiert Mulvey in einem viel debattierten, mittlerweile klassischen Aufsatz, dass die meisten Filme nahelegen, sich mit der Sichtweise ihres männlichen Protagonisten zu identifizieren, während Frauenfiguren allenfalls Objekte des Voyeurismus sind (vgl. Mulvey 1975).

198 Für den Unterschied zwischen Filmen wie dem von Fincher und den Lynch-Filmen hat Nina Heiß vorgeschlagen, die ersten als *unzuverlässig*, die zweiten als *unentscheidbar* zu bezeichnen, weil im zweiten Fall überhaupt nicht klar zu sagen ist, was unzuverlässig erzählt wurde. Daneben schlägt Heiß für denselben Gegensatz die Dichotomie von *konservativer* und *progressiver* Unzuverlässigkeit vor (vgl. Heiß 2011: 50f).

im Film wird keinesfalls dadurch eingenommen, dass besonders viele Point-of-view-Einstellungen zum Einsatz kommen oder der Film ausschließlich aus solchen besteht." (Kaul/ Palmier 2016: 47)

Angenommen werden muss eine Fokalisierung also auch für das Filmmedium. Diese muss zum einen Übernahmen von visueller und akustischer Wahrnehmung erklären können, zum anderen Phänomene wie die in die scheinbare Außenperspektive projizierten Gedankenwelten. Wie bei der Debatte um die Erzählinstanz im Film muss der Tatsache Rechnung getragen werden, dass der Film mehrere Sinneskanäle anspricht und dass diese Kanäle jeweils unterschiedliche Perspektiven präsentieren können.

Bei der Erzählinstanz konnte bereits mit Verstraten und Kuhn eine Dichotomisierung beobachtet werden, die sich im ersten Fall direkt an den medialen Dimensionen Bild und Ton orientiert, im zweiten damit zumindest stark deckungsgleich ist. Ebenso müssen die Fokalisierungsmodelle den verschiedenen Gestaltungsebenen des Films gerecht werden und auch deren Zusammenspiel in den Blick nehmen können. Vor allem müssen bei der Wahrnehmungsperspektive visuelle und akustische Wahrnehmungen getrennt werden. Der einfache Rückgriff auf Genettes „Fokalisierung" oder ein Versuch, den filmischen Wahrnehmungsweisen mittels der Stanzel'schen Erzählsituationen gerecht zu werden, greift zu kurz.

Nina Heiß, die Genettes Kategorien für den Film fruchtbar machen will und von einem filmischen „Fokalisierungsprogramm" (Heiß 2011: 66) spricht, trennt daher den beiden medialen Dimensionen entsprechend zwischen *visueller* und *akustischer Fokalisierung* (vgl. Heiß 2011: 58). Diese Unterscheidung ist sinnvoll und nachvollziehbar, scheint aber bei Heiß selbst nicht einheitlich verwendet. Je nach Verwendungsweise geht es dabei allein um Wahrnehmungen oder es werden sämtliche Mittel der Bewusstseinsdarstellung im Film einbezogen. So wären die expressionistisch verfremdeten Kulissen aus DAS CABINETT DES DR. CALIGARI (R: Robert Wiese, 1920) ein Merkmal visueller Fokalisierung, die den Wahn der Hauptfigur ausdrücken.[199] Visuelle Fokalisierung heißt hier nicht, dass der Film die visuellen Wahrnehmungen der Figur zeigt, er visualisiert nur ihren Bewusstseinszustand.

Doch der Film kann akustische und visuelle Wahrnehmungen auch direkt nachahmen. Durch diese Tatsache wird bei Genettes Modell bezogen auf den Film ein Problem virulent, das bereits angesprochen wurde: die Vermischung von Wahrnehmung und Wissen. Die Normalsituation in einem Film zeigt die

---

199 Das Beispiel verwendet auch Heiß (vgl. Heiß 2011: 60).

Figuren wie erwähnt in einem *nobody's shot* von außen, dennoch teilt der Rezipient in der Regel auch in diesem Fall das Wissen einer oder mehrerer Figuren. Auf der Wissensebene findet also eine Fokalisierung statt, während die visuelle und akustische Wahrnehmung neutral sind. Im Falle des CALIGARI-Beispiels wird entsprechend das durch Wahnsinn offensichtlich verfälschte Wissen der Hauptfigur dargestellt, die Welt in der Weise, in der sein Bewusstsein es verarbeitet. Es gibt entsprechend der medialen Kanäle des Films zwei direkt nachahmbare Wahrnehmungsweisen und zusätzlich die Ebene des Wissens, sodass insgesamt drei distinkte Ebenen zu unterscheiden sind: das Wissen, die visuelle Wahrnehmung und die akustische Wahrnehmung. Angelehnt an den Terminus „Fokalisierung" hat François Jost für die visuelle und akustische Perspektive die Begriffe „Aurikularisierung" (*auricularisation*) und „Okularisierung" (*ocularisation*) geprägt (vgl. u. a. Jost 1989).

Bereits Schlickers hat Josts Trias aufgegriffen (vgl. Schlickers 1997: 145–158; 2009). Bei Schweinitz bleibt die Aurikularisierung zunächst unbeachtet, sodass nur zwei Ebenen unterschieden werden, nämlich die Handlungslogik und die Bildlogik der Fokalisierung (vgl. Schweinitz 2007: 95–99).[200] Systematisch ausgearbeitet ist das Verhältnis von Fokalisierung, Aurikularisierung und Okularisierung bei Kuhn. Dieser greift damit seine oben wiedergegebene Kritik an Genette auf, orientiert sich darüber hinaus aber eng an diesem und übernimmt auch für die Aurikularisierung und Okularisierung die Dreiteilung in Nullfokalisierung, interne Fokalisierung und externe Fokalisierung (vgl. Kuhn 2013: 124–129).

Bezüglich der Fokalisierung ist vor allem interessant, mit welchen Mitteln die VEI diese umsetzt. Die Fokalisierung der SEI geschieht analog zur Fokalisierung literarischer Texte, während die VEI (sowie ggf. die AEI) mit spezifisch kinematografischen Mitteln fokalisiert.

Nullfokalisierung im Film
Die Nullfokalisierung, bei der die Erzählinstanz mehr weiß als irgendeine der Figuren, ist „im narrativen Spielfilm der statistisch häufigste Fall" (Kuhn 2013: 133). Allerdings gibt es Momente, in denen dieses Mehrwissen evident ist. Wenn in LOLA RENNT (R: Tom Tykwer; 1998) z. B. Splitscreens zeigen, was mehrere Figuren zur gleichen Zeit an verschiedenen Orten tun, ist dieses Mehrwissen

---

200 Ein beachtenswertes von diesen Ansätzen unterschiedliches Modell hat in der transmedialen Narratologie Thon entwickelt, das allerdings auf dem oben bereits kritisierten Gegensatz von narratorialen und nichtnarratorialen Repräsentationen in der filmischen Darstellung aufbaut (vgl. Thon 2016: 254–263).

augenfällig.[201] Auch Filme, die tendenziell mit größeren Einstellungsgrößen arbeiten und viele Figuren in dieselbe Kadrierung fassen und die mithilfe erweiterter Tiefenschärfe zugleich im Vordergrund und im Hintergrund andere Geschehen ablaufen lassen wie Jean Renoirs LA RÈGLE DU JEU (1939) lassen sich als nullfokalisiert erfassen. Häufiger aber, als dass einzelne Einstellungen der VEI die Nullfokalisierung eindeutig markieren, zeichnet sich diese im Erzählverlauf ab. In LOLA RENNT lässt sich wiederum auf die Prolepsen verweisen, in denen das weitere Schicksal einer Nebenfigur nach der Begegnung mit Lola in einer Reihe extrem schnell abgespulter fotografischer Einzelbilder dargestellt wird. Gerade Filme, die sich um ein großes Ensemble an Hauptfiguren gruppieren und Episodenfilme, die in Parallelmontagen zwischen mehreren Handlungssträngen hin- und herspringen wie SHORT CUTS (R: Robert Altman; 1993), MAGNOLIA (R: Paul Thomas Anderson; 1999) oder FINSTERWORLD (R: Frauke Finsterwalder; 2013) lassen sich hier aufführen. Auch das Zeigen von Gegenständen, die keine anwesende Figur wahrnimmt, ist ein deutlicher Indikator für eine Nullfokalisierung. Ein Beispiel wäre etwa die berühmte Bombe unter dem Tisch aus Hitchcocks Suspence-Definition (vgl. Truffaut 2003 [1966]: 64). Das gilt ebenso für Perspektiven, die dezidiert nicht die einer Figur sein kann, wie Kamerafahrten durch Wände oder der auffällige Top Shot in Hitchcocks NORTH BY NORTHWEST (1959), als der Protagonist Roger O. Thornhill das UN-Gebäude in New York verlässt.

Kuhn listet insgesamt folgende Markierungen für eine kinematografische Nullfokalisierung auf:

a) Montageformen, die wie formale Klammern wirken (z. B. *match cuts*), musikalische Klammern und weitere Stilfiguren, die formale Beziehungen zwischen verschiedenen Einstellungen/Sequenzen/Episoden/Strängen herstellen, die über die Figur und ihr Wissen hinausweisen;

b) das bewusste Zeigen von Details, die eine Figur nicht bewusst wahrnimmt, z. B. durch *zooming in*, *shallow focus* oder auffällige Kamerabewegungen oder allgemeiner: alle formalen Mittel, die einen Hinweis auf Zusammenhänge

---

201 Kuhn nimmt hierfür noch den Sonderfall der doppelten bzw. mehrfachen Fokalisierung an, da es wiederum z. B. möglich ist, dass ein Bild nullfokalisiert ist, während das andere über einen Point-of-View-Shot über eine Figur okularisiert, also intern fokalisiert (vgl. Kuhn 2013: 165f). Derartige Fälle sind aber selten und höchst komplex und sollen hier außer Acht gelassen werden, während die Beschreibung des gesamten Bildes als nullfokalisiert eine nachvollziehbare Lösung ist.

oder einem Hausausgreifen von Details dienen, die über die Figur und ihr Wissen/ ihre Wahrnehmung hinausweisen;

c) unkonventionelle, auffällige Kamerabewegungen, z. B. Kranfahrten
d) komplex komponierte Plansequenzen;
e) eine VEI, die auf eine Figur wartet, die ‚weiß‘, wo sie als Nächstes hingeht;
f) eine von den Bewegungen der Figur unabhängige Kamera („*detached camera*“);
g) Montagesequenzen mit großer narratorialer Zeitraffung (Handlungsstränge werden erzählökonomisch vorangetrieben und in Andeutungen weiterentwickelt […])
h) Eine Tendenz zu großen Einstellungsgrößen (z. B. Panorama, Totale, Halbtotale); aber nicht zwangsläufig, sondern nur bei statistischer Häufung und Funktionalisierung der Einstellungsgrößen in Bezug auf das Wissens-/ Wahrnehmungsverhältnis der Figur;
i) Luftaufnahmen und Aufsichten, die große Übersicht über verschiedene Handlungsorte anzeigen;
j) Formen der inneren Montage, wenn bei großer Tiefenschärfe auf verschiedenen Ebenen des Filmbildes verschiedene Ereignisse ablaufen;
k) Verweise der VEI auf syntagmatische und symbolische Zusammenhänge; thematische Spiegelungen, Parallelismen der Mise-en-scène (Raumgestaltung, Requisiten, Kostüme, Physiognomie der Schauspieler etc.), Parallelismen durch identische Monologe/ Dialoge etc. (Kuhn 2013: 139f)[202]

Interne Fokalisierung im Film
Auch die interne Fokalisierung kann durch eine Reihe von Markierungen evident werden. Am deutlichsten zeigt sie sich in Momenten der visuellen und akustischen Perspektivübernahme, also im Zusammenspiel von Okularisierung und Aurikularisierung. Für die Okularisierung hat sich dabei eine standardisierte Einstellungsform herausgebildet, die in der Regel als subjektive Kamera

---

202 Natürlich ist hier keine absolute Zuordnung möglich, es handelt sich um Indizien. Ebenso kann die Liste ergänzt werden. Seitfahrten könnten beispielsweise ebenso genannt werden, da sie der natürlichen Wahrnehmung zuwiderlaufen und somit einen Blick auf das Geschehen werfen, das keiner diegetischen Perspektive entspricht, somit eine über das Figurenwissen hinausgehende Wahrnehmung nahelegt. Kubrick und Wes Anderson nutzen Seitfahren exzessiv in dieser Funktion.

oder Point-of-view-Shots[203] (POV-Shots) bezeichnet wird. Der zweite Begriff impliziert bereits, dass es sich um einzelne Einstellungen handelt und auch, wenn es von THE LADY IN THE LAKE (R: Robert Montgomery, 1947) bis HARDCORE HENRY (R: Ilya Naishuller, 2015) immer wieder vereinzelte Experimente gibt, ganze oder annähernd ganze Filme aus einer subjektiven Sichtperspektive zu inszenieren, ist die vereinzelte Perspektivübernahme der Regelfall. Die meisten Versuche konnten nicht vollständig überzeugen, mussten die Möglichkeiten des Mediums jedenfalls stark unterlaufen. Allerdings ist auffällig, dass die Akzeptanz der durchgehend subjektiven Perspektive bei dem russischen Actionfilm HARDCORE HENRY, der in engem intermedialen Bezug auf Ego-Shooter-Games angelegt wurde, deutlich leichter fällt als bei THE LADY IN THE LAKE. Dieser Noir-Film stellt als Verfilmung eines Raymond-Chandler-Krimis den Versuch da, die interne Fokalisierung der Literaturvorlage auf den Detektiv Philip Marlowe nachzuahmen.

Als einzelne Einstellungen im Film müssen POV-Shots also als subjektiv ausgewiesen werden. Laut Edward Branigan sind sechs Bestandteile notwendig, um einen POV-Shot zu etablieren. Diese verteilen sich auf zwei Einstellungen. Die erste Einstellung zeigt das Subjekt der Wahrnehmung, die zweite bildet dessen subjektive visuelle Wahrnehmung nach.[204] Dieses gesamte Gefüge bezeichnet Branigan auch als Point-of-View-Struktur. In der ersten Einstellung müssen 1) der räumliche Standpunkt des Wahrnehmenden und 2) ein Objekt außerhalb der Kadrierung etabliert werden, auf das sich die Wahrnehmung richtet. Dieses wird vor allem durch den Blick aus dem Bild heraus angezeigt, wobei die Blickrichtung in der zweiten Einstellung wieder aufgegriffen wird. Damit liegt eine Unterform des Eyeline Match vor. Neben der Blickrichtung können auch die Bewegung von Kopf- und Körper, Kamerabewegungen und Zoom sowie Hinweise aus der Narration und des Dialogs u. ä. als Indikatoren dienen. Es ist 3) notwendig, dass der Schnitt die zeitliche Kontinuität wahrt. Die zweite Einstellung, also der tatsächliche POV-Shot, muss 4) den Blick aus der ersten Einstellung aufgreifen und dahin – oder zumindest in die Nähe – sehen lassen, wohin der Blick der Figur geführt hat. Sie steht also in räumlicher Kontinuität zur ersten,

---

203 Gelegentlich liest man auch einfach „point of view", was hier vermieden wird, um keine Verwechselungen mit der Verwendung dieses Begriffes in der Literaturwissenschaft zu riskieren.

204 Aus didaktischer Perspektive ist an dieser Stelle Jens Birkmeyers Klage darüber zuzustimmen, dass der Wahrnehmung des im Film umgesetzten Sehens in bisherigen Konzeptionen zu wenig Aufmerksamkeit gewidmet wurde (vgl. Birkmeyer 2010: 130).

was vor allem durch Übernahmen in der Mise en Scène gekennzeichnet wird, daneben aber auch mittels durchgehender Geräuschkulisse und der Markierung eines subjektiven Blickes durch die Kameraposition signalisiert werden kann.

Zur Markierung der Subjektivität führt Branigan etwa die Kameraperspektive an, wenn die wahrnehmende Figur beispielsweise sitzt oder ein Kind ist und die Kamera aus einer Untersicht filmt oder wenn das Bild gekippt oder umgedreht ist, weil die Figur liegt oder kopfüber steht. Ebenso können Bewegungen der Figur von der Kamera aufgegriffen werden. Hinzuzufügen sind inszenierte Durchblicke, wenn die Bildbegrenzung z. B. die Form eines Fernglases oder Schlüsselloches aufgreift, durch das die Figur hindurchschaut. Auch Objekte, die einen Teil des Bildes auffällig blockieren – etwa wenn in der ersten Einstellung ein Detektiv bei heimlicher Observation gezeigt wird und in der zweiten Einstellung Teile seines Verstecks unscharf im Bildvordergrund das eigentliche Bild verdecken – so wie Fenster u. ä., durch die hindurchgeschaut wird, können die Einstellung als subjektive markieren.

Die Zuschauer:innen sehen also 5) das Objekt der Wahrnehmung im Bild. Als letztes führt Branigan 6) den Charakter bzw. die Figur an, die die narrative Kohärenz zwischen beiden Einstellungen bietet. Hierbei geht es ihm darum, dass neben dem *Was?*, das die Figur sieht, auch das *Wie?* des Sehens mit filmischen Mitteln nachgeahmt werden kann. Um eine besondere subjektive Sicht in diesem Sinne darzustellen, lassen sich in der zweiten Einstellung Veränderungen gegenüber dem sonstigen Filmstil nutzen. Hierbei sind unzählige Möglichkeiten denkbar, die sich nur im konkreten Kontext erschließen lassen: Beispielsweise kann das Bild unscharf gehalten werden, um darzustellen, dass eine Figur betrunken ist (vgl. Branigan 1984: 103–109).

Bei der Markierung des subjektiven Blickes im Bestandteil 4) lässt sich noch der häufige Fall der Verwendung einer Handkamera ergänzen. Allerdings muss man hier vorsichtig sein, da nicht jede Handkameranutzung die Übernahme eines subjektiven Blickes darstellt. Die Handkamera kann auch für eine in der filmischen Diegese tatsächlich existierende Handkamera stehen wie in BLAIR WITCH PROJECT (R: Daniel Myrick/ Eduardo Sánchez, 1999), reines ästhetisches Mittel sein wie in den Filmen der Dogma-95-Bewegung und in vielen Filmen der Jahre danach, die das Dogma-Manifest zwar nicht teilten, aber epigonal den Kamerastil nachahmten, genutzt werden, um Unruhe und Nervosität auszudrücken, also zwar interne Fokalisierung, aber nicht zugleich interne Okularisierung indizieren, oder einfach nur Figurennähe evozieren, ohne an die Wahrnehmung einer Figur gebunden zu sein, wie oft in den Filmen Lars von Triers auch nach dem Ende der Dogma-Bewegung (vgl. Kuhn 2012, 143).

Der geschilderte Grundaufbau stellt gewissermaßen die Standardform der POV-Struktur dar, kann allerdings auf verschiedene Weisen variiert werden. So ist es möglich, dass zuerst die subjektive Einstellung, dann die wahrnehmende Figur gezeigt wird. Branigan bezeichnet diesen Fall als retrospektiven POV und den oben dargestellten Standardfall als prospektiven POV. Zudem identifiziert er noch weitere, weniger häufige Sonderfälle (vgl. Branigan 1984: 111–117).

Für die subjektive Einstellung der POV-Struktur greift die Kameraposition häufig vollständig den Standpunkt der Figur auf. Man spricht aber auch noch von einer POV-Struktur, wenn die Position nur annähernd eingenommen ist, die Kamera also nur ungefähr das zeigt, was die Figur sieht. Um ein Beispiel zu geben, lässt sich eine Szene aus der Kästner-Neuverfilmung EMIL UND DIE DETEKTIVE (R: Franziska Buch, 2001) heranziehen, in der Emil von seinem Lehrer zum Bahnhof begleitet nach Berlin abreist. Die Kamera befindet sich in der letzten Einstellung im abfahrenden Zug und fokussiert den auf dem Bahnsteig zurückbleibenden Lehrer. Die Zuschauer:innen werden in Emils subjektive Position versetzt, obwohl der Kamerablick tatsächlich durch ein Fenster geht, das knapp neben der Tür liegt, hinter der Emil noch stehen muss (vgl. Althüser, 2017, 107f.).

Ohnehin ist zu bedenken, dass die Kamera den Blick einer Figur immer nur partiell und annäherungsweise imitieren kann, da sie als technischer Apparat nicht die physiologischen und kognitiven Bedingungen menschlichen Sehens teilen kann (vgl. Kuhn 2013, 141f.).[205] Wenn nicht *ein* POV-Shot, sondern mehrere subjektive Einstellungen vorliegen, kann die Position der Kamera, wie Kuhn darlegt, sogar wechseln, um Eigenheiten der menschlichen Wahrnehmung auszudrücken, auch wenn die Figur am gleichen Ort steht. So lassen sich beispielsweise die Aufmerksamkeitslenkung oder Bewusstwerdung einer Figur filmisch ausdrücken. Neben dem Schnitt zwischen verschiedenen Einstellungen können Zoom, Kamerabewegung, Schärfenverlagerung und Lichtführung derartige Funktionen übernehmen. Gemäß Kuhn brechen diese Mittel „mehr oder weniger stark mit der Annahme eines festen Blickstandorts, versuchen, die Art und

---

205 In aller Regel werden menschliche Blicke nachgeahmt, das muss aber nicht sein. Berühmt sind die Blicke des weißen Hais von unten zu seiner Beute an der Wasseroberfläche herauf in Steven Spielbergs JAWS und die im extremen Weitwinkel ausgeführte Sicht des Computers Hal 9000 in Stanley Kubricks 2001: A SPACE ODYSSEY (1968). Bei der filmischen Umsetzung nichtmenschlicher Blicke gelten aber dieselben Einschränkungen. Kommt die Filmkamera dem Kamerablick Hals technisch sicherlich nahe, stellt sich hier die Frage nach der Umsetzbarkeit der phänomenalen Qualität digitaler Wahrnehmungsdaten.

Weise des menschlichen Wahrnehmens aber teilweise ‚realistischer' zu imitieren als ein starrer, unbeweglicher POV *shot"* (ebd.: 143).

Wie das Bild subjektiv sein kann, ist es möglich, dass die Tonebene subjektive Eindrücke wiedergibt. Das Telefon war oben bereits angesprochen worden, andere Fälle liegen etwa vor, wenn eine Figur zum Fenster geht und die Tonspur bei unveränderter Kameraperspektive erst jetzt den Lärm der Straße wiedergibt oder wenn in einer Einstellung, die ein volles Café zeigt, nur die Geräusche in der Nähe des Tisches dargestellt werden, an dem die Hauptfiguren sitzen.[206] Manche Filme arbeiten sehr deutlich mit Mitteln der Aurikularisierung. In BABY DRIVER (R: Edgar Wright; 2017) etwa wird der Tinitus der Hauptfigur gelegentlich durch ein Pfeifen auf der Tonebene dargestellt, der Soundtrack des Films besteht aus den Liedern, die der Protagonist während der Actionsequenzen auf seinem iPod hört, und, als in direkter Nähe zu seinem Kopf eine Pistole abgefeuert wird, bildet Rauschen seine partielle Taubheit ab.

Eine Besonderheit liegt vor, wenn nichtaudiovisuelle Wahrnehmungen mit dem akustischen oder visuellen POV ähnlichen Mitteln umgesetzt werden. So wird in der zweiten Szene von Tykwers DAS PARFUM zuerst der gerade geborene Grenouille, dann sogar nur seine Nase im Detail gezeigt, während er heftig ein- und ausatmet, und daraufhin in einer schnellen Schnittfrequenz übel riechende Objekte des ihn umgebenden Fischmarktes zu sehen sind. Dadurch werden die zwei Einstellungen des POV-Shots nach Branigan nachgeahmt. Allerdings stehen die Bilder nun metonymisch für eine olfaktorische Wahrnehmung, sodass man von einer Pseudo-POV-Einstellung sprechen kann, in der keine interne Okularisierung vorliegt, wohl aber eine interne Fokalisierung auf das Baby Grenouille.

Daneben ist für die interne Fokalisierung keinesfalls zwingend, dass POV-Shots vorliegen oder wenigstens subjektive Geräuschempfindungen wiedergegeben werden. Wie gesagt gibt es auch Möglichkeiten, Vorstellungsbilder in ein nullokularisiertes Bild zu projizieren. Bevor dieser Fall behandelt wird, soll allerdings noch eine wesentlich unauffälligere Variante der internen Fokalisierung bei Nullokularisierung zu Sprache kommen, eine Einstellung, die Figuren zwar von außen zeigt, den Betrachter jedoch in „identifikatorische Nähe" (Hickethier

---

206 In diesem Fall würde die Tonebene einer Lesart der Totalen als Merkmal für eine Nullfokalisierung widersprechen. Die großen Einstellungsgrößen wurden zwar oben als Indikatoren einer Nullfokalisierung diskutiert, zu beachten ist aber, dass sie Indikatoren davor sein *können*, aber keinesfalls müssen. Es gilt immer das Zusammenspiel aller filmischen Mittel in einer konkreten Szene zu beachten. Kein filmisches Mittel hat an sich eine Bedeutung.

1993: 125) zu ihnen bringt und dadurch den Eindruck interner Fokalisierung evoziert. Eine häufige konventionalisierte Standardeinstellung hierfür ist nämlich der Over-the-Shoulder-Shot. Zwar sieht der Betrachter des Films ungefähr das, was die Figur sieht, allerdings sieht er auch Teile der Figur selbst von hinten, also Dinge, die die Figur unmöglich sehen kann. Bezogen auf die Wahrnehmung liegt damit ein *nobody's shot* vor, der aber insofern subjektivierend ist, dass die Zuschauer:innen einen Eindruck von den ungefähren Wahrnehmungsinhalten der Figur erhalten (vgl. Kuhn 2013: 145). Mit Deleuze kann man von einem „halbsubjektiven Bild" sprechen (Deleuze 1997 [1983]: 104).[207] Over-the-Shoulder-Shots wirken stabilisierend, weil sie das räumliche Verhältnis zwischen Wahrnehmendem und Wahrgenommenen zeigen (vgl. Kuhn 2013: 146). Dasselbe gilt für die früher gegenüber einem klassischen „Prinzip der Frontalität" (Kirsten 2011: 105) unüblichen, in den letzten Jahrzehnten aber – beispielsweise in Filmen der Berliner Schule, aber ebenfalls im Mainstreamfilm – sehr beliebten Rückenfiguren.

Einen regelmäßigen Einsatz findet der Over-the-Shoulder-Shot in Gesprächen, die im Schuss-Gegenschuss-Verfahren inszeniert werden. Zwar gibt es daneben andere Möglichkeiten wie die Aufnahme beider Figuren schräg von vorne oder die Ausführung des Wechsels von Schuss und Gegenschuss in POV-Einstellungen; der Over-the-Shoulder-Shot hat jedoch den Vorteil, dass er ein „Mitsein" (Deleuze 1997 [1983]: 104) mit den Figuren ermöglicht und zugleich auch die Wahrnehmungsrelationen erkennbar macht. Zu beachten ist allerdings, dass die Fokalisierung im Falle des Schuss-Gegenschuss-Verfahrens alternierend ist, wenn beide Figuren im Over-the-Shoulder-Shot gefilmt werden. Die gesamte Szene lässt sich dann bereits wieder als tendenziell nullfokalisiert beschreiben. Wenn nur eine Figur auf diese Weise dargestellt wird, ist sie jedoch deutlich als Fokalfigur erkenntlich.

Nach diesen Formen der subjektiven und halbsubjektiven Inszenierung figuraler Wahrnehmung müssen noch Fälle der internen Fokalisierung thematisiert werden, bei denen psychische Zustände, die von der gewöhnlichen,

---

207 Die Bezeichnung „halbsubjektiv" mag nach einer fragwürdigen Kompromisslösung klingen, da ihr nichts in der gewöhnlichen Erfahrung der Lebenswelt zu entsprechen scheint. Wie Thon zeigt, ist es für Kunstwerke – gerade in multimodalen Medien – jedoch nicht ungewöhnlich, Subjektivität und Objektivität nicht als ausschließende Gegensätze aufzufassen, sodass sie sich eher in einem skalaren Verhältnis denken lassen. In der realen Lebenswelt kann man zumindest die Entsprechung finden, dass man eine mehr oder weniger subjektive oder objektive Sicht auf etwas haben kann (vgl. Thon 2016: 239–241).

alltäglichen Welterfahrung abweichen, dargestellt werden. Hierfür verwendet Kuhn den Begriff *mindscreen* (vgl. Kuhn 2013: 152), von dem er vier Untertypen unterscheidet. Es handelt sich bei diesen Abweichungen von der gewöhnlichen Welterfahrung um Fälle wie Fantasien und Tagträume, Halluzinationen und Wahrnehmungsweisen psychisch kranker Figuren, Träume und Albträume, Drogenerfahrungen und Alkoholeinfluss, Visionen und Erinnerungen. Auch besondere kognitive Leistungen können bildlich ausgedrückt werden. So verbildlicht die BBC-Serie SHERLOCK (2010ff) mehrfach die Gedankengänge ihres Protagonisten durch den Einsatz ungewöhnlicher bildlicher Gestaltungsmittel. Die Liste an darstellbaren psychischen Zuständen ist beliebig erweiterbar. Hitchcock z. B. gelingt es in VERTIGO auf innovative Weise, nämlich durch eine Verbindung aus Ranfahrt und Herauszoom („Vertigo-Effekt"), das Schwindelempfinden seines Protagonisten auszudrücken. In diesem Beispiel liegt ein POV-Shot vor, denn die Zuschauer:innen sieht, was der schwindelige Scottie sieht. Die Darstellung psychischer Zustände setzt keine interne Aurikularisierung und Okularisierung voraus, sie *kann* aber mit diesen kombiniert werden. Häufig gibt es bei diesen Fällen eine interne Fokalisierung ohne interne Aurikularisierung und Okularisierung.[208]

Unterscheiden lassen sich Szenen, die wie Träume vollständig subjektiv sind, und Szenen, bei denen subjektive Eindrücke in die filmische Realität projiziert werden, etwa wenn der Protagonist in NORTH BY NORTHWEST schwer alkoholisiert eine Verfolgungsjagd absolvieren muss. Thornhills Wahrnehmungsfähigkeit ist geschwächt, wie unter anderem Überblendungen und die Schwärzung von Teilen des Bildkaders signalisieren. Dies ändert jedoch nichts an der Existenz von Gegenverkehr und Steilklippen; ganz im Gegenteil werden diese durch die Betrunkenheit ja eben erst zur Gefahr.

Für diesen Gegensatz unterscheidet Kuhn die Begriffe (1) *mentale Metadiegese* und (2) *mentale Projektion* (vgl. ebd.: 152–158). Zu beachten ist, dass auch Erinnerungen mentale Metadiegesen darstellen, also als vollständig subjektiv einzuordnen sind, obwohl in ihnen Handlungen, Orte und Figuren abgebildet werden, die in der Filmdiegese real sind. Wenn sich Rick in CASABLANCA (R: Michael Curtiz; 1942) in seinem Nachtclub in Marokko an die gemeinsame Zeit mit Ilsa in Paris erinnert, müssen die Zuschauer:innen annehmen, dass Rick

---

208 Aus der Warte der psychoanalytischen Filmtheorie wurde darauf hingewiesen, dass sich eine interne Fokalisierung auch durch ein zunächst unscheinbares Bildmoment, das bei näherer Betrachtung aus der sonstigen Inszenierung heraussticht, andeuten kann. Slavoj Žižek nennt dies „phallische Anamorphose" (vgl. Žižek 1991: 88–91).

wirklich mit ihr in Paris gewesen ist und der erinnerten Szene in der Narration des Films der Status einer externen Analepse zukommt. Allerdings sind eben auch als diegetisch real anzunehmende Ereignisse und Figuren in solchen Erinnerungssequenzen nur in subjektiver Form, eben als *character memory* (Bordwell 1985: 78), vorhanden. Dass diese Erinnerungen falsch sein können, wird seit RASHOMON (R: Akira Kurosawa; 1950) in einigen Filmen explizit thematisiert, auch wenn die meisten Filme den Zuschauer:innen nahelegen, die Erinnerungen zu glauben, so wie die Erinnernden selbst sie für wahr halten.

Von mentaler Metadiegese und mentaler Projektion lässt sich noch die (3) *mentale Einblendung* unterscheiden. Bei dieser Mindscreen-Subjektivierungstechnik werden kognitive und emotionale Zustände der Fokalfigur wie in der mentalen Projektion in das Bild gesetzt. Allerdings bilden sie dabei ein gesondertes Bild im Bild und umfassen nicht den gesamten Bildraum. Sie können durch einen Rahmen von der Darstellung der realen Diegese abgegrenzt sein oder werden auf einen Körper oder Bildbereich projiziert. Für das Bild im Bild könnte man wieder von einer mentalen Metadiegese sprechen. Die mentale Einblendung vereint also die beiden ersten Typen. Kuhn nennt mehrere Beispiele aus LE FABULEUX DESTIN D'AMELIE POULAIN (vgl. Kuhn 2013: 154f). So wird ein Bild von Amelies Herz in ihrem Körper auf sie projiziert, um ihre Verliebtheit anzuzeigen, und ihre Fantasien werden im Fernseher gezeigt. Ein eindeutiges Beispiel findet sich auch im animierten Kurzfilm THE GRUFFALO. Dort werden die verschiedenen Vorstellungen, die die anderen Tiere nach den Schilderungen der Maus vom Grüffelo haben, als Inserts in Form kreisrunder ,Comic-Gedankenblasen' eingeblendet. Es handelt sich dabei wie erwähnt um einen intermedialen Bezug auf die gleichnamige Bilderbuchvorlage (1999), bei der die Vorstellungen bereits in runden, nahe beim entsprechenden Text stehenden Bildern illustriert worden sind. Dass ein mediales Gestaltungsmittel des Bilderbuches nachgeahmt werden soll, wird zudem dadurch verdeutlicht, dass die Gedankeninhalte als Zeichnungen und nicht wie die eigentliche Diegese als Computeranimation wiedergegeben werden.

Allen drei genannten Arten des Mindscreens gemeinsam ist, dass sie deutlich filmisch markiert sind. So werden Traumsequenzen im klassischen Film zumeist mit Blenden gerahmt, Gazen, Farbfilter, analoge oder digitale Verzerrungen des Bildes, Beleuchtungsmittel u. ä. können genutzt werden, um besondere psychische Zustände auszudrücken. Allerdings ist die Markierung von Träumen in Filmen der Gegenwart beispielsweise oft nur sehr gering. Schließlich treffen Filme heute auf ein Publikum, das aufgrund von ausgeprägteren Seherfahrungen viel leichter auch ohne explizite Markierungen in der Lage ist, z. B. eine Traumszene als Traumszene zu identifizieren.

Auch was die Zustände betrifft, die die mentalen Projektionen umfassen, ist eine unmarkierte Umsetzung ebenso denkbar. So können die Halluzinationen eines Schizophrenen so inszeniert werden, dass sie wirken, als wären sie Teil der diegetischen Realität. Dies entspricht schließlich auch der Wahrnehmung tatsächlicher Schizophreniepatienten. Manche Filme wie der erwähnte FIGHT CLUB oder auch A BEAUTIFUL MIND (R: Ron Howard; 2001) verzichten daher auf explizite Markierungen. Was real, was Projektion ist, lässt sich in FIGHT CLUB nur durch den Handlungsverlauf des Films entscheiden, filmische Mittel zur Verdeutlichung werden – abgesehen von kurzen Einblendungen Tylers in Szenen, in denen er sonst nicht auftaucht, die aber von vielen Erstrezipient:innen gar nicht wahrgenommen werden dürften – nicht verwendet. Das wäre auch nicht zielführend, da der Plot-Twist dann ja kaum überraschen würde.[209]

Bei FIGHT CLUB wird mit Tyler Durden zudem eine ganze Figur in die Diegese gesetzt und filmisch zunächst wie eine diegetische Figure behandelt, die in Wahrheit nur eine Halluzination ist. Kuhn nennt diese Form des Mindscreen, bei der eingebildete Figuren und Objekte so dargestellt werden, als würden sie tatsächlich existieren und tatsächlich mit den realen Figuren interagieren (4) *mentale Metalepse* (vgl. Kuhn: 2013: 156–158).

Neben der Bildebene können Filme auch auf der Tonebene rein subjektiv vorgehen, also in innerer Aurikularisierung Töne abbilden, die diegetisch nicht real, sondern allein in der Vorstellungswelt der Fokalfigur vorhanden sind. Ein berühmtes Beispiel findet sich am Ende von Michelangelo Antonionis BLOW UP, als der Protagonist Thomas einige Mods auf einem Tennisplatz beim pantomimischen Tennisspiel beobachtet. Nachdem sie den in Wahrheit nicht vorhandenen Ball vorgeblich über den Court hinausgeschlagen haben und Thomas ihnen ihn auf ihren Wunsch hin zurückwirft bzw. so tut, als ob er den Ball zurückwirft, sind während des weiteren Spiels deutlich die Geräusche eines Tennisballes zu vernehmen, der auf Boden und Schlägern aufprallt. Das zentrale Filmthema der unzuverlässigen Wahrnehmung variierend zeigt die Tonspur, dass Thomas, nachdem er durch eine Handlungsaufforderung in das pantomimische Spiel involviert wurde, nun auch mit seinem Vorstellungsvermögen partizipiert und die entsprechenden Töne imaginiert. Filme wie CLEAN, SHAVEN (R: Lodge Kerrigan; 1993) nutzen noch radikalere Varianten imaginären Tons. In CLEAN, SHAVEN werden mehrfach bedrohliche akustische Halluzinationen über Bildaufnahmen gewöhnlicher Alltagsszenerien gelegt, um die Schizophrenie der

---

209 Kuhn spricht für solche Fälle auch von „vorgetäuschter Fokalisierung" (vgl. Kuhn 2013: 167).

Hauptfigur nachvollziehbar zu machen. Die Aurikularisierung kann damit ebenfalls mentale Projektionen bilden.

Keine innere Aurikularisierung im engeren Sinne, aber dennoch eine wichtige Form von subjektivierendem Ton kann im Einsatz von Musik vorliegen. Wenn Sam Frodo im LORD OF THE RINGS inmitten der finsteren Einöde des Weges nach Mordor an die gemeinsame Heimat erinnert und die Tonspur das Auenland-Leitmotiv spielt, können die Zuschauer:innen die Glückseligkeit dieser Erinnerung ahnen, so wie die schrillen Pfeiftöne des elektronischen Soundtracks die Cluster-Kopfscherzen des paranoiden Mathematikers in PI (R: Darren Aronowsky; 1993) nachvollziehbar machen sollen. In diesen Fällen „hat die Musik einen Subjektbezug, ohne dass sie ausdrücklich diegetisch" (Kaul/ Palmier 2016: 51) ist. Kuhn nimmt an, „dass zwar möglich, aber nicht sicher ist, dass [die Figur] in diesen Momenten ebenjene Musik als innere Klänge hört" und schlägt daher vor, sie als „subjektivierende Aurikularisierung" zu bezeichnen (Kuhn 2013: 131).

Externe Fokalisierung im Film
Die externe Fokalisierung ist nach Kuhns Typologie ein seltener Fall. Da er die Fokalisierung ja von der Wahrnehmung trennt, ist es eben nicht leicht möglich zu sagen, dass man die Figur nur von außen sieht, also notwendig weniger Wissen hat als sie. Wie gesehen kann hier trotzdem häufig eine Nullfokalisierung vorliegen. Stattdessen muss inszeniert werden, inwiefern im Filmbild weniger mitgeteilt wird, als die Figur weiß, oder es muss durch den Handlungsverlauf impliziert sein.

Ein typischer Fall für die Inszenierung von externer Fokalisierung ist das Schriftstück, das eine Figur liest, ohne dass die Zuschauer:innen erfahren, was darauf steht, oder der Bildschirm, auf den geschaut wird, der allerdings von der Kameraposition aus nicht für die Zuschauer:innen einzusehen ist. Hier haben die Filmfiguren einen Informationsvorsprung. Dieser kann später noch aufgelöst werden, indem die Figur den Brief später im Film z. B. laut vorliest, kann aber auch bis zum Ende bestehen gelassen werden. Kuhn spricht von „Mikro-Formationen" (ebd.: 159) der externen Fokalisierung. Ein berühmtes Beispiel hierfür, bei dem allerdings die AEI und nicht die VEI für das Informationsdefizit sorgt, findet sich am Ende von LOST IN TRANSLATION (R: Sofia Coppola; 2003). Die von Bill Murray gespielte Hauptfigur flüstert der von Scarlett Johansson gespielten etwas ins Ohr, worauf sich die Spannung zwischen beiden offenbar löst und sich deutlich ein Lächeln auf Johanssons Gesicht abzeichnet. Was genau die Figur jedoch wieder in bessere Stimmung gebracht hat, erfahren die Zuschauer:innen nicht, da die Tonspur des Films die geflüsterte Passage nicht wiedergibt. Das Informationsdefizit bleibt bestehen, da der Film kurz darauf endet.[210] In vielen Krimis gibt es einen ähnlichen Fall, wenn am Anfang zu sehen ist, wie das Mordopfer seinen Mörder erblickt, das Filmbild selbst den Mörder aber nicht zeigt.[211]

Zu beachten ist, was bei Kuhn nicht reflektiert wird, dass die externe Fokalisierung eine vorherige interne voraussetzt, und nur entsteht, wenn die Figur, die zuvor Fokalfigur war, mehr erfährt als die Zuschauer:innen. In TSCHICK beispielsweise flüstert Tschick einmal einem lästernden Jungen auf dem Schulhof etwas zu, worauf dieser verstummt. Was das ist, ist allerdings nicht zu hören. Der bereits als Fokalfigur etablierte Maik beobachtet die Szene, ist allerdings außer Hörweite. Es gibt also keinen Grund hier anzunehmen, dass nun nicht mehr über Maik fokalisiert wird.

Für den zweiten Fall, in dem der Handlungsverlauf eine externe Fokalisierung impliziert, verweist Kuhn auf C'ERA UNA VOLTA IL WEST, da die Zuschauer:innen erst am Ende die in der Vergangenheit liegende Handlungsmotivation der von Charles Bronson gespielten Figur „Mundharmonika" erfahren. Bis zu diesem Punkt herrscht also eine externe Fokalisierung auf diese Figur vor. Ein anderes Beispiel, das von Kaul und Palmier angeführt wird (vgl. Kaul/ Palmier 2016: 55; vgl. zu dieser Szene ausführlich auch Kaul/ Palmier 2013: 124–127), findet sich am Anfang von Quentin Tarantinos INGLOURIOUS BASTERDS (2009). In einem

---

210 Ein interessanter, aber sehr seltener Sonderfall liegt vor, wenn eine solche „Mikroformation" in einer Mindscreen-Szene verwendet wird, also eine eigentlich intern fokalisierte Szene wiederum eine scheinbar externe Passage aufweist. Dies passiert in der zentralen Traumsequenz Agent Coopers in der 3. Episode von David Lynchs TWIN PEAKS. Da sein Traum dargestellt wird, ist die interne Fokalisierung über Cooper notwendig. Doch als Laura Palmer seinem Traum-Ich zuflüstert, wer sie ermordet hat, ist dies für die Zuschauer:innen nicht zu hören, eine eigentlich unmögliche Paralipse. Aber in der 4. Episode wird dann klar, dass Cooper sich an dieses Detail des Traumes nicht erinnert. Der Traum wird also in der Erinnerungsperspektive Coopers wiedergegeben. Als er in der Nacht kurz aufgewacht war, scheint er es aber noch gewusst zu haben.

211 Kuhn nennt diesen Fall wahrnehmungsreflexiv und unterscheidet ihn von Fällen wie dem Brief und dem Bildschirm. Diese Unterteilung wird hier nicht übernommen, da sie kaum einen analytischen Mehrwert bietet. Dass Kuhn für den zweiten Fall etwa erklärt, es würden in diesen Momenten *sprachliche* Informationen vorenthalten (Kuhn 2013: 159), ist nicht nachvollziehbar. Dies betrifft zwar das Briefbeispiel, nicht unbedingt aber den Bildschirm. Hier können sprachliche aber auch visuelle Informationen gegeben werden. Vorstellbar ist z. B. auch, dass von den Figuren auf ein Gemälde oder in einen Fernseher geschaut wird.

französischen Bauernhaus zur Zeit des Zweiten Weltkriegs wird der Bauer LaPadide von dem deutschen Oberst Hans Landa verhört, der sich auf der Suche nach versteckten Juden befindet. Erst knapp 10 Minuten nach Beginn der Szene fährt die Kamera durch den Dielenboden herab und zeigt, dass sich genau unter dem Ort des Gesprächs tatsächlich mehrere Juden versteckt halten, was LaPadide, und damit die Hauptfigur der Szene, natürlich die ganze Zeit über wusste.

Eine von Kuhn nicht thematisierte Form externer Fokalisierung liegt vor, wenn die sonstige Fokalisierung des Films nahelegt, dass in einer bestimmten Situation bestimmte Bewusstseinsinhalte vorliegen müssten, die aber eben nicht im Mindscreen ausgedrückt werden, wenn aus dem Kontext heraus anzunehmen ist, dass die Figur z. B. gerade in Fantasien schwelgt, die den Zuschauer:innen allerdings nicht visualisiert werden.

Gegen die Annahme, der Film würde in der Regel in der Außensicht auf Figuren blicken, sodass man von einer fast durchgehenden externen Fokalisierung sprechen müsste, vertritt Kuhn somit eine Minimaldefinition von externer Fokalisierung im Film. Den Gegenvorschlag bringt Heiß vor: „Bei der *externen Fokalisierung* beschränkt sich die Vermittlungsinstanz hingegen auf die Darstellung äußerer Vorgänge (*Außensicht*)" (Heiß 2011: 61). Diese Ansicht scheint zunächst eher einzuleuchten, während Kuhns Ansatz kontraintuitiv wirkt. Er wird allerdings überzeugend, wenn man bedenkt, dass die VEI durch die Bindung an die Figur deren momentanes Wissen teilt, auch wenn dies nicht immer vollständig subjektiv geschieht. Auch Heiß betont, dass bei der externen Fokalisierung „der Wahrnehmungs- und Wissenshorizont der Figuren vorenthalten" (ebd.) wird. Das „und" ist hier zentral, denn ihr ist zuzustimmen, dass in diesem Falle die Wahrnehmungen der Figuren nicht wiedergegeben werden, ihr aktuelles Wissen teilen die Rezipient:innen allerdings. Zudem wird durch eigentlich externe Einstellungen wie dem Over-the-Shoulder-Shot wie erwähnt der Eindruck des Deleuze'schen Mitseins evoziert. Dass im Normalfall des Films, wenn kein Mindscreen oder Voice Over vorliegt, keine Informationen über Gedanken und Gefühle vermittelt werden, widerspricht diesem nicht, da auch literarische Texte bei intern fokalisierten Figuren zwar durchgehend den Wissensstand der Figur wiedergeben, aber nicht an jeder Stelle des Textes explizit mitteilen, was die Figuren gerade denken oder fühlen, wenn es sich nicht um einen Stream of Consciousness handelt.[212] Heiß' Vorschlag ist nachvollziehbar vor dem Hintergrund

---

212 Kaul und Palmier führen gegen die Annahme einer fast durchgehenden externen Fokalisierung noch an, dass man die technischen Aspekte des Films von den inhaltlichen unterscheiden müsse (vgl. Kaul/ Palmier 2016: 50).

ihrer Zweiteilung von visueller und akustischer Fokalisierung. Vor dem Hintergrund der Kuhn'schen Trichotomie von Aurikularisierung, Okularisierung und Fokalisierung zeigt sich bei ihr jedoch eine problematische Vermischung von Wahrnehmungsperspektive und Wissensperspektive bereits in den Begriffen „der Darstellung äußerer Vorgänge" und „Außensicht".

Kuhn diskutiert noch den Fall, bei dem ein Filmbild eine Figur anscheinend beim Denken zeigt. Wenn hier kein Einblick gewährt wird, müsste doch eine externe Fokalisierung vorliegen. Zu Recht wendet er allerdings ein, dass es nicht möglich ist, einwandfrei zu eruieren, wann eine Figur etwas Bestimmtes und für die Handlung Bedeutsames denkt (vgl. Kuhn 2013: 162).

Dadurch, dass zwei (ggf. drei) Instanzen im filmischen Erzählzusammenhang fokalisieren können, besteht die Möglichkeit zuwiderlaufender Fokalisierungen. Ein Beispiel bietet der Film KLEINRUPPIN FOREVER (R: Carsten Fibeler, 2004), als ein streitendes Paar ihre Babys auf einer Autobahnraststätte vergisst. Während die VEI bei den Babys an der Raststätte bleibt, gibt die AEI die Geräusche im Auto wieder, die mit einem tödlichen Unfall enden (vgl. ebd.: 164). In einzelnen Fällen kann das Verhältnis von Instanzen und Fokalisierungen extrem komplex sein. Auf die Begriffe daher vollständig zu verzichten, beraubt allerdings jeglicher Analysekategorien. So zeigen sich Kaul und Palmier skeptisch, ob sich mittels der Kuhn'schen Überarbeitung von Genettes Begriffen das Phänomen Perspektive im Film vollständig erklären lässt, müssen aber eingestehen, dass es für die analytische Beschreibung einzelner Szenen ein wertvolles Instrumentarium bereitstellt (vgl. Kaul/ Palmier 2013: 49). Insgesamt scheint die Fokalisierung relationaler und uneindeutiger als in der Literatur. Will man sich ihr analytisch nähern, muss man häufig einer größeren Komplexität gerecht werden.

Die oben geschilderte Darbietung von Figurenaußensichten als Normalsituation des filmischen Erzählens kann nach diesen Ausführungen genauer gefasst werden. Nach Kuhn handelt es sich um eine „Tendenz zur internen Fokalisierung in einzelnen Abschnitten bei einer ansonsten dominierenden Nullfokalisierung […], bei der das ‚Mehrwissen' der VEI im Verhältnis zur Hauptfigur aber zugleich konsequent handlungsbezogen eingesetzt wird" (Kuhn 2013: 101f).

4.2.6 Literarische Distanz und filmische Szenen

Neben der Fokalisierung gehört auch die Distanz zur Kategorie des Modus. Klassisch ist hier für die Literaturnarratologie der Gegensatz von *showing* und *telling*, der auf Henry James zurückgeht (vgl. Lubbock 1921: 62–69; Friedmann

1955: 1161–1165).[213] Genette verwendet die Bezeichnungen „Erzählungen von Ereignissen" und „Erzählungen von Worten" (vgl. Genette 1998: 117–132). Martinez und Scheffel schlagen die Begriffe *Dramatischer Modus* und *Narrativer Modus* vor (vgl. Martinez/Scheffel 2009: 49–63). Welche Begriffe man jedoch benutzt, es geht in allen Fällen darum, ob der Erzähler seine Figuren direkt sprechen lässt und viele Informationen über die konkrete Umgebung bietet, sodass der Eindruck unmittelbarer Gegenwart entsteht, oder mit einem stark leitenden Erzähler gearbeitet wird, der Sachverhalte rafft, zusammenzieht und Dialoge in eigenen Worten wiedergibt. *Showing* und *telling* etc. stellen keinen absoluten Gegensatz dar, sondern bilden die Pole eines relationalen Feldes, in dem es mehrere Zwischenstufen gibt. Martinez und Scheffel differenzieren in aufsteigender Unmittelbarkeit: (1) Erwähnung des sprachlichen Aktes („Valentin sprach mit Grete"), (2) Gesprächsbericht („Valentin erzählte Grete von einem Nest"), (3) indirekte Rede („Valentin sagte zu Grete, dass sie ein Nest in ihrem Garten hatten."), (4) erlebte Rede („Ja, sie hatten wirklich ein Nest in ihrem Garten!", (5) direkte Rede („Valentin sagte zu Grete: ‚Weißt du, wir haben ein Nest in unserem Garten!'", (6) autonom direkte Rede („Weißt du, wir haben ein Nest in unserem Garten). (1) und (2) fassen sie als erzählte Rede zusammen, (3) und (4) als transponierte, (5) und (6) als zitierte (vgl. Martinez/ Scheffel [8]2009: 62; Beispiele von dort übernommen).

Der Gegensatz betrifft neben der Wiedergabe von gesprochenen Worten auch die Wiedergabe der Gedankenwelt und damit wieder die Perspektive im engeren Sinne. Während der Film akustische und visuelle Wahrnehmungen leicht nachahmen kann, für Gedanken aber auf die besagten Mindscreentechniken ausweichen muss, scheint es der erzählenden Literatur leichter zu fallen, Gedanken nachvollziehbar auszudrücken, indem ihre Wiedergabe in Analogie zur Redewiedergabe angelegt wird. Zu den Möglichkeiten der indirekten und der erlebten Gedankenrede haben sich in der Erzählliteratur der Moderne die Techniken des inneren Monologs und dessen Radikalisierung, die Bewusstseinsstromtechnik entwickelt. Dabei sollte man allerdings beachten, dass die Erzählliteratur sich nicht tatsächlich besser zur Darstellung von Gedanken eignet, es jedoch den Anschein hat, da viele Menschen der Täuschung unterliegen, sich ihre Gedanken

---

213 Der kulturgeschichtliche Vorlauf reicht allerdings bis zu Platons Dichotomie von *(haple) diegesis* und *mimesis* zurück (vgl. Politeia 392c-395).

als vollständig rational-begrifflich vorzustellen, also in versprachlichter Form, während Bewusstseinsvorgänge in Wahrheit deutlich komplexer sein dürften.[214]

Um wieder die Einteilung von Martinez und Scheffel zu übernehmen: (1) Bewusstseinsbericht („Valentin hatte darüber nachgedacht, ob er Grete ein Geheimnis verraten sollte, und er war nun entschlossen, es auszuplaudern!"), (2) indirekte Rede („Valentin sagte sich, dass er Grete von dem Nest erzählen wolle."), (3) erlebte Rede („Doch, jetzt wollte er Grete unbedingt von dem Nest erzählen!", (4) Gedankenzitat („Ich will Grete jetzt unbedingt von unserem Nest erzählen", dachte er."), (5) autonomer Innerer Monolog („Da kommt Grete in den Garten... sie sieht traurig aus... na, da will ich ihr doch mal von unserem Nest erzählen..."). (1) und (2) fassen sie als erzählte Rede zusammen, (3) und (4) als transponierte, (5) und (6) als zitierte (vgl. Martinez/Scheffel 2009: 62; Beispiele von dort übernommen). Der Bewusstseinsstrom taucht hier nicht mehr gesondert auf, was aber durchaus nachvollziehbar ist, handelt es sich doch um eine literarische Technik, die zwar versucht, die vollständige Bewusstseinsnachahmung des inneren Monologs durch Fragmentarisierung und reine Assoziativität zu radikalisieren, aber um keine neue Ebene der Unmittelbarkeit.

Im Film können all diese Formen der Rede- und Gedankenwiedergabe natürlich ebenfalls vorkommen, wenn eine SEI im Voice Over die Redeweisen oder Gedankenwelten von Figuren aus der Diegese wiedergibt. Was die eigentlich kinematografische Inszenierung betrifft, ist dies schwieriger zu sagen. Heiß attestiert dem Film „als primär optisches Medium eine Affinität zum *mimetischen showing*" (Heiß 2011: 78); weist aber darauf hin, dass durch Montage, Bildausschnitt und Kameraarbeit eine Rezeptionslenkung stattfindet, die bestimmte Objekte der Diegese betont, marginalisiert oder überhaupt nicht erscheinen lässt (vgl. ebd.). Ähnliche Ansätze beziehen sich vor allem auf die Einstellungsgrößen, also die tatsächliche Distanz von Kamera und Objekt, und diskutieren diese im Zusammenhang mit dem narratologischen Distanzbegriff (vgl. Kühnel 2004: 219).

Es lässt sich nicht von der Hand weisen, dass nähere oder fernere Einstellungsgrößen unterschiedlich viele Details zeigen; ebenso stimmt es, dass größere Einstellungen oft (aber keinesfalls immer) eingesetzt werden, um eine identifikatorische Nähe zu den Figuren zu erzeugen. Dennoch hakt der Vergleich zur Distanz in der Literatur. Es wird eben kein höherer Realitätseffekt erzielt, wenn die

---

214 So ist es nicht überraschend, dass der Begriff *Stream of Consciousness*, bevor literarisches Feld und Literaturwissenschaft ihn sich einverleibt haben, nicht auf sprachliche Phänomene beschränkt war (vgl. James 1946 [1899]: 15–21).

Kamera näher am Geschehen ist, während Genette genau das für die Erzählung von Ereignissen behauptet (vgl. Genette 1998: 118) und eben davon die Erzählung von Worten abgrenzt. Im Film jedoch, ist der Realitätseffekt, aufgrund der semiotischen Grundlagen des Mediums, wie in Kap. 4.1.3 gezeigt wurde, grundsätzlich vorhanden. Dafür ist es grundsätzlich schwierig, in der kinematografischen Erzählweise etwas zu finden, dass der Erzählung von Worten entspricht. Der Begriff der Distanz erweist sich für das Medium Film als grundsätzlich inkompatibel. So sieht es auch Kuhn, der zwar von der Möglichkeit flexibler Distanz in der SEI spricht, es für darüber hinaus aber aus den genannten Gründen für problematisch erachtet, den Begriff auf den Film zu übertragen (vgl. Kuhn 2013: 185f).

Für die Wiedergabe von Gedanken ist es präziser, statt die Gedankenrede-Typologien von Martinez und Scheffel oder anderen gewaltsam auf den Film zu übertragen, schlicht die bereits geschilderten Arten der Gedankenwiedergabe im Mindscreen als einzige Unterscheidung beizubehalten: Mentale Metadiegese, Mentale Projektion, Mentale Einblendung und Mentale Metalepse (vgl. ebd.: 191).

Was nun die Redewiedergabe betrifft, besteht im Film – mit wie gesagt wenigen Ausnahmen bei einer Voice-Over-SEI – ein medialer Zwang zur direkten Rede. Das klingt abwertend formuliert, als stünden der Literatur hier mehr Möglichkeiten offen, man sollte aber bedenken, dass, während die Literatur auch die Möglichkeit der Erzählung von Worten hat, die Erzählung von Ereignissen literarisch niemals so vollständig umgesetzt werden kann wie im Film. „Szenisches Erzählen bleibt im Roman ein hypothetisches Konstrukt, während es im Film eine medienspezifische Notwendigkeit ist" (Mahne 2007: 79), formuliert es Nicole Mahne.

Festhalten lässt sich also, dass Film sich stetig im dramatischen Modus bewegt, während erzählende Literatur eine flexibel fluktuierende Distanz aufweist. Filmisches Erzählen geschieht in Szenen, während Literarisches im wörtlichen Bericht stattfindet. Ohne eine Vergleichbarkeit in anderen Bereichen implizieren zu wollen, lässt sich doch behaupten, dass der Film in diesem Punkt eine größere Nähe zum Drama als zur erzählenden Prosa aufweist[215], womit aber noch lange nicht gesagt wäre, dass sich Dramen besser zur Verfilmung eignen würden.

---

215 Vgl. hierzu auch Kochs Ausführungen über die Mittel der „dramatischen Mikroebene" im Film, die zwar den Dialog außer Acht lassen, aber Raum, Ausstattung, Licht, Figuren etc. im Film unter dem Aspekt der Dramenhaftigkeit analysieren (vgl. Koch 2009: 198–229).

Der Gegensatz von Showing/ Telling und seine Synonyme stehen in enger Verbindung mit einem Aspekt der Zeitgestaltung, nämlich der Dauer, da gezeigte bzw. im dramatischen Modus geschilderte Ereignisse zeitdeckend, im narrativen Modus berichtete Ereignisse zeitraffend erzählt sind. Dass dieser Gegensatz für den Film nicht aufrechterhalten werden kann, bedeutet somit auch, dass die Dauer im Film keine flexible Größe ist. Es lohnt aber eine genauere Betrachtung des Phänomens Zeit im Film, die nicht bei der erzählten Zeit, sondern der Erzählzeit ansetzt, da man diese oft für viele Veränderungen bei Verfilmungen verantwortlich macht.

4.2.7 Zeit im Film

Dass die Erzählzeit im Film eindeutig festgelegt ist, bei einem literarischen Text aber von der individuellen Lektüre abhängt, wurde in Kap. 4.1.2 schon erwähnt. Häufig wird zudem darauf hingewiesen, dass sie im Film mit seiner Standardlänge von früher 1,5, heute eher 2 Stunden deutlich kürzer ist als die eines Buches, egal wie schnell die individuelle Lektüre denn nun ist. Dies wurde sogar als „the most important [limitation] in determining content changes" (Schmidt 1968, 270) beschrieben. Koch bemerkt zwar, dass solche Aussagen häufig in Verbindung mit Vorurteilen gegenüber Verfilmungen geäußert werden, behält sie dennoch als scheinbares Faktum bei (vgl. Koch 2009: 43f).

In aller Regel müssen Verfilmungen die Handlung der Vorlage zwar tatsächlich abkürzen, es gibt aber auch unzählige Gegenbeispiele, sodass hier wieder eine lediglich konventionelle Medienspezifik vorliegt. Filme müssen schließlich nicht bei 2 Stunden enden, auch wenn Werke wie Béla Tarrs SATANSTANGO (1994) mit einer Länge von 7,5 Stunden tatsächlich die Ausnahme darstellen. Möglich sind allerdings Mehrteiler oder Umsetzungen als Fernsehserien statt als Kinofilm wie z. B. Michael Kehlmanns dreiteiliger HIOB (1978) nach Josef Roth (1930) oder Fassbinders BERLIN ALEXANDERPLATZ (1980) nach dem Roman von Döblin (1929) mit einer Lauflänge von zusammengezählt über 15 Stunden.[216]

---

216 Da sich der Trend in letzter Zeit immer mehr zu Serien-Verfilmungen entwickelt, scheint sich Schepelerns Wunsch nach der Absetzung der konventionellen Filmlänge, weil jeder einen Fernseher hätte, auf diese Weise nun doch zu verwirklichen. (Schepelern 1993: 32) Hatte Volker Schlöndorffs THE HANDMAID'S TALE (1990) 108 Minuten für die Handlung von Margaret Atwoods Romanhandlung (1985) zur Verfügung, dauert allein die erste Staffel der Hulu-Serie (2017f) ca. 9 Stunden; weitere Staffeln erzählen die Geschichte über das Buch hinaus fort. Man sollte aber nicht vergessen, dass Kino und Fernsehen (bzw. Stream) grundsätzlich verschiedene Dispositive mit unterschiedlichen Rezeptionsbedingungen darstellen.

Daneben entsprechen sich Erzählzeit von Novellen und ihren Verfilmungen häufig schon bei Standardfilmlänge. Bei der Verfilmung von Dramen finden sich in der Regel wenig Kürzungen und Filme, die wie BLOW UP nach einem Text von Julio Cortázar oder der erwähnte ARRIVAL auf Kurzgeschichten basieren, erweitern ihre Vorlage sogar deutlich.[217] An Peter Jacksons LORD OF THE RINGS wurden häufig Kürzungen gegenüber der Vorlage wie das Auslassen der Figur Tom Bombadils kritisiert,[218] seiner HOBBIT-Trilogie (2012–2014) wird hingegen vorgeworfen, zu viel zur Handlung des Buches hinzugefügt zu haben.

Extreme wie bei den eingangs genannten Langfilmen wird man bei Verfilmungen für Kinder- und Jugendliche sicher nicht finden, dafür sind viele Bücher der Kinder- und Jugendliteratur selbst bei Weitem nicht so lang, sodass hier dasselbe gilt wie für Novellen und Kurzgeschichten. Auch Bilderbuchverfilmungen ergänzen nicht selten; der GRUFFALO etwa hat eine zusätzliche Rahmenhandlung erhalten. Zu Auslassungen in der Handlung *kann* es also kommen, es kann allerdings auch genau das Gegenteil der Fall sein. Die Medialität an sich ist es nicht, die dies bedingt. Vielmehr scheint, dass in dieser Ansicht noch das alte Vorurteil gegen den Film und die Verfilmung von Literatur mitschwingt. Sich auf diese Auslassungen und ‚Verkürzungen' zu fokussieren, greift wieder auf die problematische Kategorie der Texttreue zurück und birgt die Gefahr der Abwertungsdidaktik, weshalb hier auf die Beschäftigung damit verzichtet werden soll.

Ein Vergleich der Zeitgestaltung von Buch und Film jedoch ermöglicht interessante Ergebnisse. Von den drei Parametern des Zeitlichen, die Genette unterscheidet, nämlich (I) Ordnung, (II) Dauer und (III) Frequenz (Genette 1998: 21–114), ist, wie sich im letzten Kapitel bereits angedeutet hat, vor allem die Dauer für den Vergleich von Buch und Film relevant; für die Frequenz ergibt sich eine explizite Konsequenz; die Ordnung erweist sich als für beide Medien äquivalent.

(I) Bezogen auf die Ordnung ist Brian Henderson zuzustimmen: „It is not difficult to apply Genette's basic concepts of order to cinema." (Henderson 1999 [1983]: 194) Im Medienvergleich von literarischer Prosa und Film wird jedoch gelegentlich argumentiert, dass Filme eine starke Tendenz zur Chronologie

---

217 Schwer einzuordnen sind daneben Filme, die auf mehreren zusammengefügten Kurzgeschichten basieren wie JULIETA (R: Petro Almodóvar, 2016) nach drei Texten von Alice Munro.

218 Mario Giodarno hat das Weglassen von wichtigen Figuren, um die Handlung auf eine übliche Filmlänge zu bringen, auf die reißerische Formel „Killing your Darlings" gebracht (Giordano 2005: 26).

aufweisen (vgl. dagegen auch Kaul/ Palmier 2016: 79f), während Romane in der Regel komplexe zeitliche Ordnungen mit einem hohen Maß an Achronie verwenden. Filmische Analepsen wären selten und kämen nur als Erinnerungen vor, die dann auch noch mittels Überblendung, Schwarz-Weiß-Gestaltung, Filter oder Überbelichtung mit dem Hinweis „Achtung! Erinnerung!" (Deleuze 1997 [1985]: 69) markiert werden. Damit gehören sie zu den mentalen Metadiegesen und sind als subjektiv aufzufassen (siehe Kap 4.2.5). Prolepsen wären nicht nur noch seltener, sondern würden in der Regel als Visionen o. ä. umgesetzt, wären also noch stärker subjektiv und damit grundsätzlich zukunftsungewiss.[219] Dieser Befund mag für Filme, die nach den Regeln des klassischen Kinos gedreht wurden (vgl. Krützen 2015: 53–64; 67–73), gelten, allerdings lässt sich diese Tendenz nicht als medialer Zwang erfassen, da sich durchaus diverse Filme mit anspruchsvollerer Zeitordnung finden.

Schon zur Zeit des Classical Hollywood gab es Ausnahmen wie CITIZEN KANE mit seinen verschachtelten Binnenerzählungen, und bereits davor montierte D.W. Griffith die vier fast zweieinhalb Jahrtausende auseinanderliegenden Handlungsstränge von INTOLERANCE (1919) ineinander, statt die Episoden nacheinander in chronologischer Folge zu erzählen. Vor allem in jüngerer Zeit nimmt die Komplexität der zeitlichen Ordnung zu, immer mehr Filme wagen originelle Experimente. Zu nennen wären hier unter anderem PULP FICTION (R: Quentin Tarantino, 1994), bei dem durch die Achronie bedingt sogar eine verstorbene Figur wieder zurückkehrt, sowie der partiell rückwärts erzählte MEMENTO (R: Christopher Nolan, 2000) (vgl. Krützen 2010: 238–249; 267–276). Hierbei handelt es sich um die Verfilmung der Kurzgeschichte *Memento mori* (2001 [publiziert]) von Jonathan Nolan, dem Bruder des Regisseurs, der auch am Drehbuch mitgewirkt hat. Im Vergleich zur Kurzgeschichte weist der Film die komplexere Zeitordnung auf. Ähnliches lässt sich auch für CLOUD ATLAS (R: Tom Tykwer, Lilly Wachowski [als Andrew Wachowski] und Lana Wachowski; 2012) nach dem Roman von David Mitchell (2004) konstatieren. Die Zeitordnung von Buch und Film sind in hohem Maße von Achronien geprägt, im Buch jedoch folgen die Erzählsegmente einer klaren Anordnung, der Film montiert die sechs Zeitebenen (1849, 1936, 1973, 2012, 2144, 2321) an INTOLERANCE erinnernd in recht freier Weise.

---

219 Zur Dichotomie von zukunftsungewisser und zukunftsgewisser Vorausdeutung vgl. Vogt 2008: 124f, Vogt 2011 31f. Die Möglichkeit zukunftsgewisser Vorausdeutungen im Roman sieht Vogt vor allem in dezidiert narratorialen Prolepsen gegeben.

Wenn man diese Entwicklung betrachtet, lässt sich auf eine bemerkenswerte Analogie des klassischen Films zur homerischen Epik verweisen, die Roman Jakobson angestrengt hat. Auch in *Ilias* und *Odyssee* herrscht die kontinuierliche Zeitfolge mit nur seltenen, als Erinnerung ausgewiesenen Analepsen vor. Jakobson stellt fest: „Mit diesen Prinzipien der antiken epischen Poetik stimmt erstaunlicherweise die Montage des Tonfilms überein." (Jakobson zit. nach Schneider 1981: 51) Jakobson historisiert diese Montage-Prinzipien bereits und bezieht sich nur auf den „heutigen Film". Tatsächlich spricht schon der Vergleich mit Homer für eine Historisierung, schließlich steht dieser ja gerade am Anfang der epischen Literatur, die die vermeintlich komplexeren Zeitstrukturen herausgebildet hat. Es spricht einiges dafür, dass die Geschichte des Films bereits ähnliche Entwicklungen durchlaufen hat, da das Publikum immer mehr Erfahrung mit dem Medium hat und daher leichter in der Lage ist, filmischer Komplexität zu folgen.[220] Die Behauptung einer stärkeren Tendenz zum chronologischen Erzählen im Film gegenüber literarischer Achronie soll hier daher nicht aufrechterhalten werden.[221] Der einzige Unterschied zwischen Film und Buch bezogen auf die Ordnung könnte die Möglichkeit gleichzeitigen Erzählens durch Split Screen und – zumindest dem Eindruck nach – Parallelmontage sein (vgl. dazu u.a. Mahne 2007: 85; Kaul/ Palmier 2016: 81–84).

(II) Bei der Dauer besteht ein klarer Unterschied zwischen schriftlicher Erzählliteratur und Film. Einer stark variablen Erzählgeschwindigkeit in der Literatur steht ein konstantes Erzähltempo im Film gegenüber (vgl. Heiß 2011: 81).

Bezogen auf die variable Erzählgeschwindigkeit im schriftsprachlichen Erzähltext lassen sich drei Grade der „Raffungsintensität" unterscheiden: (1) *Zeitraffung* (Erzählte Zeit > Erzählzeit), (2) *zeitdeckendes Erzählen* (Erzählte Zeit = Erzählzeit) und (3) *zeitdehnendes Erzählen* (Erzählte Zeit < Erzählzeit) (vgl. Lämmert 2004 [1955]: 83f). Den Begriff der Erzählzeit kann man bezogen auf Literatur aufgrund unterschiedlicher Lektüretempi wie gesehen hinterfragen (vgl. auch Marsden 2004: 97). Genette spricht daher von „konventioneller Gleichheit" für den Fall 2 und von der auf „Konvention beruhende[n] Pseudozeit

---

220 Aufgrund dieser Erfahrung nahm auch die Deutlichkeit der Markierung von Zeitsprüngen bereits seit den 1960er-Jahre ab (vgl. Hickethier 2015: 135).

221 Man bedenke zudem, dass durchaus einige Schüler:innen Filme wie PULP FICTION oder CLOUD ATLAS kennen, vielleicht sogar Buch *und* Film rezipiert haben. Aus Gründen der didaktischen Reduktion Sachverhalte so weit zu vereinfachen, dass Schüler:innen die Lehrinhalte mithilfe ihrer freizeitlichen Medienrezeption widerlegen können, ist sicher nicht ratsam.

der Erzählung" (Genette 1998: 61, 66).[222] Für die Zeitraffung ist wiederum die sukzessive Raffung von der iterativ-durativen zu unterscheiden. Bei der sukzessiven Raffung wird das Vergehen der Zeit graduell über die Erwähnung einzelner Schritte umgesetzt. Ein Beispiel wäre: „Mona hatte ihren ersten Schultag, Mona lernte ihren ersten Buchstaben, Mona stritt einmal mit der Lehrerin, trotzdem kam Mona problemlos in die zweite Klasse." Iterative Raffung umfasst wiederholte Tätigkeiten: „Mona lernte jeden einzelnen Buchstaben und ging auch immer wieder gerne in den Mathematikunterricht", durative hingegen Gegebenheiten und Entwicklungen, die einen längeren Zeitraum umfassen: „So verging Monas Grundschulzeit, allmählich wuchs das Mädchen zu einem gebildeten Menschen heran." Lämmert spricht von der iterativ-durativen Raffung, weil beide Phänomene häufig kombiniert und in enger Verflochtenheit auftauchen (vgl. Lämmert 2004 [1955]: 83f).

Neben diesen drei Zeitverhältnissen gibt es die Möglichkeit (4) der Pause (erzählte Zeit = 0) und (5) der Auslassung/ Ellipse (erzählte Zeit = n$ \to $∞). So gelangt man zu „fünf Grundformen der Erzählzeit" (vgl. z. B. Martinez/ Scheffel 2009: 40–44). Genette hingegen verritt eine Unterscheidung von nur vier Formen, nämlich Pause, Szene, Summary und Ellipse. Ihm zufolge sind gedehnte Passagen nicht eigentlich verlangsamt erzählt, sondern durch deskriptive Elemente gestreckt, also um „extra-narrative Elemente" (Genette 1998: 68) erweitert. Die Unmöglichkeit eines gedehnten Dialogs hält er ohnehin für evident (vgl. ebd.). In jedem Fall darf das zeitdehnende Erzählen als ein eher seltener Fall angesehen werden, als Analysekategorie verwerfen sollte man es dennoch nicht, da es für die Analyse von literarischen Texten wie James Joyces *Ulysses* (1922) von großem Wert ist.

Während die Erzählzeit in der literarischen Prosa also über drei verschiedene Möglichkeiten verfügt, ist der Film aufgrund seiner Medialität gezwungen, szenisch zu erzählen, und bietet die Geschehnisse in realem Zeitablauf dar. Er kann also anscheinend nur zeitdeckend erzählen. Die Zusammenfügung der zeitdeckenden Szenen in der Montage sieht daneben Ellipsen als zweites zentrales Merkmal filmischer Zeitgestaltung und Lösung seiner „troubles with summary" (Chatman 1978: 69) vor.[223] Die genaue Dauer der Ellipsen kann unbestimmt

---

222 Statt tatsächlicher Zeit wird der Umfang zur Maßeinheit: Die Erzählzeit „wird nicht nach der Uhr gemessen, sondern nach dem Raum bedruckten Papiers" (Stepath 2006: 173).

223 Vereinzelt gibt es Filme, die vollständig zeitdeckend erzählen, indem sie den Eindruck erwecken, in einem Take gedreht worden zu sein, also über keine sichtbaren Schnitte verfügen wie ROPE, oder die tatsächlich nur aus einem einzigen Take bestehen wie

sein oder durch Hinweise im Bild (gezeigte Uhren, metonymische Darstellung eines Jahreszeitenwechsels etc.) sowie sprachliche Mittel wie Inserts oder Voice Over moduliert werden (vgl. Kuhn 2013: 225–228). Verfährt also jede einzelne Einstellung zeitdeckend, ergibt sich durch die Ellipsen für die narrative Gesamtdauer wieder ein zeitraffendes Verhältnis von Erzählzeit und erzählter Zeit (vgl. ebd.: 216–222).[224]

Aufgrund dieser grundsätzlichen Isochronie der filmischen Einstellung hält Monika Fludernik den Film für „wesentlich mimetischer" als literarische Erzählungen, aufgrund der Ellipsen, fügt sie hinzu, „ist auch dort Selektion am Werk: Autofahrten, Arztbesuche, Schlaf etc. werden im Film ebenso radikal gerafft bzw. eliminiert wie im Roman." (Fludernik 2010: 44) Hier ist jedoch terminologische Präzision gefragt: Das „Eliminieren" ist leicht nachzuvollziehen; ob in solchen Fällen ein „Raffen" vorliegt, bleibt aber zu fragen. Natürlich ist durch Auslassungen eine Annäherung an das sukzessive Raffen möglich, wenn nur sehr kurze Szenen bzw. Szenenausschnitte zusammengeschnitten werden. Solche Montagesequenzen gibt es und sie finden sich häufig in Biopics, um Entwicklungen abzubilden, sowie in Sport- und Kampffilmen, wenn die Protagonisten beim Trainieren gezeigt werden. In der Regel sind sie mit nicht-diegetischer Musik unterlegt und bieten nur sehr wenig Dialog. Viele Einstellungen in einer Montagesequenz haben daneben auch eine iterative Funktion. Wenn Rocky dabei zu sehen ist, wie er auf einen Punching-Ball eindrischt, um sich auf einen Boxkampf vorzubereiten, ist durch eine Art konventioneller Implikatur davon auszugehen, dass er das bei mehr als einer Gelegenheit getan hat. Dieser Fall soll unter dem Punkt Frequenz noch genauer untersucht werden. Was dem filmischen Medium jedoch vollständig zuwiderläuft, ist das durative Erzählen.

Man kann einwenden, dass mit dem Zeitraffer (*fast forward*) und der Zeitlupe (*slow motion*) filmische Gestaltungsmittel existieren, die ebenfalls ein Verlangsamen oder Beschleunigen des Erzähltempos ermöglichen, zumal der Zeitraffer

---

VICTORIA (R: Sebastian Schipper, 2015) oder dem ansonsten einen sehr eigentümlichen Chronotopos aufweisenden RUSSKI KOWTSCHEG (Russian Ark, R: Alexander Sokurow, 2002). Die allermeisten Filme benötigen jedoch sogar sehr viele Aussparungen. Dass das Verkürzen und Verknappen eine notwendige Bedingung des Erzählens überhaupt ist, wurde oft bemerkt. So spricht Lämmert vom „negativ kennzeichnenden Prinzip allen Erzählens" (Lämmert 2004 [1955]: 83) und Vogt erkennt gar eine „geradezu anthropologische Notwendigkeit" (Vogt 2008: 104) dazu.

224 Markus Kuhn behauptet eine fließende Grenze zwischen extremer Zeitraffung und Ellipse (vgl. Kuhn 2103: 214). Dem ist aus dieser Perspektive zu widersprechen. Kritik wurde bereits vorgebracht von Kaul/ Palmier (2016: 88f).

dem Lämmert'schen Terminus „Zeitraffung" ähnelt.[225] Diese Mittel der Zeitgestaltung sind allerdings noch bei Weitem seltener als Montagesequenzen und bewirken einen enormen Verfremdungseffekt, da sie keine Entsprechungen in der gewöhnlichen Welterfahrung aufweisen können (vgl. Kuhn 2013: 215; Kaul/ Palmier 2016: 86f sowie mit Bezug auf Verfilmungen: 167; vgl. dagegen Heiß 2011: 81–83).[226]

Pausen gibt es im Film ebenfalls, beispielsweise durch ein Standbild (*freeze frame*) oder die sogenannte *Bulett Time*, bei der ein Zeitpunkt aus verschiedenen Kamerawinkeln gezeigt wird (vgl. ebd.: 82).[227] Dies sind jedoch selten verwendete Mittel. Allerdings lassen sich auch alle dokumentarischen Passagen oder die typischen Establishing Shots als Pausen einordnen. Wenn eine Einstellung lang der Eiffelturm im Bild zu sehen ist oder der Verkehr auf der 5th Avenue, um zu signalisieren, dass die nächste Szene in Paris bzw. New York spielt, wird die Narration für die Dauer dieser Einstellung nicht fortgeführt. Die filmische Isochronie ist dennoch vorhanden, da sich die Autos auf der 5th Avenue bewegen,

---

225 Die Nutzung von Zeitraffer und Zeitlupe als filmtechnische Möglichkeiten muss aber nicht unbedingt einen Unterschied von Erzählzeit und Erzählter Zeit bedeuten. In Nosferatu wird der Vampir im Zeitraffer gezeigt, da er sich aufgrund übernatürlicher Kräfte tatsächlich unnatürlich schnell bewegen kann, in Inception (R: Christopher Nolan, 2010) wird durch in Parallelmontage gesetzte Zeitlupen unterschiedlicher Geschwindigkeit gezeigt, dass die Zeit auf den verschiedenen Traumstufen tatsächlich variiert.

226 Radikaler ließe sich noch hinzufügen, dass sogar ein Rücklauf (*reverse action*) möglich ist. Während sich verlangsamte oder beschleunigte Zeit zumindest noch psychologisch oder phänomenologisch erklären ließen, wirkt dieser Effekt durch die ontologische Unmöglichkeit rückwärts ablaufender Zeit noch verfremdender. So nutzt François Tuffaut ihn in Les Mistons (1957), um die Bilder spielender Kinder ins Surreale zu verzerren und dadurch zur Reflexion darüber anzuregen; Michael Haneke spult in Funny Games (1997) eine Szene zurück, um zum einen einen Schockeffekt zu erzeugen, zum anderen die Medialität und Fiktionalität der Geschichte auszustellen. Auch die erste Szene von Memento läuft rückwärts, danach ist nur noch die Ordnung invertiert, die Ablaufgeschwindigkeit in den einzelnen Szenen entspricht – genau wie bei dem vollständig rückwärts erzählten 5 x 2 (R: François Ozon, 2004) – der gewöhnlichen, lebensweltlichen Zeiterfahrung.

227 Bekannt geworden ist dieser Spezialeffekt vor allem durch den Sci-Fi-Film The Matrix (R: Lana und Lilly Wachowski [als Larry und Andy Wachowski], 1999) auf dessen spezielle Nutzung des Effektes der Begriff zurückgeht.

die Wolken am Eiffelturm sich vielleicht minimal verändern.[228] Für dokumentarische Passagen gilt dies ebenso. In NYMPHOMANIAC (R: Lars von Trier, 2013) beispielsweise gibt es Abschweifungen, die sich vom Angeln über das Bergsteigen bis hin zur Fibonacci-Folge erstrecken. In all diesen Abschweifungen bleibt das filmische Bild ein bewegtes, die Bewegungen der Fische im Angelsegment verhalten sich medienspezifisch isochron, die Handlung schreitet nicht voran.

Darauf, dass die Gegensätze von *showing* und *telling* bzw. dramatischem und narrativem Modus der Kategorie Distanz eng mit dem zeitdeckenden und zeitdehnenden Erzählen zum einen sowie dem zeitraffenden Erzählen zum anderen zusammenhängen, ist bereits hingewiesen worden (vgl. Kap. 4.2.6). Es war festgestellt worden, dass dem Film die Möglichkeit des Changierens zwischen den beiden Polen nicht offensteht; der Blick auf die filmische Zeitstruktur zeigt auf, warum das so ist.

Festhalten lässt sich also gegen die starke Variabilität der Erzählzeit in der Literatur eine grundsätzliche Isochronie im Film, die durch Ellipsen unterbrochen wird, darüber hinaus allerdings nur einzelne Ausnahmen etwa bei Montagesequenzen zulässt.

(III) Ein Punkt, den Genette unter „Frequenz" fasst, ist hier bereits angesprochen worden, das iterative Erzählen. Genette trennt dieses vom singulativen, bei dem einmal erzählt wird, was einmal geschehen ist (oder n-mal, was n-mal geschehen ist) und dem repetitiven Erzählen, bei dem dasselbe mehrfach erzählt wird. Diese Fälle sind in Buch und Film gleich umzusetzen. Das singulative Erzählen ist sozusagen die Standardform allen Erzählens in allen Medien. Repetitives Erzählen tritt selten unmotiviert auf, sodass Filme entweder Szenen aus verschiedenen Perspektiven (z. B. PULP FICTION), aus verschiedener Erinnerung (z. B. RASHOMON[229]) oder mit verschiedenem Ausgang z. B. LOLA RENNT) wiederholen. Dies gilt jedoch für das repetitive Erzählen in der literarischen Prosa nicht minder. Einzig das bereits erwähnte iterative Erzählen ist ein Problem. Dieses wird durch die oben angesprochene Konkretheit der filmischen Zeichen verursacht. Es ist möglich, zu schreiben: „James Bond flirtet wiederholt mit Miss Moneypenny". In den Bond-Filmen jedoch sieht man Bond und Moneypenny jeweils in einer ganz bestimmten Weise miteinander schäkern.

---

228 Anders wäre es natürlich bezogen auf Einstellungen, die Autos zeigen, die über die 5th Avenue rasen, wenn dieser Teil einer Verfolgungsjagd oder eines illegalen Autorennens sind, das zur eigentlichen Filmhandlung zählt.

229 Dieser Film wird sogar von Genette selbst als Beispiel angeführt, der das Medium Film sonst unbeachtet lässt (vgl. Genette 1998: 82).

Genau dieses Gespräch mit genau diesen Worten, Intonationen, Körperhaltungen, Gestik und Mimik, bei dem die Figuren in genau dieser Weise gekleidet sind etc., wird sich nicht wiederholen. Dass Bond und Moneypenny *häufig* flirtend reden, weiß der Kinobesuchende daher aus vielen singulär erzählten Einzelszenen.[230] Hinzu kommt die annähernde Unmöglichkeit, die Abweichung von der Standardfrequenz kinematografisch zu markieren, was sprachlich durch adverbiale Bestimmungen möglich ist („wiederholt"). Es muss daher auf andere Mittel zurückgegriffen werden, etwa auf die sprachliche Markierung (z. B. im Dialog: „Mona, du lernst ja schon wieder für Mathe!"), durch die mehrfache Wiederholung, die impliziert, dass das Ereignis noch weit häufiger geschehen ist (z. B.: Man sieht Mona beim Lernen des Buchstabens A, dann des Buchstabens B und in einer dritten Einstellung beim Lernen des Buchstabens Z.) oder eben in Montagesequenzen, die wie gesehen Wiederholungen implizieren oder andeuten können (vgl. hierzu Kuhn 2013: 231–239, sowie ferner 222–224).

Auf das Problem der Konkretheit weist bereits Brian Henderson hin: „Some might take an ultra-literal position and say that this makes the iterative impossible in cinema; it's images and sounds are always singulative." (Henderson 1999 [1983]: 67) Henderson entscheidet sich jedoch nicht für diesen Weg, schließlich kann angedeutet sein, dass sich eine Szene *ähnlich* wiederholt hat (vgl. ebd.), wie es bei dem Beispiel vom trainierenden Rocky am Punching-Ball der Fall ist. Für solche Fälle hat Genette den Begriff des Pseudo-Iterativen verwendet (vgl. Genette 1998: 86–88). Es ist also klar, dass es reines iteratives Erzählen im Film nicht gibt, sondern allenfalls pseudo-iteratives unter bestimmten Bedingungen möglich sein kann.[231]

4.2.8 Zwischenfazit

Die Multimodalität des Filmmediums bedingt eine Spaltung der Erzählinstanzen. Statt eines Erzählers bzw. einer Erzählinstanz gibt es im Film mindestens

---

230 Eine Ausnahme von der absoluten Unwiederholbarkeit bilden vielleicht Figuren, die in einer totalen Zeitschleife feststecken wie Bill Murrays Figur beim Aufstehen in Groundhog Day (R: Harold Ramis, 1993) oder Figuren in vielen Science-Fiktion-Szenarios sowie einzelne, vollständig deckungsgleiche Ereignisse in Filmen, die multiple Welten aufweisen, wie der Anruf in Lola rennt und abermals Geschehnisse in einigen Science-Fiktion-Gedankenspielen. Aber diese Filme erzählen die identischen Ereignisse repetitiv.

231 Kuhn verzichtet daher auf den Unterschied von Iterativem und Pseudo-Iterativen und betrachtet das Pseudo-Iterative des Films als Iteratives (vgl. Kuhn 2013: 230f).

zwei, die die verschiedenen semiotischen Codes der Sprache und des ikonisch-indexikalischen Bildes verwenden (VEI und SEI), zudem kann man noch die Ton- und Musikebene als eine mögliche dritte Instanz behandeln (AEI). Hier müsste aber geklärt werden, inwieweit diese Ebene überhaupt eigenständig erzählen kann. Die Erzählinstanzen sind dabei abstrakte Konstrukte und entsprechen nicht unbedingt der filmischen Erzählerfiktion, wenn es denn überhaupt eine gibt, was bei den meisten Filmen nicht der Fall ist. Gibt es eine Erzählerfigur, die selbst auftritt oder im Voice Over kommentiert und der der Inhalt der Filmbilder zugeschrieben wird, wird dieses schon dadurch konterkariert, dass das fiktive Erzählen in einem anderen Medium geschieht als die tatsächlich gezeigte Erzählung (visueller Ebenenkurzschluss). Für den Roman ist das deutliche Vorhandensein des Erzählers dagegen der Standardfall und in der Regel sind die literarischen Erzähler anthropomorph angelegt. Dies ist bei homodiegetischen Erzählern ohnehin nicht zu vermeiden, betrifft aber in unterschiedlichem Maße auch die meisten heterodiegetischen. Die Narratologie will zwar von anthropologisch bestimmten Erzählern generell fort zum Begriff der Erzählinstanz, im Medienvergleich muss allerdings gesagt werden, dass die Literatur bis auf einige Ausnahmen eine Tendenz zum figuralen oder zumindest anthropomorph angelegten Erzähler aufweist.

Was die Perspektivgestaltung betrifft, konnte die oft behauptete reine Außensicht des Films mit Bezug auf Kuhn verworfen werden. Der Film ist in der Lage, Gedanken, Gefühle und Wahrnehmungen von Figuren auszudrücken, nutzt dafür jedoch andere Mittel, nämlich die verschiedenen Techniken des Mindscreens. Es ließe sich lediglich festhalten, dass im Film Darstellungen von Psychischem *tendenziell* seltener sind. Es finden sich aber nur sehr wenige Filme, die ganz ohne diese auskommen. Was die Wahrnehmung betrifft, gewährt der Film durch seine Multimodalität sogar andere Möglichkeiten, die der Literatur nicht zur Verfügung stehen. Die Wahrnehmungen von Figuren in Bezug auf das Sehen und das Hören können mit Mitteln der Bild- und der Tonspur nachgeahmt werden (Okularisierung und Aurikularisierung).

In Bezug auf die Zeit ist festzuhalten, dass sie im Roman eine ungleich höhere Varianz aufweist, während die filmische Inszenierung fast immer szenisch und damit in konstanter Geschwindigkeit abläuft, lediglich der Filmschnitt lockert den Zeitverlauf durch die Möglichkeit von Ellipsen auf. Damit eng zusammen hängt ein Unterschied in der Redewiedergabe. Dem literarischen Erzähler stehen verschieden stark raffende Verfahren des wörtlichen und indirekten Redens zur Verfügung, während im Film grundsätzlich szenisch erzählt wird.

Die Ergebnisse zu den medienspezifischen Unterschieden von Film und Literatur in den letzten beiden Kapiteln lassen sich nun tabellarisch wie folgt zusammenfassen:

Semiotische Differenzen		
	Literatur	Film
Zeichentyp	symbolisch	ikonisch(-indexikalisch)
Bestimmtheit	abstrakt	Konkret
Zeichenanordnung	räumlich linear	synthetisch und zeitlich sukzessiv
Narrative Differenzen		
	Literatur	Film
Vermittlung	Anthropomorphe Erzähler	SEI/ VEI
Perspektive	Fokalisierung	Fokalisierung, Aurikularisierung und Okularisierung
Distanz	Verschieden direkte Möglichkeiten der Redewiedergabe	Szenisches Erzählen
Zeit	Dauer variabel	Dauer in Einstellungen konstant, Raffung durch Ellipsen

5. Zur Umsetzung der transmedialen Arbeit mit Verfilmungen

5.1 Ziele der transmedialen Arbeit mit Verfilmungen

In ihrer Arbeit zu Literaturcomics unterscheidet Dorothee Wieser drei Zielsetzungen, unter denen sich Adaptionen im Deutschunterricht einsetzen lassen. Während sie selbst eben Comicadaption im Fokus hat, weist sie darauf hin, dass diese Zielsetzungen „prinzipiell auf alle Formen des Medienwechsels, also auch für Literaturverfilmungen, zutreffen." (Wieser 2016: 78) Sie unterscheidet konkret (1) die Nutzung zur Vertiefung von Interpretationsfragen, (2) die Fokussierung medialer Differenzen und (3) die Behandlung von Comics als eigenständige Kunstwerke ohne Bezug zum schriftliterarischen Hypotext (vgl. ebd.: 78f).

Für den dritten Fall jedoch fragt Wieser, „ob die Arbeit mit Comics bzw. Graphic Novels, die nicht auf einer literarischen Vorlage beruhen, nicht sinnvoller ist." (Wieser 2016: 79) In der Tat mag der Verdacht aufkommen, der Lehrer/ die Lehrerin würde zwar das Medium Comic thematisieren wollen, den Schüler:innen aber in einer Art ‚heimlichem Literaturunterricht' nebenher noch literarische Bildung vermitteln wollen, was die Rezeption eines Comics als Comic an sich automatisch erschwert. Daneben stellt sich die Frage, ob Literaturcomics denn als paradigmatische Beispiele für das Medium Comics zu zählen sind, oder hier nicht eher anspruchsvolle Graphic Novels, die sich mit Geschichte und Tradition des eigenen Mediums auseinandersetzen, ihren Platz finden müssten, wie *Maus. A Survivor's Tale* von Art Spiegelman (Bd. 1: 1986, Bd. 2: 1991), das die Tierdarstellungen früher Comic-Stripes aufgreift, oder Alan Moores *Watchmen* (1986/87), das sich kritisch mit den Superhelden-Comicheften auseinandersetzt.

Bezogen auf Kinder- und Jugendfilme fällt dieses Argument schwächer aus, schließlich sind die meisten Kinderfilme Adaptionen und viele Jugendfilme ebenfalls (siehe Kap. 2.1.4). Daher spricht nichts dagegen, diese Verfilmungen rein als Film, also mit dem Fokus auf Filmbildung und Filmästhetik, zu thematisieren. Verfilmungen bieten dabei sogar eine Möglichkeit, die andere Filme nicht bieten: Liegen mehrere Verfilmungen eines Buches vor, lassen sich diese miteinander vergleichen, ohne einen Bezug zum Buch herzustellen, sodass der Blick für filmische Inszenierung und filmischer Stil an ähnlichen Szenen geschärft wird.[232] Den Zielen des in dieser Arbeit vertretenen transmedialen

---

232 Anhand von Kästner-Verfilmungen zeigen dies etwa Brunner 2002 und Maiwald

Deutschunterrichts entspricht die Thematisierung einer Literaturverfilmung für Kinder- und Jugendliche unter dieser Zielsetzung allerdings nicht, hierfür bedarf es mit Hutcheons gesprochen eben einer Thematisierung *als* Literaturverfilmung, wie sie bei den beiden ersten Zielsetzungen vorliegt. Es sollte deutlich sein, dass das hier vorgeschlagene Vorgehen am ehesten der zweiten entspricht. Bei der Nutzung zur Vertiefung von Interpretationsfragen liegt der Fokus auf der Literaturvorlage; indem die Adaption in erster Linie als Interpretation angesehen wird, kommt ihr zudem keine gleichwertige Bedeutung neben dem literarischen Text zu. Dem transmedialen Anspruch, zu vergleichen, ohne die Werke in eine chronologische Reihenfolge zu stellen, entspricht dieses Vorgehen erst recht nicht. Allenfalls könnte man hier von einer Form des intermedialen Literaturunterrichts sprechen. Ein transmediales Vorgehen, wie es hier vorgeschlagen wird, ist dezidiert der zweiten Zielsetzung zuzuordnen.[233]

Tatsächlich lassen sich die meisten Herangehensweisen an Literaturverfilmungen, die im didaktischen Diskurs entwickelt und diskutiert worden sind, der zweiten Zielsetzung nach Wieser zuschlagen, der Fokussierung medialer Differenzen. Klaus Maiwald etwa betont, ein Vergleich zwischen Film und Buch sollte, statt Unterschiede zu monieren, zum Ziel haben, „Phänomene des Medienwechsels zu reflektieren" (Maiwald 2013, 225). Ihm zufolge sind „Verhältnisse von Literatur und Film [...] legitime Gegenstände, wenn sie in einer wertneutralen Reflexion der Leistungen der beiden Medien thematisiert werden." (ebd.)[234]

2010a. Einen Vergleich von verschiedenen Verfilmungen *mit* Bezug auf die Vorlage (Kleists Michael-Kohlhaas-Novelle, 1808) skizziert Staiger 2011. Seine Überlegungen lassen sich größtenteils Zielsetzung 1 nach Wieser zuordnen. Zu Film-Film-Vergleichen von Verfilmungen vgl. gebündelt zudem Abraham 2016: 107f.

233 Wieser selbst spricht von diesem Zugang unter Verweis auf Bönnighausen und Rajewsky zwar als „dezidiert intermediale[m] Zugang" (Wieser 2016: 79), mit den terminologischen Ausführungen aus Kap. 3.2.2 lässt er sich aber ebenso gut als transmedial einordnen. Genauer gesagt ließen sich sowohl inter- als auch transmediale Vorgehensweisen diesem Zugang zuordnen. Nicht zuletzt deshalb sprechen Ulf Abraham und Matthis Kepser sicher von beidem, vom „inter- *und* transmedialen Vergleich, der für die medienspezifischen Eigenarten des Posttextes und der jeweiligen Prätexte sensibilisiert" (Abraham/ Kepser 2016: 217; Hervorhebung G. A.).

234 In einigem Widerspruch zu dieser „wertneutralen Reflexion" steht allerdings die Aussage, die nur drei Sätze vorher erfolgt: „Im Medienvergleich kann sich die Verfilmung auch als das größere Kunstwerk erweisen" (Maiwald 2013: 225). Es soll keineswegs widersprochen werden, dass Verfilmungen ästhetisch höherwertiger sein können als ihre literarischen Bezugstexte, in einer nicht normativ angelegten Analyse dürfte dies aber ebenso wenig zu erarbeiten sein wie das entsprechende Gegenteil.

Gelegentlich wird aber auch die Nutzung für die Vertiefung der Romaninterpretation vertreten, so etwa bei Ingo Kammerer, der vorschlägt, zur Erarbeitung von zentralem Novellenkonflikt und der Künstlerproblematik in Thomas Manns TONIO KRÖGER (1903), Rolf Thieles mittlerweile eher vergessene Verfilmung (1964) des Textes einzubeziehen.[235]

Daneben gibt es Stimmen, die vor allem, aber nicht nur in Bezug auf Kinder- und Jugendliteratur mutmaßen, dass Verfilmungen aufgrund ihrer vermeintlich einfacheren Rezipierbarkeit und motivationssteigernden Wirkung den Zugang zu literarischen Texten erleichtern können und so schwierige und sperrige Texte bereits jüngeren Schüler:innen nahe bringen (vgl. Heinke/ Rabe 2012: 442).[236] Vor allem Michael Sahr erkennt in Verfilmungen eine „Brücke zum Kinderbuch" (Sahr 2004: 58) und fordert:

> Die Chancen, die Kinderbuchverfilmungen bieten, zurück zur Literatur zu führen, sind entschiedener zu nutzen als bisher; Kinder haben bekanntermaßen eine besondere Vorliebe für dieses Medium – hier kann und muss die Leseförderung anknüpfen. (ebd.: 59)

Dennoch muss zu diesen Ansätzen mehreres kritisch angemerkt werden: Zum einen müsste diese „besondere Vorliebe" erst einmal belegt werden, zumal Sahr selbst einige Absätze zuvor noch das angebliche Schüler-Bonmot wiedergibt, wonach diese eigentlich ganz gerne lesen würden, wenn ihnen nicht die Schule die Lust daran vertreibe. Entsprechend konstatiert Ulf Abraham: „Empirische Belege im strengen Sinne dafür, dass der Weg über Verfilmungen zum Lesen führt, fehlen ohnehin, dürften auch schwer zu gewinnen sein" (Abraham 2007: 78).

Zudem besteht hierbei die Gefahr, den Film zum reinen „Literaturtransporteur" (Schörkhuber 2003) herabzumindern und nicht als eigenständiges

---

235 In den Ausführungen Kammerers finden sich auch die beiden ersten Zielsetzungen Wiesers bereits in ähnlicher Form, wenn es heißt: „Neben der methodisch nahe liegenden direkten Vergleichbarkeit der Medien, ihrer Inszenierungsstrategien bzw. erzähldramaturgischen Prinzipien und ihrer spezifischen formal-methodischen Fachterminologie ist der Film nach literarischer Vorlage als eine mit dem Leseverständnis korrespondierende audiovisuelle Interpretation des Produzenten zu verstehen und kann daher durchaus als (kritisch) zu überprüfende Erkenntnisunterstützung der Schüler, demnach auch als eine Art audiovisueller Sekundärliteratur betrachtet werden" (Kammerer 2006: 162).

236 Zu Bild- und Filmmedien als erleichternde Zugänge zu literarischen Texten für die Grundschule vgl. auch Richter/ Jahn 2006 sowie die anderen Beiträge des Themenheftes.

Kunstwerk in den Blick zu nehmen, auch wenn Sahr betont, dass beide Medien in einem gleichberechtigten Miteinander rezipiert werden sollten (vgl. Sahr 2004: 61). Daneben schränkt er ein, dass, wer Literaturverfilmungen im Unterricht „*nur* aus Gründen einer möglichen Leseförderung für notwendig erachtet, übersieht, daß es auch andere Ziele gibt, die eine Filmarbeit in der Schule zu leisten hat." (ebd.: 61; Hervorhebung im Orig.) Bei Abraham liest sich das indessen noch schärfer, wenn er zum Verhältnis von Leseförderung und Medienerziehung schreibt: „[O]hne sie gegeneinander ausspielen zu wollen, muss man doch einräumen, dass entsprechende Bemühungen nicht immer in schöner Harmonie koexistieren." (Abraham 2007: 78) Wenn Filme mehrfach so eingesetzt werden, dass sie jungen Schüler:innen den Zugang zu schwierigen Texten erleichtern sollen, besteht zudem die Gefahr, dass sich bei den Schüler:innen möglicherweise das Vorurteil der generellen leichteren Rezipierbarkeit von Filmen gegenüber Büchern verfestigt. Dies würde dann weder dem Medium Film gerecht werden noch wäre es nachhaltig förderlich für die Lesemotivation.

Der transmediale Zugang zielt wie bereits ausgeführt auf die Fokussierung medialer Differenzen ab, indem an einer ähnlichen Story in zwei verschiedenen Medien die jeweils medial unterschiedlichen Discourse-Mittel erschlossen werden. Allerdings wäre ein solches Vorgehen nicht zielführend, wenn dabei nicht mitreflektiert würde, inwieweit die unterschiedliche mediale Umsetzung der zugrunde liegenden abstrakten Story zum einen verschiedene phänomenale Wirkungen und ästhetische Erfahrungspotenziale bedingt zum anderen Bedeutung und Aussage der Story verändert, schließlich ist oben ja bereits mit McLuhan davon gesprochen worden, dass Medien die Bedeutung (mit-)prägen. In der sinnlichen Erfahrung unterschiedlicher medialer Materialität und ihrer Bedeutung für die Erzeugung von Sinn und Aussage sowie in der Analyse, wie die Materialität die Bedeutung einer Geschichte prägt, liegt sogar der Hauptzweck des transmedialen Vorgehens. Es gilt, an unterschiedlichen medialen Umsetzungen einer transmedialen Story zu zeigen, wie sich bestimmte Interpretationen einer Geschichte nur in bestimmten Medien erzählen lassen und andersherum jede neue Umsetzung notwendig eine neue Interpretation ist. Dadurch wird auch Zugang 1 nach Wieser, der Adaptionen für die Vertiefung von Interpretationsfragen nutzt, zumindest teilweise tangiert. Es geht hier aber eben nicht darum, den Film zusätzlich zum Buch zu schauen, allein um von einer Wegmarke von dessen Rezeptionsgeschichte ausgehend einen neuen Blick auf dieses zu werfen. Durch ein transmediales Vorgehen, das Buch und Film als gleichberechtigte Konkretisierungen und damit einhergehend Interpretationen einer abstrakten transmedialen Story auffasst, wird die Interpretation von Buch *und* Film deutlich differenzierter und vollständiger.

Ein problematischer Punkt bei dieser Ausrichtung ist aber, dass mediale Transformationen zwar grundsätzlich Interpretationsunterschiede mit sich bringen, umgekehrt aber nicht alle interpretatorischen Unterschiede auf mediale Differenz zurückzuführen sind. Um nur ein Beispiel zu geben, sei die Figur der Pony Hütchen in Erich Kästners *Emil und die Detektive* (1929) und der Verfilmung von Franziska Buch verglichen. Im Roman handelt es sich schlicht um Emils Cousine, in der Verfilmung ist Pony Hütchen die Chefin der Kinderbande, auf die er in Berlin trifft. Hier liegt keine mediale Notwendigkeit vor, die die Neuinterpretation dieser Figur zwingend notwendig macht, stattdessen ist es der veränderte Zeithorizont, dem in der Vorlage starke Frauen und weibliche Identifikationsfiguren fehlen, der diese Veränderung motiviert. Solche Unterschiede betreffen vor allem die aktualisierende, die aktuell-politisierende und die ideologisierende Transformation nach der Typologie Gasts (siehe Kap. 2.2.3). Neben den allgemeinen Veränderungen des Zeithorizonts bedingt der individuelle Blick der Adaptierenden Interpretationsunterschiede. Filme unter der Regie Hitchcocks und Kubricks etwa sind immer als solche zu erkennen, ungeachtet dessen, was ihre literarischen Vorlagen sind; typische Motive, formale Eigentümlichkeiten und Aussagestrukturen durchziehen das gesamte filmische Œuvre dieser Regisseure, was die Umsetzungen der einzelnen Adaptionen erheblich beeinflusst. Weitere Beteiligte, von Produzent:innen über Drehbuchautor:innen bis zu Schauspieler:innen, können in ähnlicher Weise Einfluss nehmen. Ebenso hat der filmgeschichtliche Wandel einen Einfluss auf die Interpretation literarischer Vorlagen; Fassbinders von Gast als ästhetisierende eingestufte Effi-Briest-Verfilmung wäre vor der ‚Welle‘ des Neuen Deutschen Films in der Form nicht denkbar gewesen.

Zu diesen medienunabhängigen Interpretationsunterschieden kommen solche, die nur tendenziell medial bedingt sind, indem sie sich etwa dem oben (siehe. Kap. 3.2.4) mit Bezug auf Maiwald diskutierten Rentabilitätskriterium unterwerfen, wonach Filme aufgrund der höheren Kosten ein größeres Publikum ansprechen müssen und entsprechend Konzessionen an den Massengeschmack eingehen; nach Gast liegt hier die popularisierende Adaption vor. Dass der Fall vorkommen kann – und in der Praxis auch vorkommt –, lässt sich dabei nicht vor der Hand weisen, Gegenbeispiele lassen sich hier allerdings auch genügend finden.

Derartige Phänomene lassen sich für das zweite Ziel nach Wieser, die Nutzung zur Vertiefung von Interpretationsfragen, fruchtbar machen, den Blick auf mediale Differenzen können sie hingegen sogar verstellen. Daher sollte die Lehrkraft bei der Auswahl von Verfilmungen und Szenen darauf achten, ob Bedeutungsunterschiede zumindest zum Teil durch die oben aufgezählten narratologischen und semiotischen Differenzen bedingt sind. Während der Unterschied für die didaktische Heuristik also wichtig ist, muss er im Unterricht selbst nicht thematisiert werden, da sich dadurch wieder das Verhältnis von Original und Ableitung einschleichen könnte, was dem transmedialen Ansinnen zuwiderläuft.

5.2 Methodik transmedialer Arbeit mit Verfilmungen

5.2.1 Roman und Film in narratologischer und semiotischer Perspektive

Die medialen Unterschiede zwischen Buch und Film wurden in Kategorien der Narratologie und der Semiotik beschrieben. Ohne dass dabei die entsprechenden Begriffe und Fachtermini in den Unterricht übernommen werden, was in der Sek I nicht zielführend wäre und vom Anforderungsgrad her nicht funktionieren würde, müsste der transmediale Unterricht sich also an diesen Kategorien ausrichten lassen. Dazu ist zunächst zu fragen, inwiefern damit an die bisherige Romandidaktik angeschlossen werden kann und wie sich die Erschließung einer Literaturverfilmung mittels dieser Kategorien, in die unterrichtliche Behandlung eines Romans integrieren lässt.

Bei der Narratologie lässt sich leicht an bestehende Konzepte der Romananalyse anschließen. Aus der Unterrichtspraxis der Romanlektüre sind narratologische Analysen kaum fortzudenken, was sich auch in den Schulbüchern widerspiegelt, wobei häufig auf Jürgen H. Petersens *Erzählsysteme* (1993) rekurriert oder eklektizistische Ansätze angeboten werden, die zumindest tendenziell Stanzels Typenkreis nahestehen. Im didaktischen Diskurs wird über Nachteil und Nutzen erzählanalytischer Aspekte im Unterricht immer wieder debattiert, eine Diskussion, die im Zusammenhang mit der Frage des Lesevergnügens nach dem PISA-Schock neu entfacht wurde (vgl. Pfeiffer 2013: 64, exemplarisch aus der Post-PISA-Diskussion vgl. Kämper-van den Boogaart 2004). Joachim Pfeiffer konzediert: „Selbstzweckhafte Erzählanalysen sind sicher abzulehnen." (Pfeiffer 2013: 64; vgl. ähnlich Bekes 2017: 169f) Wenn jedoch die Funktion der Erzähltextanalyse für das Erschließen der Bedeutung eines Textes ersichtlich wird, hält er sie für sinnvoll und fügt hinzu, dass sie unter dieser Voraussetzung sogar zum Lesevergnügen beitragen könnten (vgl. Pfeiffer 2013: 64f).

Ein Verabsolutieren des narratologischen Zugriffs ist damit ebenso abzulehnen wie ein mechanisches Durchexerzieren erzähltextanalytischer Parameter. Vielmehr ist die narratologische Texterschließung eine Umgangsweise mit literarischen Texten neben anderen, auf die je nach Textbeschaffenheit und Unterrichtsintention zurückgegriffen werden kann oder eben nicht. Kepser

und Abraham stellen in ihrer Einführung in die Literaturdidaktik kompetenz-
orientierte Konzepte, die „mit Hilfe produktiver Schreibaufgaben Verständnis
für historische und moderne Formen und Möglichkeiten des Erzählens herstellen wollen", solchen entgegen, die „wissensorientiert in Bauformen, Strukturen, Untergattungen und Strategien des Erzählens einführen wollen" (Kepser/
Abraham 2016: 194, vgl. ebd.: 245),[237] worunter sie unter anderem narratologische Analysen verorten. Dabei erachten sie einfachere ältere Erzähltheorien wie
die von Stanzel für die literaturwissenschaftliche Grundbildung als ausreichend,
fordern für Leistungskurse zumindest jedoch einen Rückgriff auf das heute an
Universitäten übliche Modell Genettes (vgl. ebd.). Diese Unterteilung ist nachvollziehbar, wenn man bedenkt, wie komplex und voraussetzungsreich die Narratologie Genettes und erst recht der postklassische narratologische Diskurs der
Gegenwart sind. So hängt für Swantje Ehlers „die zögerliche Rezeption der Narratologie […] mit dem hohen Abstraktionsgrad und der Komplexität und Ambi-
guität narrativer Konzepte wie Fokalisierung zusammen, die eine Umsetzung in
die schulische Interpretationspraxis erschweren." (Ehlers 2016: 84).

Da die bedeutungskonstitutiven medialen Spezifika zu einem guten Teil auf
Ebene narratologischer Kategorien verortet werden konnten, sollte die Funktion
der narratologischen Textanalyse im transmedialen Unterrichtssetting leicht
ersichtlich sein. Entsprechend stellt dieser Zugriff einen Teil der Texterschließung in dessen Rahmen dar. Wiederum sollten aber nicht alle Kategorien mecha-
nisch und ohne interpretatorische Funktion durchgearbeitet werden, sondern
jeweils mit Blick auf die medial bedingten Unterschiede der entsprechenden
Textpassagen und Filmszenen aussagekräftige Kategorien für die Analyse ausgewählt werden. Wenn sich etwa Unterschiede bei Vermittlung und Perspektive
ergeben, weil der Roman einen homodiegetischen Tagebucherzähler aufweist,
die Erzählinstanzen des Films jedoch exzessiv die Perspektiven wechseln, also
nullfokalisiert erzählen, muss nicht notwendiger Weise auch noch Zeit und Distanz analysiert werden, sofern die Unterschiede hier weniger substanziell sind.

Für ein transmediales Herangehen sind die Kategorien Genettes vor allem
aufgrund der konsequenten Trennung von Erzählinstanz und Perspektive

---

237 Als zwei weitere Konzepte werden zum einen mittlerweile bereits wieder eher in Ver-
gessenheit geratene Anstrengungen der 1990er-Jahre genannt, literaturtheoretische
Konzepte wie Dekonstruktion und Diskursanalyse in den Unterricht zu implementie-
ren, und zum anderen Versuche, durch thematische Vergleiche, die Grenze zwischen
Jugend- und Erwachsenenliteratur aufzubrechen, die für den Zusammenhang dieser
Arbeit nicht relevant sind (vgl. ebd.: 195).

geeigneter als Stanzels Typenkreis, weshalb sie hier zugrunde gelegt wurden. Gerade da es um Literaturverfilmungen für Kinder- und Jugendliche geht, muss allerdings auf Ehlers berechtigten Einwand bezüglich der Komplexität eingegangen werden. Aufgrund des Nutzens der Genette'schen Kategorien beim transmedialen Arbeiten spricht aus dieser Perspektive entgegen dem Vorschlag von Kepser und Abraham einiges dafür, sie auch für die Sek I zugrunde zu legen, dies sollte allerdings in didaktisch reduzierter Form geschehen.

Bei dem Umgang mit Erzählinstanz und Perspektive ließe sich viel gewinnen, wenn man auf Genettes und Kuhns Fachsprache verzichtet und etwa statt homodiegetischem und heterodiegetischem Erzähler von einem „Erzähler in der Handlungswelt" und einem „Erzähler außerhalb der Handlungswelt" spricht. Eine Möglichkeit, die Begriffe „Fokalisierung", „Aurikularisierung" und „Okularisierung" zu umgehen, besteht im Ausweichen auf die Genette'schen Frageformen: Wie Genette den Unterschied von Erzähler- und Fokalfigur auf die Fragen „Wer spricht?" und „Wer sieht?" bzw. „Wer nimmt wahr?" (Genette 1994: 132, 235) lässt sich auch die Kuhn'sche Trias aus Fokalisierung, Okularisierung und Aurikularisierung in Frageform formulieren: „Wessen Wissen haben wir?"; „Wer sieht?"; „Wer hört?"[238] Auf die Unterscheidung von „Null-", „intern" und „extern" für Fokalisierung, Okularisierung und Aurikularisierung lässt sich in der Sek I ganz verzichten. Gerade die externe Fokalisierung in der Kuhn'schen Typologie ist reichlich kontraintuitiv und könnte bei Sek-I-Schüler:innen eher zur Verwirrung führen, anstatt Klarheit zu schaffen.

So wie die transmedialen narratologischen Termini vereinfacht bzw. ersetzt werden können, lässt sich auch auf medienspezifische Eigentümlichkeiten auf diesen Ebenen in vereinfachter Weise eingehen. Der Terminus „Mindscreen" ist etwa nicht notwendig, um sich mit dem entsprechenden Gestaltungsmittel auseinanderzusetzen, und die subjektive Kamera lässt sich analysieren und besprechen, ohne dass alle sechs Teilkomponenten nach Branigan aufgegriffen werden.

Bezogen auf Zeit und Distanz treten Probleme mit Abstraktheit und unnahbarer Terminologie nicht in gleichem Maße auf, zumal oben bereits festgestellt wurde, dass der Film in dieser Hinsicht schlicht weniger Variationsmöglichkeiten aufweist. So lässt sich hier bei der Analyse der Literatur mit den herkömmlichen Verfahren weiterarbeiten, diese nur um den transmedialen Vergleich ergänzt.

---

238 Für die spätere Sek I ließen sich vielleicht auch die Termini „kognitive Perspektive", „visuelle Perspektive" und „akustische Perspektive" einsetzen, die zumindest weniger sperrig und abstrakt sind als Genettes Begriffe.

Was die Semiotik betrifft, ist die Ausgangssituation tendenziell anders gelagert: Obschon in der Didaktik seit Längerem ein medienreflexiver Literaturunterricht eingefordert wird, wird die semiotische Grundlage literarischen Gestaltens und Erzählens nur selten explizit thematisiert. Gerade der transmediale Zugriff eignet sich, um dies einzuholen, da erst der Kontrast zu anders gearteten Zeichen die grundsätzliche Wesenhaftigkeit sprachlicher Zeichen deutlich ins Bewusstsein treten lässt. Als auf symbolischen, abstrakten und räumlich linearen Zeichen basierendes und seine ästhetischen Gestaltungen mit den Möglichkeiten dieser Zeichen realisierendes Kunstmedium lässt sich die Schriftliteratur somit thematisieren, wenn sie in Kontrast zum ikonisch-indexikalischen, konkreten und synthetischen, zeitlich sukzessiv angeordneten Zeichensystem des Films gesetzt wird.

Vor allem, dass der Film das Dargestellte visuell und akustisch konkret umsetzt und dabei sinnlich erfahrbar macht, während Schriftliteratur ein höheres Maß an Unbestimmtheit und deutlich mehr Leerstellen aufweist, lässt sich im transmedialen Unterricht produktiv aufgreifen. Die Literatur ist dadurch in höherem Maß auf subjektive Konkretisierung des Beschriebenen angewiesen und lädt stärker zur Imagination ein, was die Rezeption von Literatur individueller macht als die des Films. Ist die Förderung der Vorstellungsbildung lange Bestandteil der Arbeit mit literarischen Texten vor allem in der Primarstufe und Sekundarstufe I und daher gleich als erster Punkt der 11 Aspekte literarischen Lernens aufgeführt (vgl. Spinner 2006: 10 u. ö., ferner Abraham: 2015b: 13), lässt sich diese Grundbedingung literarästhetischer Erfahrung im transmedialen Setting somit selbst reflektieren. Des Weiteren kann die Literatur Konnotationen und Polysemie symbolischer Zeichen nutzen, um Mehrdeutigkeit anzulegen, eine Möglichkeit, über die Filme, zumindest auf der Ebene kinematografischer Codes, nicht in der Weise verfügen.[239] Der Gegensatz von audiovisueller Konkretheit gegenüber der Ermöglichung eigener Assoziations- und Vorstellungsbildung lässt sich im Unterricht anhand diverser Story-Elemente nachvollziehen; er betrifft etwa die Darstellung von Handlungsereignissen, Figuren, Orten und Räumen sowie die Markierung von Grenzen und dargestellte Gegenstände und Objekte.

Auch andere Grundbedingungen literarischen Erzählens sind bei der Analyse schriftliterarischer Texte zwar zugrunde gelegt, treten im transmedialen Kontrast jedoch deutlicher zutage. Anführen lässt sich etwa der Sachverhalt, dass

---

239 Dass man „sich auf die Unabschließbarkeit des Sinnbildungsprozesses einlassen" (Spinner 2006: 12) muss, um einen weiteren Aspekt zu zitieren, gilt für Filme ebenso wie für schriftliterarische Texte.

literarische Schilderungen auf Reihung angewiesen sind, was der Literatur spezifische Kompositionsmöglichkeiten bietet, wie am Beispiel der „Zwiebelschalen" Cipollas in Kap. 4.1.5 verdeutlicht wurde.

Neben diesen allgemeinen Grundbedingungen schriftsprachlicher Zeichen aus semiotischer Perspektive sollte noch eine Besonderheit bei der Art, wie literarische Texte in Abgrenzung zu anderen schriftsprachlichen Texten die spezielle Form sprachlicher Zeichen nutzen, um ihre Äußerungen zu gestalten, erwähnt werden, da sie zu im Unterricht häufig thematisierten und analysierten Eigentümlichkeiten literarischen Schreibens führt, die wiederum im Medienvergleich aufgegriffen werden können. Die Rede ist von der „poetische Funktion", der von Roman Jakobson als Merkmal von Literarizität angenommenen „Zentrierung auf die Sprache um ihrer selbst willen" (Jakobson 1971: 151). Diese basiert schließlich auf der „Übertragung der Äquivalenz von der Achse der Selektion auf die Achse der Kombination" (ebd.: 153) in dem auf Linearität und symbolischer Arbitrarität basierenden Zeichensystem Sprache bzw. Schrift. Die Literatur nutzt also äquivalente Textelemente, aus denen in der gewöhnlichen Rede ausgewählt wird, und nutzt diese in linearer Reihung. Beispiele wären Reim, Assonanz oder Paronomasie. Während der Reim hauptsächlich in der Lyrik von Bedeutung ist, entstammen die anderen Beispiele dem Bereich der Rhetorik. Die Analyse solcher rhetorischen Mittel hat bei der Arbeit Texten aller drei Gattungen im Deutschunterricht einen ebenso festen Platz wie die narratologische Analyse, gerinnt aber ebenso oft zum reinen Exerzitium. Schilcher und Dürr, sich ebenfalls aus strukturalistisch-semiotischer Richtung an die unterrichtliche Rhetorik-Analyse annähern (vgl. Schilcher/ Dürr 2013: 111–113, ferner 114–134), erklären, es sei notwendig,

> Metrik und Rhetorik nicht als sich selbst genügende Systeme zu begreifen und zu vermitteln, deren Bedeutung für die Textsemantik sich den Schülern kaum je erschließt, sondern stets zu zeigen, dass beide Systeme mit ,Geheimkodes' vergleichbar sind, die – wenn sie aufgeschlüsselt werden können – die Bedeutung eines Textes ganz entscheidend mitbestimmen. (ebd.: 110)

Wie bei der Narratologie kann ein transmedialer Blick bezüglich stilistischer und rhetorischer Gestaltung helfen, deren Bedeutung für ästhetische Wirkung und Sinnkonstitution zu erkennen. Ebenso wie sie nicht um ihrer selbst willen erarbeitet werden sollten, ist die Frage, in wie weit dies begrifflich-analytisch geschehen muss.

Generell sind die für das trans- wie das intermediale Vorgehen bestimmenden Dimensionen der Erfahrung und der analytischen Annäherung an Mediendifferenz stets auszutarieren, die Vermittlung von Fachtermini an die Klassenstufe und den Leistungsstand der Lerngruppe anzupassen. Ein zu stark analytisch geprägter Zugang kann der ästhetischen Erfahrung des Kunstwerkes abträglich sein, zumal Kunsterfahrung immer einen vorsprachlichen, opaken Kern aufweist.[240] Da aber ohne Begriffe keine intersubjektive Verständigung und damit auch kein Unterricht möglich ist, sollte auch im Unterricht der Sek I mit vereinfachten Fachbegriffen gearbeitet werden.

Als Beispiel seien im Bereich der Filmanalyse die Einstellungsgrößen angeführt, die häufig vollständig vermittelt werden, auch wenn im weiteren Unterrichtsverlauf kaum auf sie zurückgegriffen wird. Sinnvoller ist es, für die Sek I eine reduzierte Version so zu vermitteln, mit der bei der weiteren Erschließung des Films gearbeitet werden kann. Dabei lässt sich für die Sek I eine Reduktion auf drei Größen durchführen. In der Sek II sollte indes mit dem vollständigen Ensemble gearbeitet werden, wobei zu bedenken ist, dass verschiedene Filmwissenschaftler:innen im Einzelnen verschiedene Typologie vorschlagen, es somit keine wirklich vollständige Variante gibt.[241]

Die Reduktion auf drei verschiedene Einstellungsgrößen legitimiert sich aus dem konkreten Nutzen, den deren Vermittlung für die Erschließung des Films hat, nämlich durch die Möglichkeit, damit den Aufbau einer typischen im Schuss-Gegenschuss-Verfahren umgesetzten Szene zu beschreiben: Ein Establishing-Shot in der Totale, Halbtotale oder im Panorama leitet die Szene ein, stellt den Ort der Handlung vor, ggf. kann in einem Re-Establishing-Shot noch einmal auf diese Einstellung zurückgeschnitten werden, wenn die Szene länger ist. Ansonsten wird die eigentliche Interaktion der Figuren in Amerikanisch, Halbnah, Nah, und Groß dargestellt, wobei beide Figuren (oder ggf. auch noch mehr als zwei Figuren) abwechselnd im Bild sind. Detailaufnahmen zeigen einzelne Gegenstände oder Ausschnitte des menschlichen Gesichtes und

---

240 Dieser Einwand findet sich vielleicht noch stärker als in der Literatur- in der Filmdidaktik der letzten Jahre immer wieder. Ein radikaler Vertreter in dieser Hinsicht hat sich in Alain Bergala gefunden: „Wenn es um das Kennenlernen von Kunst geht, war ich noch nie ein Anhänger der pädagogischen Aufforderung, alles zu sagen. Ich habe immer geglaubt, dass man bei der Annäherung an Kunst einen Teil Unausgesprochenes, persönlicher Erschütterung […], respektieren muss, der später Nachhall finden oder zum schöpferischen Antrieb werden wird und den jede allzu nachdrückliche Aufforderung, alles zu sagen, zerstören kann" (Bergala 2006: 81).

241 Die hier verwendeten Begriffe entstammen Beil/ Kühnel/ Neuhaus 2012: 79f, wurde aber in einem Punkt modifiziert, da in dieser Arbeit nicht zwischen groß und ganz groß Unterschieden wird. Groß bezeichnet hier alle Aufnahmen, die nur das Gesicht darstellen.

stellen eine Abweichung von diesem Prinzip dar, um den Gegenstand oder die Gesichtspartie besonders hervorzuheben.

So ergibt sich die grobe Dreiteilung der Einstellungsgrößen, die man mit den Begriffen „weit", „mittel" und „nah" bezeichnen kann:

Panorama, Totale, Halbtotale (i.d.R. Establishing Shot, Re-Establishing-Shot)	Weit
Amerikanisch, Halbnah, Nah, Groß (i.d.R. Schuss-Gegenschuss)	Mittel
Detail (i.d.R. Abweichungen vom Schuss-Gegenschuss-Prinzip, um einzelne Objekte zu fokussieren)	Nah

Statt die Begriffe nomenklatorisch zu vermitteln, wie es häufig in Unterrichtsmaterialien zum Film gemacht wird, bei denen auf einem Arbeitsblatt die Begriffe einzelnen Bildern zugeordnet werden, sollte gezeigt werden, dass sich der Aufbau einer Szene mit ihrer Hilfe erschließen lässt.

Ähnliche Vereinfachungen lassen sich für andere Bereiche der filmwissenschaftlichen Terminologie durchführen. So reichen für die Kameraperspektive die Begriffe Vogel-, Normal- und Froschperspektive können aus, sollten aber wieder nur mit konkretem Nutzen an speziellen Szenen vermittelt werden. Was die Kamerabewegung betrifft, ist es ausreichend, die Fahrrichtungen zu differenzieren; Unterschiede zwischen Steady-Cam, Schienenfahrt, Dolly etc. müssen in der Regel nicht vermittelt werden. Werden entsprechende Mittel aber in der vorliegenden Szene auffällig genutzt, spricht nichts dagegen, dennoch auf diese Ebene zu gehen, da entsprechende Informationen für Schüler:innen häufig interessant sind.

5.2.2 Der Vergleich von Schlüsselausschnitten

Dass im letzten Abschnitt bereits von „Szenen" gesprochen worden ist, leitet zur Frage über, ob Roman und Film vollständig rezipiert und im Unterricht thematisiert werden sollen, oder ob eine exemplarische Arbeit anhand einzelner Ausschnitte zielführender ist. Für die Romanlektüre wird oft die Ganzlektüre verteidigt. Als exemplarisch dafür lässt sich Peter Bekes zitieren. Während Bekes die vorbereitende Heimlektüre für einfach zu lesende Texte als sinnvoll erachtet und

für komplexere, Irritationen hervorrufende Texte stärker unterrichtlich beglei-
tende Arrangements vorzieht, lehnt er Verfahren scharf ab, die den Leseprozess
vereinfachen wollen, indem sie „statt vollständiger Texte eine Art Lightversion
von kanonisierten Romanen" anbieten oder „im Stile einer ‚Häppchen-Didaktik'
darauf zielen, ohne Kenntnis des gesamten Romans Auszüge anhand bestimmter thematischer Fragestellungen [...] untersuchen" (Bekes 2017: 171). Das möge
allenfalls seine Berechtigung haben, wenn an unterschiedlichen im Deutschbuch
abgedruckten Romananfängen unterschiedliche Formen der narrativen Vermittlung etc. vorgestellt werden (vgl. ebd.).

   In eine ähnliche Richtung wie „Lightversion" und „Häppchen-Didaktik"
gehen Ideen, statt einer Ganzlektüre lediglich ausgewählte Passagen zu lesen
und diese um das Schauen einer Verfilmung zu ergänzen. Von Brand, der die
Ganzlektüre verteidigt, räumt ein, dass man in Ausnahmefällen darüber nach-
denken könne und nennt die Differenzierungsmöglichkeit für leseschwächere
Schüler:innen als einen solchen Ausnahmefall (vgl. Brand 2020: 86), ferner ließen sich inklusive Kontexte ergänzen. Tendenziell lässt sich auch die intermediale Lektüre Kruses (siehe Kap. 3.1.2) diesen Verfahren zuordnen.

   Festzuhalten ist zunächst, dass die Ganzlektüre eines Romans oder anderen
längeren literarischen Textes der fragmentisierenden „Häppchen-Didaktik"
grundsätzlich vorzuziehen ist, ob diese nun vor der eigentlichen Unterrichtsreihe
oder sukzessive währenddessen stattfindet. Allerdings muss eingeräumt werden,
dass, auch wenn der Text ganz gelesen werden soll, kaum der gesamte Text im
Unterricht erschlossen werden kann. Analytische ebenso wie handlungs- und
produktionsorientierte Verfahren beziehen sich auf besonders zentrale Textaus-
schnitte. Lediglich mit Verfahrensweisen wie Lektüretagebuch oder -portfolio
kann das Textganze unterrichtlich eingeholt werden.

   Während bei längerer Prosa die Ganzlektüre im didaktischen Diskurs eindeu-
tig präferiert wird, wird im Zusammenhang mit schulischer Filmvermittlung die
Frage, ob der Film in Gänze geschaut oder ob nur einzelne Ausschnitte in den
Unterricht einbezogen werden sollen, stark diskutiert.

   Genau wie beim Lesen eines Romans auch ist der zentrale Bezugspunkt die
zur Verfügung stehende Zeit: „Die Sichtung eines Films nimmt 90 oder sogar
120 Minuten in Anspruch, da bleibt wenig Zeit für die Auswertung" (Staiger
2010a: 99). Einen Sehauftrag als Hausaufgabe analog zur vorbereitenden Heimlektüre werden Lehrende aufgrund unterschiedlicher Zugangsmöglichkeiten
zu Filmen schwer umsetzen können, da lediglich bei Filmen, die gerade in
öffentlich-rechtliche Mediatheken eingestellt sind, davon ausgegangen werden
kann, dass diese mehr oder minder allen Schüler:innen zur Verfügung stehen.

Darüber hinaus besteht bei dem komplexen, verschiedene mediale Kanäle und semiotische Codes verwendenden Medium Film die Gefahr, dass die meisten Inszenierungsdetails von den Schüler:innen übersehen oder während der weiteren Rezeption wieder vergessen werden, wenn der Film in Gänze am Stück geschaut wird. Nachher kann dann fast nur noch über Inhalte, nicht mehr über die ästhetische Gestaltung gesprochen werden, oder aber die Diskussion beschränkt sich auf rein subjektive und unbegründete Geschmacksurteile. Es müssten also wie bei der Ganzlektüre wieder einzelne Ausschnitte für die Analyse herangezogen, also noch einmal gezeigt werden. Filmanalyse ist, wie Staiger betont, nur an „exemplarischen Sequenzen" (Staiger 2010a: 99), nicht am Gesamtfilm möglich. Arbeitet man mit Filmausschnitten, können diese sogar mehrfach geschaut werden, um den Blick für die Gestaltung zu schärfen, oder der Lehrende kann durch verschiedene Beobachtungsaufträge den Fokus auf jeweils andere Dimensionen der filmischen Gestaltung lenken. Abraham sieht es zwar als zentral an, dass der Inhalt des gesamten Werkes bekannt ist, wie es auch bei dem Umgang mit Romanen der Fall wäre, ungeachtet dessen, welche Lektürevariante gewählt wird, weist aber ebenfalls darauf hin, dass sich mit einzelnen Sequenzen, die sich wiederholt ansehen lassen, am effizientesten arbeiten lässt (vgl. Abraham 2016: 106f). In welcher Weise der Inhalt bekannt sein muss, erläutert er aber nicht. Gerade bei Verfilmungen, sofern sie nicht sehr frei mit der Vorlage umgehen, lässt sich mit Bekanntheit der Story durch den Roman argumentieren, zumindest, wenn der Film nach der Lektüre geschaut wird. Für das Vorgehen in umgekehrter Reihenfolge ließe sich das Argument in der Modifikation aufrechterhalten, dass zwar anfangs Unwissenheit über die Einbettung des Ausschnittes in die Handlung herrscht, diese aber ebenso gut Spannung erzeugen kann und im Nachhinein durch die Lektüre aufgelöst wird.

Einwenden lässt sich aber auch, dass die Funktion der ästhetischen Gestaltung eines Kunstwerkes erst nachvollziehbar wird, wenn man das Werkganze im Blick hat. Zudem befürchten Kepser und Surkamp, dass bei einer „Rezeption in Bruchstücken" „Filmerlebnis und Filmgenuss [...] auf der Strecke bleiben" (Kepser/ Surkamp 2016: 213) können.

Die Gegenposition hierzu bezieht Bergala, der ein dezidiertes „Lob des Ausschnittes" (Bergala 2006: 84) ausspricht und eine „Pädagogik des Fragments" (ebd.: 86) vertritt.[242] Er mutmaßt, dass gerade die Rezeptionsweise des

---

242 Zur Frage nach Fragment oder Ganzem in Bezug auf die Ästhetik heißt es bei Bergala: „An einer einzigen gut ausgewählten Einstellung ist oft sowohl die Kunst eines Regisseurs abzulesen als auch der historische Moment ihrer Entstehung. Denn in ihr spiegelt sich ein bestimmter Stand der Filmsprache und eine Ästhetik – die

ausschnitthaften Schauens der kindlichen Wahrnehmung entgegenkommt und zudem die Möglichkeit bietet, auf den ganzen Film neugierig zu machen (vgl. ebd.: 85f). Letztendlich fehlen bisher empirische Daten über Wirkungen beider Verfahren auf Schüler:innen.

Ideal wäre sicherlich, wenn auch der Film vollständig geschaut wird, sofern es sich zeitlich einrichten lassen sollte, und zudem einzelne Ausschnitte geschaut werden. In welcher Reihenfolge dies geschieht, ist dabei nicht zwingend festgelegt. Schaut man den Film an einer Stelle der Einheit vollständig, ist zumindest hierbei die Gleichberechtigung beider Werke gewahrt. Auch wenn Ausschnitte Berlaga zufolge der kindlichen Wahrnehmung entgegen kommen sollen, wünschen sich Schüler:innen in der Regel die Rezeption als Ganzfilm, und dies nicht nur, um Unterrichtszeit damit zu füllen. Zentral für das Vorgehen ist aber die Arbeit an wiederholt geschauten Einzelszenen.

Es bleibt die Frage nach der Auswahl der Ausschnitte. Zwei Hauptkriterien sollten dabei beachtet werden: Die Ausschnitte sollen zum einen in Bezug auf die für den medialen Vergleich relevanten Kategorien aussagekräftig und exemplarisch sein. Es sollten Ausschnitte gewählt werden, an denen sich der ästhetische und bedeutungskonstitutive Einsatz literarischer und filmischer Mittel sowie die narratologische Gestaltung in besonderem Maße verdeutlichen lassen. Dabei ist gerade auf die Fokalisierung zu achten, denn auch in Filmen, die beispielsweise stark über eine Figur fokalisiert sind, drückt sich dies nicht in jeder Szene aus, sondern zeigt sich in einzelnen POV-Shots oder Mindscreen-Sequenzen. Solche aussagekräftigen Momente sollten gezielt gesucht werden. Um den Blick für die Inszenierung durch filmische Gestaltungsmittel zu schärfen, ist es auch möglich, Ausschnitte aus einem Film gegenüberzustellen, die verschieden inszeniert sind, beispielsweise eine Szene, in der Ruhe und Geborgenheit zum Ausdruck gebracht werden, neben eine Szene, bei der der Protagonist sich in Gefahr begibt. Beide Szenen sollten dann in der Regel deutliche Unterschiede in Beleuchtung, Farbpalette, Musikeinsatz etc. aufweisen. Beim literarischen Text sollten Stiländerungen freilich ebenfalls beachtet werden, wenn beispielsweise mehrere Erzähler in einer jeweils anderen Sprechweise reden.

Neben diesem formalen Kriterium ist zweitens die Relevanz der Ausschnitte für die Gesamthandlung zu beachten. Es ist sinnvoll, vor allem Kern- bzw. Schlüsselpassagen und Schlüsselszenen thematisiert werden, die für Handlungsverlauf

---

zwangsläufig einer bestimmten Epoche angehören –, aber auch ein Stil und die ganze eigene Prägung durch den Autor" (Bergala 2006: 88).

und die Gesamtaussage von herausragender Bedeutung sind.[243] Um einen Begriff zu finden, der sowohl auf Bücher als auch auf Filme anwendbar ist, soll hier von „Schlüsselausschnitten" gesprochen werden, auch wenn das zugegebenermaßen etwas sperrig klingt.[244] Sinnvoll ist es, Schlüsselauschnitte zu wählen, die zueinander in Bezug stehen, die einzelnen Handlungsstränge oder Motive weiterverfolgen bzw. wieder aufgreifen.

Sehr gut eignen sich Ausschnitte aus der Exposition. So schlägt Ines Müller vor, Expositionsszenen aus dem ersten Fünftel des Films einzubeziehen, in denen Figuren, Beziehungen zwischen Figuren, der handlungsauslösende Konflikt, aber auch der „Look" des Films vorgestellt werden (vgl. Müller 2012b: 115f).[245] Am besten lassen sich sogar die direkten Anfänge von Buch und Film vergleichen,

---

243 Vgl. auch das Kapitel über die Transmedialität von Wendepunkten in Friedmann 2017: 147–157.

244 Auch bei den Schlüsselszenen muss es sich nicht notwendig um eine Szene im engeren Sinne des Wortes handeln. Es kann ebenso eine Sequenz oder auch eine zusammenhängende Szenenfolge gewählt werden. Die Szenenfolge sollte allerdings nicht zu lang werden und einen deutlichen inneren Zusammenhang aufweisen, da die Komplexität sonst extrem zunimmt. Bergala weist darauf hin, dass es zwei verschiedene Arten des Filmausschnittes gibt, die beide ihre didaktischen Vorzüge haben: das eigenständige abgeschlossene kleine Ganze, das ganz ohne Kontext für sich zu stehen scheint und ein willkürlich herausgegriffenes Fragment. Die erste sieht er als „verkleinerte Modelle" von Film als solchem, die zweite sollen als eine Art Teaser wirken, die Lust auf den Rest des Filmes machen und die Schüler:innen dadurch vielleicht zum selbstständigen Weiterschauen animieren (vgl. Bergala 2006: 85).

245 Müller spricht dort ebenfalls von „Schlüsselszenen" (Müller 2012b: 116f). Hier folgen meine Ausführungen Müller allerdings nicht, da meine Verwendung des Begriffes von Müllers deutlich abweicht. Müller gibt keine klare Definition des Begriffes, führt aber aus, dass sie Schlüsselszenen verschiedener Filme gegenüberstellen will, um so bei themengleichen Szenen die unterschiedliche filmische Inszenierung hervortreten zu lassen. Sie geht nebenbei bemerkt auch auf Literaturverfilmungen ein, allerdings nur, um mit Bezug auf Maiwald 2010a vorzuschlagen, Szenen verschiedener Verfilmungen desselben Textes gegenüberzustellen, weil diese die Voraussetzung der Themengleichheit aufgrund des geteilten Grundlagentextes häufig erfüllen. Ein verwandtes Konzept sind auch die „Urszenen" Ingo Kammerers. Dieser betont, dass er damit keinen Ursprung von etwas bezeichnen möchte, sondern das Präfix „ur" mit dem alten Wortsinn *(her-)aus* assoziiert. Es „wird ein besonders prägnanter, die Analysekategorien repräsentierender Teil herausgenommen und dieser steht exemplarisch für die ästhetischen Möglichkeiten der Textsorte(n)" (Kammerer 2009: 172; vgl. 172–186). Bei Kammerer, der mit einem weiten Textbegriff arbeitet, stehen hier aber auch Genremerkmale im Fokus.

um zu schauen, wie medienspezifisch in die Handlung und die Figurenvorstellung eingestiegen wird.[246] Bei den Praxisbeispielen, die unten vorgestellt werden sollen, wird deshalb so verfahren, dass jeweils der Filmanfang einbezogen wird sowie eine andere Szene. Während die Anfänge bei beiden Filmen recht verschieden sind, was sich im Unterricht gut als Ausgangspunkt für die Frage nutzen lässt, warum die Versionen gerade am Anfang so unterschiedliche Wege gehen, wird für die zweite Szene jeweils eine inhaltlich sehr ähnliche Szene gewählt. Schließlich müsste sich an inhaltlich kaum veränderten Szenen am besten zeigen lassen, dass auch bei einer gleichen transmedialen Story durch die medial distinkte Inszenierung Bedeutung und Wirkung sich massiv unterscheiden.

5.2.3 Film während der Texterarbeitung, Beginn mit dem Film

In der Regel halten Deutschlehrer:innen sich bei der Behandlung von Buch und Verfilmung an die Reihenfolge der Entstehung und beginnen mit dem Buch. Doch dass der literarische Text das ältere Werk ist, muss ihn nicht notwendig zur „medialen Einstiegsversion" (Ewers 2006: 305f) machen; denkbar wäre ebenso der entgegengesetzte Einstieg mit dem Film.[247] Das gilt insbesondere im transmedialen Deutschunterricht, als Kern des transmedialen Herangehens wurden schließlich die Gleichberechtigung beider Kunstwerke und die Vernachlässigung der Chronologie herausgearbeitet. Daneben sind noch diverse Mischformen und „‚Sandwich'-Verfahren" (Kepser/ Abraham 2016: 216) denkbar, bei denen Buch und Film im Wechsel rezipiert werden. Zu nennen ist hier beispielsweise die in Kap. 3.1.2 diskutierte intermediale Lektüre von Iris Kruse. Hier soll zunächst geschaut werden, was für die Umkehr der traditionellen Reihenfolge spricht, bevor unter Einbezug unterrichtspragmatischer Aspekte für den transmedialen Deutschunterricht eine Mischform vertreten wird, die sich daraus ergibt, dass mit der Gegenüberstellung von Schlüsselausschnitten gearbeitet wird.

---

246 Zu Anfangsszenen im Unterricht vgl. Krützen 2005.

247 Bei dem oben skizzierten intertextuellen Ansatz ist es ohnehin möglich, sich auf einen Poststrukturalismus Barthes'scher Provenienz zu berufen, gemäß dem es unerheblich ist, welches Werk in einer Intertextualitätsbeziehung das real vorhergehende ist: „In das sogenannte Intertextuelle muß man auch die Texte einbeziehen, die danach kommen. Die Quellen eines Textes liegen nicht nur vor, sondern auch nach ihm. Diesen Standpunkt hat auf sehr überzeugende Weise Lévi-Strauss eingenommen, indem er sagte, daß die Freudsche Version des Ödipusmythos ein Teil des Ödipusmythos ist: Liest man Sophokles, so muß man Sophokles wie ein Freudzitat lesen; und Freud wie ein Sophokleszitat" (Barthes 1988 [1970]): 235f).

Kepser, der Amazon-Kundenrezensionen daraufhin untersucht hat, wie eine vorherige Lektüre die Beurteilung einer Verfilmung prägt und umgekehrt,[248] stellt fest, dass beidem Vor- und Nachteile zugeschrieben werden (vgl. Kepser 2012a: 110–116) und meint, dass es sinnvoll sein könnte, die traditionelle Reihenfolge im didaktischen Setting umzustellen, da dies es den Schüler:innen erleichtere, den Film als eigenständiges Kunstwerk zu erfassen (vgl. ebd.: 117). Eine Umkehr der Reihenfolge regt auch Maiwald an, dessen Buch schon im Titel das Programm „Vom Film zur Literatur" ankündigt (Maiwald: 2013). Wird dieser Weg eingeschlagen, sollte indes darauf Acht gegeben werden, dass durch die Umkehr der Rezeptionsreihenfolge nicht eine gegenteilige Hierarchie aufgebaut wird: Das Vorziehen der Verfilmung darf nicht zulasten der autonomen Lektüre des Buches gehen. Mit Joachim Paech gilt: „Der Film und der Roman (in welcher Reihenfolge auch immer) bestehen unabhängig voneinander oder gar nicht" (Paech 1997: 183).

Die Verfilmung ist aber von den beiden Werken dasjenige, das gewöhnlich mit diversen Vorurteilen belastet ist, vor allem eben dem von Bohnenkamp erwähnten der ästhetischen Unselbstständigkeit einerseits und der Erwartung von Werktreue andererseits (siehe Kap. 2.2.1). Mit der Verfilmung zu beginnen und danach erst den Roman zu thematisieren, bietet die Möglichkeit, diese Abwertung – die auch in den Köpfen einiger Schüler:innen verankert ist – auszugleichen. Der eingangs beschriebenen ankonditionierten Enttäuschungshaltung lässt sich dadurch entgegenwirken.

Wird die Verfilmung hingegen nach dem Buch geschaut, lässt sich der vergleichende Blick in der Regel kaum vermeiden. Dies wird noch verstärkt durch „die oft wochenlange intensive Auseinandersetzung mit einem Text" im Unterricht, die, sofern sie denn gelingt, „Wertschätzung gegenüber der Leistung eines Autors oder einer Autorin" (Kepser/ Abraham 2016: 217) aufbaut. Beim Beginn mit dem Film wird dieser zunächst als Film geschaut, also erst als Werk rezipiert, um wieder die Begriffe von Hutcheon zu bemühen, bevor auch die Lesart als intermedialer Text eingenommen wird, indem auch das Buch hinzugezogen wird. Was das Buch betrifft, ist davon auszugehen, dass die Schüler:innen dieses

---

248 Kepser konnte des Weiteren beobachten, dass auf amazon.de ein erstaunlich differenziertes und medienreflektiertes Diskussionsklima herrscht. Dass Filme grundsätzlich gegenüber den literarischen Texten abgewertet werden, kann er nicht bestätigen, wobei er eingesteht, dass Wertungen, die die Verfilmungen radikal besser beurteilen als die Textgrundlagen, offenbar auf das Konto leseunwilliger Schüler:innen gehen, die im Deutschunterricht gezwungen waren, die Bücher zu lesen (vgl. ebd.: 112–116).

trotzdem noch als Werk an sich erfassen, da sie darum wissen, dass dieses das ältere Werk ist und sie vermutlich bereits vom verbreiteten Originalitätsdenken geprägt sind und da die gesellschaftlichen Vorurteile das Buch ohnehin mit einem bildungsbürgerlichen Nimbus ausstatten. Ein Problem scheint aber dennoch zu bestehen, das der Vorstellungsbilder beim Lesen. Man kann einwenden, dass das umgedrehte Vorgehen, mit dem Film zu beginnen, ebenfalls Nachteile birgt, etwa „Demotivierungseffekte" (Brand 2020: 86) oder die Gefahr, dass die Schüler:innen bei der Lektüre die Wahrnehmungsbilder des Films nicht hinter sich lassen können und auf den Text applizieren, statt eigene Vorstellungsbilder zu entwickeln.

Hierauf sind mehrere Dinge zu entgegnen: Zum einen muss man diese Position, die zu einem unhinterfragbaren Topos geronnen ist, nicht teilen. Es ist gut möglich, dass die Eigenständigkeit der Vorstellungsbilder bei der Lektüre nach der Filmbetrachtung zum Teil daher stammt, dass die Rezipient:innen sich – von ihren Vorurteilen geleitet – nur oder zumindest zum Teil einreden, sie könnten sich mit ihren Vorstellungen nicht vom Film lösen. So behauptet Jürgen Schneider: „Der Filmsehende ist sehr wohl in der Lage [...], beim nachfolgenden Romantext (wieder) ko-produzierend aktiv und kreativ zu werden, denn nicht von ungefähr kommt das überwältigende Bedürfnis, das Buch nach dem Film zu lesen" (Schneider 1990: 339). Ähnlich weist Kepser darauf hin, dass der nachhaltige Vermarktungserfolg von Büchern zu Filmen darauf schließen lässt, dass diese Rezeptionsreihenfolge auf viele Menschen doch einen gewissen Reiz ausüben muss (vgl. Kepser 2012a: 116).

Aber auch wenn es so wäre, dass man nach Sehen des Films beim Lesen nicht mehr in der Lage ist, vollständig eigene Bilder zu entwerfen, muss man das nicht unbedingt als Nachteil betrachten. Autor:innen wie Sahr, die sich über den Film dem Kinderbuch annähern wollen, argumentieren genau entgegengesetzt. Für Sahr gilt der vorweggeschobene Filmeinsatz – ganz im Gegenteil zu Brand – als motivierend und als Hilfe im Umgang mit dem Buch – sicher auch, weil schon Leerstellen gefüllt sind. Auch Autor:innen wie Kruse und Frederking mit ihren inter- und symmedialen Ansätzen scheinen die Kombination von Medien, die starke Wahrnehmungsbilder aufweisen, und solchen, die Vorstellungsbilder evozieren, als produktiv anzusehen. Wie gesehen wird Sahrs Position der Lesemotivation durch Verfilmung hier nicht geteilt; dass man in das genaue Gegenteil verfällt, ist aber ebenfalls nicht nötig.

Vielmehr scheint bei der Vorstellung durch den Film zerstörter eigener Bilder ein normativer Gedanke der Rezeptionsästhetik übernommen, den man nicht zwingend teilen muss. Wie im Kap. 4.2.2 dargestellt, war es Iser, der es zum einen zum Gütekriterium von Kunstwerken erklärt, wenn möglichst viele Leerstellen vorhanden sind (vgl. Iser 1975a: 236), und zum anderen das Wahrnehmungsbild gegenüber dem Vorstellungsbild abwertet. Dadurch erklärt er auch die vorgebliche Enttäuschung durch eine Verfilmung (vgl. Iser 1975b: 263). Von dieser Warte aus entwertet das Schauen eines Filmes die Lektüre, da diverse Leerstellen- und Unbestimmtheiten des Textes im Bewusstsein des Lesenden bereits durch die Filmversion geschlossen sind. Auf die normative Schwierigkeit dieses Arguments wurde ebenfalls eingegangen. Man kann es im Gegenteil auch als Bereicherung sehen, wenn man beispielsweise bei schwächer ausgestalteten Romanfiguren ein Wahrnehmungsbild aus der Filmversion übernehmen kann. An der Stelle kann man sich dann beim Lesen „an den Film erinnern und so ‚mehr' von der Romanszene haben als bei der bloßen Lektüre" (Goetsch 1988: 48).[249] Die erinnerten Wahrnehmungsbilder wären dann während der Rezeption des literarischen Textes „Bausteine des Phantasierens" (Schmitt 2000: 70). Ohnehin sind die inneren Bilder, die der Lesende beim Lesen entwirft, niemals vollkommen frei entwickelt, sondern greifen auf einen Fundus erinnerter Bilder zurück. Die Erinnerung an die filmischen Bilder ist also kein wirklich ungewöhnlicher Vorgang (vgl. ebd.). Hinzu kommt, dass die Übernahme von Bildern am Anfang der Lektüre sicherlich geschehen wird, dass diese Bilder aber in der Regel fallen gelassen werden, sobald im Text eine klar unterschiedliche Beschreibung auftaucht (vgl. Schlickers 1997: 39).

Da das transmediale Herangehen nun Schlüsselausschnitte gegenüberstellt und der Film nicht notwendig ganz geschaut wird, stellt sich die Frage hierbei nur in veränderter Form: Infrage steht nicht, ob der ganze Film vor der Lektüre des Buches geschaut wird, sondern ob der Einstieg mit einer Filmszene begonnen werden kann und dann einzelne Szenen Buchpassagen in einer Variante der „Sandwich-Verfahren" gegenübergestellt werden. Hierdurch wird das Argument der vorgeprägten Vorstellungsbilder zumindest deutlich abgeschwächt. Wird der Film lediglich ausschnittsweise gesehen, sodass zwar einige Figuren, manche Handlungsorte und Ähnliches vom Film vorgegeben werden mögen, viele andere Details allerdings immer noch der individuellen Kreativität offenstehen. Auch eine mögliche Demotivierung dadurch, dass das Buch gelesen werden muss, nachdem die zugrunde liegende Story schon aus der Filmversion bekannt ist, ist auf diese Weise ausgeräumt. Dafür ist der Effekt verhindert, dass die Schüler:innen den Film, der erst nach langer und intensiver, Wertschätzung

---

249 Goetsch erwähnt aber, dass in solchen Fällen, wenn die schwach ausgestalteten Romanfiguren gegenüber dem Kinobild zurückfallen, das Lesen des Romans nach dem Film auch eine Enttäuschung sein kann (vgl. Goetsch 1988: 48f).

aufbauender Textarbeit noch einmal kurz thematisiert wurde, automatisch als Verfälschung des Originals abwerten, da sie meinen, das Buch verteidigen zu müssen.

Das Verfahren sieht dabei vor, dass die Unterrichtsreihe mit einem Filmausschnitt aus der Expositionsphase des Films, am bestem dem unmittelbaren Filmanfang, begonnen wird und der Film dadurch schon in die Hinführungs- und Einstiegsphase auf die Lektüre einbezogen. Schon am unmittelbaren Anfang der Textlektüre erfolgt damit eine Gegenüberstellung zweier Schlüsselausschnitte. Wie in Maiwalds Titel geht das Verfahren also den Weg vom Film zur Literatur. Weitere Szenen werden dann ebenfalls nicht am Ende der Romanthematisierung angehangen, sondern in die Unterrichtsreihe integriert.

Dafür, wie die Roman- bzw. Ganzschriftlektüre stattfindet, gibt es mehrere Varianten, die häufiger Gegenstand didaktischer Diskussionen sind. Eine zentrale Frage ist dabei, ob der Text vorab in Gänze oder sukzessive den Unterricht begleitend gelesen werden soll oder eine Mischform aus beiden Varianten erprobt wird, bei der beispielsweise die ersten Kapitel gemeinsam gelesen und erschlossen werden, bevor eine Phase der Heimlektüre eingeplant ist. Es spricht einiges für die erste Variante, da der Fokus dabei weniger auf dem Handlungsfortgang liegt und stärker aspektorientiert gearbeitet werden kann, dennoch sollte die Wahl Tilman von Brand zufolge im individuellen Fall von mehreren Faktoren (Lernvoraussetzungen, Textgestalt, kalendarische Gegebenheiten, unterrichtspraktische- bzw. methodische Konsequenzen) abhängig gemacht werden (vgl. Brand 2020: 61f). Für Peter Bekes gibt vor allem die Komplexität des Textes den Ausschlag: Texte, die verständlich, anschaulich und leicht nachvollziehbar sind, können demnach leicht zuhause rezipiert werden, bei ästhetisch ambitionierten, komplexen Romanen, die bei den Schüler:innen Irritationen hervorrufen, böte es sich an, den Leseprozess stärker zu begleiten (vgl. Bekes 2017: 170). Dieses Argument hat seine Berechtigung, man sollte indes vorsichtig sein, um nicht sämtliche Irritationsmomente sofort didaktisch auszuschalten, sondern Irritation als Teil literarästhetischer Erfahrung auch zuzulassen und erst einmal stehen zu lassen.[250]

---

250 So betont etwa Thomas Zabka, dass erst die Bereitschaft, sich auf Irritationen einzulassen, zu ästhetischer Genussfähigkeit führt (vgl. Zabka 2013: 473f) und Ulf Abraham führt aus: „[W]er sich nicht irritieren lassen will und die Zumutung abwehrt, kann nicht viel gewinnen", (Abraham 2010: 17). Speziell im Bereich der Filmbildung zielt Alain Bergalas mit Bezug auf Jack Lang entwickeltes Alteritätskonzept in eine ähnliche Richtung (vgl. Bergala 2006: 30 u. ö.).

Das transmediale Verfahren lässt sich also entweder an eine ‚Mischform‘ anschließen, bei der anfangs ein Ausschnitt gemeinsam gelesen und der vorher gezeigten Filmszene gegenübergestellt wird, bevor dann der gesamte Text rezipiert und bei der Erarbeitung weitere Textpassagen mit Filmszenen kontrastiert werden. Dabei soll hier vorgeschlagen werden, wieder zuerst die Filmszene und dann die Buchpassage zu rezipieren, jedoch kann die Reihenfolge in den einzelnen Fällen variabel gehalten werden. Oder es lässt sich mit der zweiten Variante verbinden, bei der der gesamte Text sukzessive gelesen und analysiert wird, wobei immer wieder auch Filmszenen zum transmedialen Vergleich herangezogen werden.

Die Anzahl der herangezogenen Filmszenen ist daher nicht fix festzusetzen, sondern hängt von der verfügbaren Zeit und den Gegebenheiten des jeweiligen Filmes ab. Im Folgenden werden je drei Szenen einer Verfilmung herausgegriffen. Weniger sollten es im konkreten Unterricht auch nicht sein, da der Film in der Unterrichtsreihe sonst eine sehr marginale Rolle spielt, mehr sind immer möglich, sollten aber stets zielführend gewählt sein. In vielen Fällen kann es sinnvoller sein, wenige Szenen mit unterschiedlichen Beobachtungsaufträgen mehrfach zu schauen, als weitere Szenen hinzuzuziehen. So könnte eine Szene beim ersten Mal ohne Auftrag geschaut werden, damit die Schüler:innen sich unvoreingenommen und ohne Ablenkung auf sie einlassen können, beim zweiten Mal unter narratologischen Aspekten und beim dritten Mal mit Blick auf die sonstige filmische Gestaltung.

5.2.4 Mischung analytischer und erfahrungsbezogener Methoden

Der transmediale Umgang mit Literaturverfilmungen ist mit vielen Methoden kompatibel, seien es diskursive, analytische oder handlungs- und produktionsorientierte. Auch in Verfahren wie der Arbeit mit Lesetagebuch oder Portfolio bei der Thematisierung einer Ganzschrift ist die Filmarbeit unter dieser Perspektive integrierbar. Die eingesetzten Methoden sollten jedoch stets funktional für die Ermöglichung der sinnlichen und analytischen Erfahrung von Mediendifferenz sein. Darüber, ob und wie der analytische Zugriff dabei stufengerecht vereinfacht werden kann, ist in Kap. 5.2.1 schon eingegangen worden. Es bleibt darzustellen, wie handlungs- und produktionsorientierte Verfahren, deren Einsatz für den intermedialen Literaturunterricht wie gesehen umstritten war, gerade für die Sek I zielführend, das heißt unter dem Aspekt der Förderung der sinnlichen Wahrnehmung und Erfahrung von Film und Text, eingesetzt werden können. Zudem ist darauf einzugehen, welche Rolle dem Unterrichtsgespräch im transmedialen Deutschunterricht beikommen soll. Sinnvoll ist dabei ein Ansetzen an dem literarischen Gespräch als Bestandteil literarischen Lernens in der Sek I, das sich transmedial erweitern lässt.

Wie in Iris Kruses Konzeption sind auch für das transmediale Herangehen an Buch und Verfilmung Gespräche zentral, die eine möglichst „natürliche" und ungebundene Atmosphäre der Anschlusskommunikation ermöglichen, „wie Teilnehmerinnen und Teilnehmer eines privaten Literaturkreises über gelesene Texte reden oder wie begeisterte Kinogänger nach dem Anschauen eines interessanten Films in der Kneipe ihre Eindrücke austauschen" (Spinner 2014, 127). Kruse regt nach dem Vorbild des literarischen Unterrichtsgesprächs medienspezifisch angelegte Rezeptionsgespräche als wesentlichen Bestandteil der intermedialen Lektüre im Primarbereich und die frühe Sek I an, bevor anschließend intermediale Lektüregespräche (ILM-Gespräche) folgen (vgl. Kruse 2019: 115f). Für die hier vertretenen Ziele bei der medienkontrastiven Arbeit mit Buch und Film mag es zunächst zielführender erscheinen, direkt in gegenüberstellende Gespräche einzelner Szenen und Ausschnitte einzusteigen. Das birgt allerdings die Gefahr, dass die Schüler:innen in den reinen inhaltlichen Abgleich fallen und damit ggf. wieder in Abwertungsmechanismen gegenüber dem Film.

Eine Möglichkeit hier zu intervenieren, besteht abermals in der Umkehr der gewohnten Rezeptionsreihenfolge und der Durchführung eines Rezeptionsgesprächs zunächst nur zur Filmszene,[251] bevor dann erst der Ausschnitt des Buches gelesen und beides diskutiert wird. Natürlich funktioniert das in Reinform nur bei der Exposition, wenn danach die vorbereitende Heimlektüre gewählt wird und die Schüler:innen den Text schon kennen. Die Effekte des direkten Vergleichens in Bezug auf Werktreue sollten aber abgeschwächt sein, wenn der einzelne Ausschnitt des Buches nicht direkt präsent ist. Doch auch, wenn auf diese Weise die unmittelbare Abwertung des Films als scheinbar verfälschende Ableitung eingeschränkt ist, werden die Schüler:innen beim zweiten Schritt des kontrastiven Rezeptionsgespräch wahrscheinlich noch zu inhaltsabgleichenden Äußerungen tendieren und Irritation über Unterschiede äußern.

Dass häufig auf der Inhaltsebene verblieben wird, ist – zumal in der Sekundarstufe I – zudem ein generelles Problem diskursiver Methoden. Gerade ein solcher reiner „Inhaltismus" (Bergala 2006: 35; vgl. Burdorf 2004) sollte durch das transmediale Vorgehen zugunsten des Augenmerks auf mediale Unterschiede,

---

251 Zur Methode des Filmgesprächs vgl. etwa Abraham 2016: 92–94. Vgl. auch die trotz einiger Unterschiede verwandte Methode des „literarischen Sehgesprächs" von Thomas Möbius (2008a).

medial spezifische Ästhetik und Bedeutungskonstruktion vermieden werden. Ein Einstieg auf Ebene der Story ist indes gerade in der Sek I akzeptabel und in Hinblick auf Aspekte der Subjektbildung, Empathieförderung und des beiläufigen Erwerbs von Weltwissen sogar sinnvoll, es sollte nur nicht allein auf dieser Ebene verharrt werden, sondern der Gang zum ästhetischen Erfahren und rationalen Reflektieren der Gestaltungsmerkmale auf der Discourse-Ebene ermöglicht. „Um Filme verstehen zu lernen, braucht es mehr Methoden als das Filmgespräch" (Pantenburg/ Schlüter 2014: 47), heißt es vonseiten der Filmdidaktik. Für das kontrastierende Rezeptionsgespräch gilt ebenfalls, dass es der Ergänzung durch weitere Methoden bedarf.

Allerdings kann das Gespräch die Grundlagen liefern für die weitere Analyse- und Interpretationsarbeit, in der dann auch andere Methoden einbezogen werden können. So können die geäußerten Irritationsmomente in der folgenden Erarbeitung fruchtbar gemacht werden, bei den Unterschieden auf Ebene der Story lässt sich nachverfolgen, durch welche medial spezifischen Bedingungen diese hervorgerufen sein könnten und inwiefern das die Bedeutung der Geschichte verändert. Bestenfalls werden Hinweise in diese Richtung schon während des Gespräches aufgeworfen, sie lassen sich aber ebenso im Nachhinein durch die Moderation der Lehrkraft ergänzen. Auch sind in maßvollem Rahmen Impulse der Lehrkraft bereits vor der Rezeption von Filmszene und Textausschnitt, zu Gesprächsbeginn und während des Gesprächs möglich,[252] die die Aufmerksamkeit auf die Gestaltungsebene lenken. Das Gespräch muss nicht notwendig in der extremen Offenheit des Heidelberger Models geführt werden (vgl. hierzu Steinbrenner/ Wiprächtiger 2010; ferner die mittlerweile klassischen Bände Härle/ Steinbrenner 2014 und Steinbrenner/ Mayer/ Rank 2014). Dass diese Konzeption „in Spannung steht zum institutionellen Rahmen beziehungsweise zu den Normen der Sozialisationsinstanz Schule" (Ohlsen 2014: 338), ist ohnehin angemerkt worden. Um eigene ästhetische Erfahrungen der Schüler:innen mit den Primärwerken zuzulassen, sollte das Gespräch aber zumindest so offen wie möglich gestaltet werden.

Zugänge, die über die Analyse hinausgehen, können vor allem helfen, die bewusste Wahrnehmung der semiotischen Grundlagen zu schärfen, dies ist gerade bei dem komplexen, verschiedene mediale Kanäle nutzenden Medium Film wichtig. Denn die meisten Elemente des Mediums Film, das zugleich mit bewegten Bildern, sprachlichen Zeichen, Lauten und Musik arbeitet, tragen

---

252 Vgl. die Unterscheidung von initiierenden Impulsen, steuernden Impulsen und Reflexionsimpulsen für verschiedene Phasen des Gesprächs in Zabka 2015: 182–185.

zwar zur Wirkung bei, werden beim gewöhnlichen Sehen aber nicht bewusst wahrgenommen. Hier finden neben anderen nun auch die handlungs- und produktionsorientierten Verfahren schwerpunktmäßig ihren Platz. Diese Verfahren können zwar auch auf Ebene der narrativen Gestaltung eingesetzt werden, so etwa das Schreiben aus einer anderen Perspektive als gestalterischer Umgang mit der Perspektivgestaltung des Primärwerks. Eine derartige Schreibaufgabe bietet sich aber hauptsächlich für den Umgang mit dem schriftsprachlichen Text an, da eine Schreibaufgabe zu einem Film bereits einen Medienwechsel mit sich bringt und damit eben von der medienspezifischen Gestaltung von Perspektive wegführt, und trägt damit nicht zur transmedialen Erschließung bei.[253]

Diese Verfahren, die den Blick für einzelne Dimensionen filmischer Gestaltung sollen hier „Methoden der Filmvermittlung" genannt werden.[254] Im Umgang mit Filmen im Unterricht als Film sind viele davon bereits etabliert, ihr Einsatz bei Literaturverfilmungen wäre aber ebenfalls begrüßenswert. Die Schüler:innen können sich so stärker auf das Medium einlassen, nehmen es in stärkerer Eigenständigkeit wahr und geraten weniger in unreflektierte Abgleichhandlungen zum Buch.

Zu diesen Methoden gehören klassische und etablierte Verfahren wie das Vorführen einer Szene ohne Ton oder das Hören der Tonspur ohne Bild sowie der Wechsel der Musik[255], um das Zusammenspiel der beiden medialen Dimensionen zu verdeutlichen und die oft unbewussten Wirkungen der auditiven Ebene, vor allem der Musik oder der Geräusche, bewusst zu machen. Ggf. lässt sich auch andere Musik hinzuziehen, um zu vergleichen, wie bei unterschiedlichem

---

253 Zu Methoden und Verfahrensweisen des handlungs- und produktionsorientierten Umgangs mit literarischen Texten ist bereits viel publiziert worden, weshalb diese an dieser Stelle nicht noch einmal detailliert vorgestellt und erläutert werden sollen. Stattdessen sei aus der Fülle an Literatur auf die schon klassischen Standardwerke Haas 2011, Spinner 2013a und Waldmann 2013 verwiesen.

254 Die Formulierung „Methoden der Filmvermittlung" ist dabei dem Untertitel von Henzler/ Pauleit (Hrsg.) 2009 entnommen. Ines Müller, die auch einige der hier geschilderten Methoden erläutert, spricht von „Verfahren zur Filmbildung" (Müller 2012b: 100–126).

255 Zu den ersten beiden Methoden vgl. etwa Pietsch 2011: 88–90. Einen Wechsel der Musik, bei dem der Filmanfang von PRETTY WOMAN (R: Garry Marshall, 1990) mit Horror-Filmmusik unterlegt wird und die Begegnung der beiden Hauptfiguren so in ein völlig anderes Licht rückt, bietet die Begleit-DVD zu Bienk 2008. Ähnliches lässt sich in vielen Fällen ebenso leicht selbst umsetzen.

Musikeinsatz die gleichen Bilder wirken. Des Weiteren zählt dazu die Arbeit mit Einzelbildern [*frames*].[256]

Einzelbilder können z. B. genutzt werden, um Kamerapositionen und -perspektiven zu erarbeiten oder die Aufmerksamkeit auf die Mise en Scène mit all ihren Aspekten zu lenken.[257] Die Gegenüberstellung zweier stilistisch verschiedener Einzelbilder aus unterschiedlichen Szenen des Films ist besonders geeignet, die Wahrnehmung für diese Inszenierungsebene zu schärfen.

Des Weiteren zählen handlungs- und produktionsorientierte Verfahren wie die Arbeit mit Modellen und Miniaturen, etwa das Nachstellen einer Filmszene mit Playmobil- oder Legofiguren oder Ähnlichem[258] dazu sowie das eigene filmpraktische Arbeiten (vgl. Althüser 2017b: 103f).[259] Das eigene Filmen schafft es zudem, auch die indexikalische Dimension miteinzubeziehen, da die Schüler:innen dabei Entscheidungen aufgrund der gegebenen realen Bedingungen fällen müssen.[260] Allerdings gelangt man hier wieder in die Nähe des eigenen

---

256 Manchmal liest man auch den Terminus „Standbilder", auf den hier allerdings verzichtet werden soll, um Verwechslungen zu vermeiden, da dieser Begriff in der Deutschdidaktik in der Regel mit der so bezeichneten Methode der Szenischen Interpretation Ingo Schellers assoziiert wird.

257 Häufig mit Einzelbildern verwechselt werden Filmstills. Doch Filmstills bzw. Standfotos bezeichnen im strikten Sinn keine tatsächlichen Filmbilder, sondern spezielle Fotografien, die zu Werbezwecken auf dem Set gemacht werden und die die Essenz des Filmes oder einer Szene einfangen sollen. Dass auch diese im Kontext der Filmvermittlung genutzt werden können, zeigen sehr plausibel Desbarats/ Desbarats 2009. Man sollte sich aber bewusst sein, dass es sich dabei um werbestrategische Epitexte und keinen Teil des tatsächlichen Filmes handelt. Da der Einsatz von Werbematerialien mit Bezug gerade auf Literaturverfilmungen in Kap. 3.2.4 kritisiert wurde, sollen Filmstills hier keine Rolle spielen.

258 Wie Jörg Maurer zeigt, lassen sich sogar Gummibärchen als Figuren für solche Filmexperimente einsetzen (vgl. Maurer 2010a: 64f).

259 In dem Beitrag geht es um die filmvermittelnde Arbeit mit frühen Stummfilmen, wie sie Christine Preuß überzeugend für die Grundschule vorschlägt (vgl. Preuß 2011a, 2011b, 2017). Preuß entwickelt dabei ein Vorgehen weiter, dass Ellenbruch/ Perivoladaropoulou 2010 mit hochschuldidaktischem Zuschnitt vorgestellt haben. Ebenfalls auf Stummfilme als Mittel zur Filmvermittlung beziehen sich Schotte/ Urschel-Sochaczekski 2013.

260 Dass Film immer wieder von äußeren Gegebenheiten abhängt, Zufälle, mit Zeit- und Budgetknappheit zurechtkommen muss und zu filmen bedeutet, unter Einbezug all dieser Voraussetzungen Entscheidungen zu fällen, betont Bergala: „Beim Filmschaffen ist man ja in jedem Augenblick mit einer Vielzahl von Wahlmöglichkeiten konfrontiert, und im Moment der Entscheidung wählt man aus all diesen Möglichkeiten das

Adaptierens statt der gleichberechtigten Thematisierung eines Films und eines story-identischen Buchs, zudem kostet dieses Vorgehen viel Zeit und Vorbereitung. Die Arbeit mit Modellen oder Spielzeugfiguren ist eine Möglichkeit, den Aufwand zu verringern und dennoch mit filmischen Mitteln wie Bildkomposition, Tiefeninszenierung oder Lichtgestaltung zu experimentieren und in geringerem Maße dennoch auf die Arbeit mit realen Grundlagen zurückgeworfen zu sein.[261] Generell sind handlungs- und produktionsorientierte Verfahren beim Umgang mit Film zielführender, wenn sie die Schwierigkeiten und Entscheidungszwänge des Drehens nachvollziehbar werden lassen, Verfahren, die etwa Schreibaufträge involvieren, führen eher vom Film weg.[262]

Einzelbildreihen ergänzen den Umgang mit der synthetischen Dimension des Films um die temporale Sukzession, mit ihnen lassen sich Bewegungsabläufe oder die Montage erschließen.[263] Zum bewussten Wahrnehmen der Montage, ihres Rhythmus und der unterschiedlichen Einstellungslängen kann auch eine einfache Methode der Filmvermittlung beitragen, das gemeinsame Klatschen bei jedem Schnitt, das die Aufmerksamkeit auf den oft unbemerkten Schnitt und damit die Montage lenkt, das ein Bewusstsein für die der Schnitte schafft.

---

aus, was man auf das Trägermaterial bringt" (Bergala 2006: 92f). Mit seinem Konzept der „Schaffelsanalyse" will er das auch erfahrbar machen. Bergala könnte sich daher sicherlich Umberto Ecos Faszination anschließen, der über CASABLANCA (R: Michael Curtiz, 1942) erstaunt feststellt: „Die scheinbar so wohlkalkulierten Regieeinfälle, die immer wieder Applaus hervorrufen ob ihrer hanebüchenen Unverfrorenheit, waren in Wirklichkeit lauter Ad-hoc-Entscheidungen in verzweifelter Zeitnot. Ja, was? Wie konnte denn aus einer solchen Kette an Zufälligkeiten ein Film entstehen, der noch heute, wenn man ihn zum zweiten, zum dritten, zum vierten Mal sieht, Applaus hervorruft wie ein Bravourstück, das man am liebsten gleich noch einmal sähe, oder Begeisterung wie ein eben entdecktes Meisterwerk?" (Eco 2013 [1977]: 208).

261 Beispiele für das Nachstellen einer Tom-Tykwer-Szene mit Playmobil-Figuren und Beleuchtungsexperimente mit Modellen aus Pappe, Bauklötzen und Verpackungsmaterial finden sich in Müller 2012b: 106–108.

262 Einen Überblick über handlungs- und produktionsorientierte Verfahren, die in der Deutschdidaktik in Bezug auf Filme generell diskutiert werden, bietet Kepser 2010a. Schreib- und Malverfahren nehmen dabei über 20 Seiten ein (vgl. ebd.: 190–211) auf tatsächliches Filmen wird ein Viertel davon verwendet (vgl. ebd.: 215–220).

263 Daher wird sie neben anderen produktionsorientieren Zugriffen empfohlen in Staiger 2010c: 182.

6. Beispiel 1: Rico, Oskar und die Tieferschatten

6.1 Rico, Oskar und die Tieferschatten als Buch und als Film

Andreas Steinhöfels Kinderroman *Rico, Oskar und die Tieferschatten*[264] wurde 2008 erstveröffentlicht, die gleichnamige Verfilmung unter der Regie von Neele Vollmar feierte am 10. Juli 2014 ihre Premiere in den deutschen Kinos. Die Geschichte um den in Berlin-Kreuzberg lebenden „tiefbegabten" Jungen Rico, seine Freundschaft zum hochbegabten, aber angstgeplagten Oskar und die Suche nach dem Kindesentführer Mister 2000, der schließlich auch Oskar in seine Fänge bekommt, sodass Rico auf sich alleine gestellt zur Befreiung seines Freundes antreten muss, wurde eingeordnet als postmoderne „Genremischung aus Detektivroman, Schelmenroman, problemorientiertem und komischem Kinderroman" (Maiwald 2018: 153).[265] Über die Problemorientierung kann man streiten, denn so sehr der Roman eine Milieustudie eines Problembezirks mit gebrochenen, vom Leben gezeichneten, in sozial schwierigen Lagen steckenden Figuren darstellt, grenzt sich der Roman von klassischer problemorientierter KJL vor allem der 1970er-Jahre mit ihren klaren pädagogischen Botschaften und Moralen ab. Zumindest lässt sich mit Wrobel konstatieren, dass das Streben nach ästhetischer Autonomie in jüngerer KJL wie *Rico, Oskar und die Tieferschatten* zwar nicht den Verzicht auf jegliche Pädagogik, sondern eher eine andere Pädagogik bedingt. Diese jedoch „liefert nicht pädagogische Deutungsmuster mit, sie setzt auch weniger auf inhärente Moralperspektiven, sondern überlässt zunehmend dem Leser, Positionen zu finden und zu beziehen." (Wrobel 2010: 7) Das postmoderne intertextuelle Spiel mit Genres, vor allem dem Detektiv- bzw. Kriminalroman, ist von der Forschung immer wieder hervorgehoben

---

264 Im Folgenden wird bei Zitaten nur die Sigle ROT angegeben.

265 Zu einer ähnlichen Einordnung gelangt Marja Rauch durch Abgleich mit anderen Texten aus dem von ihr besprochenen Korpus: „Die Vergleiche mit *Emil und die Detektive* auf der einen, mit *Nennt mich nicht Ismael* auf der anderen Seite zeigen, dass Steinhöfel die Muster des klassischen Detektivromans als auch des problemorientierten Romans aufnimmt, die Genres zugleich aber im Sinne postmodernen Schreibens hybridisiert, indem er sie mit anderen Elementen kombiniert" (Rauch 2012: 128). Hierbei nennt sie den Schelmenroman und die Milieustudie (vgl. ebd.).

und untersucht worden (vgl. dezidiert hierzu v. a. Wicke 2012, 2013, Maiwald 2014: 177f).[266]

Wohl vor allem aufgrund des spannenden Plots, der Freundschaftsthematik, seines Sprachwitzes und seiner Ironie, am meisten aber wegen seines innovativen Umgangs mit dem Thema „Lernbehinderungen", bzw. wie Rico es nennen würde: „Tiefbegabung", wurde der Roman ein sofortiger Erfolg. Von der Kritik gefeiert und mit mehreren Preisen ausgezeichnet, darunter dem renommierten *Deutschen Jugendliteraturpreis*, erreichte er zudem ein großes Publikum. Daneben fand der Text bald Einzug in den Schulkanon, was eine Fülle an unterrichtspraktischem Material vonseiten der Schulbuchverlage nach sich zog und den Roman nicht zuletzt auch für die didaktische Forschung interessant machte.

Vor allem in den beiden ungleichen und sympathischen Hauptfiguren, die beide auf ihre Art gehandicapt und beide Außenseiter sind und sich aufgrund dieses Außenseitertums trotz aller Unterschiede anfreunden, erkennt Maiwald nicht nur „ein überaus attraktives Gratifikationsangebot" (Maiwald 2014: 166) für kindliche Leser:innen, sondern auch das Klassiker-Potenzial des Textes. Dass Oskar die Freundschaft zu Rico anfänglich nur gesucht hat, weil er da schon auf den Schlichen des Entführers war und dessen Versteck in Ricos Haus vermutete, erfährt man am Ende des Romans. Während viele Kinderbücher in bester pädagogischer Absicht sehr verschiedene Figuren als Freunde darstellen, sichert *Rico, Oskar und die Tieferschatten* sich auf diese Weise noch gegen Vorwürfe der Realitätsferne ab und macht die Entwicklung durch diese Erklärung leichter nachvollziehbar. Zwischen beiden Jungen entwickelt sich aber tatsächlich eine echte Freundschaft, in der jeder die Defizite des anderen auszugleichen vermag und beide vom jeweils anderen lernen können.

Zentral für das Funktionieren des Romans ist zudem die Erzählsituation. So konstatiert Scherer, dass der Roman keine „Schreibweise vorlegt, die sich auf Kosten der Hauptfiguren und ihrer Defizite lustig macht," und begründet dies: „Dass dem so ist, hängt mit dem Kunstgriff zusammen, Rico zum Ich-Erzähler zu machen" (Scherer 2010: 29). Der Roman gibt vor, ein Ferientagebuch Ricos zu sein, das zu schreiben sein Deutschlehrer ihm aufgetragen hat.[267]

---

266 Zum didaktischen Umgang mit den Krimi-Elementen des Romans vgl. Scherer 2010: 31–34, Rauch 2012: 120–130.

267 Immer wieder wird über die Schreibsituation reflektiert. So stellt Rico beispielsweise fest, er habe nun „fast den kompletten Sonntag gebraucht, um den Samstag aufzuschreiben" (ROT 49) oder berichtet, dass er den letzten Teil im Krankenhaus liegend von Hand in ein Heft geschrieben habe und zuhause noch in den Computer übertragen müsse, damit das Rechtschreibprogramm seine Fehler findet (vgl. 218).

Dadurch hat Rico stets die Deutungshoheit über sich selbst. Statt ihn von außen als „lernbehindert" etikettiert zu sehen, wird seine Selbstbeschreibung als „tiefbegabt" angeboten.

Durch diese Selbstidentifikation kann Rico „das verhasste andere Wort" (ROT 148) vermeiden, das er in einer Passage, als er sich mit Felix unterhält, der mit dem Wort „tiefbegabt" nicht anfangen kann, dann notgedrungen doch verwenden muss: „Behindert. Aber nur im Kopf und nur manchmal" (ROT 148).[268] Ebenso lehnt er das Wort „Förderzentrum" ab und freut sich, dass seine Mutter es ihm zuliebe stets „Schule" nennt (vgl. ROT 18). Während Rico sich selbst eine Identität als Tiefbegabter schafft, ist es die Umwelt, die ihn zum Behinderten macht (vgl. dazu auch Schwahl 2010: 81f).[269] Dass Rico sich von seiner Umwelt abgewertet fühlt, zeigt sich deutlich, wenn er klagt:

> Plötzlich hatte ich das schreckliche Gefühl, dass alle möglichen Menschen mich nur deshalb einigermaßen freundlich behandelten, weil sie mich für behindert hielten. In Wirklichkeit ging ich ihnen auf die Nerven, aber das sagt man einem Spasti natürlich nicht, damit er nicht losheult. (ROT 173f)

Anstatt darzustellen, wie Rico sich in der Welt nicht zurechtfindet, lässt der Roman die Leser:innen an Ricos origineller Weltsicht teilhaben, was bestenfalls sogar zu einer „Reflexion der eigenen normierten Wahrnehmung von Welt" (Henke 2020: 184) führen kann. Immer wieder zeigt sich auch, dass Rico zwar nicht den Anforderungen entspricht, die Schulsystem und Gesellschaft haben, sich aber durchaus zu helfen weiß, seine scheinbaren Defizite im Alltag mit pfiffigen Mitteln auszugleichen vermag.

Gerade hier setzt sich der Roman vom Umgang mit Behinderung in vielen älteren KJL-Büchern ab. Rico wird nicht als hilfsbedürftig und bemitleidenswert dargestellt, wie es etwa sich etwa bei der Darstellung von Menschen mit Behinderung in Peter Härtlings *Das war der Hirbel* (1973) und Max von der Grün *Die Vorstadtkrokodile* (1977) der Fall ist (vgl. Maiwald 2014: 167).[270] Ein

---

268 Erstaunlicherweise greift Felix das neue Wort dann im weiteren Gesprächsverlauf auf und mutmaßt, Tobias, der Bruder von Sophie, nach der Rico sucht, den er erst als „Vollidiot" bezeichnet, sei „vielleicht […] aber auch einfach nur tiefbegabt" (ROT 148).

269 Auch dass im Buch Selbst- und Fremdbeschreibungen Ricos aufeinanderstoßen, unterstreicht, wie wichtig die Erzählsituation für das Funktionieren des Romans ist und wie problematisch verkürzende, die Ebene der narrativen Vermittlung ausblendende Formulierungen sind wie: „Der leicht behinderte Rico – Steinhöfel bezeichnet ihn als ‚tiefbegabt'" (Schubert/ Schubert-Felmy 2014: 79).

270 Für einen Vergleich von *Rico, Oskar und die Tieferschatten* mit anderen aktuellen Kinderromanen über Inklusion und Heterogenität vgl. Mikota 2017.

Mittel, mit dessen Hilfe Rico sich selbst zu helfen weiß, sind Karten, auf denen er sich Fremdwörter erklärt, die er nicht versteht, aber lernen möchte. Unter dem Lemma „Paravent" erklärt er beispielsweise, dieses sei „leicht zu verwechseln mit diesem Affen mit dem knallroten Hintern", bezeichne aber einen Wandschirm, den man auch spanische Wand nennt, also haben es vermutlich Spanier erfunden. Dies sei auch gut, denn wenn es in Kamtschatka erfunden worden wäre, hätte man es kaum aussprechen können (ROT 82).

Generell nutzt der Roman den eigentümlichen Umgang mit Sprache, den sein Protagonist und Erzähler pflegt, zu humoristischen und ästhetischen Zwecken, aber auch um dessen Denken und Wahrnehmen nachvollziehbar werden zu lassen. Sein Neologismus „tiefbegabt" in Analogie zu „hochbegabt", der ihn nebenbei bemerkt tendenziell Oskar gleichstellt, indem er beide schlicht auf einer vertikalen Skala von einem Durchschnitt der Begabung abweichen lässt, ist schon genannt worden. Andere Fälle finden sich im gesamten Buch, beispielsweise in der Überlegung, ob es nicht auch eine „Linkschreibung" geben müsste, wenn es doch „Rechtschreibung" heißt (ROT 218) oder bereits in den „Tieferschatten" im Titel (vgl. auch ROT 46, 86, 161). Dieser Umgang mit Lernbehinderungen macht den Roman nicht zuletzt anschlussfähig an den Inklusionsdiskurs, weshalb sich gleich mehrere literaturdidaktische Publikationen unter dem Vorzeichen des inklusiven Deutschunterrichts mit dem Roman auseinandersetzen (vgl. Kagelmann 2014, Malle 2016, Pompe 2016 sowie empirisch: Schwahl 2017).[271]

Auch dass der Roman nicht nur Kinder, sondern ebenso erwachsene Leser:innen anspricht, wird nicht unwesentlich zu seinem Erfolg, auch bei den Kritiker:innen, beigetragen haben. Dass es sich um einen All Ager handelt, zeigen ebenfalls die Verfasser:innen von Kundenreaktionen auf amazon.de (vgl. Maiwald 2014: 169). Wie bei den mehrfachcodierten Familienfilmen (siehe Kap. 2.1.3) finden sich in *Rico, Oskar und die Tieferschatten* viele Details, die eher an Erwachsene gerichtet sind bzw. überhaupt nur von Erwachsenen mit entsprechendem Weltwissen entschlüsselt werden können. So verweist, um nur ein Beispiel zu geben, der Name des homosexuellen Nachbarn Kiesling auf die Kießling-Affäre im Jahr 1984, als ein Bundeswehr-General wegen Befürchtungen abgesetzt wurde, er sei aufgrund seiner angeblichen Homosexualität erpressbar.

---

271 Zu Film im inklusiven Deutschunterricht vgl. Vach 2015, Bosse 2016, wobei Vach auch auf (Bilderbuch)Verfilmungen eingeht und Methoden zur Aktivierung der Sinne, zur Perspektivenübername und zur Erarbeitung von Figurengestaltung empfiehlt (vgl. Vach 2015: 162–166).

Die eigentliche Hauptzielgruppe sind aber selbstverständlich Kinder; vom Verlag wird das Lesealter ab 10 Jahren angegeben, dem Alter, in dem Rico ist. Damit könnte es prinzipiell schon in der Grundschule gelesen werden, was anscheinend auch vorkommt, wesentlich häufiger dürfte aber der Einsatz in der Sek I sein.[272] Dass die Leser:innen dann älter sind als der Protagonist, ist ungewöhnlich und könnte zumindest für manche Schüler:innen ein Motivationshemmnis darstellen, Humor und Ironie des Buches erschließen sich aber etwas älteren Kindern deutlich besser. Dass das ideale Lesealter nicht nur im Unterricht etwas über dem Alter der Hauptfigur liegt, scheint dem Erfolg des Romans jedenfalls keinen Abbruch getan zu haben.

Bei eben diesem großen Erfolg des Romans nimmt es nicht wunder, dass Steinhöfel schon bald Fortsetzungen folgen ließ. Als der Kinofilm erschien, war die Geschichte bereits zu einer Trilogie ausgebaut worden. Auf *Rico, Oskar und die Tieferschatten* folgten 2009 *Rico, Oskar und das Herzgebreche* und 2011 *Rico, Oskar und der Diebstahlstein*, die später ebenfalls verfilmt wurden. Die erste Filmfortsetzung unter Regie von Wolfgang Groos kam 2015 in die Kinos, 2016 erschien der dritte Film wieder unter der Regie von Neele Vollmar. Schon der erste Film hatte sich zumindest mit der Eisdielenszene zudem eines Details aus dem zweiten Band bedient.

Zu den Verfilmungen gesellen sich weitere Adaptionen in andere Medien. Zu diesem Medienverbund gehören Hörbücher und -spiele,[273] ein von Felicitas Loewe verfasstes Theaterstück, das auf mehreren Bühnen inszeniert wurde, eine Musical-Fassung des ersten Bands mit Musik der Bananafishbones, die als Bilderbuch mit Begleit-CD erschien, sowie kurze im Rahmen der *Sendung mit der Maus* ausgestrahlte Animationsfilme und mittlerweile vier Comic-Bände, die die Geschichte forterzählen und dabei eine größere Kinderbande um Rico und Oskar etablieren. Verantwortlich für die Animationsfilme und Comics sind wieder Andreas Steinhöfel und der Illustrator Peter Schössow, der bereits die Illustrationen für die Buchreihe gezeichnet hatte. Mittlerweile hatte Steinhöfel diese gegenüber ursprünglichen Plänen auf fünf Bände erweitert, in die die sechs neuen Freunde aus Zeichentrick und Comics integriert worden sind. Der Weihnachtsband *Rico, Oskar und das Vomhimmelhoch* erschien 2017, 2020 fand die Reihe mit *Rico, Oskar und das Mistverständnis* ihren Abschluss. Von den drei

---

272 So wird es für die Klassen 5/6 (vgl. Schubert/ Schubert-Felmy 2014, Rauch 2012: 119, 128) und sogar 5/7 (vgl. Scherer 2010) empfohlen.

273 Einen Vorschlag zur Vermittlung hörästhetischer Bildung anhand der Hörspielbearbeitung bietet Wicke 2014. Zur Hörspiel vgl. ferner Pfäfflin 2020.

ersten Bänden erschien eine Sonderausgabe mit farbigen Illustrationen statt der sonst in schwarzweiß und Graustufen gehaltenen. Weitere Medien wie etwa Websites, auf denen sich Informationen und Spiele finden, dienten vor allem der Promotion des Films.[274]

Die Verfilmung, die ebenfalls Kritikerpreise für sich gewinnen konnte, etwa beim Deutschen Filmpreis 2015 die Auszeichnung als Bester programmfüllender Kinderfilm, orientiert sich sehr eng am Originaltext, man kann daher mit Kreuzer tendenziell von einer Illustration sprechen, was in Kap. 2.2.3. bereits als typisch für die meisten Verfilmungen für Kinder und Jugendliche herausgestellt wurde. Da die Verfilmung nur sechs Jahre nach dem Grundlagentext erschien, waren auch keine größeren historischen Veränderungen zu überbrücken.

Der Film RICO, OSKAR UND DIE TIEFERSCHATTEN erfüllt die oben genannten Merkmale eines Kinder- und Jugendfilms paradigmatisch. Die Hauptfiguren sind ideale Identifikationsangebote. Auch die ästhetische Gestaltung richtet sich eindeutig an Kinder. Schon der Vorspann mit dem Lied „Mein Kopf spielt Bingo" der Band Jonathan Express und der auf dem Stil der Buchillustrationen Peter Schössows aufbauenden Zeichentricksequenz richtet sich deutlich erkennbar an jüngere Kinder. Abgesehen von den spannungsgeladenen und gruseligen Szenen, die in reduzierten Farben und einer Low-Key-Beleuchtung inszeniert werden, fällt eine bunte und fröhliche Farbdramaturgie ins Auge. Die Farbpalette des Films greift auffällig häufig auf Neontöne zurück. Die Beleuchtung ist mit Ausnahme der erwähnten Szenen hell und gleichmäßig. Inhaltlich behandelt der Film wie das Buch deutlich Themen aus der Lebenswelt von Kindern. Der Film ist durchgehend kindgemäß und von der FSK ab 0 Jahren freigegeben.

6.2 Vergleich des Anfangs von Film und Buch

Die erste Szene von RICO, OSKAR UND DIE TIEFERSCHATTEN zeigt Rico beim Bingospielen mit seiner Mutter sowie in der Auseinandersetzung mit der Moderatorin des Bingoabends und dient vor allem der Vorstellung der Hauptfigur sowie der Etablierung des zentralen Motives der Bingokugeln (RICO, OSKAR UND DIE TIEFERSCHATTEN; 00:02:29–00:04.30).[275] Weitere zur Exposition

---

274 Zu den Anfängen des Medienverbunds unter Einbezug von Hörbuch, -spiel, Theaterstück und Verfilmung vgl. Schubert/ Schubert-Felmy 2014: 83–86.

275 Alle Zeitangabe in dieser Arbeit beziehen sich auf die DVD-Versionen. DVDs haben eine Abspielgeschwindigkeit von 25 Bildern pro Sekunde, während im Kino 24 Bilder pro Sekunde ablaufen. Der Unterschied ist zwar zu gering, um beim Betrachten des Films wahrgenommen zu werden, bei einem Film, der auf DVD 90 Minuten,

gehörende Szenen sind die anschließende Straßenszene, in der Rico und seine Mutter durch eine Menschenansammlung auf die Entführungsfälle um Mister 2000 aufmerksam gemacht werden, die darauffolgende Szene, in der Rico die Tieferschatten betrachtet, sowie schließlich jene, in der er auf Oskar trifft. Auf dieses Kennenlernen der beiden Protagonisten wird gleich ebenfalls noch eingegangen, zunächst soll die erste Szene im Fokus stehen.

Streng genommen bildet diese aber ebenfalls nicht den unmittelbaren Filmanfang, da der Weg zum Bingo im Vorspann dargestellt wird und diesem bereits eine nur wenige Sekunden andauernde Pre-Title-Sequence vorausgeht (RICO, OSKAR UND DIE TIEFERSCHATTEN; 00:00:55–00:02:29). Beides sollte in eine Analyse des Filmanfangs einbezogen werden, da bereits wichtige Story-Informationen vergeben und zentrale Motive eingeführt werden.

Die Pre-Title-Sequence ist wie der Vorspann im Schössow'schen Zeichentrickstil gehalten. Die erste Einstellung des Films ist ein Establishing Shot des Hauses, in dem Rico im Film lebt.[276] Im Hintergrund ist der Berliner Fernsehturm auszumachen, sodass der Handlungsort weiter konkretisiert wird. Die Farben sind anfangs trist und düster, was zum einen auf das verregnete, bewölkte Wetter zurückzuführen ist, zum anderen darauf, dass bildästhetisch die Projektion eines alten Amateurfilms nachgeahmt wird. Mit diesem Mittel soll statt der abgedroschenen Schwarz-Weiß-Einfärbung eine Analepse angedeutet werden. Lediglich die bereits eingeblendeten Titel in orangener Schrift bilden einen Kontrast zu den dunklen Tealtönen, in denen das diegetische Bild gehalten ist. Der nachgeahmten Amateuroptik entsprechend ist das Bild ruckelig und verwackelt, der Bildrand unscharf, die Bildhelligkeit nicht konstant, am Anfang der Einstellung die Öffnung einer Rundblende zu sehen und auf der Tonebene das Rattern und Rascheln des Projektors zu vernehmen.

---

dauert, beträgt der Unterschied zur Kino-Version aber bereits annähernd 4 Minuten. Lediglich Blu-ray-discs geben den Film in Originalgeschwindigkeit wieder. Daneben kann es im Vergleich zur Kinofassung ggf. zu geringfügigen Unterschieden im Schnitt oder bei der Präsentation der Logos vor Beginn des Filmes kommen. Auf die DVD-Versionen wird zur besseren Nachprüfbarkeit zurückgegriffen, da DVDs noch immer verbreiteter sind als Blu-rays.

276 Obwohl der Text des Buches, wie noch genauer dargelegt wird, vollständig anders beginnt als der Film, kann man hier zumindest eine andere Ähnlichkeit zum Buch sehen: Während der Film mit einem Establishing Shot auf das Haus einsetzt, findet sich eine Zeichnung des Hauses mit den Namen der Einwohner:innen auf S. 5 des Buches vor der eigentlichen Romanhandlung.

Gezeigt wird die Explosion im hinteren Teil des Hauses, die die unbewohnte Wohnung zurücklässt, in denen Rico später die Tieferschatten zu sehen glaubt. Rico selbst erscheint ebenfalls schon in dieser Pre-Titel-Sequenz, er wird nach einem Zeitsprung am Fenster stehend und in Richtung der ausgebrannten Wohnung schauend gezeigt und mit einem schnellen Zoom fokussiert. Vorher wird der Zeitsprung durch die Textangabe „Ungefähr viele Jahre später" (RICO, OSKAR UND DIE TIEFERSCHATTEN; 00:01:13–00:01:14) und einen Wechsel in der Filminszenierung markiert. Nun ist die „Kamera" ruhig, helle Beige- und Orangetöne wie auf Peter Schössows Buchcover herrschen vor, statt Regen herrscht Sonnenschein und munteres Vogelzwitschern ist zu hören, wo vorher nur der Ruf eines Uhus ertönt war. Die irritierende Formulierung „ungefähr viele" scheint ein Versuch zu sein, Ricos eigenwilligen Umgang mit Sprache nachzuahmen. Erstbetrachter:innen ohne Kenntnis des Buches werden an dieser Stelle sicher über die Formulierung stolpern, vielleicht amüsiert reagieren; im Nachhinein bzw. mit Textkenntnis liegt hier der erste Hinweis auf eine Fokalisierung über Rico vor, der dann auch durch den Zoom weiter als Hauptfigur ausgewiesen wird. Während dieses Zooms setzt bereits auch die Musik ein, die in die Titelsequenz überleitet.

Die Kamera wechselt nun in Ricos Wohnung, wo Rico von seiner Mutter gerufen wird und ihr aus dem Haus hinaus folgt, womit der Vorspann einsetzt (zum Vorspann vgl. auch Maiwald 2018:129f; zum Filmvorspann im Deutschunterricht allgemein vgl. Kepser 2008, Kepser 2012c). Nun lässt sich auch die Adresse des Hauses erfahren, womit die Etablierung des zentralen Handlungsortes abgeschlossen ist.[277] Am Ende der Vorspanns erreichen sie den Ort, an dem die erste Szene stattfindet, wie ein großes Schild mit der Aufschrift „Bingo" über der Tür des Hauses erkennen lässt.[278]

---

277 Erst ist das Straßenschild vor dem Haus im Bild und die Aufschrift „Diefenbachstr." zu lesen, bevor die Kamera in einem vertikalen Reißschwenk zur Eingangstür des Hauses wechselt, über dem die Hausnummer „93" zu entziffern ist. Die Nummer war zuvor bereits im Bild, aber erst hier ist die Information vollständig, dass Rico in der Diefe 93 wohnt.

278 Anders als im Roman, in dem man erfährt, dass das Bingospiel in den „Gemeinderäumen der Kirche" stattfindet und vom „Rentnerclub *Graue Hummeln*" organisiert wird, weshalb Rico selbst keine Ahnung hat, warum seine Mutter so gern dorthin geht, erfährt man im Film nicht, in welchem Rahmen das Bingospiel stattfindet. Auch wenn dem Bingo-Klischee entsprechend die Mehrheit der Anwesenden betagt ist, wirken die eleganten und großzügigen Räumlichkeit nicht nach einem Gemeindehaus, die vielen Luftballons, das Kostüm der Moderatorin und die Masse an dekorativ verpackten Preisen übersteigen den Vorbereitungsaufwand, den man für eine allwöchentliche

Der Vorspann, der Rico hinter seiner Mutter die Berliner Straßen entlang-
gehen sieht, dient vor allem der weiteren Charakterisierung Ricos. Dieser wird
einerseits als neugierig gezeigt, sucht bereits den Gehsteig nach Fundsachen
ab, findet zwei Papierfetzen, die er interessiert begutachtet und dann einsteckt,
andererseits als unkonzentriert und leicht ablenkbar, sodass seine Mutter ihn
mehrfach ermahnen muss, er solle mitkommen, wenn er verträumt in der
Gegend umherschaut.

Neben dieser VEI-Charakterisierung, die Rico von außen zeigt, nimmt die
AEI Ricos Perspektive ein, indem Rico das Lyrische Ich des Titelliedes „Mein
Kopf spielt Bingo" der Band Jonathan Express[279] darstellt. Das vorherige Bild
von Rico am Fenster aufgreifend heißt es da etwa: „Ich stehe wartend stunden-
lang am Fenster/ Schatten fliegen vorbei, mal groß, mal klein" (RICO, OSKAR
UND DIE TIEFERSCHATTEN; 00:01:50–00:01:55). Das Stehen am Fenster wird im
Songtext mit Einsamkeit verknüpft, denn im Lied wird ein „du" angesprochen,
dessen Anwesenheit gewünscht wird und Freude bereitet. Das zentrale Thema
Freundschaft wird bereits angekündigt, zugleich sind in den Schatten auch die
Tieferschatten bereits angedeutet, so wie auch die leitmotivische Bingometapher
bereits im Songtext verwendet wird.[280] Eine Weißblende, auf die der Filmtitel
projiziert wird, trennt den Vorspann von der ersten Szene, die nun als Realfilm
inszeniert ist.

Diese Szene führt die Exposition fort, erklärt die Bingometapher und bringt
den Zuschauer:innen vor allem den Charakter Ricos näher. Rico stellt sich einmal
in einem Voice-Over-Monolog vor und dann im Gespräch mit der Moderatorin,
nachdem er das Spiel – ohne es zu merken – gewonnen hat. Die Einstellungslänge

---

Veranstaltung eines Rentnerclubs erwarten würde. Im Gespräch mit Westbühl später
erwähnt Rico die *Grauen Hummeln* als Organisatoren des Bingo-Spiels, ob es sich
dabei um einen Rentnerclub handelt, bleibt aber offen, man kann es nur anhand des
Namens mutmaßen.

279 Da der Sänger der Band, Peter Brugger, der das Lied gemeinsam mit Tobias Kuhn
geschrieben hat, auch Sänger und Gitarrist bei der Musikgruppe Sportfreunde Stiller
ist, liest man häufig in didaktischen Materialien, Rezensionen und auf Internetseiten,
das Lied käme von den Sportfreunden Stiller. Im Abspann des Films steht eindeutig
„Jonathan Express".

280 Ob der Songtext nun Gedanken Ricos oder tatsächlich Gesagtes/Geschriebenes abbilden soll, bleibt offen. Ebenso ist unklar, zu welchem Zeitpunkt der Text anzusiedeln ist.
Identifiziert man das angesprochene „du" mit Oskar, muss man die SEI des Songtextes
temporal jedenfalls deutlich nach dem Geschehen anordnen, das die VEI schildert.
Zu diesem Zeitpunkt kennen die beiden Jungen sich schließlich noch nicht.

ist kurz und treibend bis zur Etablierung des Schuss-Gegenschuss-Prinzips zwischen Rico und der Moderatorin Elli Wandbek. Die Einstellungsgrößen sind in der Mehrzahl weit, um die Atmosphäre im vollen Raum einzufangen. Vor dem Dialog zwischen Rico und der Moderatorin wird diese von verschiedenen Seiten gezeigt, um die Blicke des Publikums nachzuahmen und Dynamik zu erzeugen. Einzig die Bingokugeln, die während des Spiels in sehr großen Detailaufnahmen zu sehen sind, fallen aus dieser Inszenierungsweise heraus, sind also hervorgehoben. Eine Einstellung umfasst sogar einen ‚POV'-Shot einer Kugel auf Elli Wandbek. Damit werden die Nahaufnahmen der Bingokugel vorbereitet, die während Ricos innerem Monolog auf die Nahaufnahme seines Gesichtes übergeblendet werden.

Die Szene ist in gedämpften Farbtönen gehalten und mit Ausnahme der zentralen Figuren eher schwach beleuchtet.[281] Farblich dominieren Grün, Weiß und Rot.[282] Daneben finden sich goldene Akzente, zum Teil durch goldfarbene Gegenstände wie die Bingomaschine, den Rahmen des Wandspiegels und einige Möbel, zum Teil durch die Beleuchtung, vor allem, was den goldenen Schimmer des Bodens betrifft. Zusammen mit den vielen Schatten und scharfen Lichtkegeln entsteht eine mystische Atmosphäre, die die exzentrische Performance der Bingospielleiterin unterstützt, zugleich eine Antizipation geheimnisvoller Elemente im Film für die Zuschauer:innen darstellt. Allein die Bingokugeln, die wie gesehen auch durch die Kameraarbeit hervorgehoben sind, stechen mit kräftigen Farben hervor und bei der Überblendung auf die Bingotrommel während Ricos Monolog sind insgesamt wärmere und intensivere Farben eingesetzt.

Auf der Tonebene fällt vor allem die penetrante fröhliche Jahrmarktsmusik auf, die die Szene bis zu diesen Überblendungen begleitet, während derer eine ruhige, melancholische Klaviermusik einsetzt. Zugleich wird das Geräusch

---

281 Die Szene weist damit Elemente der beiden zentralen Farb- und Lichtgestaltungsweisen auf, den bunten Farbeinsatz der meisten Szenen und die dunkle Low-Key-Beleuchtung der spannenden Szenen, und weist so auf die verschiedenen Elemente des Films voraus.

282 Im Luftballonkranz auf der Bühne und im Zuschauerraum wechseln sich die drei Farben ab; die Wände des Saals sind im einem matten Rot-Ton gehalten und die Bühnenrückwand ist wiederum grün. In dieser Farbwahl, den italienischen Nationalfarben, kann eine dezente Anspielung auf Ricos Abstammung vermutet werden, zumal Rico sich in dieser Szene selbst als Italiener bezeichnet. Diese drei Farben sind auch im Wohnzimmer von Rico und seiner Mutter sowie bei der ersten Einstellung in seinem Schlafzimmer dominierend (RICO, OSKAR UND DIE TIEFERSCHATTEN; 00:05:30-00:05:55).

klackernder Kugeln mehrfach laut verwendet, damit für den Rest des Films etabliert und gehört neben der Stille der laut schreienden Katharina Thalbach (Elli Wandbek) zu den prägendsten akustischen Eindrücken der Szene und sicher würden Kurwinkel und Schmerheim hier von Auralität sprechen.

Beim Bingospiel herrscht zunächst eine Nullfokalisierung vor, bei der die Bühnenperformance von Elli Wandek von verschiedenen Seiten aus betrachtet wird. Neben neutralen Perspektiven werden die Sichtfelder von mehreren Plätzen im Publikum aufgegriffen. Dann gerät die Hauptfigur in das Zentrum und wird zur Fokalfigur. Zunächst ist noch in der Außenperspektive zu erkennen, dass Rico abgelenkt ist, da man den Jungen sieht, wie er verträumt in der Gegend herumschaut, während seine Mutter für ihn am Spiel teilnimmt, nämlich Spielsteinchen auf seine Bingokarte legt. Dann wird die Fokussierung Ricos kameratechnisch durch eine Ranfahrt, die in einer Nahaufnahme auf seinem Kopf endet, angezeigt. An dieser Stelle setzt die Voice-Over-Stimme ein und es beginnt ein Mindscreen, nun wird intern über Rico fokalisiert. In einer Reihe hektischer Überblendungen werden unfokussierte Bilder von Ellie Wandbeks Bingomaschine auf Ricos Gesicht projiziert. Die metaphorische Bingomaschine im Kopf, die zugleich im Voice Over erwähnt wird, findet so ihren bildlichen Ausdruck. Akustisch trifft dies zusammen mit dem Wechsel der Musik. Bei der Jahrmarktsmusik ist nicht ganz klar, ob es sich um diegetische oder nichtdiegetische Musik handelt, denkbar wäre es jedenfalls, dass die Musik in der überdrehten Bingoshow der Moderatorin Ellie Wandbek tatsächlich gespielt wird. Das zweite Musikstück ist unbezweifelbar nichtdiegetisch und drückt Ricos Verträumtheit aus, scheint sie durch die leicht melancholische Note aber auch als Problem auszuweisen. Es liegt damit ein Wechsel von wahrscheinlich diegetischer objektiver zu nichtdiegetischer subjektivierender Musik vor.[283] Zudem sind in der Tonspur klackernde Bingokugeln zu hören. Die klackernden Bingokugeln in der Tonspur finden sich auch im späteren Film mehrfach, ohne dass dabei wieder die Bingotrommel als Überblendung zu sehen ist. Das Sound-Motiv allein reicht nach der Etablierung in dieser Szene schon, um den Mindscreen darzustellen.

---

283 Etwas Ähnliches lässt sich in einer Szene aus TSCHICK ebenfalls beobachten. In dem Moment, als Maik der von ihm verehrten Tatjana auf deren Geburtstagsfeier seine Zeichnung von ihr überreicht, mischt sich Score-Musik in die diegetische Partymusik.

Während dieses Mindscreens gibt es das einzige Voice-Over des Films.[284] Es handelt sich aber nicht um die Darstellung der Gedanken Ricos in Worten, sondern um eine Ansprache eines extradiegetischen Adressaten. Rico sagt:

> Ich heiße Rico Doretti und ich bin ein tiefbegabtes Kind. Das bedeutet: Ich kann zwar sehr viel denken, aber anders. In meinem Kopf ist auch eine Bingotrommel und die Kugeln sind wie meine Gedanken. Wenn ich ganz viel Denken muss, fällt eine von ihnen raus und dann dreht sich die Trommel in meinem Kopf wie wild. (RICO, OSKAR UND DIE TIEFERSCHATTEN; 00:03:21–00:03:52)

Das Voice Over gilt, wie in Kap. 4.2.2 erwähnt, als unfilmisch und sieht sich oft der Unterstellung ausgesetzt, ein Rudiment einer unvollständigen Adaption zu sein. Entsprechend konstatiert Heidi Lexe dem Film auch, mit literarischen Mitteln zu beginnen, dann aber immer filmischer zu werden (vgl. Lexe 2017: 136). Allerdings hätten die Macher:innen des Films keine Probleme gehabt, dieselben Informationen auch in einem Dialog zu vergeben, in dem Rico sich selbst einer anderen Filmfigur vorstellt. Genau das passiert sogar wenig später in derselben Filmszene. Rico hat ein Bingo, was er nicht einmal bemerkt, bevor seine Mutter ihn darauf hinweist, und wird zur Moderatorin auf die Bühne gebeten. Als sie ihn nach seinem Namen fragt, entsteht folgender Dialog:

> R.D.: Ich heiße Rico.
> E.W.: Oh, das ist Italienisch, hm?
> R.D.: (nickend): Doretti, und ich bin ein tiefbegabtes Kind. (RICO, OSKAR UND DIE TIEFERSCHATTEN; 00:04:10–00:04:15)

Daraufhin verfällt die Moderatorin in gehässiges Gelächter und fordert das Publikum auf, es ihr gleichzutun. Während das Publikum in das Lachen einfällt, zeigt ein Close-up das bittere, traurige Gesicht von Ricos Mutter. Inhaltlich werden dem Zuschauer keine neuen Informationen gegeben. Weniger als zwanzig Sekunden vorher waren Name und ‚Begabung‘ schon im Voice Over thematisiert. Liegt nun eine inhaltliche Redundanz vor, kann man in der Dopplung doch einen Sinn vermuten. Im Voice Over gibt Rico bereitwillig und ungefragt Auskunft über sich selbst, im Dialog mit Ellie Wandbek wird er von außen befragt, auch wenn sie keine direkte Frage nach seiner Tiefbegabung stellt, worauf noch einzugehen sein wird. Vor allem aber wird die ablehnende Reaktion der Öffentlichkeit auf seine Tiefbegabung sichtbar. Durch die Dopplung wird

---

284 An anderen Stellen spricht Rico in seinen Merkrecorder, womit der Filme eine plausible Möglichkeit findet, Ricos Gedanken sprachlich wiederzugeben, oder er führt tatsächliche Selbstgespräche, wie es in der zweiten thematisierten Szene geschieht.

Ricos Selbstaussage tendenziell von dieser Reaktion getrennt. Die Zuschauer:innen lernen Rico erst kennen, können sich ihr eigenes Urteil darüber bilden, wie er sich vorstellt, dann sehen sie, welches andere, vernichtende Urteil Rico in der Diegese entgegenschlägt. Vermutlich um diese Trennung umzusetzen, aber ebenso um Rico zumindest tendenziell als Erzähler zu inszenieren und ihm ein höheres Maß an Deutungshoheit über sich selbst zu geben, wurde an dieser Stelle auf das Mittel des Voice Over zurückgegriffen.

Dieser Szene im Bingoclub entspricht im Buch kein exaktes Pendant, vom Bingospielen wird nur in einer Abschweifung berichtet, als Rico sich am Anfang des Buches mit seinem Nachbarn Fitzke unterhält, da er eine Nudel auf dem Bürgersteig gefunden hat. Die Nudel entdeckt Rico im Film erst nach fast neun Minuten (RICO, OSKAR UND DIE TIEFERSCHAFFEN; 00:08:52). Dieser gesamte erste große Abschnitt des Buches, in den die Bingo-Abschweifung eingebettet ist (ROT 9–14), erfüllt aber ähnliche Funktionen wie die Szene und lässt sich daher gut vergleichend heranziehen. Mit der Nudel und „diesem grandios lapidaren Satz" (Maiwald 2014: 166) setzt der Roman ein: „Die Nudel lag auf dem Gehsteig" (ROT 9).[285] Rico sucht dann nach demjenigen, der die Nudel verloren hat, womit die Detektivgeschichte des Romans bereits antizipiert wird, zumal Rico die Suche später selbst als Detektivspiel einordnet (vgl. ROT 15). Zunächst schließt er aus, dass sie aus einem Flugzeug gefallen ist,[286] dann möchte er die Nachbar:innen befragen, die die Nudel aus dem Fenster geworfen haben

---

285 Streng genommen ist die Nudel sogar bereits vor diesem ersten Satz präsent, da man sie in der Illustration vor dem ersten Kapitel sieht, über der die Überschrift „Samstag/ Die Fundnudel" (ROT 7) ebenfalls auf die Nudel verweist.

286 Schon diese kurze Überlegung sagt viel über Ricos Denkweise aus: Dass die Nudel aus einem Flugzeug gefallen sein könnte, hätten die allermeisten Menschen überhaupt nicht als Möglichkeit in Betracht gezogen, für Rico ist *per se* erst einmal gar nichts unmöglich. Er stellt aber fest, dass sich am Himmel keine Kondensstreifen („keine von diesen weißen Düsenstreifen" (ROT 9)) ausmachen lassen, nutzt also indexikalische Zeichen bzw. Spuren, wie ein Detektiv es tun würde, und ergänzt, man könne „Flugzeugfenster nicht aufmachen, um Essen rauszuwerfen" (ROT 9), argumentiert also logisch deduktiv, um die Möglichkeit des Flugzeugs auszuschließen. Ricos Wahrnehmung und Weltverständnis mag ungewöhnlich sein, er ist aber zu den wichtigsten gedanklichen Operationen fähig, die den literarischen Typus des Detektivs seit Auguste Dupin und Sherlock Holmes ausmachen. Rico selbst hat sich den detektivischen Blick wohl medial angeeignet, schaut er doch gerne Krimis (vgl. ROT 16). Motivisch interessant ist zudem, dass eine der zentralen Spuren in der eigentlichen Detektivgeschichte im Roman tatsächlich ein Flugzeug sein wird, Oskars roter Flugzeug-Anstecker.

könnten, wobei es immer wieder zu keinen Abschweifungen über diese Nach-
bar:innen kommt. Da er dabei Erlebnisse aus der Vergangenheit der Nachbarn
erzählt, sind im Kontrast zum chronologischen Ablauf der Filmszene viele Analepsen vorhanden.

Bei seinen Befragungen wird Rico vom Nachbarn Fitzke als „der kleine
Schwachkopf" (ROT 11) bezeichnet,[287] woraufhin Rico als Erzählendes Ich die
Notwendigkeit sieht, den Adressaten darüber aufzuklären, warum Fitzke ihn so
nennt und gegen die Stigmatisierung seine eigene Beschreibung als „tiefbegabt"
zu setzen. Im Roman ist die Selbsterklärung Ricos somit anders als im Film von
außen motiviert. Im Wortlaut heißt es:

> Ich sollte an dieser Stelle wohl erklären, dass ich Rico heiße und ein tiefbegabtes Kind
> bin. Das bedeutet, ich kann zwar sehr viel denken, aber das dauert meistens etwas län-
> ger als bei anderen. An meinem Gehirn liegt es nicht, das ist ganz normal groß. Aber
> manchmal fallen ein paar Sachen raus, und leider weiß ich vorher nie, an welcher Stelle.
> Außerdem kann ich mich nicht immer gut konzentrieren, wenn ich etwas erzähle.
> (ROT 11)

Rico führt dann noch die Metapher des roten Fadens an, den er verlieren
würde, beginnt aber direkt darüber nachzudenken, ob der nicht doch grün oder
blau sei, womit die Konzentrationsschwierigkeiten beim Erzählen durch das
Abschweifen unmittelbar performativ umgesetzt sind. Dieser kurze Moment der
Metanarration funktioniert durch die Erzählsituation, in der Rico als tagebuch-
schreibende Erzählerfigur ausgewiesen ist. Dann kommt Rico auf die Kernme-
tapher der Bingokugel: „In meinem Kopf geht es manchmal so durcheinander
wie in einer Bingotrommel" (ROT 11), um direkt danach abermals in eine Di-
gression zu verfallen und nun vom Bingospiel mit seiner Mutter im Rentnerclub
Graue Hummeln zu berichten.

Die Beschreibung des Bingospiels ist iterativ gehalten, Rico schildert, was
jeden Dienstag passiert, was oft dienstags passiert und was dabei selten passiert.
Nur ein Todesfall am Ende der Ausführungen wird als ein einmaliges Geschehen
wiedergegeben. Selten zum Beispiel bemerken die Rentner, wenn sie gewonnen
haben: „viele von denen pennen nämlich irgendwann über ihren Bingokärtchen
ein oder sind sonst wie nicht richtig bei der Sache" (ROT 12). Während die Rico-
Figur im Film seinen eigenen Sieg nicht bemerkt, sind es im Buch gerade die
anderen Spieler:innen, denen er das nachsagt. Während das Gespräch mit Fitzke

---

287 Zwei Seiten später wiederholt er die Beleidigung noch: „Kauf dir mal ein Gehirn! Die
      Nudel, du Schwachkopf" (ROT 13). Später im Buch heißt es, dass Fitzke Rico grund-
      sätzlich als Schwachkopf bezeichnet, seit sie sich überhaupt kennen (vgl. ROT 23f).

im dramatischen Modus wiedergegeben wird, ist das ganze Bingospiel in zwei Absätzen im narrativen Modus erzählt.

Nach der Bingo-Abschweifung geht das Gespräch weiter, in dem Rico auf Fitzkes beleidigende Anrede erwidert: „Tach, Herr Fitzke", sage ich, „ich hoffe, ich habe sie nicht geweckt" (ROT 12). Rico lässt sich auf die Beleidigungen also nicht ein, bleibt dem Nachbarn gegenüber nach Möglichkeit höflich. In der folgenden beschreibenden Passage, ebenso wie in der ersten Beschreibung Fitzkes zuvor, wird aber deutlich, dass er sich an dessen Ungepflegtheit stört, als er dann Ricos ‚Fundnudel' einfach runterschluckt, wird Rico innerlich sauer:

> Der hat sie doch nicht alle! Die nächste Fundnudel, das ist klar, werde ich extra in Kacke wälzen und Fitzke bringen, und wenn er dann fragt, lag die irgendwo drin, sage ich, nein, das ist Hackfleischsoße. (ROT 14)

Den Skatologismus hat Rico dabei von Fitzke übernommen. Darüber hinaus ist auffällig, dass Ricos Auftreten höflich und zurückhaltend ist, seine Schilderungen als Erzähler seine Wertungen und Gefühle aber offenlegen. Möglich ist auch hier, dass Rico sich an ablehnende und herabwürdigende Verhaltensweisen hat gewöhnen müssen und sie deshalb zu ignorieren versucht, möglich aber auch, dass er sich speziell von Fitzke nicht provozieren lassen will, weil er ihn kennt und seine unfreundliche Art daher einzuordnen weiß. Zudem weiß er, dass speziell Fitzke, im Unterschied etwa zu Frau Dahling, ihn nicht mag: „Ich war schon in jeder Wohnung im Haus, nur in Fitzkes nicht. Er lässt mich nicht rein, weil er mich nicht leiden kann" (ROT 11), eine Abneigung, die auf Gegenseitigkeit beruht: „Ich kann ihn nicht leiden und eigentlich glaubte ich auch nicht, dass die Nudel ihm gehörte" (ROT 9).

Auf der Sprachebene wird der Erzählgestus Ricos etabliert, wobei auf seine ausgefallenen Neologismen noch verzichtet wird. Es finde sich jedoch Wiederholungen („Warten, warten, warten./ Schlurf, schlurf, schlurf" (ROT 10), „Mann! Mann! Mann!" (ROT 14), Onomatopoesien „PENG" (ROT 13), „WUMMS!" (ROT 13) und für ein Kinderbuch auffallend viel Vulgärsprache, die aber hauptsächlich von Erwachsenen geäußert wird, namentlich Herrn Fitzke, aber auch das Wort „total verlogener Scheiß" (ROT 10) ist als erlebte Rede Frau Dahling zuzuordnen. Daneben fallen einige Umgangssprachwendungen auf, z. B. „rauf in den Sommerhimmel" (ROT 9) oder „echt, so was" (ROT 10), ein eher parataktischer Satzbau, von dem aber gelegentlich abgewichen wird,[288] mehrfach finden

---

288 So wie sich auch einige Worte finden, die ein ‚tiefbegabter' Zehnjähriger vielleicht nicht nutzen würde: „gelbgetünchte" (ROT 9) wäre ein diskussionswürdiges Beispiel.

sich Elipsen: „Dann endlich Fitzke in Person, wie üblich in seinem dunkelblauen Schlafanzug mit den grauen Längsstreifen." (ROT 10f), gelegentlich in Verbindung mit einer Exklamatio: „Echt, so was Ungepflegtes" (ROT 10).

Will man im Unterricht die Anfänge von Film und Buch vergleichen, lässt sich zunächst die Frage stellen, welche Informationen schon vergeben werden, welche Fragen offenbleiben (beim Film etwa die Frage, was es mit der Explosion im Hinterhaus auf sich hat) und wie die Hauptfigur eingeführt wird. Neben einigen Gemeinsamkeiten, etwa der Etablierung ähnlicher Motive, Ricos Suchen von Gegenständen beispielsweise und das zentrale Bingomotiv, treten dabei viele Differenzen zutage. Dadurch sollte sich schnell die Frage aufwerfen lassen, warum es diese Unterschiede zwischen beiden Versionen gibt und man gelangt zu einer auf mediale Spezifika ausgelegten Untersuchung der beiden Anfänge.

Dabei ließe sich zeigen, dass der Romananfang zeitlich komplexer ist, ein höheres Maß an Achronie und Momente iterativen Erzählens aufweist, und zwischen dramatischem und narrativem Modus wechselt, wie es sich im Film nicht umsetzen lässt. Der Roman kann diese Erzählstruktur sogar durch die Unkonzentriertheit Ricos begründen, schließlich wird gesagt, dass Rico beim Schreiben abschweift. Auch werden am Anfang beider Versionen neben Rico vollständig andere Figuren einbezogen. Im sprunghaften und anekdotenhaften Erzählstil des Buches ist es leicht möglich, ein großes Figurenensemble einzubeziehen. Da dies im Film nur schwer zu handhaben ist, fokussiert sich dieser nachvollziehbar auf Ricos Mutter.

Weitreichende Unterschiede liegen vor allem in Perspektive und Erzählsituation vor, schließlich hatte Gabriele Scherer gerade den Ich-Erzähler als Kunstgriff beschrieben, der eine gelungene Darstellung Ricos ermöglicht. Im Film fällt dieser nun weg[289] und während damit Ricos charmant-eigenwilliger Sprachund Erzählstil notwendig wegfallen muss, versucht der Film einiges, um Rico dennoch die Deutungshoheit über sich selbst zu geben und den Film aus seiner Perspektive erzählt wirken zu lassen: das Lyrische Ich im Titelsong, das Voice

---

289 Prinzipiell wäre eine Erzählerfiktion im Film möglich gewesen, auch die Tagebuchsituation hätte sich übernehmen lassen. Der Film hätte schlicht vorgeben können, eine qua visuellem Ebenenkurzschluss filmisch dargestellte Version von Ricos Tagebuch zu sein. Filme, die vorgeben Bücher zu sein, finden sich schließlich genügend, im Kinderund Jugendfilm wäre ein Beispiel der Film STAND BY ME. Dadurch wäre aber nicht viel gewonnen gewesen, da Ricos Sprachgebrauch sich auch so nicht erhalten lässt und auch die Sprünge und Abschweifungen in das Filmmedium übertragen zumindest für ein kindliches Publikum verwirrend gewesen wären. Dafür hätte diese Übernahme den Eindruck unvollständiger Adaption in das neue Medium hervorrufen können.

Over, die abermalige Vorstellung im Dialog und diverse Mindscreen-Techniken. Die Filmszene weist dadurch ein höheres Maß an Komplexität bezüglich der Perspektive auf. Dennoch schafft keines dieser Mittel es, Rico so eindeutig die Deutungshoheit zu geben, wie es das Buch tut.

Problematischer ist dabei aber noch vor der Art und Weise der Beschreibung, wie Rico gezeigt wird: Im Vorspann muss seine Mutter ihn immer wieder zum Mitkommen auffordern, weil er so schnell abgelenkt wird, und beim Bingospiel legt sie seine Steine; er ist während des Spiels ebenso abgelenkt wie manche der Rentner im Buch. Auch während der Überblendungen auf die Bingokugeln und des Voice Overs macht Rico ein trauriges Gesicht. Daneben wird die Ablehnung der anderen Menschen gegenüber Rico gezeigt, *nachdem* er sich als tiefbegabt identifiziert hat, er selbst hat keine Möglichkeit mehr, sich zu revanchieren.[290] Wenn Maiwald für das Buch also feststellt, es würde seinen Protagonisten nicht wie ältere wohlmeinende Darstellungen von Menschen mit Behinderungen in der KJL als hilfsbedürftig und mitleiderregend darstellen, muss dies für den Film doch konstatiert werden. Es ist somit nicht das Problem, dass der Film keine Innensicht ermöglicht, schon eher ist es das Fehlen der Erzählerfigur, hauptsächlich aber nutzt der Film die Möglichkeiten nicht gut genug, weshalb Rico als Romanfigur überzeugender ist als im Filmanfang. Rico ist zwar weiterhin eine positiv gezeichnete und sympathische Figur. Die unterschiedliche Inszenierung von Buch und Film macht ihn jedoch zu einer Mitleidsfigur, während Rico im Buch als anders, aber stark und selbstbestimmt hervortritt. Zwar gibt es im späteren Film auch immer wieder Momente, in denen dies ebenfalls versucht wird, es finden sich aber ebenso immer wieder Szenen, die Rico als sehr stark hilfebedürftig darstellen.

---

290 Zudem sollte man bedenken, dass sowohl dem Voice Over Ricos als auch der Erklärung Ellie Wandbek gegenüber im Film kein Auflöser vorausging, warum Rico von seinen geistigen Defiziten zu erzählen anfängt. Er scheint es offensiv vor sich her zu tagen, möglicherweise um Abwertungen zu antizipieren, möglicherweise bildet es auch einen zentralen Bezugspunkt für Ricos Identitätsbildung, scheint jedenfalls zentraler als Abstammung bzw. Nationalität. Schließlich berichtet er davon, als Ellie Wandbek ihn anhand seines Namens als italienisch zu identifizieren beginnt. Allerdings zeigt gerade die Auseinandersetzung mit ihr das Scheitern von Ricos Strategie: Er wird bloßgestellt und zum Gelächter. Genau betrachtet erzählt der Film damit die Geschichte, dass Rico sich als tiefbegabt beschreibt, um mit negativen Reaktionen anderer Menschen auf seine eigene Art zu denken umzugehen, das Buch erzählt davon, wie Rico sich seine Beschreibung als Tiefbegabter zurechtgelegt hat, um den negativen Reaktionen der anderen resilient zu begegnen.

Dieser Bedeutungsunterschied mag auf den ersten Blick nicht groß erscheinen, das Maiwald indes gerade diese kleine Differenz zu älteren Büchern erwähnt, zeigt, dass gerade das die Stärke des Romans ist. Für Schüler:innen der Sek I mag dieser Unterschied zunächst kaum wahrnehmbar sein, es dürfte aber gerade daher lohnen, diesen in den analytischen Blick zu nehmen, genau auf Szenen und Passagen einzugehen, in denen sich dieser ausdrückt. Inwieweit dieser dann medial bedingt oder eine Frage der Umsetzung ist, ließe sich dann weiterführend diskutieren.

6.3 Vergleich einer weiteren Expositionsszene

Während der Film- und Buchanfang unterschiedliche Wege gehen, findet das Kennenlernen Ricos und Oskars in Film und Buch auf ähnliche Weise statt, sodass sich hier die beiden Ausschnitte direkt gegenüberstellen lassen. Dabei tritt an dieser Stelle sehr deutlich hervor, dass sowohl Literatur als auch Film über Möglichkeiten zur Subjektivierung verfügen, dass diese aber selbst unterschiedliche Funktionen und Wirkweisen haben und daher die Aussage des Dargestellten ändern. Die Szene kann daher exemplarisch zeigen, wie die unterschiedliche Medialität auch bei gleichem bzw. sehr ähnlichem Inhalt notwendig unterschiedliche Bedeutungen mit sich bringt.

Im Film wie im Buch begegnen Rico und Oskar sich zum ersten Mal auf der Straße, als Rico nach Gegenständen sucht. Die Begegnung ist zwar von Missverständnissen und Unstimmigkeit geprägt, denn bereits zu Anfang irritiert Ricos Pseudologik den rationalen Oskar. Beide scheinen dennoch aneinander interessiert, als sie feststellen, dass je einer von ihnen hoch-, der andere tiefbegabt ist. Als Oskar dann allerdings zeigt, dass er kein Verständnis für Ricos Lebensschwierigkeiten hat, kippt die Situation und Rico hält eine eindrückliche Wutrede, in der er Oskar Überheblichkeit vorwirft, worauf dieser sich entschuldigt. Beide Ausschnitte enden damit, dass Rico sich – trotz der Entschuldigung immer noch verstimmt – auf keinen Fall zu Oskar umdrehen will, sich direkt danach aber umdreht.

Trotz der Hemmnisse dieser ersten Begegnung ist die Szene, die im Film von 00:15:56–00:18:37 dauert, in fröhlicher Stimmung inszeniert, geht es doch um den Beginn einer Freundschaft. Es scheint freundliches Wetter zu herrschen, im Hintergrund sieht man bunte Stühle und die Blumenkübel vom Fenster eines Kiosks, auf der Tonebene ist neben vereinzeltem Verkehrslärm vor allem das Gezwitscher von Vögeln zu hören. Des Weiteren ist der erwähnte Rückgriff auf helle Farben und vereinzelte Neontöne – hier Ricos neongelbes Shirt – in dieser Szene beispielhaft umgesetzt. Andere Gelb-, Hellblau- und Lilatöne lassen sich ausmachen, die Hintergründe sind größtenteils weiß und beige, manchmal grau, was den Gegebenheiten der Diefenbachstraße entspricht.

Rico ist im Film auch in dieser Szene Fokalfigur, wie bereits die Tatsache deutlich macht, dass der erste Blick auf Oskar seinen POV widerspiegelt. Rico, der nach Gegenständen suchend gerade auf dem Boden hockt, sieht zunächst die Füße von Oskar, schaut dann auf. Ein schneller Vertikalschwenk zeichnet diese Bewegung nach, bis das Bild auf Oskars Kopf stehen bleibt. Oskars erstes Erscheinen im Bild ist also über Rico okularisiert, die Zuschauer:innen sehen Oskar das erste Mal wie Rico ihn sieht. Schon zwei Einstellungen vorher zeigt ein POV-Shot, wie Rico ein Papierchen findet, das er untersuchen will. Dabei wird gemäß der POV-Struktur nach Branigan zunächst Rico umherschauend gezeigt, dann in der nächsten Einstellung das Papier. Dessen Bedeutung für Rico wird durch Mindscreen-Techniken unterstrichen. Ein gleißender Lichtreflex funkelt auf dem Fundgegenstand, der eindeutig künstlich ist und für ein Papier auf dem Bürgersteig ohnehin nicht realistisch wäre. Begleitet wird dieses Funkeln noch von einem hellen Glockenton der AEI. Der Film macht deutlich, dass das Papier nicht wirklich funkelt, sondern dass es im metaphorischen Sinne für Rico funkelt.

Durch filmische Subjektivierungsmittel zeigt der Film die Begeisterung Ricos über den Fund. Da solche Funde für Rico in seinem Detektivspiel Hinweise sind, deren Beschaffenheit er detailliert auf seinem Merkrekorder festhält, und Oskar ebenso wie diese Fundstücke zunächst durch ein über Rico okularisiertes Bild des Bürgersteigs gesehen wird, suggeriert der Film eine tendenzielle Äquivalenz zwischen Oskar und den „Hinweisen". Tatsächlich wird Oskar später in der Kriminalhandlung des Buches eine immense Rolle spielen und nach dem Vertikalschwenk ist auch sein rotes Flugzeug im Bild, der tatsächliche Hinweis im späteren Fall. Vor allem aber dient die Okularisierung an dieser Stelle dazu, Rico weiter als Fokal- und Hauptfigur auszuweisen.

Der eigentliche Dialog scheint zunächst extern fokalisiert. In den amerikanischen Einstellungen,[291] die beide Kinder zeigen und als Re-Establishing-Shots

---

291 Häufig liest man, die amerikanische Einstellung verdanke ihnen Namen dem regelmäßigen Einsatz in Westernfilmen, bei dem die Hüfte der sich im Duell gegenüberstehenden Cowboys noch im Bild ist, damit die Revolver sichtbar sind und ein eventuelles Ziehen gezeigt werden kann. Tatsächlich sind amerikanische Einstellungen in dieser Funktion im Western gar nicht so häufig. Dass in dieser Szene auf diese Einstellungsgröße zurückgegriffen wurde, mag aber daran liegen, dass so Ricos an seinem Gürtel befestigter Merkrekorder noch im Bild ist und, als Oskar ihn intellektuell überfordert, seine unruhig an diesem entlangspielende rechte Hand.

dienen, befindet Oskar sich sogar deutlich näher an der Bildmitte, also als zentralere Figur inszeniert. Im Laufe des Gesprächs kommt es aber zu einem rein akustisch ausgedrückten Mindscreen, der die Fokalisierung auf Rico wieder verdeutlicht. Als Oskar Rico mit komplexen Statistiken überfordert, drückt sich diese Überforderung wie in der ersten Szene auf der Tonspur durch klackernde Bingokugeln und subjektive Musik, diesmal ein verträumtes Gitarrenstück, aus, während der Rest der Szene ohne Musikeinsatz auskommt, bis kurz vor dem Schnitt zur nächsten Szene fröhliche Musik einsetzt, die ebenfalls auf eine Akustikgitarre als Hauptinstrument zurückgreift.[292] In der Wiederholung wird das bereits etablierte Motiv als allein auditive mentale Projektion umgesetzt, Überblendungen auf der Bildebene bleiben aus. Während die Geräusche der Kugeln dezent gehalten sind und daher von vielen Zuschauer:innen überhört oder zumindest nur unbewusst wahrgenommen werden dürften, ist der subjektivierende Musikeinsatz markant.

Die Szene ist größtenteils im Schuss-Gegenschuss-Prinzip geschnitten. Dabei werden aber verschiedene Kamerastandpunkte eingenommen sowie mehrere Male in die Re-Establishing-Shots gewechselt, um zu verhindern, dass die Szene in ihrer Länge eintönig wirkt. Kameraperspektivisch ist eine paradigmatische Nutzung von Aufsicht und Untersicht zu verzeichnen, ab der Stelle, als Rico Oskar der Überheblichkeit bezichtigt und dieser sich entschuldigt. Die Aufsicht auf Oskar und die Untersicht auf Rico sind zwar schwach und entsprechen den natürlichen Größen der Schauspieler, vor Ricos Wutrede wird allerdings hauptsächlich die Normalsicht genutzt und am Anfang des Gesprächs steht sogar eine starke Aufsicht auf Oskar, da Rico auf dem Boden kniet, als er Oskar das erste Mal sieht. Rico scheint sich durch seine Verteidigung gegen Oskar wortwörtlich über ihn zu erheben.[293]

---

292 Diese akustischen Mittel werden von der Hörspielfassung des Stoffes (T und R: Judith Lorenz; 2010) erstaunlicherweise nicht übernommen. In der Szene, in der Rico und Oskar sich kennenlernen, gerät Rico stattdessen ins Stottern, als Oskar ihn intellektuell überfordert. Abgesehen von der fragwürdigen Verbindung von Sprachstörung und vermeintlich geringerer Intelligenz, fällt hier auf, dass Ricos „Tiefbegabung" gänzlich in der Außensicht präsentiert wird. In der Filmversion stottert Rico zwar zunächst ebenfalls leicht, als er nach dem Mindscreen wieder zu sprechen ansetzt. Hier scheint aber nicht so sehr eine Verbindung von Sprache und Intelligenz den Hintergrund zu bilden, vielmehr zeigt sich Ricos Verunsicherung in dem Stocken der Sprache.

293 Wenn man will, kann man hier ein subtiles intermediales Spiel mit Ricos an dieser Stelle im Roman eingeschobenen Definition von „arrogant" im Buch ausmachen: „Wenn man auf jemanden herabsieht. So schlau kann Oskar also gar nicht sein, schließlich ist er viel kleiner als ich und musste ständig zu mir raufgucken (ROT

Auch nach Oskars Entschuldigung bleibt die Stimmung getrübt. Rico scheint nicht ganz über seine Wut hinweg zu sein, wie seine Mimik, aber auch ein Monolog direkt nach dem Gespräch zeigen: „Jetzt bloß nicht umdrehen, sonst denkt er noch, ich finde ihn toll mit seinem komischen Helm" (RICO, OSKAR UND DIE TIEFERSCHATTEN; 00:18:23–00:18:27). Für eine kleine Pointe im Zusammenspiel von SEI und VEI sorgt, dass sich Rico danach selbstverständlich trotzdem umdreht. Gewöhnlich gelten Monologe als unfilmische Hilfsmittel, die Innenwelt von Figuren ausdrückbar werden zu lassen. Da sie sich leicht als solche entlarven lassen, führen sie zudem oft zu einem Illusionsbruch. Zum Charakter Rico passt das Führen von Selbstgesprächen in geringem Rahmen aber durchaus bzw. es ist zumindest vorstellbar, wodurch der Illusionsbruch hier ausbleibt.

Auffällig ist, dass Rico kurz darauf seinen Merkrekoder benutzt, um den nachzuschlagenden Begriff „arrogant" einzusprechen (Rico, Oskar und die Tieferschatten; RICO, OSKAR UND DIE TIEFERSCHATTEN; 00:18:31–00:18:33). Hier zeigt sich, dass der Merkrekoder mehr ist als ein Ersatz für die Tagebucherzählsituation des Romans oder ein „Kniff" (Maiwald 2018: 137), um eine Erzählerstimme zu legitimieren. Der Monolog wird schließlich gerade nicht eingesprochen. Zwar wird das Gerät in anderen Szenen durchaus in diesem Sinne verwendet, er erfüllt aber auch eine ganze Reihe anderer Funktionen. So dient es als Gegenstand, der Rico als typische Detektivfigur identifiziert bzw. mit der Rico sich selbst als Detektiv inszeniert. Diktiergeräte und andere Aufnahmegeräte, die nicht nur in Ver- und Abhörsituationen verwendet werden, sondern auch dazu dienen, eigene Überlegungen, Erinnerungen und Ähnliches aufzuzeichnen, werden von Ermittlern in Film und Hörmedien, manchmal auch in gedruckter Kriminalliteratur, schließlich immer wieder verwendet. Ein bekanntes Beispiel für die Nutzung eines Rekorders in diesem Sinne findet sich beispielsweise bei dem FBI-Special Agent Dale Cooper in David Lynchs Fernsehserie *Twin Peaks* (zu Funktionen des Merkrekorders vgl. auch Lexe: 2016: 132).

Viel über die Gefühlswelt der Figuren lässt sich in dieser Szene auch über das Schauspiel von Anton Petzold (Rico) und Juri Winkler (Oskar) entnehmen, da häufige Close-Ups ihre Mimik klar hervortreten lassen. In der kurzen Gesprächspause, bevor Oskar sich entschuldigt, ist zudem sein gesenkter Kopf in der amerikanischen Einstellung vielsagend für die Scham, die er in dem Moment empfindet.

---

36). Im Film wird diese Definition in ähnlicher Form auch wiedergegeben und als Zeichentricksequenz umgesetzt, allerdings erst an einer späteren Stelle: RICO, OSKAR UND DIE TIEFERSCHATTEN; 00:45:06-00:45:20.

Der entsprechende Ausschnitt im Buch erstreckt sich von ROT 32–38. Wie gesagt entsprechen sich Buchpassage und Filmszene stark. Der Dialog zwischen Rico und Oskar ist inhaltlich in beiden Medien sehr ähnlich, stimmt größtenteils wortwörtlich überein. Lediglich Oskars Erklärung, warum er einen Helm trägt, mit Bezug auf Unfallstatistiken fehlt an dieser Stelle im Buch und am Ende findet sich ein größerer Unterschied, wenn Rico im Buch noch kurz auf seinen Vater zu sprechen kommt, ein Thema, das aber schnell beendet wird.

Im Buch wird durchgehend auf Rico fokalisiert, was mit ihm als Erzählerfigur auch kaum anders vorstellbar ist. Während auch im Film Ricos Wahrnehmung und Innenleben dargestellt wird, nimmt die Innendarstellung im Buch eine ganz andere Qualität an und steht viel stärker im Fokus. Immer wieder werden vor allem die Aussagen Oskars im Dialog in Ricos Gedankenrede kommentiert. So heißt es etwa:

> „Kann es sein, dass du ein bisschen doof bist?"
> Also echt!
> „Ich bin ein tiefbegabtes Kind." (ROT 33)

Im Film folgen die beiden Dialogzeilen unmittelbar aufeinander, es kommt nicht einmal zu einer Pause, in der Rico sich überlegt, wie er mit der Aussage Oskars umgehen soll. Im Buch ist klar, dass Rico diese nicht ohne Weiteres akzeptiert, sich zumindest ärgert, dass sie so offen ausgesprochen wird. Aber ähnlich wie bei Fitzke bleibt er äußerlich ruhig, während er innerlich entrüstet ist. Diese Entrüstung steigert sich im Verlauf des Gesprächs: „Trotzdem wurde ich langsam sauer" (ROT 35), heißt es und „Alle Bingokugeln waren auf einmal rot und klackerten durcheinander" (ROT 35), wobei es hier interessanterweise Wut ist und nicht allein kognitive Überforderung, die die Bingometapher abruft. Rico ordnet auch seine eigenen gezeigten Emotionen diskursiv ein und kommentiert sie, so ist es ihm „total peinlich" (ROT 35), dass er zu weinen anfängt, wenn er sich stark aufregt. Zudem führt Rico einen inneren Monolog über hochbegabte Kinder, die im Fernsehen Geige spielen und lange Primzahlen bestimmen (vgl. ROT 33f). In den Film gibt es diesen Monolog nicht, stattdessen erwähnt Oskar, dass er selbst die ersten einhundertzehn Primzahlen auswendig könne, das Geigenspielen im Fernsehen wird an späterer Stelle von Rico erwähnt.

Dadurch, dass Rico das Gespräch zwischen sich und Oskar innerlich kommentiert, kann auch im Gespräch Ungesagtes im Text reflektiert werden. So heißt es nach der Verabschiedung:

> Erst als ich wieder zu Hause war, die Butter in den Kühlschrank geräumt hatte und anfing, mit einem Messer das Eisfach auszukratzen, fiel mir ein, dass ich Oskar gar nicht gefragt hatte, was er mutterseelenallein hier im Kiez zu suchen hatte. Oder was das

kleine knallrote Flugzeug an seinem Hemd bedeutete. Und warum er einen Sturzhelm
für Motorradfahrer trug, obwohl er zu Fuß unterwegs war. (ROT 38)

Relevant ist dies vor allem, als das Gespräch auf Ricos Vater und auf dessen
scheinbaren Tod kommt, Oskar Mitleid bekundet und wissen möchte, wie Ricos
Vater denn gestorben sei. Oskar möchte dazu nichts sagen:

Ich gab keine Antwort. Ich habe noch nie jemandem davon erzählt, wie Papa gestorben
ist. Das geht keinen was an. Es ist eine sehr traurige Geschichte. (ROT 37)

Vor diesem Hintergrund wird verständlich, warum Ricos Vater im Dialog der
Filmszene nicht erwähnt wird. Alles Wichtige zu diesem Thema ist an dieser
Stelle das Ungesagte bzw. die Tatsache, dass es noch ungesagt bleiben muss.[294]
Ein Monolog während des Gesprächs wäre natürlich nicht glaubhaft gewesen, da
Oskar ihn ja gehört hätte, eine Integration in den Monolog am Szenenende wäre
denkbar, hätte allerdings ebenfalls nicht plausibel gewirkt, weshalb das Vater-
Thema im Film erst an andere Stelle aufgenommen wird.

Während der Film Ricos ersten Blick auf Oskar als POV-Shot nachahmt,
beschreibt Rico als Erzähler im Roman das Aussehen von Oskar. Dabei werden
die Informationen über Oskar sukzessive vergeben. Nachdem Rico zunächst,
weil er auf dem Boden sucht, Oskars Füße sieht, „kleine Füße mit hellen Strümp-
fen in offenen Sandalen" (ROT 32), werden Oskars Größe und sein blauer Sturzhelm beschrieben, die markantesten und zuerst ins Auge fallenden Merkmale
Oskars. Dann, als das Gespräch bereits eingesetzt hat, fallen Rico Oskars große
Zähne auf, die ihm scheinen „als könnte er damit ganze Stücke aus großen Tieren rausbeißen, einem Pferd oder einer Giraffe oder dergleichen" (ROT 32). Als
Oskar sich bereits an Ricos Suche nach einer Fundnudeln beteiligt, wird Oskars
Kleidung beschrieben, sein kurzärmliges Hemd und damit auch die rote Flug-
zeugbrosche, die er darauf trägt (vgl. ROT 32f). Wie beim Thomas-Mann-Bei-
spiel in Kap. 4.1.5 liegt hier eine sorgfältige lineare Komposition vor. Indem mit
Oskars Helm begonnen wird, dem Ausdruck seiner auf seinem Wissen basierenden Ängste und damit der Nachteile seiner Hochbegabung, wird zunächst
etwas beschrieben, was ihn mit Rico verbindet, die Abweichung von der Bega-
bungsnorm. Am Ende der Beschreibung steht das Objekt, das für die weitere
Handlung von Bedeutung ist, das rote Flugzeug. Deutlich später im Gespräch
wird dann aber noch eine Information zur Größe Oskars gegeben, als Rico
feststellt, dass Oskar ihm plötzlich viel größer vorkam, seit er weiß, dass dieser

294 Zur Bedeutung dieses Moments für die beginnende Entwicklung der Freundschaft
zwischen Rico und Oskar vgl. Pompe 2016: 38.

hochbegabt, obwohl er eigentlich viel kleiner war (vgl. ROT 33). Dieses Spiel mit realer und gefühlter Größe wird auf dem Karteikärtchen zum Begriff „arrogant" später noch variiert (vgl. ROT 36).

Während damit von Oskar ein detailliertes Bild gezeichnet wird, gibt es über Ricos Aussehen kaum Informationen, was nicht weiter verwunderlich ist, wenn man die Erzählsituation bedenkt, denn warum sollte Rico sich in seinem Tagebuch selbst beschreiben. Lediglich in Abgleich zu Oskar wird eine Information vergeben: Wenn Oskar viel kleiner ist, lässt sich daraus schließen, dass Rico viel größer ist. Auch hier liegt ein großer Unterschied zum Film vor: So sehr dieser inszenatorisch Ricos Blick auf Oskar nachahmt, sind doch im Schuss-Gegenschuss-Verfahren, das auf den ersten POV-Shot folgt, beide Figuren gleich häufig im Bild und damit beide gleich intensiv äußerlich charakterisiert. Durchgehende Okularisierung im Film ist zwar prinzipiell möglich, aber kaum gelungen umsetzbar, sodass sich mit THE LADY IN THE LAKE oder HARDCORE HENRY nur wenige Beispiele für ein solches Vorgehen finden. Wie damit allein das Aussehen Oskars beschrieben wird, finden Mimik und Gestik allein von Oskar Eingang in den Text:

> Der Junge schaute an meinem ausgestreckten Arm entlang. Als er die 93 sah, rutschte seine Stirn erst rauf, als wäre ihm gerade eine tolle Erleuchtung gekommen oder so was, und dann wieder runter, als würde er gründlich über etwas nachdenken.
> Zuletzt wurde seine Stirn wieder ganz glatt und er grinste. (ROT 35)

Für das Buch lässt sich daher festhalten, dass Rico nur in der Innensicht, Oskar nur in der Außensicht geschildert wird. Im Film wird Ricos Perspektive mit filmischen Mitteln evoziert, dennoch sind beide auch von außen zu sehen, die Innenbeschreibung Ricos bleibt immer partiell.

Aber Rico beschreibt Oskar nicht nur, er bewertet ihn auch. In der zitierten Textstelle über Oskars Zähne läßt sich das bereits erkennen, noch klarer ist eine spätere Stelle, in der er explizit von „Monsterzähnen" (ROT 38) spricht. Und schon ganz zu Anfang kommentiert er Oskars Auftreten mit Helm: „Er sah völlig beknackt aus." (ROT 32)

Neben der Perspektive ist Rico als Erzählerfigur interessant. Dabei ist in diesem Ausschnitt noch vor seiner Sprechweise, seinen Wortneuschöpfungen wie „So-als-ob-Zeit" (ROT 37) und „Durchguckding vom Helm" (ROT 32) und den Worterklärungskärtchen, von denen es im Abschnitt insgesamt drei gibt, seine erzählerische Unzuverlässigkeit wichtig. Wie im zweiten Band zu erfahren, ist der Vater in Wahrheit nicht gestorben, Rico glaubt das lediglich, weil seine Mutter es ihm so erzählt hatte (vgl. Steinhöfel 2009, 259). Schon beim ersten Lesen als unzuverlässig zu erkennen ist Rico indes, als er erklärt, man müsse nett sein, wenn jemand sich entschuldige und es aufrichtig meine und „Oskar meinte es aufrichtig. Hatte er ja gesagt" (ROT 36). Natürlich kann die Aussage, dass man etwas aufrichtig meint, nicht als Beleg dafür genommen werden, dass es aufrichtig gemeint ist, schließlich kann sie selbst gelogen sein. Dass Rico diese Möglichkeit nicht in Betracht zieht, gibt der Textstelle ihre eigentümliche Ironie. Zudem ziehen solche Schlüsse Ricos Wahrnehmung generell in Zweifel. Daneben lässt sich aufgrund der Emotionalität der Situation für die Bewertungen oben Zweifel anmelden: Sind Oskars Zähne wirklich so groß und ist er selbst wirklich so klein oder übertreibt Rico? Man bedenke, dass er als Tagebuchautor die Erlebnisse nach dem Gespräch niederschreibt und nach dessen Ende noch sauer auf Oskar war. Vermutlich hat sich seine Wut bis zum Schreiben erhalten und verzerrt seine Wahrnehmung (Vgl. zum unzuverlässigen Erzählen in Rico, Oskar und die Tieferschatten insgesamt Henke 2020: 181–184).

An den beiden Ausschnitten lässt sich exemplarisch darstellen, wie schon bei einem fast identischen Dialog die unterschiedlichen Subjektivierungsweisen die Aussage eines Ausschnittes verändern. Trotz des Versuchs, die Fokalisierung im Film auf Rico zu erhalten, ist das Innenleben Ricos im Buch viel stärker erfahrbar. Dafür indes lassen sich im Film die Emotionen beider Figuren aus Mimik, Gestik und Sprechweise erschließen, so wie im Film auch beide Figuren in ihren äußerlichen Charakteristika beschrieben sind.

Vor allem aber ist bei diesem Schlüsselausschnitt, wenn man ihn in der Schule vergleichen will, zentral, dass alle Informationen im Buch nur durch Rico als Erzähler gefiltert übermittelt werden, dass man als Leser:in nicht sicher sein kann, ob Rico nicht lügt, übertreibt, sich irrt. Natürlich kann der Film auch unzuverlässig erzählen und RICO, OSKAR UND DIE TIEFERSCHATTEN tut es auch in Szenen, die Ricos Überforderung darstellen, etwa am Eisstand, wenn die Eisschilder unlesbar sind, weil Rico sie nicht lesen kann, oder wenn auf Straßenschildern statt der Straßen die Dinge abgebildet sind, an die der unkonzentrierte Rico gerade denkt. Wie gesehen gab es auch ein subjektives Moment mit dem glänzenden Papierchen am Anfang der Szene. In aller Regel entspricht das filmisch Gezeigte aber der fiktiven Realität, wenn es nicht deutlich als subjektiv markiert wird.[295] Bei literarischen Ich-Erzählern liegt aber eine grundsätzliche Unzuverlässigkeit vor. Vor allem lässt sich zeigen, wie Erzähler nicht

---

295 Es gibt allerdings auch Filme die durchgehend unzuverlässig erzählen. Vgl. für die verschiedenen Spielarten dabei Krützen 2010: 35–202. Unentscheidbares Erzählen im Film untersucht auch Palmier 2014.

nur berichten, sondern oft auch bewerten, während im Film Bewertungen des Gezeigten selten sind, selbst da wo eine klare Perspektive vorherrscht.

Zu guter Letzt lässt sich die Bedeutung des Verschwiegenen und Ungesagten im Unterricht gewinnbringend besprechen. Dass dieses im Film nicht darstellbar ist, begründet den Wegfall des gesamten Gesprächspunktes über Ricos Vater. Hierbei sollte aber wieder vorsichtig damit umgegangen werden, dass Schüler:innen schnell ins Werten geraten könnten, wenn hier etwas schlicht ausgelassen wurde, weil es medial nicht so gut darzustellen ist. Und in jedem Fall funktioniert der Witz des Umdrehens, nachdem Rico explizit gedacht bzw. gesagt hat, dass er es nicht tun will, im Film durch den Wesel des medialen Kanals besser – sogar obwohl dabei das eigentlich verpönte Mittel des Selbstgesprächs angewandt wird.

7. Beispiel 2: Tschick

7.1 Tschick als Buch und als Film

Wolfgang Herrndorfs 2010 ersterschienener Roman *Tschick*[296] erzählt die Geschichte der beiden jugendlichen Außenseiter Maik Klingenberg und Andrej Tschichatschow, genannt Tschick, die in den Sommerferien mit einem geklauten Lada in die Walachei fahren möchten. Zwar gelangen sie dort nicht einmal annähernd hin, zumal sie nicht wissen, wo das überhaupt liegt, erleben auf ihrer Reise aber mehrere Abenteuer und schließen ungewöhnliche Bekanntschaften, bis ein Unfall ihre Fahrt beendet. Damit verweist der Roman selbst bereits intermedial auf ein filmisches Vorbild, und zwar nicht nur, weil *Tschick* im Grunde ein literarisches Roadmovie ist, sondern weil die Handlung an Hark Bohms Jugendfilm-Klassiker Nordsee ist Mordsee aus dem Jahr 1976 angelehnt ist, in dem die jugendlichen Außenseiter Uwe und Dschingis auf einer geklauten Jolle die Elbe hinauffahren (vgl. Langemeyer 2019: 222f).

Bei der Verfilmung des Romans, die am 15. September 2016 in den deutschen Kinos anlief, war ebendieser Hark Bohm – neben Lars Hubrich – wiederum an der Drehbuchentwicklung beteiligt. Regie führte Fatih Akin, nachdem zunächst David Wnendt dafür vorgesehen war, der mit Feuchtgebiete (2013 nach dem Buch von Charlotte Roche) und Er ist wieder da (2015 nach dem Buch von Timur Vermes) bereits zwei aktuelle Bestseller verfilmt hatte. Was die Bezüge zu Nordsee ist Mordsee betrifft, ist neben Hark Bohms Beteiligung auch die Mitarbeit des Schauspielers Uwe Bohm bemerkenswert: In Nordsee ist Mordsee spielt er, noch unter dem Namen Uwe Enkelmann, die Hauptfigur Uwe, die vor ihrem gewalttätigen Vater flieht. In Tschick spielt er selbst den Vater, der Maik gegenüber gewalttätig wird. Man kann darin eine bittere Pointe über das Vorkommen intergenerationeller Fortsetzung von Gewalt sehen.

Durch die thematische Nähe zu diesem Film sowie zu Klassikern der Jugendliteratur wie *Adventures of Huckleberry Finn* scheint sich *Tschick* bereits intertextuell in den jugendmedialen Diskurs einzuschreiben. Erstaunlicherweise erschien die Erstausgabe allerdings im Erwachsenen-Programm des Rowohlt Verlags, so wie auch die anderen Bücher von Herrndorf als an Erwachsene adressiert verkauft worden waren. Erst nachdem der Roman im Jahr 2011 den Deutschen Jugendliteraturpreis zugesprochen bekommen hat, wurde er auch als

---

296 Im Folgenden wird bei Zitaten nur die Sigle T angegeben.

Jugendliteratur vermarktet. Es handelt sich somit zwar um intentionale, aber nur in einem eingeschränkten Sinne spezifische Jugendliteratur. In jedem Fall kann der Roman trotz seiner vierzehnjährigen Protagonisten sowohl Jugendliche als auch Erwachsene ansprechen, sodass die Rede von einem „All-Age-Roman" (Löwe 2015: 290) zutrifft. So finden sich neben Anspielungen auf Jugendbücher auch solche, die im Sinne intertextueller Mehrfachcodierung eher das kulturelle Wissen erwachsener Rezipient:innen aktivieren. Als Beispiel sei der Unfall mit dem Schweinelaster genannt, der eine klare Anspielung auf die Wendekomödie WIR KÖNNEN AUCH ANDERS (R: Detlev Buck, 1993) darstellt (vgl. hierzu Baßler 2015: 67).

Dabei lässt sich der Roman selbst ins Genre des Coming-of-Age- bzw. Adoleszenzroman einordnen, der das Reisemotiv als klassische Metapher für die jugendliche Suche nach Identität verwendet. Dabei werden die Elemente des Heldenreise-Schemas nach Christopher Vogler bzw. Joseph Campbell aufgegriffen und variiert.[297] Durch Tschicks Homosexualität und Maiks Überlegungen, ob er nicht ebenfalls schwul werden solle, wird die Frage nach sexueller Orientierung mit dem Diskurs über adoleszente Identitätssuche verbunden,[298] daneben ist auch kulturelle Identität in der transkulturellen Gesellschaft im Roman immer wieder Thema.[299]

---

[297] Zum Motiv der Reise in *Tschick* ist viel publiziert worden. Aus literaturwissenschaftlicher Sicht zu diesem Motiv vgl. Schäfers 2015, Hermes 2016, Zierau 2016, Stemmann 2019, unter didaktischem Schwerpunkt vgl. Rauch 2014. Momente des Utopischen in der Reise der beiden Jungen erkennt Ritzen 2015. Zum eng mit dem Motiv der Reise verbundenen Thema der Selbstfindung und Identitätssuche vgl. zudem Mühr 2015, Mühr 2017, Myoung 2017, Frank 2017, Pavlik 2016 und Pavlik 2019 und Avventi 2017. Des Weiteren wurde die Reise Maiks und Tschicks als Bildungs- und Initiationsprozess auch aus der Perspektive der Sozialpädagogik und der Erziehungswissenschaft reflektiert (vgl. Thiersch 2014, Koller 2014). Während der Sozialpädagoge Hans Thiersch jedoch nicht frei von Bedenken bezüglich der kriminellen Implikationen der Abenteuerreise ist, sieht Koller die Heldenreise der beiden Jugendlichen als einen erfolgreichen, auf kulturellen Differenzerfahrungen basierenden Bildungsprozess an. Interessant vor dem Hintergrund von Bildungsprozessen ist daneben die Bedeutung von Wissen und Orientierung im Roman (vgl. Berger 2017).

[298] Vgl. hierzu neben den bereits genannten Beiträgen Wolf 2017.

[299] Zum Zusammenhang von Interkulturalität und Adoleszenz vgl. Osthues 2016 sowie aus Sicht des inter- bzw. transkulturellen Literaturunterrichts Rosebrock/ Papadimitriou 2014, Zierau 2015. Zur Diskussion über die vermeintliche Klischeebeladenheit von Tschicks russlanddeutscher Identität waren Rösch 2015 und Hoge 2015 schon erwähnt worden.

Auch *Tschick* ist in diverse Medien adaptiert worden. Neben zwei Hörbuch-Fassungen (einer gekürzten Lesung von Hanno Koffler und einer des vollständigen Textes von Marius Clarén), einem Hörspiel und dem Film liegt eine Stückfassung von Robert Koall vor, die am 19. November 2011 am Staatsschauspiel Dresden unter der Regie von Jan Gehler uraufgeführt wurde und zwischenzeitlich das an deutschen Bühnen meistgespielte Theaterstück war, was sicher nicht zuletzt mit der einsetzenden Popularität des Romans als Schullektüre zu tun hatte.[300] 2017 kam noch eine Opernversion mit der Musik des Komponisten Ludger Vollmer hinzu, die am Theater Hagen uraufgeführt wurde.[301] Mit Andreas Lindemanns Bearbeitung und Übersetzung des Romans in Einfache Sprache, für die Herrndorf sich vor seinem Tod noch selbst eingesetzt hatte und die schließlich 2013 im Spaß am Lesen Verlag publiziert wurde, existiert des Weiteren eine intramediale Adaption.[302] Als eine Art Fortsetzung wurde 2014 das Romanfragment *Bilder deiner großen Liebe: Ein unvollendeter Roman* aus Herrndorfs Nachlass veröffentlicht.

Auch für eine Verfilmung hatte Herrndorf sich noch selbst eingesetzt und Lars Hubrich mit dem Verfassen eines Drehbuchentwurfs beauftragt. Dieser wurde noch einmal überarbeitet, als es kurz vor dem Drehbeginn zum Wechsel des Regisseurs kam, weil Wnendt aufgrund von künstlerischen Differenzen mit dem Produzenten, Marco Mehlitz, aus dem Projekt ausschied. Der anscheinend schon länger an dem Stoff interessierte Akin, der für ihn übernahm, revidierte das Drehbuch gemeinsam mit Hark Bohm. Auch der Schauspieler von Maik Klingenberg wurde neu besetzt. Tristan Göbel, der die Rolle schließlich übernahm – Tschick als zweite Hauptrolle wurde von Anand Batbileg verkörpert –,

---

300 Zu den (ersten) Theaterinszenierungen vgl. Rösch 2015: 29–32.

301 Für eine unterrichtliche Thematisierung von *Tschick* unter Einbezug anderer medialer Umsetzungen des Stoffes, wobei der Film noch ausgelassen wurde, der zu diesem Zeitpunkt noch nicht in die Kinos gekommen war, vgl. Hodson/ Sieber 2015. Einen mediendidaktischen Vorschlag zum handelnden Umgang mit dem Roman mittels Neuer Medien macht Kasparek 2017. Es handelt sich um die Smartphone-Apps Tellagami und iAnnotate. Im Fokus des Beitrags steht eine digitale Inszenierung von Romanszenen mittels digitaler Avatare. Ein Vergleich zur Verfilmung wird als weitergehende Möglichkeit angeregt, dennoch wird betont, dass das Vorgehen selbst explizit kein filmdidaktisches ist (vgl. Kasparek 2017: 22).

302 Zur Arbeit mit dieser Adaption von *Tschick* im Deutschunterricht in inklusiven Lerngruppen vgl. Thäle/ Riegert 2014: 198–201. Zu dieser Adaption und deutschdidaktischen Debatten über Romanfassungen in einfacher Sprache vgl. Topalović/ Diederichs 2020.

hatte auch schon in RICO, OSKAR UND DIE TIEFERSCHATTEN in einer kleinen
Nebenrolle mitgespielt. In einer Szene, als Rico nach der Wohnung von Sophia
sucht, um sie zu Mister 2000 zu befragen, sieht man Göbel in der Rolle des
taubstummen Sven.

TSCHICK lässt sich als Jugendfilm einordnen, weist allerdings Merkmale des
Familienfilms auf, handelt es sich doch wie bei der Literaturvorlage um einen
All-Ager.[303] Maik, Protagonist und Fokalfigur, ist 14 Jahre alt und Tschick befindet sich ebenfalls ungefähr in dessen Alter. Die Geschichte eines sommerlichen
Ausbruchs aus Schul- und Beziehungssorgen und der zerfallenden Familie Klingenberg greift diverse Topoi des Jugendlich-Seins auf, wird stellenweise rasant
und unter Verwendung einer großen Varianz von Einstellungen und Perspektiven inszeniert. Auf intertextuelle Bezüge zu anderen Jugendfilmen ist schon
eingegangen worden. Auch der Soundtrack wirkt betont jugendlich, bietet junge
Bands und Musiker auf und besteht aus einer eigentümlichen Mischung aus
Indie-Rock und Hip-Hop (zur Musik in TSCHICK vgl. Oberhaus 2019). Zwar
ist fraglich, ob wirklich viele Jugendliche Courtney Barnett oder Royal Blood
hören, auf die Hip-Hop-Formationen Seeed und K.I.Z. trifft das in jedem Fall zu
und auch Bands wie die Beatsteaks und Bilderbuch dürften den meisten Jugendlichen zumindest bekannt sein.

Ebenso wie RICO, OSKAR UND DIE TIEFERSCHATTEN ist auch TSCHICK eine
nahe am Roman verbleibende Verfilmung, wenn auch stark gekürzt wurde. Peter
Langemeyer, der sich aus literaturwissenschaftlicher Sicht mit Medienreflexion
und Intermedialität in Herrndorfs Roman[304] befasst, um dann zu analysieren,
wie die Verfilmung mit diesen Referenzen umgeht, ordnet den Film dennoch
als interpretierende Transformation des Romans ein (siehe Kap. 2.2.3), die den
sozialintegrativen pädagogischen Impetus des Romans durch eine partielle
Bagatellisierung jugendlicher Kriminalität ersetzen würde (vgl. Langemeyer
2019: 227–230). Auf diese Lesart wird bei der Szenenanalyse in Kapitel 7.3
eingegangen.

---

303 Hier ist bereits zu erwähnen, dass mit Fatih Akin (und vorher mit David Wnendt)
     ein Regisseur mit dem Film beauftragt wurde, der zuvor Filme für ein erwachsenes
     Publikum gedreht hat. Mit Kümmerling-Meibauer 2010: 13f könnte man von einem
     Crossfilmer sprechen.

304 Er nimmt dabei Herrndorfs filmische Schreibweise sowie intertextueller Anspielungen
     auf Filme in den Blick (vgl. Langemeyer 2019: 207–217). Die intertextuellen Bezüge
     auf Filme und andere Medien untersuchen überzeugend auch Baßler 2015b und Hoff-
     mann 2019, die hierbei auch die Mehrfachcodierung in den Blick nimmt.

Das Buch wird in der Regel in der 8–9 Klasse im Deutschunterricht einge-setzt,[305] was ungefähr dem Alter der Protagonisten entspricht. Der Film hat eine FSK-Freigabe ab 12 Jahren und kann ebenfalls in diesen Klassen eingesetzt wer-den. Den immensen Erfolg, den Tschick als Schullektüre hatte, kann man auch an der Fülle an Unterrichtsmaterial und didaktischen Handreichungen ablesen (vgl. hierzu Loderhose/ Kumschlies 2015).[306]

7.2 Vergleich des Anfangs von Film und Buch

Buch und Film des Tschick-Stoffes weichen am Anfang stark voneinander ab, was vor allem daran liegt, dass die Rahmenhandlung im Film deutlich kürzer geschildert wird. Dennoch lässt sich auch hier ein guter Vergleich anbringen, da wie bei RICO, OSKAR UND DIE TIEFERSCHATTEN auf ähnliche Motive zurück-gegriffen wird. Während die ersten beiden Szenen zur Rahmenhandlung gehö-ren, leitet eine Voice-Over-Stimme, die in der kurzen zweiten Szene beginnt, in die nächste Szene und damit die eigentliche Handlung über. Der Anfang dieser Szene wird hier damit noch einbezogen. Der gesamte zugrunde liegende Aus-schnitt reicht von 00:00:36–00:02:35.

Der Film setzt mit vollständig schwarzem Bild und den Geräuschen vorbei-fahrender Autos ein. Währenddessen laufen die Titel-Credits in grau-weißer Schrift durchs Bild, wobei ihre Bewegung mit den Geräuschen synchronisiert ist, als wären die Wörter die fahrenden Autos. Die Art der Fahrtgeräusche lässt auf hohe Geschwindigkeiten schließen, sodass bereits bei schwarzer Leinwand bzw. schwarzem Bildschirm eine Schnellstraße oder Autobahn evoziert wird. Eine nächtliche Autobahn gerät dann auch in der ersten wirklichen Einstellung ins Bild.[307] Vom vollständig schwarzen Bild schwenkt die hoch über der Auto-bahn stehende Kamera vertikal herab auf das Geschehen. Weiterhin ist das Bild größtenteils dunkel; lediglich Autoscheinwerfer und Blaulichter verschiedener Rettungsfahrzeuge schaffen Licht.

Die Szene arbeitet mit vielen dissoziativen Überblendungen, fokussierten Einstellungen, Weißblenden; die Kamera ist durchgehend dynamisch, schnelle Kameraschwenks fallen auf. Schon in der ersten Einstellung nach der Totalen ist

---

305 Marja Rauch empfiehlt *Tschick* für die Stufen 8 bis 10 (vgl. Rauch 2012: 203, 215).

306 Zur schnellen Kanonisierung *Tschicks* vgl. Kliewer 2015, zu weiterer Literatur vgl. die Bibliografie von Langemeyer/ Lorenz 2019.

307 Neben dem Hinweis auf diese konkrete Szene antizipieren die Fahrgeräusche aber auch die allgemeine Reise im Auto, die im Zentrum dieses Road-Movies steht.

das bemerkbar: Sie beginnt nach einer Weißblende, während der die Musik sich intensiviert, mit der Detailaufnahme eines auf dem Asphalt liegenden Zigaretenstummel,[308] die von einer durch Überblendungen mehrfach sichtbaren Hand aufgehoben wird. Dann folgte die Kamera der Handbewegung und wandert an der Figur hinauf, bei der es sich, wie die Zuschauer:innen später erfahren, um Maik handelt. Sie wechselt dabei, da Maik sich umdreht, bevor die Kamera sein Gesicht erreicht, auf einen Over-the-Shoulder-Shot, dann eine Rückenansicht, wodurch hinter Maik laufende Schweine, Rettungsfahrzeuge und Feuerwehrleute ins Bild geraten. Dann folgt abermals eine Weißblende.

Die Gestaltung der Szene legt eine Fokalisierung auf Maik nahe, der nach dem Unfall verwirrt und benommen ist. Es liegt also eine mentale Projektion vor, die Gemeinsamkeiten mit dem in Kap. 4.2.5 erwähnten Beispiel der Alkoholfahrt in NORTH BY NORTHWEST aufweist. Ob zudem Fälle von Okularisation und Aurikularisation vorliegen, ist schwerer zu sagen. Ein klassischer POV-Shot nach Branigan liegt nicht vor und immer wieder gerät Maik selbst ins Bild. Dennoch könnten einige der Einstellungen seiner eigenen Wahrnehmung entsprechen. Für Aurikularisierung spricht der unnatürlich große Hall, als Maik „Tschick" ruft (TSCHICK; 00:01:53); möglicherweise lässt sich dieser dadurch erklären, dass Maik unter Schock stehend seine eigene Stimme gleichsam wie aus weiter Ferne kommend wahrnimmt. Geräusche von den Rettungsarbeiten sind ebenfalls – wenn überhaupt – nur sehr gedämpft zu hören, was die Vermutung erhärtet. Dem widerspricht aber, dass sich das Quieken und Grunzen der entlaufenen Schweine unverfremdet vernehmen lässt. Man kann bezüglich Aurikularisierung und Okularisierung am besten von einer „halbsubjektiven" Perspektive sprechen: Denn, wo Maik zu sehen ist, geschieht dies zunächst als Rückenfigur und, dass sich solche Rückenansichten ähnlich, wie Deleuze es für Over-the-Sholder-Shots tut, als „halbsubjektiv" einordnen lassen, ist bereits vorgeschlagen worden (siehe Kap. 4.2.5). Vor diesem Hintergrund scheint es auch passend, dass der Status der Geräusche ambig bleibt und diese sich nicht einwandfrei zwischen subjektiv und objektiv zu differenzieren lassen. Der Aussage, die Szene sei im Unterschied zum Roman „etxtradiegetisch aus neutraler Perspektive mit Nullfokalisierung" (Langemeyer 2019: 224) ist jedenfalls nicht zuzustimmen.

Erst in der letzten Einstellung, als er nach Tschick ruft, dreht Maik sich um und zeigt sein Gesicht dadurch der Kamera. Beide Protagonisten werden damit

---

308 Wie die Zuschauer:innen später erfahren, ist „Tschick" auch ein österreichischer Ausdruck für einen Zigarettenstummel (Vgl. Langemeyer 2019: 224).

zugleich eingeführt, die Fokalfigur in der VEI, die zweite Hauptfigur in der akustischen SEI. Nachdem die Einstellung in einem Freeze Frame auf Maiks Gesicht stehen bleibt und abermals auf Weiß geblendet wird, findet sich der Name „Tschick" zudem als Titel in blauer Schrift eingeblendet in der visuellen SEI wieder. Maiks Gesicht ist blutüberströmt und damit das drastischste Anzeichen, dass sich wirklich ein schlimmer Unfall ereignet haben muss. Ob das Blut aber tatsächlich Maiks ist oder beispielsweise von einem der Schweine stammt, ist unklar. Während des Freeze Frames wird Maik immerhin von zwei auf ihn zueilenden Sanitätern bzw. Ärzten eingerahmt, ihm scheint also geholfen zu werden.

Der Musikeinsatz während der Szene ist kontrapunktisch. Die Musik steht zwar nicht in einem vollständigen Widerspruch zur VEI, der nur als absurd oder ironisch aufzufassen wäre, schwächt aber durch klare Rhythmik und die fröhliche Melodie die Dramatik der Bilder und das durch Kameraarbeit und Schnitt erzeugte Gefühl der Orientierungslosigkeit deutlich ab und verkehrt die Wahrnehmung der Bilder daher ins Gegenteil. Von einem polarisierenden Musikeinsatz zu sprechen, wäre daher zu schwach. Während die Bilder einem Drama oder Katastrophenfilm entstammen könnten, schafft die Musik es, die Zuschauer:innen dennoch auf den Komödienton des Films einzustimmen und eher ein Gefühl des Abenteuers als der Dramatik hervorzurufen. Lediglich die schrill quickenden Schweine tragen auf der akustischen Ebene wieder etwas zur Dramatik bei.

In diesem Prolog bis hierhin verlässt der Film sich in der Hauptsache auf kinematografische Codes, nutzt viele filmische Mittel zur Darstellung von Maiks Zustand und kommt mit nur einem einzigen Wort Dialog aus. Der Film setzt direkt nach dem Unfall mit dem Schweinelaster ein, wie Leser:innen des Romans nun schon erkennen können. Für alle anderen soll dieser Einstieg hauptsächlich Fragen aufwerfen, vor allem die beiden großen, was passiert ist und wie es passiert ist. Daneben könnte man auch die Frage stellen, wie Maik aus dieser Situation wieder herauskommt. Diese Frage ist, da ja noch nicht klar ist, was überhaupt geschehen ist, deutlich zurückgestellter.

Noch eine Einstellung nach der Einblendung des Filmtitels geht der Prolog weiter, dadurch dass nun Maik als Voice-Over-Erzähler in Erscheinung tritt, wird aber bereits in die eigentliche Handlung übergeleitet. Auch diese Einstellung beginnt als Detail, in dem nun eine Beinverletzung Maiks zu sehen ist, fährt an Maiks Körper hoch, sodass nun er auf einer Liege im Krankenwagen und die beiden ihn behandelnden Ärzte zu sehen sind. Maik fällt in Ohnmacht, worauf die Erzählstimme einsetzt und ein Zeitsprung eingeleitet wird. Nach dem Satz: „Eigentlich wäre ich gar nicht hier, wenn es Tatjana nicht gäbe" (Tschick; 00:02:12–00:02:15), wird abermals auf weiß geblendet.

In der nächsten Szene, die in einem Klassenraum spielt, fährt Maik im Voice Over fort: „Obwohl sie mit der ganzen Sache nichts zu tun hat. Ist es unklar, was ich da rede? Ja, tut mir leid. Tatjana Cosic kommt in der ganzen Geschichte überhaupt nicht vor. Das schönste Mädchen der Welt kommt nicht vor." (00:02:17–00:02:34) Währenddessen sieht man im Schuss-Gegenschuss-Verfahren Tatjana und Maik, wobei die Schüsse auf Tatjana über Maik okularisiert sind. Tatjana schreibt etwas und Maik beobachtet sie dabei. Das Geschehen läuft in Zeitlupe ab, die Beleuchtung ist nun gleichmäßiger, helle Farben und Weißtöne dominieren. Im Hintergrund ist eine Pop-Melodie zu hören, in der aber Chorgesänge dominieren. Deutlich bringt die filmische Inszenierung Maiks Interesse an Tatjana zum Ausdruck, von dem er zugleich spricht. In anderer Hinsicht scheinen sich VEI und SEI aber zu widersprechen: Die Aussage, dass Tatjana in der Geschichte nicht vorkommen soll, während sie zugleich im Bild zu sehen ist, ist zumindest irritierend und ruft weitere Fragen hervor.

Durch das Voice-Over ist klar, dass der Film nicht nur Maiks Perspektive aufnimmt, sondern versucht, ihn als Erzähler zu inszenieren. Dass auf dieses gerade bei Literaturverfilmungen oft kritisierte Vorgehen zurückgegriffen wird, heißt aber nicht, dass der Film generell unfilmisch agiert, denn *zugleich* nutzt er auch seine kinematografischen Codes. Dies lässt sich etwa an der ersten Einstellung auf Tatjana festmachen, die zu sehen ist, während Maik aus dem Off spricht. In dieser wird ihr schreibender Stift gezeigt, während ebenso ihr Torso im Blick ist. Da eine POV-Einstellung aus Maiks Sicht vorliegt, lässt sich das Bild auch so lesen, dass tatsächlich der Torso im Blick ist, da Maik ihr auf die Brüste schaut.

Dieser Bildausschnitt hat aber noch eine weitere Funktion, die sich im Folgenden erschließt: Das Oberteil, das Tatjana trägt, wird ins Blickfeld gerückt, ein grünes Top mit goldenen asiatisch anmutenden Drachen darauf. Maik wird einige Szenen später eine neu gekaufte Jacke tragen, die ebenfalls grün ist und neben dem Aufdruck „Japan" zwei Drachen zeigt. Offenbar versucht er unbeholfen, Tatjanas Stil nachzuahmen, um so ihre Aufmerksamkeit und Anerkennung zu erhalten. Stattdessen ist es Tschick, dessen erste im Film an Maik gerichtete Worte Komplimente für diese Jacke sind (vgl. Langemeyer 2019: 225).[309]

---

309 Im Roman ist es ebenfalls ein Kompliment für die Jacke, mit dem Tschick Maik zum ersten Mal anspricht. Hier ist es indessen so, dass Maik diese Jacke als „Lieblingsjacke" ansieht, weil sie so „billig" sei und „[i]m Grund die ideale Jacke für Asis", mit der er seine gutbürgerliche Herkunft kaschieren will (T 61f). Ein Bezug zu Tatjana wird hier nicht aufgebaut.

Zuschauer:innen, die sich allein auf den Voice-Over-Sprecher konzentrieren, dürften dieses aussagekräftige Detail übersehen.

Der Roman beginnt mit dem Satz: „Als Erstes ist da der Geruch von Blut und Kaffee" (T 7). Auf Blut als Indikator für einen Unfall wird somit ebenso zurück-gegriffen wie im Film, der Geruch von Kaffee weist aber darauf hin, dass der Roman nicht direkt an der Autobahn einsetzt. Film und Buch setzen zwar mit einer Prolepse nach dem Unfall mit dem Schweinelaster ein, führen diese aber sehr verschieden aus. Im Roman umfasst sie 13 Seiten und damit die ersten vier Kapitel, damit ist sie gegenüber der einen Filmminute deutlich umfangreicher. Maik ist anfangs auf einem Polizeirevier, dann erwacht er, nachdem er bewusst-los geworden ist, im zweiten Kapitel in einem Krankenhaus.

Darüber, was geschehen ist, erfährt man nur durch Hinweise wie das Blut und durch fragmentarische Rückblenden in der Gedankenrede von Maik: „Wo war Tschick überhaupt? Auf der Autobahn habe ich ihn noch gesehen, wie er mit einem Bein ins Gebüsch gehüpft ist. Aber ich schätze mal, sie haben ihn auch gekriegt. Mit einem Bein kommt man nicht weit." (T 7) Überhaupt stehen die Gedanken Maiks im Fokus. Neben vereinzelten Gesprächen mit Polizisten und später dem Krankenhauspersonal besteht ein Großteil des Textes in diesen ers-ten Kapiteln aus Überlegungen, was die Polizisten von ihm wollen, ob sie Foltern dürften, was er selbst sagen soll, ob er wie im Fernsehen nach seinem Anwalt fragen soll.

Oft haben die Gedanken ihren Ausgangspunkt in den Gesprächen und sind Ausdruck von Maiks Verwirrtheit und Unbeholfenheit in der Situation. So ent-spinnt sich aus der an Maik gerichteten Frage, ob er wisse, wie er heißt, eine ganze Reihe innerer Fragen:

> Was ist das denn für eine Frage? Halten die mich für meschugge? Ich schaue den Arzt an, und er schaut mich an, und dann beugt er sich über mich und leuchtet mir mit seiner Taschenlampe in die Augen. Ist das ein Verhör? Soll ich meinen Namen gestehen oder was? Ist das hier das Folterkrankenhaus? (T 13)

Dabei zeigt sich, welche Folien Maik zur Weltdeutung heranzieht. Vor allem auf mediale und populärkulturelle Bezugspunkte greift er zurück beim Ver-such, seine Situation zu begreifen. So kommt er, als er über die Unterwäsche von Krankenschwestern nachdenkt, auf das Aussehen der Schauspielerin Megan Fox zu sprechen (vgl. T 15) oder auf Dialogführung im Mafiafilm, die im realen Leben nicht funktionieren würde, ebenso wie es im Krankenhaus Dinge gibt, die auf der Straße nicht denkbar wären (vgl. T 15). Als er einem Arzt versichert, er sei ohne „Fremdeinwirkung" vom Stuhl gefallen, also von den Polizisten nicht gefoltert, sondern schlicht bewusstlos geworden, kommentiert er die eigene

Aussage: „Gutes Wort. Kannte ich aus dem Tatort" (T 19). An einer Stelle vergleicht Maik seine Lage auch direkt mit einer Filmszene:

> Ich ziehe mein Hosenbein hoch und gucke drunter. Dann habe ich noch genau eine Sekunde, um mich zu wundern. Wenn ich das im Film sehen müsste, würde mir mit Sicherheit übel, denke ich. (T 11)[310]

In der Tat wird Maik auch kurz darauf Übel und er verliert das Bewusstsein. Dass aus den drei Kapiteln, die im Krankenhaus spielen, nur dieser kleine Moment in den Film übernommen wurde, kann man fast als eine Form von intermedialem Humor sehen. Nach seiner Ohnmacht begann im Film das Voice Over, das durch die Beschreibung Tatjanas in die nächste Szene überleitete. Im Buch spielt sie ebenfalls hier schon eine Rolle, obwohl sie nicht anwesend ist. Denn auch an Tatjana muss Maik denken und kommt daher auf sie zu sprechen:

> Das Beste ist Klappe halten, hat Tschick gesagt. Und das seh ich genauso. Jetzt, wo eh alles egal ist. Und mir ist alles egal. Naja, fast alles. Tatjana Cosic zum Beispiel ist mir natürlich nicht egal. Obwohl ich jetzt schon ziemlich lange nicht mehr an sie gedacht habe. Aber wo ich auf diesem Hocker sitze […] da muss ich wieder an Tatjana denken. Denn genau genommen wäre ich nicht hier, wenn es Tatjana nicht gäbe. Obwohl sie mit der gesamten Sache nichts zu tun hat. Ist das unklar, was ich da rede? Ja, tut mir leid. Ich versuch's später nochmal. Tatjana kommt in der ganzen Geschichte überhaupt nicht vor. Das schönste Mädchen der Welt kommt nicht vor. (T 8)

Lediglich im letzten Kapitel findet mehr Dialog statt. Der Chirurg, der sich dort mit Maik zu unterhalten versucht, kommt etwas weiter als die vorherigen Gesprächspartner, schafft es sogar, dass Maik ihm gegenüber die Walachei als angestrebtes Ziel angibt. Dann bricht das Gespräch trotzdem ab. Stattdessen beginnt Maik als Erzähler im Roman, die Geschichte zu erzählen, die ihn in diese Situation gebracht hat.

Der Rahmen endet und die eigentliche Geschichte beginnt. Dabei wechselt zusammen mit der narratologischen Zeitebene die grammatische Zeit der Erzählung. Berichtet Maik in den ersten Kapiteln im Präsens von seiner Situation, eine in der fiktiven Prosa eher seltene Wahl, auf die aber im Pop-Roman gelegentlich zurückgegriffen wird, in dessen Tradition Tschick steht. Nun wechselt Maik überwiegend ins erzählerische Präteritum.

Im Grunde weist der Roman damit einen paradoxen Erzähler auf. Maik berichtet in der Situation auf der Autobahnpolizei und im Krankenhaus, also in eben der Situation, in der er kein Gespräch aufzubauen in der Lage ist, ein

---

310 Zu den intermedialen Bezügen des Romananfangs vgl. Langemeyer 2019: 209f.

fiktionaler Adressat existiert nicht. Zugleich kann es sich auch nicht um innere Selbstgespräche handeln, reflektiert er doch darüber, ob klar ist, was er sagen will. Maik durchbricht also die vierte Wand und spricht die Leser:innen direkt an.

Dabei spricht er nach dem Vorbild von Salingers *Catcher in the Rye* eine künstliche, konzeptionell mündliche Jugendsprache, in der es immer wieder zu Ellipsen, grammatischen Eigentümlichkeiten, vor allem aber eigentümlichen Wortgebräuchen: „Mein Gott, steht da bei mir einer auf der Leitung. Immer diese Scheißpeinlichkeit. Warum redet der nicht Klartext?" (T 19).[311]

Der unterrichtliche Vergleich der beiden Anfänge kann an der Frage ansetzen, warum der Rahmen im Buch so viel länger ist. Auch den Allgemeinplatz, dass Filme den Stoff nun einmal kürzen müssen, da sie nur begrenzt Zeit haben, mag die Umstellung der Rezeptionsreihenfolge tendenziell abschwächen, vor allem aber kann ihm damit begegnet werden, dass TSCHICK mit etwa anderthalb Stunden gemessen an heutigen Standards ein eher kurzer Film ist, es durchaus also noch die Möglichkeit zur Verlängerung ergeben hätte.[312] Aber der Aufenthalt im Krankenhaus hätte im Film vermutlich störend gewirkt, weil die Zuschauer:innen lange auf erste Informationen über die Handlung hätten warten müssen. Während Tatjana schon in Maiks Gedankenrede eingeführt wird, wäre das im Film so nicht möglich. Er hätte natürlich bereits im Voice Over von ihr sprechen können oder die Dialoge im Krankenhaus hätten ausgedehnt werden können, doch dann wäre sie rein in der SEI präsent gewesen, also nicht kinematografisch dargestellt. Dasselbe gilt für Tschick, der zwar nur kurz in Maiks Gedanken vorkommt, über den aber schon wichtige Informationen gegeben werden; er war ebenfalls in den Unfall verwickelt, ist verletzt und am Unfallort verschwunden. Maik auf der Autobahn nach ihm rufen zu lassen, ist ebenfalls eine deutlich filmischere Variante, diese Informationen – bis auf die Verletzung – zu geben. In beiden Fällen bleibt der genaue Verbleib Tschicks aber erst einmal offen. Im Film ist zusätzlich unklar, ob Tschick den Unfall überhaupt überlebt hat.

Während sowohl Film als auch Buch Mittel haben, Inneres auszudrücken, ist die Art und Weise, in der das geschieht – und geschehen kann – eine vollständig andere. Im Film wird versucht, Maiks Unwohlsein nachzuahmen, was

---

311 Zum Jugendsprachgestus vgl. Jürgensen 2012; Balsliemke 2015. Zum unterrichtlichen Umgang mit der artifiziellen Jugendsprachlichkeit des Romans sind bereits Vorschläge gemacht worden (vgl. Albrecht-Rosenkranz 2011, Gschwend 2013, Zierau/ Kofer 2015 sowie aus sprachdidaktischer Perspektive Droll/ Betzel 2016).

312 Zu Begründungen für weitere Kürzungen und ihre Rolle für Fatih Akins Interpretation des Stoffes vgl. Langemeyer 2019: 219.

tatsächlich gelingt, da sich der Schwindel fast auf die Zuschauer:innen überträgt. So direkt somatische Reaktionen auslösen, kann das Buch nicht, dafür vergibt es sehr viel weitergehende Informationen über Maik. Seine Art zu Denken und auch zu Schreiben bzw. Sprechen wird schnell deutlich, während die Zuschauer:innen am Ende des Filmszene immer noch so gut wie nichts über Maik wissen.

Sie wissen natürlich, wie er aussieht, was man im Buch nicht erfährt. Ebenso wird im Buch nicht gesagt, wie Tatjana aussieht. Dies ändert sich auch tatsächlich im weiteren Verlauf nicht, denn, wie Maik es ausdrückt:

> ich glaube, das ist überflüssig. Weil, kann sich ja jeder vorstellen, wie sie aussieht: Sie sieht super aus. Ihre Stimme ist auch super. Sie ist einfach insgesamt super. So kann man sich das vorstellen. (T 23)

Diese Leerstellen haben identifikatorisch einen großen Nutzen. Zumindest Jungen können sich selbst ohne Weiteres auf Tschick projizieren, was bei Tristan Göbel nicht unbedingt der Fall ist. Ebenso ist es wohl leicht, sich ein Mädchen vorzustellen, dass „einfach insgesamt super" ist, bei jeder konkreten Beschreibung oder Darstellung mögen sich Einwände regen.

Der Film kann Dinge visuell darstellen und nutzt das für das Symbol der grünen Jacke, das im Unterricht sehr gut abgegriffen werden kann, um Interpretationsunterschiede aufzuzeigen. Dafür muss der Film auch visuell darstellen. Da Literatur alle Sinneswahrnehmungen gleichermaßen nachahmt, ist Film auch offener für die anderen Sinne, so beginnt der Roman mit einem Hinweis auf Geruch.

Alles in allem lässt sich festhalten, dass der Film direkt mit der Handlung einsteigen will und daher schnell zum Zeitsprung kommt, während das Buch Maik zunächst als Erzählerfigur aufbaut. Der Film ist hier tatsächlich auf Äußeres und Handlung fokussiert, das Buch auf Inneres und Reflexion, wie es in Maiwalds Gegenüberstellung heißt (vgl. Maiwald 2015: 20). Beim Film stellt sich daher vordringlich die Frage, was passiert ist, beim Buch baut sich daneben zunehmend die Frage auf, wie Maik aus seiner Situation wieder herausgelangt. Und genau hier, im juristischen Umgang mit den vorhergehenden Ereignissen, der auf Maik noch zukommt, liegt ja laut Langemeyer ein großer Unterschied zwischen Film und Buch. Daher soll als zweiter Schlüsselausschnitt die Gerichtsszene aus dem letzten Drittel von Film und Buch herangezogen werden.

7.3 Maik vor Gericht in Film und Buch

In den Ausschnitt wird die Zeit von 00:76:51–00:78:58 einbezogen, dabei handelt es sich um die Gerichtsszene und die direkt darauffolgende Szene mit dem

Auszug des Vaters. Betrachtet man nur die Story, widerfährt Maik in diesen Szenen viel Schlimmes: Im Gericht wird er offensichtlich schuldig gesprochen, sein Vater verprügelt ihn auf dem Hof vor dem Gericht und dann verlässt er auch noch gemeinsam mit seiner Freundin Mona die Familie. Wie sich aber zeigen lässt, wird durch die Discourse-Ebene eine ganz andere Deutung nahegelegt, in der Maik sich von seinem Vater löst. Jener hatte Maik für die Gerichtsverhandlung das Wort verboten, er solle lieber die Anwältin sprechen lassen. Diese lastet dem flüchtigen Tschick alle Schuld an, behauptet sogar fälschlich, dass dieser beim Unfall hinter dem Steuer gesessen habe. Dann aber kommt es zum Eklat, als Maik widerspricht und damit seinen Vater gegen sich aufbringt.

Die meisten Kameraeinstellungen im Gerichtsgebäude sind im Bereich der Naheinstellungen oder weisen mittlere Einstellungsgrößen auf. Erst mit der Totale auf dem Hof des Gerichts ändert sich dies, was diese Einstellung besonders markiert. Sie sticht auch mit einer Länge von 18 Sekunden aus der sonstigen Einstellungslänge von wenigen Sekunden heraus. Es ist die Einstellung, in der Maiks Vater seinen Sohn schlägt. Die filmische Inszenierung unterstreicht die Ungeheuerlichkeit dieses Geschehens. Nach dem Schlag kommt es zu einem Freeze Frame, währenddessen Maik das Geschehen im Voice Over kommentiert, womit die Tat des Vaters abermals betont wird. Nach dieser Einstellung gibt es zu Beginn der Auszugsszene mehrere Totalen. Dies erklärt sich aber einfach durch die Entfernung der Figuren voneinander, der Vater in der Einfahrt, der Sohn auf der Dachterrasse, die im Schuss-Gegenschuss-Verfahren gegeneinander geschnitten werden.

In der Gerichtsszene sind vor allem die Kameraperspektiven genutzt, um die Bedeutung des dargestellten, umzukehren. Am Anfang ist Maik zwar in Normalsicht dargestellt. Das ändert sich aber, als er aufsteht, und der Belastung Tschicks durch die Anwältin widerspricht: „Das stimmt so nicht." (TSCHICK; 01:17:20) Durch sein Aufstehen und eine Ranfahrt der Kamera wird Maik nun in Untersicht dargestellt. Beim Auszug des Vaters bleibt die Untersicht auf Maik beibehalten, der ja nun auf einer Dachterrasse steht, während sein Vater und Mona in Aufsicht zu sehen sind. Damit ist das Verhältnis zwischen den drei Figuren nun vollständig umgekehrt. Maik hat sich aus Freundschaft zu Tschick zu seinen Taten bekannt, während der Vater sich neben der Untreue durch die Gewalt seinem Sohn gegenüber nun vollends als moralische Autorität kompromittiert hat. Im Gericht unterstützen auch weitere Mittel der Kamerainszenierung die Befreiung Maiks. Bevor er aufsteht, befindet sich sein Vater fast immer ganz oder teilweise mit im Bild, auch wenn der Fokus eigentlich auf Maik liegt. Diese bildliche Präsenz und damit Dominanz endet in diesem Moment. Nachdem Maik sich erhoben hat, bleibt dieser zudem überwiegend mit im Bild, auch wenn andere

Figuren den Bildfokus ausmachen. Selbst als Maiks Vater laut schreit, dass Maik aufhören solle zu gestehen, dass er am Steuer saß und vom Richter zurückgewiesen wird, ist Maik noch unscharf links im Bild zu sehen.

Die Farben und die Lichtgestaltung scheinen wieder eine negativere Deutung der Szene nahezulegen. Im Gericht dominieren kühle Farbtöne und viele weiße Flächen, ähnlich wie zuvor in den Szenen der Villa Klingenberg. Diesmal wirkt zudem niederschlagend, dass das Licht deutlich matter ist. Auch die Außenszenen sind bei bedecktem Himmel gedreht (bzw., was den Gerichtshof betrifft, ohne Zuhilfenahme künstlichen Lichtes im Gebäudeschatten). So sehr Maik einen Sieg über seinen Vater errungen hat, ist es natürlich ein teurer und wird von Maik selbst vermutlich nicht einmal als solcher empfunden. In der nächsten Szene liegt er somit traurig im Bett.

Deutliche Unterstützung für die Deutung der Befreiung ist die SEI. Zu Beginn der Szene ist aus dem Off noch die Stimme des Vaters zu vernehmen, der seinem Sohn im Krankenhaus für die Verhandlung noch mit auf den Weg gibt: „Bei der Verhandlung wirst du schön den Mund halten. Die Anwältin, die erklärt dem Richter ganz genau, was passiert ist." (00:76:51–00:76:56) Die SEI setzt hier also noch die vorherige Szene fort, während die AEI schon in die Gerichtsszene einsteigt. Durch diese Bild-Ton-Schere wird verdeutlicht, dass die Worte des Vaters die neue Szene betreffen, und richten damit die Aufmerksamkeit der Zuschauer:innen darauf, inwiefern sich Maik an diese Aufforderung hält.

Nach dem Schlag des Vaters schafft es Maik im Voice Over während des Freeze Frames, die Situation für sich zu wenden. Denn das Voice Over gibt Maik die Deutungshoheit über die Situation und seine Aussage, dass es in der Schule heiße, Gewalt sei keine Lösung. Da er dies aber aufgrund des Verhaltens seines Vaters infrage stellt („aber Lösung mein Arsch!" (Tschick; 01:18:08)), zeigt sich das Versagen des Vaters als Erziehungs- und Vorbildfigur. Daneben steigert die angehaltene Zeit während des Monologs die Spannung.

All dies zusammengenommen, lässt sich festhalten, dass die Sequenz, auch wenn es ein sehr ambivalenter Sieg ist, die Geschichte eines Sieges von Maik über seinen Vater erzählt, die Geschichte einer Emanzipation von einer schwierigen Vaterfigur. Mit dieser Thematik von Revolte gegen die Eltern und der sukzessiven Loslösung von ihnen zeigt sich Tschick wieder ganz als Jugendfilm. Dabei sind es allein die Mittel des Discourse, durch die die Geschehnisse als Sieg, als Befreiung dargestellt werden. Deutlich markiert wird damit der Moment, in dem sein Vater sich endgültig als patriarchale Autorität kompromittiert. Indem er sich gegen seinen Vater und die Anwältin stellt und aus freundschaftlicher Verpflichtung die Wahrheit eingesteht, statt wie es – mit deutlichem Rassismus – von den beiden nahegelegt, allein Tschick zu belasten, wird im Gegenteil Maik zur moralisch aufrichtigen Figur.

Die Ereignisse dieser Szenenfolge kommen im Buch ebenfalls vor: der Schlag, die Gerichtsverhandlung, die Tatsache, dass der Vater die Familie verlässt und mit Mona zusammenzieht. Lediglich die Reihenfolge von Schlag und Gerichts- verhandlung sind vertauscht,[313] der Auszug des Vaters wird eher nebenher berichtet und nicht szenisch ausgestaltet und einige Details weichen ab, etwa, dass Tschick im Roman an der Verhandlung teilnimmt und in ein Heim kommt, im Film auf der Flucht ist. Hier soll die Gerichtsverhandlung, die im Buch auf den Seiten 232–236 (Kap. 46) geschildert wird, mit der entsprechenden Film- szene verglichen werden.

Die Gerichtsverhandlung wird überwiegend in indirekter Rede wieder- gegeben, vor allem Maiks Beschreibung des Tatverlaufs (vgl. T 233f), der den Leser:innen des Buches schon bekannt ist. Spannend für die Leser:innen ist allein die Information, *dass* Maik den realen Tathergang beschreibt: „Ich erzählte einfach immer mehr oder weniger die Wahrheit, so wie ich sie ja auch schon auf der Polizei erzählt hatte – na ja -, von ein paar winzigen Details abgesehen." (T 233) Als einzige Lüge wird angegeben, dass Maik die Sprachtherapeutin und ihren Feuerlöscher nicht erwähnt, um sie zu schützen (vgl. T 234). Nicht ganz bei der Wahrheit bleibt Maik auch bei der Frage nach dem Motiv, da er einfach den Vorschlag des Richters akzeptiert, weil es ihm selbst nicht ganz klar scheint:

> Zum Glück hat er uns dann gleich selbst so Antworten angeboten. Zum Beispiel, ob wir einfach *Fun* hätten haben wollen. Fun. Na ja, schön, Fun, das schien mir selbst auch das Wahrscheinlichste, obwohl ich das so nicht formuliert hätte. Aber ich hätte ja auch schlecht sagen können, was ich in der Walachei gewollt hätte. Ich wusste es nicht. (T 233)

Die indirekte Rede wird hier also genutzt, um zugleich Maiks Zweifel am Gesag- ten auszudrücken. Als ironische Note kommt hinzu, dass Maik sich ausgerechnet bei dem Versuch des Juristen, jugendsprachlich zu reden, von der Formulierung distanziert, sich aber an der Aussage festklammert, da sie ihm einen Ausweg aus der Frage bietet. In Gedanken landet er direkt darauf allerdings bei einer ande- ren Erklärung:

---

313 Allerdings zeigt auch der Film bereits vorher einen Schlag des Vaters auf Maiks Hin- terkopf (Tschick 01:16:43). Dieser ist allerdings – so pädagogisch und psychologisch fragwürdig man ihn auch finden sollte – deutlich weniger brutal als der andere, der Maik sogar zu Boden wirft, und wird auch filmisch nicht in den Vordergrund gestellt.

Und ich war mir nicht sicher, ob sich der Richter stattdessen für meine Geschichte mit Tatjana Cosic interessieren würde. Dass ich diese Zeichnung für sie gemacht hatte und dass ich eine Riesenangst hatte, der größte Langweiler unter der Sonne zu sein, und dass ich einmal im Leben kein Feigling sein wollte, und deshalb sagte ich, dass das mit dem Fun schon irgendwie richtig wäre. (T 233f)

Deutlich zeigt sich hier, bei der Frage nach dem Motiv, durch die indirekte Rede und die Reflexionen Maiks als homodiegetischem Erzähler die Diskrepanz von Gesagtem und Gedachtem. Bei der Beschreibung des Tathergangs bleibt Maik jedoch wie gesehen bei der Wahrheit. Das hatte er seinem Vater bereits zuvor angekündigt und unter anderem dafür die Prügel auf sich gezogen. Zwar hatte der Vater Maik während des Gesprächs bereits drei Mal geschlagen, der heftigste Gewaltausbruch geschieht jedoch, nachdem der Vater Maik erklärt, was dieser vor Gericht sagen soll, um möglichst ungeschoren davonzukommen und Maik widerspricht:

„Ich erzähl dem Richter, was passiert ist", sagte ich. „Der ist doch nicht blöd."
Mein Vater starrte mich ungefähr vier Sekunden lang an. Das war das Ende. Ich sah noch das Blitzen in seinen Augen, dann sah ich erst mal nichts mehr. Die Schläge trafen mich überall, ich fiel vom Stuhl und rutschte auf dem Fußboden rum, die Unterarme vorm Gesicht. Ich hörte meine Mutter schreien und umfallen und „Josef!" rufen, und zuletzt lag ich so, dass ich zwischen meinen Armen heraus durchs Terrassenfenster sah. Ich spürte die Fußtritte immer noch, aber es wurden langsam weniger. Mein Rücken tat weh. (T 230)[314]

Die Gewalt des Vaters ist im Buch also noch stärker, wird aber nicht so fokussiert und markiert wie im Film. Die Weisung des Vaters an Maik, vor dem Gericht zu lügen und Maiks Widerstand dagegen finden sich hier wie dort. Im Roman aber kommt dem Verhältnis von Maik und seinem Vater nicht dieselbe Bedeutung zu. Vielmehr haben für Maik in der Gerichtsszene Gedanken an Tatjana Vorrang sowie seine Beziehung zu dem – hier ja anwesenden – Tschick. Tschick versucht – nun in wörtlicher Rede – alle Schuld allein auf sich zu nehmen, Maik jedoch widerspricht.

---

314 Die Sätze, die nur leicht verändert von Maik im Voice Over des Films gesagt werden, als sein Vater ihn schlägt, fallen im Buch schon einen Gewaltausbruch früher: „Zack, krachte es in mein Gesicht, und ich fiel zu Boden. Alter Finne. In der Schule heißt es ja immer, Gewalt ist keine Lösung. Aber Lösung mein Arsch. Wenn man einmal so eine Handvoll in die Fresse bekommen hat, weiß man, dass das sehr wohl eine Lösung ist" (ebd.: 228).

Am Ende der Verhandlung gibt er sich einsichtig und akzeptiert die Strafe von 30 Sozialstunden. Die Ausführungen des Richters über die Gefährlichkeit des Abenteuers von Maik und Tschick leuchten ihm ein, der Richter erscheint ihm sogar „vernünftig":

> Zum Schluss kamen dann noch stundenlange moralische Ermahnungen, aber es waren eigentlich sehr okaye Ermahnungen. Nicht wie bei meinem Vater oder in der Schule immer, sondern schon eher so Sachen wo man dachte, es geht am Ende um Leben und Tod, und ich hörte mir das sehr genau an, weil mir schien, dass dieser Richter nicht gerade entbescheuert war. Im Gegenteil. Der schien ziemlich vernünftig. (T 236)

Hier nutzt der Roman somit wieder die Möglichkeit, Maik als Erzähler die Geschehnisse kommentieren und reflektieren zu lassen. Vor allem hierin liegt der größte Unterschied zwischen Film und Roman, wenn man nur die Gerichtsszene vergleicht. Genau dies soll nun zur Erarbeitung medialer Differenz und ihrer Auswirkungen auf die Interpretation vorgeschlagen werden.

Gerade dass die Aussagen des Richters im Film ausgelassen sind und damit auch Maiks reumütiger Kommentar, so wie insgesamt eine Reihe positiver Erwachsenenfiguren fehlen, sieht Langemeyer als zentral für den Bedeutungsunterschied zwischen Film und Buch an (vgl. Langemeyer 2019: 227). In der Tat ist der pädagogische Gestus des Films noch geringer als der des Buches. Der im Film durch die desavouierte Autorität des Vaters repräsentierte Erwachsenenwelt kann kein Recht zukommen, Maik zu maßregeln. Im Roman indes, in dem es noch moralisch aufrichtige Erwachsene gibt, etwa einen Richter, der „ziemlich vernünftig" war, sieht das anders aus. Im Film muss Maik sich komplett von der Vaterfigur frei machen und wie er dies tut, wird vor allem kameratechnisch ausgedrückt.

Um das im Unterricht zu erarbeiten, kann man die beiden Szenen, in denen Maik durch die Untersicht zur dominierenden Figur wird, mit der früheren Szene vergleichen, in der Maik seinen Vater und Mona am Anfang der Sommerferien vom Pool aus wegfahren sieht und sich vorstellt, sie beide zu erschießen (TSCHICK; 00:16:45–00:19.03). Der Vergleich unterschiedlich inszenierter Szenen aus demselben Film war oben vorgeschlagen worden und funktioniert hier auf Ebene der Kameraperspektive. In dieser Szene, in der Maiks Emanzipation von der Vaterfigur noch nicht begonnen hat, wird er noch in Aufsicht dargestellt, Mona und sein Vater hingegen in Untersicht.

Dass der Film den Roman stark interpretiert, muss nicht über große Veränderungen an der Story gezeigt werden, es lässt sich schon an der formalen Gestaltung dieser wenigen Szenen zeigen. Im Film dient die Gerichtsszene dazu, Maik zu einem Subjekt zu erheben und an das Ende seiner Heldenreise zu bringen. Im Roman wird noch einmal die Freundschaft zu Tschick bestätigt, ansonsten dient das Kapitel der Reflexion. Maik erkennt seine Schuld an, drückt aus, dass er die Aussage des Richters akzeptiert, und denkt wieder an Tatjana. Die anderen jugendlichen Figuren sind hier also von großer Bedeutung, sind an dieser Stelle im Film jedoch ausgelassen. Dort besteht der Kernkonflikt in dieser Szene zwischen Maik und seinem Vater, die nicht anwesende Tatjana spielt hier keine Rolle. Tschick hätte ebenso wie im Buch anwesend sein können, wurde aber ebenfalls entfernt, um den Vater-Konflikt zu betonen. In dieser Szene liegt damit der Fall vor, dass ein durch unterschiedliche mediale Mittel veränderter Bedeutungsschwerpunkt bewusst weiter verstärkt wird. Maik und seinen Vater im Gericht aneinandergeraten zu lassen, ist möglich, da hier beide Figuren in einem Raum beisammen sind, Tatjana hingegen fehlt, es bliebe höchstens die Möglichkeit des Voice Overs. Dabei spiel des Weiteren die Distanz eine Rolle, da die indirekte Rede die Gerichtsszene im Buch ganz anders erscheinen lässt und in diesem Rahmen kann auch über die Zeitgestaltung gesprochen werden.

Im Unterricht ließe sich nun weitergehend diskutieren, welche Variante den Schüler:innen besser gefällt. Einige werden sich dabei sicher wieder auf die vermeintliche Originalität des Buches berufen, wenn man es aber schafft, zu vermitteln, dass beides legitime Interpretationen einer Story sind, ist das zu erwartende Ergebnis nicht mehr so eindeutig. Sicher wird es Schüler:innen geben, die das radikalere Ende des Films vorziehen, dass den jugendlichen Rebellen ein viel stärkeres Recht gibt, während andere der eigenen Jugendlichkeit zum Trotz die bestehende Gesellschaft und ihre Gesetze verteidigen werden und bei aller Sympathie mit Maik und Tschick doch eingestehen, dass sie Regeln verletzt und Menschen gefährdet haben. So ließe sich zeigen, dass erst einmal keine Version *per se* schlechter sein muss und man dennoch die eine oder die andere Version vorziehen kann.

8. Fazit

Literaturverfilmungen sind Standardsituation des Deutschunterrichts. Dem entspricht eine breite Thematisierung in der literatur- und mediendidaktischen Forschung. Mit dem hier vorgestellten transmedialen Herangehen wurde für die Sek I dennoch ein neuer Zugriff entwickelt. Film und Buch sollten nicht als Original und intermediale Rezeption, sondern als zwei gleichberechtigte konkrete Umsetzungen derselben Story behandelt werden. Dabei steht vor allem die Frage im Zentrum, wie das jeweilige Medium die Bedeutung mitprägt.

Um dem automatisierten Vergleichsblick auf die Verfilmung entgegenzuarbeiten, soll mit Filmszenen begonnen werden. Die Vorteile dieser Reihenfolge sind deutlich gemacht worden: Das Vorurteil gegenüber der Verfilmung als ,abgeleitetes Werk' wird teilweise ausgeglichen, der Bezug auf die problematische Kategorie der Werktreue unterbunden, der Film kann zunächst als ein Film gesehen werden. Als Nachteil hingegen ließe sich anführen, dass nun nicht mehr unvoreingenommen an den Roman herangegangen wird, das zum einen Leerstellen nun nicht mehr mit der eigenen Fantasie, sondern mittels der Erinnerung an die Filmbilder gefüllt werden, zum anderen, dass die Interpretation des Films die Interpretation des Romans beeinflusst. Beidem ist jedoch zu entgegnen, dass die Rezeption eines Textes ohne Rückgriff auf bereits vorhandene innere Bilder, Vorwissen und Vorannahmen über die mögliche Bedeutung eine hermeneutische Unmöglichkeit ist. Dass die inneren Bilder nun in bestimmter Weise durch den Film vorgeprägt sind, mag man bedauern, man kann darin aber auch eine Erleichterung für die Lektüre sehen. Die durch den Film nahegelegte Interpretation des Stoffes lässt sich als Hypothese in die Besprechung des Romans mitnehmen und dabei schauen, inwiefern schon allein die unterschiedliche Medialität die Bedeutung des Stoffes verändert.[315] Detailreich Auskunft geben über Vor- und Nachteile bei der Wirkung der verschiedenen Reihenfolgen auf die Rezeptionsweisen von Schüler:innen könnte eine empirische Überprüfung dieser Hypothese in konkret durchgeführten Unterrichtsreihen erbringen.

Narratologische und semiotische Aspekte haben sich dabei als sehr tragfähig erwiesen, um mediale Unterschiede zu erarbeiten. Dabei wurde gezeigt, dass der Aspekt der Perspektive in der bisherigen didaktischen Forschung vernachlässigt

---

315 Würde man mit dem Roman einsteigen und dann den Film besprechen, ließe sich dieser Vergleich natürlich ebenso durchführen.

und hier der Mythos der reinen filmischen Außensicht weitertradiert wurde. Dabei weisen die meisten Filme komplexe Perspektivgestaltungen auf und nutzen verschiedene Mittel, um das Innenleben ihrer Figuren auszudrücken, und gerade bei Kinder- und Jugendfilmen war darauf hingewiesen worden, dass ein zielgruppenadäquates Identifikationsangebot und eine kindliche Perspektive ein mögliches (und wichtiges) Merkmal der Zuordnung zu diesem Hypergenre darstellt. Gerade bei diesen Filmen ist es somit zentral, ihre Perspektivgestaltung in den Blick zu nehmen und zu schauen, wie kindliche Perspektive in Weltwahrnehmung und Vorstellungswelten konstruiert wird.

Bei Rico, Oskar und die Tieferschatten zeigt sich auch, wie gerade Musik und Tonelemente nicht nur genutzt werden, um Ricos Innenleben auszudrücken, sondern die Rezeption in vielerlei Hinsicht zu lenken. Hier handelt es sich um das Phänomen der Auralität, das nach Kurwinkel und Schmerheim Kennzeichen vieler Kinder- und Jugendfilme ist. Die Synthetizität des Mediums Film wurde im didaktischen Diskurs oft erklärt, dessen narratologische Implikationen wurden aber bisher nicht erfasst. Mit Kuhns Unterteilung der Erzählinstanzen in VEI, AEI, und SEI lässt sich hier eine größere analytische Trennschärfe gewinnen. Wie viele Handlungsinformationen visuell und wie viele sprachlich übermittelt werden, machen sich die meisten Filmzuschauer:innen kaum bewusst. Nicht selten beziehen sich Gespräche über Filme allein auf den Dialog, dabei sind es meistens bei guten Filmen vor allem die nichtsprachlichen Zeichen, die die Handlung wirklich weiterbringen. Tschick nutzt die Bildinszenierung mitunter sehr stark. Die gesamte Emanzipation des Protagonisten von seinem Vater ist fast allein über die Kamerainszenierung ausgedrückt.

Deutlich ließ sich aber auch zeigen, dass Filme zwar die Möglichkeit der Innendarstellung haben, diese selbst aber wieder andere Möglichkeiten und Begrenzungen aufweist. Vor allem auf dieser Ebene sind Bedeutungsänderungen zwischen beiden Medien unvermeidlich, ebenso aber auf der Ebene des Erzählers, da literarische Texte eine durchgehende Erzählerfigur aufweisen, Filme diese allenfalls inszenatorisch vorspielen können. Beide Beispielfilme taten dies auch, dennoch liegen die Geschichten in beiden Fällen nicht vollständigen in ihrer Hand.

An den konkreten Beispielen ließ sich zeigen, dass Rico, Oskar und die Tieferschatten unter anderem aus diesem Grund eher bemitleidend mit Rico umgeht, während er im Buch in seiner Selbstdarstellung die Weltsicht der anderen ‚mittelbegabten‘ infrage stellt. Bei Tschick liegt ein viel kompromissloserer Gegensatz zwischen Erwachsenenwelt und Welt der Jugendlichen vor als im Buch, der Fokus stärker auf Maiks problematischem Vater liegt und der Film durch den Einsatz von Kameraperspektivik eine Emanzipation Maiks gegenüber dieser Figur darstellt, während Maik im Buch ein Einsehen mit dem Richter hat, der die Ordnung der Erwachsenen in ‚vernünftigerer' Weise repräsentiert. Bei *Tschick* lässt sich kontrovers darüber diskutieren, welche Fassung interpretatorisch überzeugender ist. Für die frühe Sek I dürfte das noch schwierig sein, in den Stufen, in denen *Tschick* eingesetzt wird, sollte es durchführbar und produktiv sein.

Zu guter Letzt soll noch einmal der Bogen zurück zum Einstiegsbeispiel geschlagen werden. Anhand von Harry Potter in Buch und Film war dargelegt worden, welche Rolle Argumentationen über Werktreue in Bezug auf Literaturverfilmungen für Kinder- und Jugendliche (noch immer) spielen. Es ist ausgeführt worden, dass die Fans sich mehr Werktreue gewünscht hätten, die Kritiker:innen in Allgemeinen das Maß an Werktreue als zu hoch empfunden hätten, alle aber stets mit vergleichendem Blick auf die Verfilmung geschaut hätten. In dieser Arbeit wurde nun ein Vorschlag gemacht, diesem lediglich abgleichenden Blick auf Literaturverfilmungen im Unterricht entgegenzuarbeiten. So stellt sich zu guter Letzt die Frage, ob es bei Harry Potter ebenfalls zu empfehlen wäre, mit dem Film anzufangen. Es sei noch einmal darauf hingewiesen, dass diese Reihenfolge ein Vorschlag und keine Notwendigkeit ist. Er bietet sich hier aber ebenso als Möglichkeit an wie bei den beiden hauptsächlich diskutierten Beispielen. Tatsächlich lässt sich HARRY POTTER AND THE PHILOSOPHER'S STONE vorwerfen, dass der Film als eigenständiges Werk nicht lückenlos funktioniert, dass man an einigen Stellen das Buch gelesen haben muss, um den Film zu verstehen. Hier wäre den Kritiken zuzustimmen, allerdings kann man die Inkonsistenz eines Filmes auch als Kritikpunkt anbringen, ohne dabei vergleichend die Vorlage ins Feld zu führen. Dass manche Kunstwerke besser gelungen sind als andere, betrifft natürlich alle Medien und steht auf einem anderen Blatt.

Literaturverzeichnis

Primärliteratur
Herrndorf, Wolfgang (2010): Tschick. Roman. Berlin.
Mann, Thomas (1981 [1930]): Mario und der Zauberer. In: ders.: Gesammelte Werke in Einzelbänden. Frankfurter Ausgabe, Bd. 5: Späte Erzählungen. Frankfurt a. M., S. 186–240.
Steinhöfel, Andreas (2008): Rico, Oskar und die Tieferschatten. Hamburg.
Steinhöfel, Andreas (2009): Rico, Oskar und das Herzgebreche. Hamburg.

Verfilmungen
RICO, OSKAR UND DIE TIEFERSCHATTEN. R: Neele Vollmar. DE: Lieblingsfilm/ Fox International Productions 2014.
TSCHICK. R: Fatih Akin. DE: Lago Film/ Studiocanal Film/ Bayerischer Rundfunk (BR) u. a. 2016.

Sekundärliteratur
Abraham, Ulf (2002a): „Ich bin Pünktchen!" – „Ich bin nicht Pippi!". Kinderfilmstars im Deutschunterricht. In: Praxis Deutsch 171, S. 27–33.
Abraham, Ulf (2002b): Kino im Klassenzimmer. Klassische Filme für Kinder und Jugendliche im Deutschunterricht. In: Praxis Deutsch 175, S. 6–18.
Abraham, Ulf (2007): Kinderfilme. In: Klaus Maiwald/ Petra Josting (Hrsg.): Kinder- und Jugendliteratur im Medienverbund. Grundlagen, Beispiele und Ansätze für den Deutschunterricht. München, S. 73–83.
Abraham, Ulf (2010): P/poetisches V/verstehen. Zur Eingemeindung einer anthropologischen Erfahrung in den kompetenzorientierten Deutschunterricht. In: Iris Winkler/ Nicole Masanek/ Ulf Abraham (Hrsg.): Poetisches Verstehen. Literaturdidaktische Positionen – empirische Forschung – Projekte aus dem Deutschunterricht. Baltmannsweiler, S. 9–22.
Abraham, Ulf (2012): Fantastik in Literatur und Film. Eine Einführung für Schule und Hochschule. Berlin.
Abraham, Ulf (2016): Filme im Deutschunterricht. 3. Auflage. Seelze.
Abraham, Ulf (2018): Filmisch erzählen. Das Drehbuch als Umschlagplatz von Sprache, Denken und audiovisueller Wirklichkeit. In: Praxis Deutsch 267, S. 32–39.

Abraham, Ulf/ Hubert Sowa (2016): Bild und Text im Unterricht. Grundlagen, Lernszenarien, Praxisbeispiele. Seelze.

Abraham, Ulf/ Matthis Kepser (2016): Literaturdidaktik Deutsch. Eine Einführung. 4. Aufl. Berlin.

Alber, Jan (2010): Hypothetical Intentionalism. Cinematic Narration Reconsidered. In: ders./ Monika Fludernik (Hrsg.): Postclassical Narratology. Approaches and Analyses. Columbus, S. 163–185.

Albers, Margret (2009): Literaturverfilmungen als Erfolgsgarant? In: Günter Lange (Hrsg.): Taschenbuch der Kinder- und Jugendliteratur, Bd. 1: Grundlagen – Gattungen. Baltmannsweiler, S. 223–230.

Albersmeier, Franz-Josef (1989): Einleitung: Von der Literatur zum Film. Die Geschichte der Adaptionsproblematik. In: ders./ Volker Roloff (Hrsg.): Literatur-Verfilmungen. Frankfurt a. M., S. 15–37.

Albrecht-Rosenkranz, Susanne (2011): „Tschick" – Abenteuer im Lada. In: Deutschunterricht 64, H. 5, S. 40–45.

Althüser, Gerrit (2017a): Zwei fremde Kinder im Film. Vergleich eines Motivs in E.T. THE EXTRA-TERRESTRIAL (1982) und DAS SAMS (2001) im Unterricht. In: Andreas Wicke/ Nikola Roßbach (Hrsg.): Paul Maar. Studien zum kinder- und jugendliterarischen Werk. Würzburg, S. 213–226.

Althüser, Gerrit (2017b): Verbindung La Ciotat – Berlin. Stummfilme als Zugang zur ästhetischen Gestaltung einer aktuellen Kinderbuchverfilmung. In: Henriette Hoppe/ Claudia Vorst/ Christian Weißenburger (Hrsg.): Bildliteralität im Übergang von Literatur und Film. Eine interdisziplinäre Aufgabe und Chance kompetenzorientierter Fachdidaktik. Frankfurt a. M., S. 99–116.

Althüser, Gerrit (2018): Citizen Hearst? Zwischen realem Vorbild und allgemeiner Beispielerzählung: die fiktionalisierte Biografie Citizen Kane. In: Praxis Deutsch 268, S. 46–51.

Andres, Petra (2015): Poetry Slam. Unterricht, Workshops, Texte und Medien. Baltmannsweiler.

Andrew, Dudley (1976): The Major Film Theories. An Introduction. London [u. a.].

Avventi, Carlo (2021): Zwischen Bildungs- und Heimatliteratur Wolfgang Herrndorfs „Tschick" und Rolf Lapperts „Pampa Blues". Das Motiv der Reise im deutschen Jugendroman der Gegenwart In: Berta Raposo/ Christian Prado-Wohlwend (Hrsg.): Reisen in der deutschen Literatur: Realität und Phantasie. – Berlin, S. 305–317.

Baacke, Dieter (1997): Medienpädagogik. Tübingen.

Balsiemke, Petra (2015): Wenn die taube Nuss superporno aussieht. Wie viel Jugendsprache enthält der Roman „Tschick"? In: Inge Pohl

(Hrsg.): Linguistische Untersuchungen jugendliterarischer Texte im Rahmen einer relationalen Stilistik. Frankfurt a. M., S. 115–147.

Barg, Werner C. (2009a): Kinderbilder und Kindheitsdarstellungen in Spielfilmen für Erwachsene – Versuch einer Typologie. In: Horst Schäfer/ Claudia Wegener (Hrsg.): Kindheit und Film. Geschichte, Themen und Perspektiven des Kinderfilms in Deutschland. Konstanz, S. 201–220.

Barg, Werner C. (2009b): Literarische und filmische Phantasiewelten – Technologische Neuerungen als Basis für die Verfilmung von Kinder- und Jugendbüchern. In: Horst Schäfer/ Claudia Wegener (Hrsg.): Kindheit und Film. Geschichte, Themen und Perspektiven des Kinderfilms in Deutschland. Konstanz, S. 259–267.

Barsch, Achim (2011): Zum Begriff der Medienkonvergenz. In: Gudrun Marci-Boehnke/ Matthias Rath (Hrsg.): Medienkonvergenz im Deutschunterricht. Jahrbuch Medien im Deutschunterricht 2010. München, S. 38–49.

Barthes, Roland (1988 [1970]): Die strukturale Erzählanalyse. Zur Apostelgeschichte 10–11. In: ders.: Das semiologische Abenteuer. Frankfurt a. M. Übers.: Dieter Hornig, S. 223–250.

Barthes, Roland (1989): Die helle Kammer. Bemerkung zur Photographie. Übers.: Dietrich Leube. Frankfurt a. M.

Barthes, Roland (1990 [1964]: Rhetorik des Bildes. In: ders.: Der entgegenkommende und der stumpfe Sinn. Kritische Essays III. Übers.: Dieter Hornig. Frankfurt a. M., S. 28–46.

Barthes, Roland (2000 [1968]): Der Tod des Autors. In: Fotis Janidis et al. (Hrsg.): Texte zur Theorie der Autorschaft. Stuttgart, S. 185–193.

Barthes, Roland (2006 [1968]): Der Wirklichkeitseffekt. In: ders.: Das Rauschen der Sprache. Übers.: Dieter Hornig. Frankfurt a.M., S. 164–172.

Barthes, Roland (2006 [1971]): Vom Werk zum Text. In: ders.: Das Rauschen der Sprache. Übers.: Dieter Hornig. Frankfurt a.M., S. 64–72.

Baßler, Moritz (2015b): Nach den Medien. Wolfgang Herrndorfs „Tschick" zwischen populärem Realismus und Pop. In: Annina Klappert (Hrsg.): Wolfgang Herrndorf. Weimar, S. 67–83.

Balázs, Béla (2001 [1924]): Der Geist des Films. Mit einem Nachwort von Hanno Loewy und zeitgenössischen Rezensionen von Siegfried Kracauer und Rudolf Arnheim. Frankfurt a. M.

Balázs, Béla (2001 [1930]): Der sichtbare Mensch oder die Kultur des Films. Mit einem Nachwort von Helmut H. Diederichs und zeitgenössischen Rezensionen von Robert Musil, Andor Kraszna-Krausz, Siegfried Kracauer und Erich Kästner. Frankfurt a. M.

Baum, Michael (2006): Medialität im Diskurs der Literaturdidaktik. Anmerkungen zur jüngeren Forschung und Versuch einer Systematisierung. In: Wirkendes Wort 56, H. 2, S. 279–309.

Bazalgette, Cary/ Terry Staples (1995): Unshrinking the Kids. Children's Cinema and the Family Film In: Cary Bazalgette/ David Buckingham (Hrsg.): In front of the children. Screen entertainment and Young Audiences. London, S. 92–108.

Bazin, André (1980 [1958]): Orson Welles. Mit einem Vorwort von François Truffaut. Über.: Robert Fischer. Wetzlar.

Bazin, André (2015 [1945]): Ontologie des photographischen Bildes. In: ders.: Was ist Film? Übers.: Robert Fischer/ Anna Düpee. 3. Aufl. Berlin, S. 33–42.

Bazin, André (2015 [1952]): Für ein unreines Kino. Plädoyer für die Literaturverfilmung. In: ders.: Was ist Film? Übers.: Robert Fischer/ Anna Düpee. 3. Aufl. Berlin, S. 110–138.

Bazin, André (2015 [1955]a): Die Entwicklung der Filmsprache. In: ders.: Was ist Film? Übers.: Robert Fischer/ Anna Düpee. 3. Aufl. Berlin, S. 90–109.

Bazin, André (2015 [1955]b): Plädoyer für Rosselini. Brief an Guido Aristaco, Chefredakteur von „Cinema Nuovo". In: ders.: Was ist Film? Übers.: Robert Fischer/ Anna Düpee. 3. Aufl. Berlin, S. 391–402.

Becht-Jördens, Gereon/ Peter M. Wehmeier: Picasso und die christliche Ikonographie. Mutterbeziehung und künstlerische Position. Berlin 2003.

Beckett, Sandra L. (2009): Crossover Fiction. Global and Historical Perspectives. New York.

Bekes, Peter (2017): Der Roman: In Jürgen Baumann et al. (Hrsg.): Handbuch Deutschunterricht. Theorie und Praxis des Lehrens und Lernens. Seelze, S. 168–172.

Bergala; Alain (2006): Kino als Kunst. Filmvermittlung an der Schule und anderswo. Übers.: Barbara Heber-Schärer. Bonn.

Berghoff, Matthias (1998): „Wenn ich die Lehrer für eine Sache nicht kriege, kann ich Schule nicht ändern…". Pädagogisch sinnvolle Nutzung der neuen Medien setzt Schulentwicklung voraus. In: Volker Frederking (Hrsg.): Verbessern heißt Verändern. Neue Wege, Inhalte und Ziele der Ausbildung von Deutschlehrer(inne)n in Studium und Referendariat. Baltmannsweiler, S. 279–301.

Berger, Thomas (2017): „Ich weiß nicht, hätt ich das gewusst?" Wissen und Orientierung als Hauptthema von Wolfgang Herrndorfs „Tschick" In: Johannes Görbert/ Philipp Kampa (Hrsg.): Literatur im Zeichen der Moderne: Kräfte, Formen, Probleme. Gera, S. 219–241.

Berndt, Frauke/ Lily Tonger-Erk (2013): Intertextualität. Eine Einführung. Berlin.

Bienk, Alice (2008): Filmsprache. Einführung in die interaktive Filmanalyse. Marburg.

Birkmeyer, Jens (2010): Die (Ohn)Macht der Augen-Blicke. Negative des Sehens in DAS SCHWEIGEN DER LÄMMER. Überlegungen zur Filmdidaktik. In: Matthias N. Lorenz (Hrsg.): Film im Literaturunterricht. Von der Frühgeschichte des Kinos bis zum Symmedium Computer. Freiburg i. Br., S. 117–131.

Blödorn, Andreas/ Daniela Langer (2006): Implikationen eines metaphorischen Stimmenbegriffs: Derrida – Bachtin – Genette. In: Andreas Blödorn/ Daniela Langer/ Michael Scheffel (Hrsg.): Stimme(n) im Text. Narratologische Positionsbestimmungen. Berlin, New York, S. 53–82.

Blümer, Agnes (2009): Das Konzept Crossover – eine Differenzierung gegenüber Mehrfachadressiertheit und Doppelsinnigkeit. In: Hans-Heino Ewers/ Bernd Dolle-Weinkauff/ Carola Pohlmann (Hrsg.): Kinder- und Jugendliteraturforschung 2008/2009. Frankfurt a. M., S. 105–114.

Blüml, Andreas (2012): Lord of the Rings (J. R. R. Tolkien – Peter Jackson). In: Anne Bohnenkamp (Hrsg.): Literaturverfilmungen. 2. Aufl. Stuttgart, S. 234–245.

Bode, Christoph (2011): Der Roman. Eine Einführung. 2. Aufl. Tübingen/ Basel.

Bogner, Ralf Georg (1998): Medienwechsel. In: Asgar Nünning (Hrsg.): Metzler Lexikon Literatur- und Kulturtheorie. Ansätze, Personen, Grundbegriffe. Stuttgart, S. 355.

Bohnenkamp, Anne (2012): Vorwort. In: dies. (Hrsg.): Literaturverfilmungen. 2. Aufl. Stuttgart, S. 9–40.

Böhnke, Alexander (2007): Paratexte des Films. Über die Grenzen des filmischen Universums. Bielefeld.

Bolz, Norbert (2001): Weltkommunikation. München.

Bönnighausen, Marion (2006): An den Schnittstellen der Künste. Vorschläge für einen intermedialen Deutschunterricht. In: Volker Frederking (Hrsg.): Filmdidaktik und Filmästhetik. Jahrbuch Medien im Deutschunterricht 2005. München, S. 191–203.

Bönnighausen, Marion (2008): Intermediale Kompetenz. In: Heidi Rösch (Hrsg.): Kompetenzen im Deutschunterricht. 2. Aufl. Frankfurt a. M., S. 74–91.

Bönnighausen, Marion (2009): Inszenierung und Authentizität. Intermediales Theater im Deutschunterricht. In: dies./ Gabriela Paule (Hrsg.): Theater intermedial. Jahrbuch Medien im Deutschunterricht 2008, S. 35–50.

Bönnighausen, Marion (2013): Intermedialer Literaturunterricht. In: Volker Frederking et al. (Hrsg.): Taschenbuch des Deutschunterrichts. Bd. 2: Literatur- und Mediendidaktik. 2. Aufl. Baltmannsweiler, S. 523–534.

Bönnighausen, Marion (2019): Transmediales Erzählen im Bilderbuch. In: Klaus Maiwald (Hrsg.): Intermedialität. Formen – Diskurse – Didaktik. Baltmannsweiler, S. 131–152.

Bönnighausen, Marion/ Jennifer Hankeln/ Ilonka Zimmer (2013): Ästhetische Erfahrung und kritische Reflexion im Deutschunterricht. In: Christian Dawidowski/ Dieter Wrobel (Hrsg.): Kritik und Kompetenz. Die Praxis des Literaturunterrichts im gesellschaftlichen Kontext. Baltmannsweiler, S. 61–77.

Bönnighausen, Marion/ Heidi Rösch (Hrsg.) (2004): Intermedialität im Deutschunterricht. Baltmannsweiler.

Booth, Wayne C. (1961): The Rhetoric of Fiction. Chicago/ London.

Bordwell, David (1985): Narration in the Fiction Film. Madison.

Bordwell, David (2001): Visual Style in Cinema. Vier Kapitel Filmgeschichte. Übers.: Mechtild Ciletti. Frankfurt a. M.

Bordwell, David (2006): The Way Hollywood Tells it: Story and Style in Modern Movies. Berkeley.

Bordwell, David/ Kristin Thompson (2010): Film Art. An Introduction. 9. Aufl. New York.

Borges, Jorge Luis (1991 [1932]): Filme. In: ders.: Kabbala und Tango. Essays 1930–1932. Werke in 20 Bänden, Bd. 2. Übers.: Gisbert Haefs, S. 193–197.

Borges, Jorge Luis (1992 [1943]): Über den *Vathek* von William Beckford. In: ders.: Inquisitionen. Essays 1941–1942. Werke in 20 Bänden, Bd. 7. Übers.: Karl August Horst/ Gisbert Haefs, S. 145–149.

Bosse, Ingo (2016): Filmbildung als Aufgabe einer sich entwickelnden inklusiven (Literatur-)Didaktik – eine Standortbestimmung. In: In: Daniela A. Frickel/ Andre Kagelmann (Hrsg.): Der inklusive Blick. Die Literaturdidaktik und ein neues Paradigma. Frankfurt a. M., S. 193–211.

Brand, Tilman von (2020): Ganzschriften im Deutschunterricht. Mittelfristige Unterrichtsplanung zu Romanen, Novellen, Dramen und Graphic Novels. Seelze.

Branigan, Edward (1984): Point of View in the Cinema. A Theory of Narration and Subjectivity in Classical Film. Berlin u.a.

Branigan, Edward (1992): Narrative Comprehension and Film. London, New York.

Brauer, Wiebke (2001): „Harry Potter und der Stein der Weisen". Mangel an Muggeligkeit. In: Spiegel ONLINE (http://www.spiegel.de/kultur/kino/

harry-potter-und-der-stein-der-weisen-mangel-an-muggeligkeit-a-168960. html; zuletzt einges. am 2.12.18).

Bresson, Robert (2013 [1975]): Notizen zum Kinematographen. Übers.: Andrea Springler/ Robert Fischer. 2. Auflage. Berlin.

Broich, Manfred (1985): Formen der Markierung von Intertextualität. In: ders./ Manfred Pfister (Hrsg.): Intertextualität. Formen, Funktionen, anglistische Fallstudien. Tübingen, S. 31–47.

Brendel-Perpina, Ina/ Ulf Abraham (2012): Die besten Beerdigungen der Welt. In: Praxis Deutsch 237, S. 15–17.

Brunner, Maria E. (2002): EMIL UND DIE DETEKTIVE – damals und heute. Ein Vergleich der Verfilmungen des Kästner-Klassikers von 1931 und 2001. In: Praxis Deutsch 175, (Zusatzartikel auf der Homepage des Verlages: http:// www.friedrich-verlag.de/shop/klassiker-des-kinder-und-jugendfilms; zuletzt einges. am 20.11.18).

Burdof, Dieter (2004): Wozu Form? Eine Kritik des literaturdidaktischen Inhaltismus. In: Sprache und Literatur 93, S. 102–119.

Burgoyne, Robert (1990): The Cinematic Narrator. The Logic and Pragmatics of Impersonal Narration. In: Journal of Film and Video 42, H. 1, S. 3–16.

Cartmell, Deborah/ Irmelda Whelehan (2005): Harry Potter and the Fidelity Debate. In: Mireia Aragay (Hrsg.): Books in Motion. Adaptation, Intertextuality, Authorship. Amsterdam, New York, S. 37–49.

Cavell, Stanley (1979): The World Viewed. Reflections on the Ontology of Film. Cambridge.

Chatman, Seymour (1978): Story and Discourse. Narrative Structure in Fiction and Film. Ithaca.

Chatman, Seymour (1990): Coming to Therms. The Rhetoric of Narrative in Fiction and Film. Ithaca.

Cohn, Dorit (1981): The Encirclement of Narrative. On Franz Stanzel's Theorie des Erzählens. In: Poetics Today, H.2, S. 157–182.

Cohen, Keith (1977): Eisenstein's Subversive Adaptation. In: Gerald Peary/ Roger Shatzkin (Hrsg.): The Classic American Novel and the Movies. New York, S. 245–255.

Deleuze, Gilles (1997 [1983]): Das Bewegungs-Bild. Kino 1. Übers.: Ulrich Christians/ Ulrike Bokelmann. Frankfurt a. M.

Deleuze, Gilles (1997 [1985]): Das Zeit-Bild. Kino 2. Übers.: Klaus Englert. Frankfurt a. M.

Denk, Rudolf (1977): Erziehung zum Umgang mit Medien. Freiburg i. Br.

Desbarats, Claude /Francis Desbarats (2009): Filmstandbilder. Für eine schulische Vermittlung des Kinos als Kunst. In: Bettina Henzler/ Winfried Pauleit (Hrsg.): Filme sehen, Kino verstehen. Methoden der Filmvermittlung. Marburg, S. 33–65.

Droll, Hansjörg/ Dirk Betzel (2016):... weil der Rest wird über die Syntax geregelt. Syntaktische Formate als Authentizitätssignale nutzen In: Praxis Deutsch 256, S. 42–48.

DUDEN. Wörterbuch. https://www.duden.de; zuletzt einges. am 10.01.22.

Eco, Umberto (1972): Die Gliederung des filmischen Kode. In: Heinz Blumensath (Hrsg.): Strukturalismus in der Literaturwissenschaft. Köln, S. 363–384.

Eco, Umberto (1987): Lector in fabula. Die Mitarbeit der Interpretation in erzählenden Texten. Über.: Heinz-Georg Held. München.

Eco, Umberto (2002 [1972]): Einführung in die Semiotik. Übers.: Jürgen Trabant. 9. Aufl. Paderborn.

Eco, Umberto (2013 [1967]): Vom Cogito interruptus. In: der.: Über Gott und die Welt. Übers.: Essays und Glossen. Übers.: Burkhart Kroeber. München, S. 245–265.

Eco, Umberto (2013 [1977]): Casablanca oder die Wiedergeburt der Götter. In: ders.: Über Gott und die Welt. Essays und Glossen. Übers.: Burkhart Kroeber. München, S. 208–213.

Eco, Umberto (2016 [1972]): Zeichen. Einführung in einen Begriff und seine Geschichte. Übers.: Günter Memmert. 16. Aufl. Frankfurt a. M.

Eder, Barbara (2016): Graphic Novels. In: Julia Abel/ Christian Klein (Hrsg.): Comics und Graphic Novels. Eine Einführung. Stuttgart, S. 156–168.

Ehlers, Swantje (2016): Literaturdidaktik. Eine Einführung. Stuttgart.

Ellenbruch, Peter/ Perivoladaropoulou, Nia (2010): Wo beginnt die Filmerzählung? Warum die Ursprünge des Kinos eine Basis für die Filmvermittlung sein können. In: Matthias N. Lorenz (Hrsg.): Film im Literaturunterricht. Von der Frühgeschichte des Kinos bis zum Symmedium Computer. Freiburg i. Br., S. 31–50.

Elliott, Kamila (2004): Literary Film Adaptation and the Content/Form Dilemma. In: Marie-Laure Ryan (Hrsg.): Narrative across Media. The Languages of Storytelling. Lincoln/London, S. 220–243.

Elliott, Kamilla (2014): Doing Adaptation: The Adaptation als Critic. In: Deborah Cartmell/ Imelda Whelehan (Hrsg.): Teaching Adaptations. London, S. 71–86.

Elsaesser, Thomas (2009): Hollywood heute. Geschichte, Gender und Narration im postklassischen Kino. Berlin.

Erlinger, Hans Dieter (2008): *Emil und die Detektive* – ein Roman und zwei Filme. In: Bodo Lecke (Hrsg.): Mediengeschichte, Intermedialität und Literaturdidaktik. Frankfurt a. M., S. 233–249.

Ewers, Hans-Heino (1990): Das doppelsinnige Kinderbuch. Erwachsene als Mitleser von Kinderliteratur. In: Dagmar Grenz (Hrsg.): Kinderliteratur – Literatur auch für Erwachsene. Zum Verhältnis von Kinder- und Erwachsenenliteratur. München, S: 15–24.

Ewers, Hans-Heino (2000): Was ist Kinder- und Jugendliteratur? Ein Beitrag zu ihrer Definition und zur Terminologie ihrer wissenschaftlichen Beschreibung. In: Günter Lange (Hrsg.): Taschenbuch der Kinder- und Jugendliteratur, Bd. 1: Grundlagen – Gattungen. Baltmannsweiler, S. 2–16.

Ewers, Hans-Heino (2006): Die Heldensagen der Gegenwart. Die Medienverbundangebote sind die großen Narrationen unserer Zeit. In: Christine Garbe/ Maik Philipp (Hrsg.): Harry Potter – Ein Literatur- und Medienereignis im Blickpunkt interdisziplinärer Forschung. Hamburg, S. 297–311.

Ewers, Hans-Heino (2012a): Kinder- und Jugendliteratur – Begriffsdefinitionen. In: Günter Lange (Hrsg.): Kinder- und Jugendliteratur der Gegenwart. Ein Handbuch. Baltmannsweiler. 2. Aufl., S. 3–12.

Ewers, Hans-Heino (2012b): Literatur für Kinder- und Jugendliche. Eine Einführung in Grundbegriffe der Kinder- und Jugendliteraturforschung. 2. Aufl. Paderborn.

Exner, Christian (2009): Gender und Erotik in Kinderfilmen – Ein Spot auf aktuelle Kinoerfolge. In: Horst Schäfer/ Claudia Wegener (Hrsg.): Kindheit und Film. Geschichte, Themen und Perspektiven des Kinderfilms in Deutschland. Konstanz, S. 157–173.

Falconer, Rachel (2009): The Crossover Novel. Contemporary Children's Fiction and its Adult Readership. London, New York.

Faulstich, Werner (2003): Einführung in die Medienwissenschaft. München.

Faulstich, Werner (2013): Grundkurs Filmanalyse. 3. Aufl. Paderborn

Felsmann, Klaus-Dieter (2009): Kinderfilm und Jugendschutz – Im Film kann ein Vampir das Sonnenlicht sehen. In: Horst Schäfer/ Claudia Wegener (Hrsg.): Kindheit und Film. Geschichte, Themen und Perspektiven des Kinderfilms in Deutschland. Konstanz, S. 143–156.

Finkelstein, Richard (1999): Disney cites Shakespeare. The Limits of Appropiaton. In: Christy Desmet/ Robert Sawyer (Hrsg.): Shakespeare and appropiation. London, New York, S. 179–196.

Fischer-Lichte, Erika (1985): Was ist eine „werkgetreue" Inszenierung? Überlegungen zum Prozess der Transformation eines Dramas in eine Aufführung, in: dies. (Hrsg.): Das Drama und seine Inszenierung. Vorträge des internationalen literatur- und theatersemiotischen Kolloquiums in Frankfurt am Main 1983, Tübingen, S. 37–49.

Fish, Stanley (1970): Literature in the Reader: Affective Stylistics. In: New Literary History 2, S. 123–162.

Fludernik, Monika (2010): Erzähltheorie. Eine Einführung. 3. Aufl. Darmstadt.

Frank, Caroline (2016): Vom Ich zum Du – und wieder zurück. Die Beziehung zwischen Freundschaft und Identitätsbildung im deutschsprachigen Adoleszenzroman der Gegenwart In: Kritische Ausgabe 20, 7–13.

Frederking, Volker (2004a) Lesen und Leseförderung im medialen Wandel. Symmedialer Deutschunterricht nach PISA. In: ders. (Hrsg.): Lesen und Symbolverstehen. Jahrbuch Medien im Deutschunterricht 2003, München, S. 37–66.

Frederking, Volker (2004b): Leseförderung im symmedialen Deutschunterricht. In: Literatur für den Unterricht. Texte der Moderne und Vormoderne in der Schule, H. 3, S. 275–290.

Frederking, Volker (2005): Symmedialität – mediendidaktisches Theorem und Entwicklungsprinzip im E-Learning-Bereich. In: Hubert Kleber (Hrsg.): Perspektiven der Medienpädagogik in Wissenschaft und Bildungspraxis. München, S. 187–203.

Frederking, Volker (2006): Symmedialität und Synästhetik. Begriffliche Schneisen im medialen Paradigmenwechsel und ihre filmdidaktischen Implikationen am Beispiel von Erich Kästners ‚Emil und die Detektive‘ In: ders. (Hrsg.): Filmdidaktik und Filmästhetik. Jahrbuch Medien im Deutschunterricht 2005. München, S. 204–229.

Frederking, Volker (2008): Lyrikunterricht symmedial und digital. (Syn)ästhetische Bildung mit ‚neuen Medien‘ am Beispiel von Goethes Ballade *Der Zauberlehrling*. In: Volker Frederking/ Matthis Kepser/ Matthias Rath (Hrsg.): LOG IN! Kreativer Deutschunterricht und neue Medien. München, S. 157–183.

Frederking, Volker (2013): Symmedialer Literaturunterricht. In: Volker Frederking et al. (Hrsg.): Taschenbuch des Deutschunterrichts. Bd. 2: Literatur- und Mediendidaktik. 2. Aufl. Baltmannsweiler, S. 535–567.

Frederking, Volker (2014): Symmedialität und Synästhetik. Die digitale Revolution im medientheoretischen, medienkulturgeschichtlichen und mediendidaktischen Blick. In: ders./ Axel Krommer/ Tobias Möbius (Hrsg.): Digitale Medien im Deutschunterricht. Baltmannsweiler, S. 3–49.

Frederking, Volker (2019): Von der Inter- zur Symmedialität. Medientheoretische, medienkulturgeschichtliche und mediendidaktische Begründungen am Beispiel von „Prolog im Himmel" aus Goethes *Faust*. In: Klaus Maiwald (Hrsg.): Intermedialität. Formen – Diskurse – Didaktik. Baltmannsweiler, S. 153–179.

Frederking, Volker/ Axel Krommer (2013): Mediale Bildung im symmedialen Deutschunterricht. In: Manfred L. Pirner/ Wolfgang Pfeiffer/ Rainer Uphues (Hrsg.): Medienbildung in schulischen Kontexten. Erziehungswissenschaftliche und fachdidaktische Perspektiven. München, S. 107–128.

Frederking, Volker/ Axel Krommer/ Klaus Maiwald (2018): Mediendidaktik Deutsch. Eine Einführung. 3. Aufl. Berlin.

Frederking, Volker/ Olaf Schneider (2010): Filmdidaktische Optionen des Symmediums Computer. In: Matthias N. Lorenz (Hrsg.): Film im Literaturunterricht. Von der Frühgeschichte des Kinos bis zum Symmedium Computer. Freiburg i. Br., S. 287–300.

Frederking, Volker/ Tanja Römhild (2012): Symmediale Texte. Symmediales literarisches Lernen. In: Anja Pompe (Hrsg.): Literarisches Lernen im Anfangsunterricht. Theoretische Reflexionen, empirische Befunde, Unterrichtspraktische Entwürfe. Baltmannsweiler, S. 73–86.

Frey, Ute (2001): Lieber Emil, Dein Widijo hat mir gefallen – Reaktionen von Grundschulkindern auf Verfilmungen von Kästner-Texten. In: Karin Richter/ Thomas Trautmann (Hrsg.): Kindsein in der Mediengesellschaft. Weinheim Basel, S. 133–150.

Frey, Ute (2003): Verfilmte Figuren – Hindernisse oder Begleiter auf dem Weg zum Buch? In: Bettina Hurrelmann/ Susanne Becker (Hrsg.): Kindermedien nutzen. Medienkompetenz als Herausforderung für Erziehung und Unterricht. Weinheim, München, S. 115–145.

Friedemann, Käte (1965 [1910]): Die Rolle des Erzählers in der Epik. Darmstadt.

Friedmann, Joachim (2017): Transmediales Erzählen. Narrative Gestaltung in Literatur, Film, Graphic Novel und Game. Köln.

Gast, Wolfgang (1993): Film und Literatur. Analysen, Materialien, Unterrichtsvorschläge: Grundbuch. Einführung in Begriffe und Methoden der Filmanalyse. Frankfurt a.M.

Gast, Wolfgang (1996): Filmanalyse. In: Praxis Deutsch 23, S. 14–25.

Genette, Gérard (1982 [1993]): Palimpseste. Die Literatur auf zweiter Stufe. Übers.: Wolfram Bayer/ Dieter Hornig. Frankfurt a. M.

Genette, Gérard (1998). Die Erzählung. Übers.: Andreas Knop. 2. Aufl. München.

Gerdes, Julia (2010): Bambi. In: Bettina Kümmerling-Meibauer/ Thomas Koebner (Hrsg.): Filmgenres. Kinder- und Jugendfilm. Stuttgart, S. 48–52.

Giesa, Felix: Im Schatten der Graphic Novel – Der kinderliterarische Comic. In: Roland Jost/ Axel Krommer (Hrsg.): Comics und Computerspiele im Deutschunterricht. Fachwissenschaftliche und fachdidaktische Aspekte. Baltmannsweiler 2014, S. 46–64.

Giordano, Michael (2005): Killing your Darlings. In: JuLit. Arbeitskreis für Jugendliteratur 31, H.2, S. 26f.

Gjelsvik, Anne (2013): What novels can tell what movies can't show. In: Jørgen Bruhn/ Anne Gjelsvik/ Eirik Frisvold Hansen (Hrsg.): Adaptation Studies. New Callenges, New Direktions. London u. a., S. 245–264.

Goetsch, Paul (1988): Thesen zum Vergleich von literarischen Werken und ihren Verfilmungen. In: Anfred Weber/ Bettina Friedl (Hrsg.): Film und Literatur in Amerika. Darmstadt, S. 45–64.

Goodman, Nelson (2015 [1976]): Sprachen der Kunst. Entwurf einer Symboltheorie. Übers.: Bernd Philippi. Frankfurt a. M.

Gräf, Dennis et al. (2017): Filmsemiotik. Eine Einführung in die Analyse audiovisueller Formate. 2. Auflage. Marburg.

Grafe, Frieda (2002[1988]: Licht im Auge – Farbe im Kopf. Farbfilmreihe im Münchner Filmmuseum. In: dies.: Filmfarben. Berlin, S. 40–46.

Gschwend, Ruth (2013): Wieso erzählt der so? Sätze untersuchen im Jugendroman „Tschick". In: Praxis Deutsch 242, S. 35–41.

Haas, Gerhard (2011): Handlungs- und produktionsorientierter Literaturunterricht. Theorie und Praxis eines "anderen" Literaturunterrichts für die Primarund Sekundarstufe. 9. Aufl. Seelze.

Hagen, Wolfgang (2012): Metaxy. Eine historiosemantische Fußnote zum Medienbegriff. In: Stefan Münkler/ Alexander Roesler (Hrsg.): Was ist ein Medium? 2. Aufl. Frankfurt a. M.

Hamburger, Käte (1977): Die Logik der Dichtung. 3. Aufl. Stuttgart.

Hartmann, Britta/ Hans Jürgen Wulff (1995): Vom Spezifischen des Films. Neoformalismus – Kognitivismus – Historische Poetik. In: montage av 4, H.1, S. 5–22.

Hayton, Natalie (2014): ,Adapting' from School to University. In: Deborah Cartmell/ Imelda Whelehan (Hrsg.): Teaching Adaptations. London, S. 120–134.

Heider, Fritz (2005 [1926]): Ding und Medium. Berlin.

Heidkamp, Konrad (2001): Zauberhafte Abziehbilder. In: Die Zeit, H. 48 (https://www.zeit.de/2001/48/Zauberhafte Abziehbilder; zuletzt einges. am 2.12.18).

Heinke, Susanne (2006): Wilhelm Hauffs Märchen „Das kalte Herz" und „Der kleine Much". Die DEFA-Filmklassiker im Unterricht. In: Grundschule, H. 6, S. 18–24.

Heinke, Susanne/ Beate Rabe (2012): Kinderfilm. In: Günter Lange (Hrsg.): Kinder- und Jugendliteratur der Gegenwart. Ein Handbuch. Baltmannsweiler. 2. Aufl., S. 421–446.

Heiß, Nina (2011): Erzähltheorie des Films. Würzburg.

Henderson, Brian (1999 [1983]): Tense, Mood, and Voice in Film (Notes after Genette). In: Brian Henderson/ Ann Martin (Hrsg.): Film Quarterly. Forty Years – a Selection. Berkeley, S. 54–75.

Henke, Ina (2020): „Außerdem kann ich mich nicht immer gut konzentrieren, wenn ich etwas erzähle." Zur Integration des Konzepts des unzuverlässigen Erzählens in den schulischen Literaturunterricht am Beispiel von Andreas Steinhöfels *Rico, Oskar und die Tieferschatten* und *Der mechanische Prinz*. In: Andreas Grünewald/ Meike Hethey/ Karen Struve (Hrsg.): KONTROVERS: Literaturdidakik meets Literaturwissenschaft. Trier, S. 177–192.

Henzler, Bettina/ Winfried Pauleit (Hrsg.) (2009): Filme sehen, Kino verstehen. Methoden der Filmvermittlung. Marburg.

Herlinghaus, Herman (1994): Intermedialität als Erzählerfahrung. Isabel Allende, José Donoso und Antonio Skármeta im Dialog mit Film, Fernsehen, Theater. Frankfurt a. M.

Hermann, Jasmin Luise (2015): Literaturverfilmung und die Grammatik der Transformation. Über Erzählstrukturen, filmische Äquivalenzen und Intertextualität. Hamburg.

Hermes, Stefan (2017): Die exotische Provinz. Zur Reisemotivik in Wolfgang Herrndorfs „Tschick". In: Reiseliteratur der Moderne und Postmoderne. Berlin, S. 329–347.

Hesse, Matthias/ Axel Krommer (2006): „Du sollst nicht …" – Gedichte verfilmen. Zur Theorie und Praxis eines Lyrik-Projektes in der Sekundarstufe II. In: Volker Frederking (Hrsg.): Filmdidaktik und Filmästhetik. Jahrbuch Medien im Deutschunterricht 2005. München, S. 145–160.

Hesse, Matthias/ Axel Krommer/ Julia Müller (2006): POEM. Ein Film von Ralf Schmerberg. Paderborn.

Hickethier, Knut (1989): Der Film nach der Literatur ist Film. Völker Schlöndorffs *Die Blechtrommel* (1979) nach dem Roman von Günter Grass (1959). In: Franz-Josef Albersmeier/ Volker Roloff (Hrsg.): Literatur-Verfilmungen. Frankfurt a. M., S. 183–198.

Hickethier, Knut (2007): In: Corinna Müller/ Irina Scheidgen (Hrsg.): Mediale Ordnungen. Erzählen, Archivieren, Beschreiben. Marburg, S. 91–106.

Hickethier, Knut (2015): Film- und Fernsehanalyse. 5. Aufl. Stuttgart/ Weimar.

Hilbert, Anne (2018): Kreisförmiges Schreiben = kreisförmiges Denken? Zeitwahrnehmung und Sprache im Science-Fiction-Film *Arrival*. In: Praxis Deutsch 267, S. 55–59.

Hodson, Julia/ Andrea Sieber (2015): Phantasmagorien der Wohlstandsverwahrlosung? Tschick und Bilder deiner großen Liebe im medienintegrativen

Literaturunterricht. In: Literatur im Unterricht: Texte der Gegenwartsliteratur für die Schule 16, H. 3, S. 249–266.

Hoffmann, Katrin (2010): Vom Bestseller zum Blockbuster. In: Petra Josting/ Klaus Maiwald (Hrsg.): Verfilmte Kinderliteratur. Gattungen, Produktion, Distribution, Rezeption und Modelle für den Deutschunterricht. München, S. 115–120.

Hoffmann, Lena (2019): „Dann googelst du einfach". Mehrfachadressierung, Intermedialität und Popularität von Wolfgang Herrndorfs "Tschick" In: Ute Dettmar/ Ingrid Tomkowiak (Hrsg.): Spielarten der Populärkultur. Berlin, S. 456–472.

Hoge, Boris (2015): Metakonstruktion. Zu Möglichkeiten des Umgangs mit problematischen Russland-/Russendarstellungen in der jüngeren Deutschen Erzählliteratur am Beispiel von Wolfgang Herrndorfs Roman Tschick. In: Kjl&m 62, S. 33–42.

Holighaus, Alfred (2005): Außer Atem (1960). In: ders. (Hrsg.): Der Filmkanon. 35 Filme, die Sie kennen müssen. Bonn, S. 126–132.

Hölter, Achim (2011): Vorwort. In: ders. (Hrsg.): Comparative Arts. Universelle Ästhetik um Fokus der Vergleichenden Literaturwissenschaft. Heidelberg, S. XI–XXVI.

Hosterey, Ingeborg (1988): Verschlungene Schriftzeichen. Intertextualität von Literatur und Kunst in der Moderne/Postmoderne. Frankfurt a.M.

Hundeshagen, Stefanie/ Maik Philipp (2006): Dirty Harry? Die Filmfiguren Harry, Dobby und Hagrid im Lichte einer Publikumsbefragung. In: Christine Garbe/ Maik Philipp (Hrsg.): Harry Potter – Ein Literatur- und Medienereignis im Blickpunkt interdisziplinärer Forschung. Hamburg, S. 129–158.

Hurst, Matthias (1996): Erzählsituationen in Literatur und Film. Ein Modell zur vergleichenden Analyse von literarischen Texten und ihren filmischen Adaptionen. Tübingen.

Hutcheon, Linda (2013): A Theory of Adaptation. 2. Aufl. London/ New York.

Hurrelmann, Klaus/ Gudrun Quenzel (2013): Lebensphase Jugend. Eine Einführung in die sozialwissenschaftliche Jugendforschung. Weinheim, Basel.

Ingarden, Roman (1968): Vom Erkennen des literarischen Kunstwerks. Darmstadt.

Iser, Wolfgang (1975a): Die Appellstruktur der Texte. In: Rainer Warning (Hrsg.): Rezeptionsästhetik. Theorie und Praxis. Stuttgart, S. 228–252.

Iser, Wolfgang (1975b): Der Lesevorgang. In: Rainer Warning (Hrsg.): Rezeptionsästhetik. Theorie und Praxis. Stuttgart, S. 253–276.

Iser, Wolfgang (1984): Der Akt des Lesens. Theorie ästhetischer Wirkung. 2. Aufl. Paderborn.

Jahraus, Oliver (2003): Verfilmung. In: Jan Dirk Müller et al. (Hrsg.): Reallexikon der deutschen Literaturwissenschaft, Bd. 3, Berlin, New York, S. 751–753.

Jakobson, Roman (1971): Linguistik und Poetik, in: Jens Ihwe (Hrsg.): Literaturwissenschaft und Linguistik. Ergebnisse und Perspektiven, Frankfurt a. M., S. 142–178.

James, William (1946 [1899]): Talks to Teachers on Psychology. New York.

Jenny, Urs (2001): Crashkurs für Zauberlehrlinge. In: Der Spiegel, H. 47 (http://www.spiegel.de/spiegel/print/d-20794784.html; zuletzt einges. am 2.12.18).

Jeremias, Brigitte (1984): Wie weit kann sich der Film von der Literatur entfernen? In: Sigrid Bauschinger (Hrsg.): Film und Literatur. Literarische Texte und der neue deutsche Film. Bern. S. 9–17.

Jonas, Hartmut/ Kurt Rose (2002): Computergestützter Deutschunterricht. Berlin u. a.

Jost, François (1989:) L'œil-caméra: entre film et roman. 2. Aufl. Lyon.

Josting, Petra/ Klaus Maiwald (Hrsg.) (2010a): Verfilmte Kinderliteratur. Gattungen, Produktion, Distribution, Rezeption und Modelle für den Deutschunterricht. München

Josting, Petra/ Klaus Maiwald (2010b): Einleitung: Verfilmte Kinderliteratur. In: dies. (Hrsg.): Verfilmte Kinderliteratur. Gattungen, Produktion, Distribution, Rezeption und Modelle für den Deutschunterricht. München, S. 8–12.

Jürgensen, Christoph (2012): Auf den ersten Blick denkt man, genauso sieht es aus in der Natur! – Zur Logik jugendliterarischer Doppelcodierung am Beispiel Wolfgangs Herrndorfs „Tschick". In: Astrid Arndt/ Christoph Deupmann/ Lars Korten (Hrsg.): Logik der Prosa. Zur Poetizität ungebundener Rede. Göttingen, S. 283–285.

Kagelmann, André (2014): „Merizonterweiterungen": Inklusive Potentialefür den Deutschunterricht in Andreas Steinhöfels Kinderroman „Rico, Oskar und die Tieferschatten". In: Bettina Armrhein/ Myrle Dziak-Mahler (Hrsg.): Fachdidaktik inklusiv. Uf der Suche nach didaktischen Leitlinien für den Umgang mit Vielfalt in der Schule. Münster, New York, S. 249–263.

Kämper-van den Boogaart, Michael (2004): PISA und die Interpretationsrituale des Deutschunterrichts. In: ders.: Deutschunterricht nach der PISA-Studie. Reaktionen der Deutschdidaktik. Frankfurt a.M., S. 59–81.

Kammerer, Ingo (2006): Literaturverfilmung im Deutschunterricht. Zur filmischen Transformation literarischen Erzählens am Beispiel des „Tonio Kröger". In: Volker Frederking (Hrsg.): Filmdidaktik und Filmästhetik. Jahrbuch Medien im Deutschunterricht 2005. München, S. 161–178.

Kammerer, Ingo (2008): Einsamkeit zu zweit – von der eigentümlichen Paarbeziehung verfilmter Lyrik. In: Michael Gans/ Roland Jost/ Ingo Kammerer (Hrsg.): Mediale Sichtweisen auf die Literatur. Baltmannsweiler, S. 59–70.

Kammerer, Ingo (2009): Film – Genre – Werkstatt. Textsortensystematisch fundierte Filmdidaktik im Fach Deutsch. Baltmannsweiler.

Kammerer, Ingo (2014): „Der Kommissär stutzte …". Differenzerfahrungen im (kleinen) Medienverbund um „Das Versprechen". In: Volker Federking/ Axel Krommer (Hrsg.): Taschenbuch des Deutschunterrichts, Bd. 3: Aktuelle Fragen der Deutschdidaktik. Baltmannsweiler, S. 247–266.

Kasparek, Maria (2017): Vorhang auf – press play: Digitales Theater. Wolfgang Herrndorfs „Tschick" als digitale Geschichte In: Praxis Deutsch 265, S. 21–24.

Kaul, Susanne/ Jean-Pierre Palmier (2013): Quentin Tarantino. Einführung in seine Filme und Filmästhetik. München.

Kaul, Susanne/ Jean-Pierre Palmier (2016): Die Filmerzählung. Eine Einführung. Paderborn.

Kepser, Matthis (1999): Massenmedium Computer. Ein Handbuch für Theorie und Praxis des Deutschunterrichts. Bad Krozingen.

Kepser, Matthis (2008): Spannender Vorspann: Reflexion des Filmvorspanns im Deutschunterricht mit Hilfe des Computers. In: Volker Frederking/ Matthis Kepser/ Matthias Rath (Hrsg.): LOG IN! Kreativer Deutschunterricht und neue Medien. München, S. 101–141.

Kepser, Matthis (2010a): Handlungs- und produktionsorientiertes Arbeiten mit (Spiel-)Filmen. In: ders. (Hrsg.): Fächer der schulischen Filmbildung. Deutsch, Englisch, Kunsterziehung und Geschichte. München, S. 187–240.

Kepser, Matthis (2010b): PERSEPOLIS. Einen Animationsfilm im Unterricht reflektieren. In: Klaus Maiwald/ Petra Josting (Hrsg.): Comics und Animationsfilme. Jahrbuch Medien im Deutschunterricht 2009. München, S. 122–138.

Kepser, Matthis (2012a): Der doppelte Film im Kopf. Rezeption von Literaturverfilmungen. Perspektiven für ihre empirische Erforschung und die unterrichtliche Praxis am Beispiel von *Krabat* und *Der Vorleser*. In: Meri Disoski/ Ursula Klingenböck/ Stefan Krammer (Hrsg.): (Ver)führungen. Innsbruck, S. 105–120.

Kepser, Matthis (2012b): Der Dramenfilm. Blinde Flecken didaktischer Forschung und unterrichtlicher Praxis. In: Joachim Pfeiffer/ Thorsten Roelcke (Hrsg.): Drama – Theater – Film. Festschrift anlässlich der Verabschiedung von Rudolf Denk im Herbst 2010. Würzburg, S. 181–217.

Kepser, Matthis (2012c): Der Filmvorspann im Deutschunterricht: Text oder Paratext? Mit einer Analyse der Titelsequenz von Lola rennt. In: Michael

Baum/ Beate Laudenberg (Hrsg.): Illustration und Paratext. Jahrbuch Medien im Deutschunterricht 2001. München, S. 75–93.

Kepser, Matthis/ Carola Surkamp (2016): Literaturverfilmungen in den Fächern Deutsch und Englisch: Chancen und Risiken einer weit verbreiteten Film(genre)didaktik. In: Gabriele Blell et al. (Hrsg.): Film in den Fächern sprachlicher Bildung. Hohengehren, S. 213–232.

Kepser, Matthis/ Ulf Abraham (2016): Literaturdidaktik Deutsch. Eine Einführung. Berlin.

Kern, Peter Christoph (2006a): Film. In: Klaus-Michael Bogdal/ Hermann Korte (Hrsg.): Grundzüge der Literaturdidaktik. 4. Auflage. München, S. 217–229.

Kern, Peter Christoph (2006b): Die Emotionsschleuder. Affektpotential und Affektfunktion im Erzählfilm. In: Volker Frederking (Hrsg.): Filmdidaktik und Filmästhetik. Jahrbuch Medien im Deutschunterricht. München, S. 19–45.

Kindt, Tom/ Hans-Harald Müller (2006): The Implied Author. Concept and Controversy. Berlin.

Kirsten, Guido (2009): Die Liebe zum Detail. Bazin und der ‹Wirklichkeitseffekt› im Film. In: montage av 18, H. 1, S. 141–162.

Kirsten, Guido (2011): Zur Rückenfigur im Spielfilm. In: montage av 20, H. 1, S. 103–124.

Kleber, Reinald (1987): Literaturverfilmung. In: medien praxis 4, S. 79.

Kliewer, Annette (2015): Jenseits der Kategorien. „Tschick" im Zuge seiner Kanonisierung. In: Annina Klappert (Hrsg.): Wolfgang Herrndorf. Weimar, S. 213–223.

Knoepfelmacher, Ulrich C./ Mitz Myers (1997): From the Editors. ‚Cross-Writing' and the Reconceptualizing of Children's Literary Studies. In: Children's Literature 25, S. VII–XVII.

Koch, Susanne (2009): Literatur – Film – Unterricht. Bewertungsgrundlagen und didaktisches Potential der Literaturverfilmung für den Deutschunterricht am Beispiel von Eyes Wide Shut. Würzburg.

Koch, Susanne (2010): Die „Traumnovelle" und EYES WIDE SHUT. Äquivalenzen von Literatur und Film als Grundlage für den Einsatz von Literaturverfilmungen im Unterricht. In: Matthias N. Lorenz (Hrsg.): Film im Literaturunterricht. Von der Frühgeschichte des Kinos bis zum Symmedium Computer. Freiburg i. Br., S. 267–284.

Köhler, Heinz-Jürgen/ Hans J. Wulff (2011): Kinderfilm. In: Thomas Koebner (Hrsg.): Reclams Sachlexikon des Films. 3. Aufl. Stuttgart, S. 349–353.

Koller, Hans-Christoph (2014): Zur Darstellung von Bildungsprozessen in Wolfgang Herrndorfs Roman „Tschick" in: Florian von Rosenberg/ Alexander Greiner (Hrsg.): Bildung unter Bedingungen kultureller Pluralität. Wiesbaden, S. 41–57.

Köppe, Tilmann/ Jan Stühring (2011): Against Pan-Narrator Theories. In: Journal of Literary Semantics 40, H. 1, S. 59–80.

Korte, Helmut (1989): The Birds (Daphne du Maurier, 1952 / Alfred Hitchcock 1963). In: Franz-Josef Albersmeier/ Volker Roloff (Hrsg.): Literatur-Verfilmungen. Frankfurt a. M., S. 281–299.

Kracauer, Siegfried (1985 [1960]): Theorie des Films. Die Errettung der äußeren Wirklichkeit. Übers.: Friedrich Walter/ Ruth Zellschan. Frankfurt a. M.

Krah, Hans (2013): Was ist „Literatursemiotik?". In: Anita Schilcher/Markus Pissarek (Hrsg.): Auf dem Weg zur literarischen Kompetenz. Ein Modell literarischen Lernens auf semiotischer Grundlage. Baltmannsweiler, S. 35–53.

Krämer, Sybille (2003): Erfüllen Medien eine Konstitutionsleistung? Thesen über die Rolle medientheoretischer Erwägungen beim Philosophieren. In: Stefan Münkler et al. (Hrsg.): Medienphilosophie. Beiträge zur Klärung eines Begriffs. Frankfurt a. M., S. 78–90.

Kremer, Detlef (2004): Literaturwissenschaft als Medientheorie. Münster.

Kreuzer, Helmut (1981): Medienwissenschaftliche Überlegungen zur Umsetzung fiktionaler Literatur. Motive und Arten der filmischen Adaption. In: Eduard Schaefer (Hrsg.): Medien im Deutschunterricht. Vorträge des Germanistentages Saarbrücken 1980, S. 22–46.

Kreuzer, Helmut (1999): Arten der Literaturadaption. In: Wolfgang Gast (Hrsg.): Literaturverfilmung. Bamberg, S. 27–31 [gekürzte Fassung von Kreuzer 1981].

Kristeva, Julia (1972): Wort, Dialog und Roman bei Bachtin. Übers.: Michel Korinman/ Heiner Stück. In: Jens Ihwe (Hrsg.): Literaturwissenschaft und Linguistik, Bd. 3, Frankfurt a. M., S. 345–375.

Kronemeyer, Naja (2010): Zazie. In: Bettina Kümmerling-Meibauer/ Thomas Koebner (Hrsg.): Filmgenres. Kinder- und Jugendfilm. Stuttgart, S. 114–118.

Krommer, Axel (2013): Didaktik und Ästhetik neuer Medien: Lesen und Verstehen symmedialer Texte. In: Volker Frederking et al. (Hrsg.): Taschenbuch des Deutschunterrichts, Bd. 2: Literatur- und Mediendidaktik. 2. Aufl. Baltmannsweiler, S. 243–275.

Krommer, Axel/ Ricarda Dreier (2013): Medienkompetenz im symmedialen Deutschunterricht. In: Volker Frederking et al. (Hrsg.): Taschenbuch des Deutschunterrichts, Bd. 2: Literatur- und Mediendidaktik. 2. Aufl. Baltmannsweiler, S. 695–715.

Krützen, Michaela (2005): Filmanfänge. Was der Beginn eines Films über sein Ende verrät. In: Der Deutschunterricht 57, H. 3, S. 79–84.

Krützen, Michaela (2010): Dramaturgien des Films. Das etwas andere Hollywood. Frankfurt a. M.

Krützen, Michaela (2015): Klassik, Moderne, Nachmoderne. Eine Filmgeschichte. Frankfurt a. M.

Kruse, Iris (2010): Figuren, Handlungen und Räume in Text, Ton und Bild. Literarisches und medienästhetisches Lernen in intermedialer Lektüre. In: Petra Josting/ Klaus Maiwald (Hrsg.): Verfilmte Kinderliteratur. Gattungen, Produktion, Distribution, Rezeption und Modelle für den Unterricht. München, S. 177–185.

Kruse, Iris (2011): Kinder- und Jugendliteratur intermedial erfahren, erleben, lesen. Intermediale Lektüren und ihr Potenzial für einen medienintegrativen Literaturunterricht. In: Gudrun Marci-Boehncke/ Matthias Rath (Hrsg.): Medienkonvergenz im Deutschunterricht. München, S. 200–210.

Kruse, Iris (2014a): Brauchen wir eine Medienverbunddidaktik? Zur Funktion kinderliterarischer Medienverbünde im Literaturunterricht der Primar- und frühen Sekundarstufe. In: Leseräume – Zeitschrift für Literalität in Schule und Forschung 1 (http://www.leseräume.de; zuletzt einges. am 16.12.18), S. 1–30.

Kruse, Iris (2014b): Intermediale Lektüre(n). Ein Konzept für Zu- und Übergänge in intermedialen Lehr- und Lernarrangements. In: Gina Weinkauff et al. (Hrsg.): Kinder- und Jugendliteratur in Medienkontexten. Adaption – Hybridisierung – Intermedialität – Konvergenz. Frankfurt a.M., S. 179–198.

Kruse, Iris (2015): Im Gestöber der Medien entdecken, erfahren und lernen. Kinderliterarische Medienverbünde herausfordernd arrangieren. In: Mechthild Dehn/ Daniela Merklinger (Hrsg.): Erzählen – Vorlesen – Zum Schmökern anregen. Frankfurt a. M., S. 244–255.

Kruse, Iris (2016a): Intermedial und inklusiv. Ein kinderliterarischer Medienverbund stiftet gemeinsame literarische Erfahrungen. In: Grundschulunterricht Deutsch, H. 1, S. 34–38.

Kruse, Iris (2016b): Kinderliterarische Medienverbünde im inklusiven Literaturunterricht der Grundschule – Mediale Darstellungsvielfalt als Chance für gemeinsame literarästhetische Erfahrungen. In: Daniela A. Frickel/ Andre Kagelmann (Hrsg.): Der inklusive Blick. Die Literaturdidaktik und ein neues Paradigma. Frankfurt a. M., S. 171–191.

Kruse, Iris (2019): Trivialität, Komplexität, Intermedialität – Praxistheoretische Perspektiven auf Medienverbunddidaktik und intermediale Lektüre. Klaus Maiwald (Hrsg.): Intermedialität. Formen – Diskurse – Didaktik. Baltmannsweiler, S. 111–130.

Kudlowski, Marc (2013): So kanns laufen! Bilderbuch und Bilderbuchverfilmung. In: Christoph Jantzen/ Stefanie Klenz (Hrsg.): Text und Bild – Bild und Text. Bilderbücher im Deutschunterricht. Stuttgart, S. 183–206.

Kuhn, Markus (2007): Narrative Instanzen im Medium Film: Das Spiel mit Ebenen und Erzählern in Pero Almodóvars LA MALA EDUCATIÓN. In: Corinna Müller/ Irina Scheidgen (Hrsg.): Mediale Ordnungen. Erzählen, Archivieren, Beschreiben. Marburg, S. 56–76.

Kuhn, Markus (2013): Film-Narratologie. Ein erzähltheoretisches Analysemodell. Berlin/ Boston.

Kühnel, Jürgen (2004): Einführungen in die Filmanalyse. Teil 2: Dramaturgie des Spielfilms. Siegen.

Kümmerling-Meibauer, Bettina (2005): Paratexte im Kinderfilm. In: Christian Exner/ Bettina Kümmerling-Meibauer (Hrsg.): Von wilden Kerlen und wilden Hühnern. Perspektiven des modernen Kinderfilms. Marburg, S. 64–84.

Kümmerling-Meibauer, Bettina (2010): Einleitung. In: dies./ Thomas Koebner (Hrsg.): Filmgenres. Kinder- und Jugendfilm. Stuttgart, S. 9–23.

Kümmerling-Meibauer, Bettina (2012): Kinder- und Jugendliteratur. Eine Einführung. Darmstadt.

Kurwinkel, Tobias (2012): Family Entertainment Film. In: Horst Schäfer (Hrsg.): Lexikon des Kinder- und Jugendfilms im Kino, im Fernsehen und auf Video. Teil 6: Genre, Themen und Aspekte. Meitingen, S. 1–5.

Kurwinkel, Tobias/ Philipp Schmerheim (2012a): Auralität und Filmerleben. Ein Ansatz zur Analyse von Kinder- und Jugendfilmen am Beispiel von *Harry Potter und der Gefangene von Askaban* und *Der gestiefelte Kater*. In: Christian Exner/ Bettina Kümmerling-Meibauer (Hrsg.): Von wilden Kerlen und wilden Hühnern. Perspektiven des modernen Kinderfilms. Marburg, S. 85–105.

Kurwinkel, Tobias/ Philipp Schmerheim (2012b): Methodische Einführung: Auralität und Filmerleben. Ein rezeptionsorientierter Ansatz zur ausdrucksmittelübergreifenden Analyse des Kinder- und Jugendfilms. In: dies./ Annika Kurwinkel (Hrsg.): Astrid Lindgrens Filme. Auralität und Filmerleben im Kinder- und Jugendfilm. Würzburg, S. 33–52.

Kurwinkel, Tobias/ Philipp Schmerheim (2013): Kinder- und Jugendfilmanalyse. Konstanz/ München.

Kurwinkel, Tobias/ Philipp Schmerheim (2014): Auralität. In: Horst Schäfer (Hrsg.): Lexikon des Kinder- und Jugendfilms im Kino, im Fernsehen und auf Video. Teil 6: Genre, Themen und Aspekte. Meitingen, S. 1–15.

Laffay, Albert (1964): Logique du cinéma. Création et spectacle. Paris.

Lahn, Silke/ Jan Christoph Meister (2008): Einführung in die Erzähltextanalyse. Stuttgart/ Weimar.

Lämmert, Eberhard (2004 [1955]): Bauformen des Erzählens. 9. Aufl. Stuttgart/ Weimar.

Lange, Sigrid (2007): Einführung in die Filmwissenschaft. Darmstadt.

Langemeyer, Peter (2018): Von der Roadnovel zum Roadmovie. Tschick und der Film: Medienreflexion und Medienwechsel. In: Matthias N. Lorenz (Hrsg.): „Germanistenscheiß". Beiträge zur Werkpolitik Wolfgang Herrndorfs. Berlin, S. 203–235.

Langemeyer, Peter/ Matthias N. Lorenz (2019): Bibliographie zu Wolfgang Herrndorf. Wissenschaftliche, essayistische und didaktische Literatur. In: Matthias N. Lorenz (Hrsg.): „Germanistenscheiß". Beiträge zur Werkpolitik Wolfgang Herrndorfs. Berlin, S. 421–435.

Lanser, Susan Sniader (1981): The Narrative Act. Point of View in Prose Fiction. Princeton.

Lebeau, Vicky (2008): Childhood and Cinema. London.

Lecke, Bodo (Hrsg.) (2008): Mediengeschichte, Intermedialität und Literaturdidaktik. Frankfurt a. M.

Leitch, Thomas M. (1986): What Storys are. Narrative Theory and Interpretation. Pennsylvania.

Lessing, Gotthold Ephraim (1990 [1766]): Laokoon: oder über die Grenzen der Malerei und Poesie. In: ders.: Werke und Briefe in zwölf Bänden, Bd. 5/2. Frankfurt a. M., S. 11–321.

Leubner, Martin/ Anja Saupe (2006): Filme, Narrationen und Schule. Filmdidaktik als Teil einer medienintegrativen Erzähldidaktik. In: Volker Frederking (Hrsg.): Filmdidaktik und Filmästhetik. Jahrbuch Medien im Deutschunterricht 2005. München, S. 46–61.

Leubner, Martin/ Anja Saupe (2009): Erzählungen in Literatur und Medien und ihre Didaktik. 2. Aufl. Baltmannsweiler.

Lexe, Heidi (2016): Rico, Oskar und der Kinderfilm. Zur Adaption eines Kinderromans mit Kultcharakter. In: Klaus Maiwald/ Anna-Maria Meyer/ Claudia Maria Pecher (Hrsg.): „Klassiker" des Kinder- und Jugendfilms. Baltmannsweiler 2016, S. 123–138.

Littschwager, Simin Lina (2010): Verfilmung von Lyrik. Mit Beispielen aus dem Film POEM. Marburg.

Littschwager, Simin Lina (2013): Verfilmung von Lyrik. Poetry-Filme in Theorie und Praxis. In: Der Deutschunterricht 65, H. 5, S. 50–59.

Loderhose, Nina Marie/ Kirsten Kumschlies (2015): Vor der Bestsellerliste in den Literaturunterricht. Unterrichtsmaterialien zu Tschick auf dem Prüfstand.

In: Literatur im Unterricht: Texte der Gegenwartsliteratur für die Schule 16, H. 3, S. 285–300.

Lösener, Hans (2009): Die intermediale Lektüre. Wege zur Inszenierung im Text. In: Marion Bönnighausen/ Gabriela Paule (Hrsg.): Theater intermedial. Jahrbuch Medien im Deutschunterricht 2008, S. 67–82.

Lothe, Jakob (2000): Narration in Fiction and Film. An Introduction. Oxford.

Lotman, Jurij M. (1977): Probleme der Kinoästhetik. Einführung in die Semiotik des Films. Übers.: Christiane Böhler-Auras. Frankfurt a. M.

Löwe, Corina (2015): Es könnte auch am Buch liegen Plädoyer für den Einsatz von Jugendliteratur im Deutschunterricht an Gymnasien und Hochschulen. In: Charlotte Seiler Brylla/ Elisabeth Wåghäll Nivre (Hrsg.): Sendbote zwischen den Kulturen: Gustav Korlén und die germanistische Tradition an der Universität Stockholm. Stockholm, S. 289–302.

Lubbock, Percy (1921): The Craft of Fiction. London.

Luhmann, Niklas (1998): Die Gesellschaft der Gesellschaft. Frankfurt a. M.

Luhmann, Niklas (2008 [1986]: Das Medium der Kunst. In: ders.: Schriften zu Kunst und Literatur. Frankfurt a. M., S. 123–138.

Luhmann, Niklas (2009 [1996]): Die Realität der Massenmedien. 4. Aufl. Wiesbaden.

Mahne, Nicole (2007): Transmediale Erzähltheorie. Eine Einführung. Göttingen.

Maiwald, Klaus (2005): Wahrnehmung – Sprache – Beobachtung. Eine Deutschdidaktik bilddominierter Medienangebote.

Maiwald, Klaus (2006): Geschlechterrollen und andere Katastrophen. Zur Re- und Dekonstruktion von Zeichenhaftigkeiten eines Hollywood-Films. In: Volker Frederking (Hrsg.): Filmdidaktik und Filmästhetik. Jahrbuch Medien im Deutschunterricht 2005. München, S. 116–129.

Maiwald, Klaus (2010a): Der dreifache Emil. Ästhetisches Lernen an den Verfilmungen von Erich Kästners Detektivklassiker. In: Matthis Kepser (Hrsg.): Fächer der schulischen Filmbildung. Deutsch, Englisch, Kunsterziehung und Geschichte. München, S. 123–145.

Maiwald, Klaus (2010b): Grundlegende filmanalytische Begriffe und Kategorien. In: Petra Josting/ Klaus Maiwald (Hrsg.): Verfilmte Kinderliteratur. Gattungen, Produktion, Distribution, Rezeption und Modelle für den Deutschunterricht. München, S. 168–176.

Maiwald, Klaus (2010c): „Viel digital geschraubt" und „totgelabert"? Marco Kreuzpaintners *Krabat* (2008). In: Petra Josting/ Klaus Maiwald, (Hrsg.): Verfilmte Kinderliteratur. Gattungen, Produktion, Distribution, Rezeption und Modelle für den Deutschunterricht. München: S. 225–235.

Maiwald, Klaus (2010d): „Was willste denn im Kino?" Eine Befragung zum Verhältnis von Literatur und Film. In: Mitteilungen und Veröffentlichungen des „Lëtzebuerger Germanistenverband a.s.b.l.", H. 2, S. 7–25.

Maiwald, Klaus (2013a): Filmdidaktik und Filmästhetik – Lesen und Verstehen audiovisueller Texte. In: Volker Frederking et al. (Hrsg.): Taschenbuch des Deutschunterrichts, Bd. 2: Literatur- und Mediendidaktik. 2. Aufl. Baltmannsweiler, S. 221–242.

Maiwald, Klaus (2013b): Film und/ als Literatur. Zum Stellenwert des Films im Literaturunterricht. In: Literatur im Unterricht: Texte der Gegenwartsliteratur für die Schule 14, H. 3, S. 161–167.

Maiwald, Klaus (2013c): „Sensationell am Buch". Zur „Werktreue der Verfilmungen von Erich Kästners Schulroman *Das fliegende Klassenzimmer*. In: Literatur im Unterricht: Texte der Gegenwartsliteratur für die Schule 14, H. 3, S. 169–185.

Maiwald, Klaus (2014): „...hat das Zeug zum Klassiker." Andreas Steinhöfels Kinderkrimi Rico, *Oskar und die Tieferschatten* und Zielbereiche des Umgangs mit Literatur. In: Literatur im Unterricht: Texte der Gegenwartsliteratur für die Schule 15, H. 3, S. 209–220.

Maiwald, Klaus (2015): Vom Film zur Literatur. Moderne Klassiker der Literaturverfilmung im Medienvergleich. Stuttgart.

Maiwald, Klaus (2018): Konkurrenzen und Korrespondenzen. Filme/Verfilmungen für Kinder und Jugendliche – am Beispiel von RICO, OSKAR UND DIE TIEFERSCHATTEN (2014). In: Bettina Bannasch/ Eva Matthes (Hrsg.): Kinder- und Jugendliteratur. Historische, erzähl und medientheoretische, pädagogische und therapeutische Perspektiven. Münster, New York, S. 145–161.

Maiwald, Klaus (2019): Intermedialität. Einführung in das Thema. In: der. (Hrsg.): Intermedialität. Formen – Diskurse – Didaktik. Baltmannsweiler, S. 1–22.

Maiwald, Klaus/ Willi Wamser (2008): Schwerter, Liebe und mehr. Was „Der erste Ritter" aus Hollywood mit medienkultureller Bildung zu tun und im Deutschunterricht verloren hat. In: Der Deutschunterricht 60, H. 3., S. 64–73.

Malle, Julia (2016): Inkludiert. Exkludiert. Integriert? Andreas Steinhöfels „Rico, Oskar und die Tieferschatten" im literaturdidaktischen Kontext. In: Österreich, Geschichte, Literatur, Geographie 60, 4, S. 446–457.

Marschall, Suanne (2009): Farbe im Kino. Marburg.

Marsden, Peter H. (2004): Zur Analyse der Zeit. In: Peter Wenzel (Hrsg.): Einführung in die Erzähltextanalyse. Kategorien, Modelle, Probleme. Trier, S. 89–110.

Marci-Boehncke, Gudrun (2008): Intermedialität als perspektivischer Prozess – Von der Wiederentdeckung des RezipientInnen in einem vorläufigen Diskurs. In: Lecke, Bodo (Hrsg.) (2008): Mediengeschichte, Intermedialität und Literaturdidaktik. Frankfurt a. M., S. 79–94.

Marcus, Millicent (1993). Filming by the Book. Italian Cinema and Literary Adaptation. Baltimore.

Martenstein, Harald (2001): Harry Potter: Die volle Dröhnung. In: Der Tagesspiegel, 20. Nov. 2001 (https://www.tagesspiegel.de/kultur/harry-potter-die-volle-droehnung/272176.html; zuletzt einges. am 2.12.18).

Martinez, Matias/ Michael Scheffel (2009): Einführung in die Erzähltheorie. 8. Aufl. München.

Maurer, Björn (2010a): Schulische Filmbildung in der Praxis. Ein Curriculum für die aktive und rezeptive Filmarbeit in der Sekundarstufe I. München.

Maurer, Roman (2010b): Der Krieg der Knöpfe. In: Bettina Kümmerling-Meibauer/ Thomas Koebner (Hrsg.): Filmgenres. Kinder- und Jugendfilm. Stuttgart, S. 118–127.

McLuhan, Marshall (2001 [1964]): Understanding Media. The extensions of man. Abingdon.

McLuhan, Marshall/ Quentin Fiore (1996 [1967]) The Medium ist the Massage. London [u. a.].

Metz, Christian (1972): Semiologie des Films. (Übers.: Renate Koch) München.

Metz, Christian (1973): Sprache und Film. (Übers.: Micheline Theune/ Arno Ros). Frankfurt a. M.

Metzger, Klaus (2002): Goof! Fehler in Filmen als Bausteine für eine „Schule des Film-Sehens". In: Praxis Deutsch 175, S. 19–21.

Meyer, Anna-Maria (2013) Alice in Wonderland goes Hollywood. In: Literatur im Unterricht: Texte der Gegenwartsliteratur für die Schule 14, H. 3, S. 215–235.

Mikos, Lothar (2015): Film- und Fernsehanalyse. 3. Aufl. Konstanz, München.

Mikota, Jana (2017): Aber die Eigenheiten und Merkwürdigkeiten von Pekka liebte ich am meisten". Inklusion und Heterogenität in aktuellen Kinderromanen. In: Jan Standke (Hrsg.): Gegenwartsliteratur im inklusiven Deutschunterricht. Trier, S. 159–170.

Möbius, Thomas (2008): Das „literarische Sehgespräch" als sprachlich-kommunikative Vermittlungsweise bilddominierter Medienangebote. In: Volker Frederking/ Matthis Kepser/ Matthias Rath (Hrsg.): LOG IN! Kreativer Deutschunterricht und neue Medien. München, S. 213–225.

Möbius, Thomas (2014): Adaption – Verbund – Produsage: Implikationen des Begriffs Medienkonvergenz. In: Gina Weinkauff et al. (Hrsg.): Kinder- und Jugendliteratur in Medienkontexten. Adaption – Hybridisierung – Intermedialität – Konvergenz. Frankfurt a. M., S. 219–232.

Mühr, Stephan (2015): „Tschick" und „Sand". Zwei komplementäre Geschichten über Identität. In: Acta Germanica 43, S. 198–213.

Mühr, Stephan (2017): Literarische Identität als Kontingenzerfahrung in Wolfgang Herrndorfs „Tschick" und „Sand". In: Monika Wolting (Hrsg.): Identitätskonstruktionen in der deutschen Gegenwartsliteratur. Göttingen, 79–94.

Müller, Karla (2012a): Hörtexte im Deutschunterricht. Poetische Texte hören und sprechen. Seelze.

Müller, Ines (2012b): Filmbildung in der Schule. Ein filmdidaktisches Konzept für den Unterricht und die Lehrerbildung. München.

Mulvey, Laura (1975): Visual Pleasure and Narrative Cinema. In: Screen 16, S. 6–18.

Münschke, Frank/ Göran Nieragden (2018): Coming-of-Age/Adoleszenzroman. In: Christine Garbe et Al. (Hrsg.): Attraktive Lesestoffe (nicht nur) für Jungen. Erzählmuster und Beispielanalysen zu populärer Kinder- und Jugendliteratur. Baltmannsweiler, S. 180–196.

Myoung, Jeong (2017): Eine Untersuchung zum Fremdverstehen durch Alteritätserfahrung – Identitätsbildung. Am Beispiel von Wolfgang Herrndorfs „Tschick". In: Zeitschrift für deutschsprachige Kultur & Literatur 26, S. 33–59.

Nebe, André F. (2019): Humor und erfolgreiche Kinderfilme. Strukturen und Relevanz eines filmischen Mittels. Wiesbaden.

Nickel-Bacon, Irmgard (2006): *Harry Potter und der Stein der Weisen* in der Schule: Überlegungen zu einer medienintegrativen Literaturdidaktik. In: Christine Garbe/ Maik Philipp (Hrsg.): Harry Potter – Ein Literatur- und Medienereignis im Blickpunkt interdisziplinärer Forschung. Hamburg, S. 279–300.

Nieding, Gerhild/ Peter Ohler (2006): Der Erwerb von Medienkompetenz zwischen 3 und 7 Jahren. In: tv diskurs 38, S. 46–51.

Niklas, Annemarie (2012): (Trick)Filme und (Bilder)Bücher. Lesewelten öffnen. In: Anja Pompe (Hrsg.): Literarisches Lernen im Anfangsunterricht. Theoretische Reflexionen, empirische Befunde, Unterrichtspraktische Entwürfe. Baltmannsweiler, S. 192–204.

Oberhaus, Lars (2019): „... und dann kachelten wir mit ‚Ballade pour Adeline' über die Autobahn". Zum Stellenwert der Filmmusik in der Verfilmung von „Tschick" In: Der Deutschunterricht 71, H. 2, S. 26–34.

Oudart, Jean-Pierre (1971): L'effet de réel. In: Cahiers du Cinéma 228, S. 19–26.

Orphal, Stefanie (2014): Poesiefilm. Lyrik im audiovisuellen Medium. Berlin, Boston.

Orr, Christopher (1984): The Discourse on Adaptation. In: Wide Angle 6, H. 2, S. 72–76.

Osthues, Iwan (2016): „Wieder hacke, Iwan?" Interkulturelle Perspektiven auf Adoleszenz am Beispiel von Wolfgang Herrndorfs *Tschick*. In: Jan Standke (Hrsg.): Wolfgang Herrndorf lesen. Beiträge zur Didaktik der deutschsprachigen Gegenwartsliteratur. Tier, S. 65–79.

O'Sullivan, Emer (2000): Kinderliterarische Komparatistik. Heidelberg.

Panofsky, Erwin: Stil und Medium im Film. In: ders.: Stil und Medium im Film & Die ideologischen Vorläufer des Rolls-Royce-Kühlers. Frankfurt a.M.: Fischer 1999 [1947], S. 19–57.

Pantenburg, Volker/ Stefanie Schlüter (2014): Zehn Anmerkungen zur Filmbildung. In: Lena Eckert/ Silke Martin (Hrsg.): FilmBildung. Marburg, S. 46–49.

Pauli, Hansjörg (1976): Filmmusik – Ein historisch-kritischer Abriß. In: Hans-Christian Schmidt (Hrsg.): Musik in den Massenmedien Rundfunk und Fernsehen. Perspektiven und Materialien. Mainz, S. 91–119.

Paech, Joachim (1984): Literatur und Film – Mephisto. Einführung in die Analyse filmischer Adaptionen literarischer Werke. Ein Arbeitsbuch für die gymnasiale Oberstufe. Frankfurt a. M.

Paech, Joachim (1988): Literaturwissenschaft und/oder Filmwissenschaft. In: ders. (Hrsg.): Methodenprobleme der Analyse verfilmter Literatur 2. Aufl. Münster, S. 11–20.

Paech, Joachim (1997): Literatur und Film. 2. Aufl. Stuttgart, Weimar.

Paech, Joachim (Hrsg.) (1988): Methodenprobleme der Analyse verfilmter Literatur 2. Aufl. Münster.

Paefgen, Elisabeth K. (2008): Literatur und Film im Dialog – neue Perspektiven für die Literaturdidaktik. In: Der Deutschunterricht 60, H. 3, S. 33–42.

Palmier, Jean-Pierre (2014): Gefühlte Geschichten. Unentscheidbares Erzählen und emotionales Erleben. München.

Pasolini, Pier Paolo (1971): Die Sprache des Films. In: Friedrich Knilli (Hrsg.): Semiotik des Films. München, S. 38–55.

Pavlik, Jennifer (2016): „Wer bin ich – und wenn ja, wie viele?". Identitäts- und Alteritätserfahrungen im Zuge der Adoleszenz. Zu Wolfgang Herrndorfs Roman „Tschick". In: Der Deutschunterricht 68, H. 2, S. 44–53.

Pavlik, Jennifer (2019): Bildung ohne Geländer. Gattungs- und bildungstheoretische Reflexionen in Wolfgang Herrndorfs Roman Tschick. In: Matthias

N. Lorenz (Hrsg.): „Germanistenscheiß". Beiträge zur Werkpolitik Wolfgang Herrndorfs. Berlin, S. 259–277.

Peirce, Charles Saunders (1932): Collected Papers, Bd. 2: Elements of Logic. Cambridge.

Petersen, Jürgen H. (1993): Erzählsysteme. Eine Poetik epischer Texte. Stuttgart/ Weimar.

Pfäfflin, Sabine (2020): Elemente populärer Kultur und hörspieldidaktische Potenziale im Kinderhörspiel „Rico, Oskar und die Tieferschatten". In: Lea Grimm/ Cornelia Rosebrock (Hrsg.): Varianten der Populärkultur für Kinder und Jugendliche. – Baltmannsweiler, S. 229–241.

Pfeiffer, Joachim (2013): Literarische Gattungen im Deutschunterricht. In: Volker Frederking et al. (Hrsg.): Taschenbuch des Deutschunterrichts. Bd. 2: Literatur und Mediendidaktik. 2 Aufl. Baltmannsweiler, S. 56–72.

Piaget, Jean (2015 [1926]): Das Weltbild des Kindes. Übers.: Luc Bernard. Stuttgart.

Pietsch, Volker (2011): Sekunde der Wahrheiten. Über das Potenzial filmischer Simultanität für den Deutschunterricht. In: Der Deutschunterricht 63, H. 6, S. 86–90.

Pinker, Steven (2003): Das unbeschriebene Blatt. Die moderne Leugnung der menschlichen Natur. Übers.: Hainer Kober. Berlin.

Platon (1989): Der Staat. Über das Gerechte. Übers.: Otto Apel. 11. Aufl. Hamburg.

Pompe, Anja (2016): Sichtbare Unwahrscheinlichkeit. Andreas Steinhöfels Roman *Rico, Oskar und die Tieferschatten*. In: In: Literatur im Unterricht: Texte der Gegenwartsliteratur für die Schule 16, H. 1, S. 33–44.

Preuß, Christine (2011a): Andere Filme – anders sehen (lernen)! Ein Forschungsprojekt zum filmästhetischen Sehen von Schülerinnen und Schülern der Primar- und Sekundarstufe. In: Gudrun Marci-Boehncke/ Matthias Rath (Hrsg.): Medienkonvergenz im Deutschunterricht. München, S. 211–220.

Preuß, Christine (2011b): „Andere Filme – anders sehen (lernen)!" Filmästhetisches Sehen von Schülerinnen und Schülern abbilden. In: Johannes Kirschenmann/ Christoph Richter/ Kaspar H. Spinner (Hrsg.): Reden über Kunst. Fachdidaktisches Forschungssymposium in Literatur, Kunst und Musik. München, S. 137–162.

Preuß, Christine (2017): Lernen durch frühes Kino – Filmbildung im Unterricht. In: Henriette Hoppe/ Claudia Vorst/ Christian Weißenburger (Hrsg.): Bildliteralität im Übergang von Literatur und Film. Eine interdisziplinäre Aufgabe und Chance kompetenzorientierter Fachdidaktik. Frankfurt a. M., S. 87–98.

Rajewsky, Irina O. (2002): Intermedialität. Tübingen, Basel.

Rajewsky, Irina O. (2004): Intermedialität – eine Begriffsbestimmung. In: Marion Bönnighausen/ Heidi Rösch (Hrsg.): Intermedialität im Deutschunterricht. Baltmannsweiler, S. 8–30.

Rajewsky, Irina O. (2008): Intermedialität und *remediation*. Überlegungen zu einigen Problemfeldern der jüngeren Intermedialitätsforschung. In: Joachim Paech/ Jens Schröter (Hrsg.): Intermedialität analog/ digital. Theorien – Methoden – Analysen. München, S. 47–60.

Rajewsky, Irina (2019): Literaturbezogene Intermedialität. In: Klaus Maiwald (Hrsg.): Intermedialität. Formen – Diskurse – Didaktik. Baltmannsweiler, S. 49–75.

Rauch, Marja (2012): Jugendliteratur der Gegenwart. Grundlagen, Methoden, Unterrichtsvorschläge. Seelze.

Rauch, Marja (2014): Reisen ins unbekannte Land der Gegenwart. Christian Krachts „Faserland" und Wolfgang Herrndorfs „Tschick". In: Literatur im Unterricht: Texte der Gegenwartsliteratur für die Schule 15, H. 3, S. 209–219.

Richter, Karin/ Eleonore Jahn (2006): Bildwelten öffnen Wege zur Literatur- Bilder und Filme im fächerübergreifenden Deutschunterricht der Grundschule. In: Grundschule, H. 6, S. 6–8.

Rieger, Stefan (2008): Synästhesie. Zu einer Wissenschaftsgeschichte der Intermedialität. In: Joachim Paech/ Jens Schröter (Hrsg.): Intermedialität analog/ digital. Theorien – Methoden – Analysen. München, S. 61–77.

Riffaterre, Michael (1973): Strukturale Stilistik. München.

Ritzen, Philipp (2015): Mit dem Lada ins Nirgendwo – Elemente des Utopischen in Wolfgang Herrndorfs „Tschick". In: Alman dili ve edebiyatı dergisi 34, H. 2, S. 107–121.

Robert, Jörg (2014): Einführung in die Intermedialität. Darmstadt.

Rodek, Hanns-Georg: Die Magie des Vertrauten. In: Die Welt. 21. Nov. 2001 (https://www.welt.de/print-welt/article488399/Die-Magie-des-Vertrauten. html; zuletzt einges. am 2.12.18).

Rösch, Heidi (2009): Interkulturelle und intermediale Ästhetik. In: Marion Bönnighausen/ Heidi Rösch (Hrsg.): Intermedialität im Deutschunterricht. Baltmannsweiler, S. 64–83.

Rösch, Heidi (2015): Tschick und Maik – Stereotype in der Kinder- und Jugendliteratur. In: Kjl&m 62, S. 26–32.

Roloff, Volker (2008): Intermedialität und Medienanthropologie. Anmerkungen zu aktuellen Problemen. In: Joachim Paech/ Jens Schröter (Hrsg.): Intermedialität analog/ digital. Theorien – Methoden – Analysen. München, S. 15–29.

Rosebrock, Cornelia/ Marina Papadimitriou (2014): Identitätsentwürfe in der Differenz. Thema eines transkulturellen Literaturunterrichts. In: Leseräume. Zeitschrift für Literalität in Schule und Forschung 1, S. 1–14.

Rückriegl, Peter/ Thoms Koebner (2002): Verfilmung. In: Thomas Koebner (Hrsg.): Reclams Sachlexikon des Films. Stuttgart, S. 350–353.

Rülicke-Weiler, Käte (1984): Zur Entstehung und Spezifik künstlerischer Gattungen in Film und Fernsehen. In: dies. (Hrsg.): Beiträge zur Theorie der Film- und Fernsehkunst. Gattungen, Kategorien, Gestaltungsmittel. Berlin, S. 11–40.

Rudloff, Holger (2002): King Kong und Kafka. Katastrophenfilme und Franz Kafkas „Das Stadtwappen". In: Deutschunterricht 55, H. 6, S. 26–29.

Ryan, Judith (1991): Pastiche und Postmoderne. Patrick Süßkinds Roman Das Parfum. In: Manfred Lützeler (Hrsg.): Spätmoderne und Postmoderne. Beiträge zur deutschsprachigen Gegenwartsliteratur. Frankfurt a. M., S. 91–103.

Ryan, Marie-Laure (1981): Pragmatics of Personal and Impersonal Fiction. In: Poetics 10, S. 517–538.

Ryan, Marie-Laure (2001): Beyond Myth and Metaphor. Narrative in Digital Media. In Poetics Today 23. H. 2, S. 581–609.

Ryan, Marie-Laure (2006): Avatars of Story. Minneapolis, London.

Ryan, Marie-Laure (2014): Story/Worlds/Media: Tuning the Instrument of Media-Conscious Narratology. In: dies./ Jan-Noël Thon (Hrsg.): Storyworlds across Media. Toward a Media-Conscious Narratology. Lincoln, London, S. 25–50.

Sahli, Jan (2009): Klingende Bilder, gemalte Töne. Mediale Schnittstellen in der Film- und Kunstvermittlung. In: Bettina Henzler/ Winfried Pauleit (Hrsg.): Filme sehen, Kino verstehen. Methoden der Filmvermittlung. Marburg, S. 137–153.

Sahr, Michael (1997): Kinder Bücher Verfilmungen. Der literarische Kinderfilm im Unterricht. Kallmünz.

Sahr, Michael (2000): Kinderfilm. In: Günter Lange (Hrsg.): Taschenbuch der Kinder- und Jugendliteratur, Bd. 2: Medien und Sachbuch. Ausgewählte thematische Aspekte. Ausgewählte Poetologische Aspekte. Produktion und Rezeption. KJL im Unterricht. Baltmannsweiler, S. 608–619.

Sahr, Michael (2004): Verfilmte Kinder- und Jugendliteratur. Der literarische Kinderfilm – ein vernachlässigtes Unterrichtsmedium. Baltmannsweiler.

Sandbothe, Mike (1997): Interaktivität – Hypertextualität – Transversalität. Eine medienphilosophische Analyse des Internets. In: Stefan Mücker/ Alexander Roesler (Hrsg.): Mythos Internet, S. 56–82.

Saussure, Ferdinand de (1967): Grundfragen der allgemeinen Sprach-Wissenschaft. 2. Auf. Berlin.

Saxer, Ulrich (1999): Der Forschungsgegenstand der Medienwissenschaft. In: Joachim-Felix Leonard (Hrsg.): Medienwissenschaft: Ein Handbuch zur Entwicklung der Medien und Kommunikationsformen, S. 1–14.

Schäfers, Stefanie (2015): Die Posttouristen reisen weiter. Christian Krachts „Faserland", Thomas Klubbs „Paradiso" und Wolfgang Herrndorfs „Tschick" als literarische Deutschlandreisen im globalen Reisezeitalter. In: Leslie Brückner/ Christopher Meid/ Christine Rühling (Hrsg.): Literarische Deutschlandreisen nach 1989. Berlin, Boston, S. 202–212.

Schanze, Helmut (1996): Literatur – Film – Fernsehen. Transformationsprozesse. In: ders. (Hrsg.): Fernsehgeschichte der Literatur. Voraussetzungen – Fallstudien – Kanon. München, S. 82–92.

Scherer, Gabriela (2010): Über Puzzlesteinchen stolpern. Literarisches und sprachliches Lernen mit Steinhöfels Kinderkrimi „Rico, Oskar und die Tieferschatten". In: Praxis Deutsch 224, S. 28–34.

Schepelern, Günter (1993): Gewinn und Verlust. Zur Verfilmung in Theorie und Praxis. In: Text & Kontext 18, H. 1/2., S. 20–67.

Schilcher, Anita/ Susanne Dürr: Überstrukturierung poetischer Texte: Metrik, Rhetorik, Mythologie. In: Anita Schilcher/Markus Pissarek (Hrsg.): Auf dem Weg zur literarischen Kompetenz. Ein Modell literarischen Lernens auf semiotischer Grundlage. Baltmannsweiler, S. 105–134.

Schilcher Anita/Markus Pissarek (Hrsg.): Auf dem Weg zur literarischen Kompetenz. Ein Modell literarischen Lernens auf semiotischer Grundlage. Baltmannsweiler.

Schleicher, Harald (1991): Film-Reflexionen: autothematische Filme von Wim Wenders, Jean-Luc Godard und Federico Fellini. Tübingen.

Schlickers, Sabine (1997): Verfilmtes Erzählen. Narratologisch-komparative Untersuchung zu „El beso de la mujer araña" (Manuel Puig/Héctor Babenco) und „Crónica de una muerte anunciada" (Gabriel García Márquez/Franceso Rosi). Frankfurt a.M.

Schlickers, Sabine (2009): „Focalisation, ocularisation and auricularisation in film literature. In: Peter Hühn/ Wolf Schmid/ Jörg Schönert (Hrsg.): Point of View, Perspective, and Focalization. Modelling Meditation in Narrative. Berlin, New York, S. 243–258.

Schmid, Wolf (2008): Elemente der Narratologie. 2. Aufl. Berlin/ New York.

Schmidt, Siegfried J. (2012): Der Medienkompaktbegriff. In: Stefan Münkler/ Alexander Roesler (Hrsg.): Was ist ein Medium? 2. Aufl. Frankfurt a. M.

Schmitt, Christoph (2000): Können Filme Märchen erzählen? In Grundschule 32, H. 10, S. 9–12.

Schneider, Irmela (1981): Der verwandelte Text. Wege zu einer Theorie der Literaturverfilmung. Tübingen.

Schnell, Ralf (2000): Medienästhetik. Zu Geschichte und Theorie visueller Wahrnehmungsformen. Stuttgart.

Schöffel, Reinhold T. (2005): Die Brücke (1959). In: Alfred Holighaus (Hrsg.): Der Filmkanon. 35 Filme, die Sie kennen müssen. Bonn, S. 120–125.

Schönleber, Matthias (2006): „Es gibt Tiefen genug, sie klaffen zwischen den Bildern". Ästhetische Kompetenz an den Schnittstellen von Kurzfilm und Kurzgeschichte. In: Volker Frederking (Hrsg.): Filmdidaktik und Filmästhetik. Jahrbuch Medien im Deutschunterricht 2005. München, S. 62–77.

Schörkhuber, Wolfgang (2003): Film im Deutschunterricht – Literaturtransporteur, Filmanalyse oder was sonst? In: ide 27, H. 4, 8–16.

Schotte, Marcus/ Florian Urschel-Sochaczekski (2013): Auf der wilden Jagd durch die Geschichte. Die Entstehung von Genres am Beispiel früher Kurzspielfilme. In: Praxis Deutsch. Zeitschrift für den Deutschunterricht 237, S. 18–24.

Schröder, Ralf J. (1988): Außersprachliche Zeichen in der Verfilmung von Tennessee Williams, „A Streetcar Named Desire". Joachim Paech (Hrsg.): Methodenprobleme der Analyse verfilmter Literatur 2. Aufl. Münster, S. 143–153.

Schwahl, Markus (2010): „Behindert. Aber nur im Kopf und nur manchmal." Alterität und Identität in Andreas Steinhöfels Rico und Oskar-Romanen. In: Der Deutschunterricht 62, H. 3, S. 80–84.

Schwahl, Markus (2017): „Rico verhält sich wie ein Kleinkind, spricht aber fast wie ein Erwachsener". Eine empirische Untersuchung zur inklusiven Wirkung von Andreas Steinhöfels „Rico und Oskar"-Romanen und Mark Haddons „Supergute Tage". In: Der Deutschunterricht 69, H. 6, 90–95.

Schweinitz, Jörg (2007): Multiple Logik filmischer Perspektivierung Fokalisierung, narrative Instanz und wahnsinnige Liebe. In: montage av 16, H.1, S. 82–100.

Seel, Martin (2003): Ästhetik des Erscheinens. Frankfurt a. M.

Seel, Martin (2013a): Realismus und Anti-Realismus in der Theorie des Films. In: ders.: Die Macht des Erscheinens. Texte zur Ästhetik. 2. Aufl. Frankfurt a. M., S. 152–175.

Seel, Martin (2013b): Das Anti-Terror-Gesetz der Komik. Christoph Schlingensief verweigert den Ausbruch der Kunst aus der Kunst. In: ders.: Die Macht des Erscheinens. Texte zur Ästhetik. 2. Aufl. Frankfurt a. M., S. 221–232.

Seeßlen, Georg: Citizen Kane (1941). In: Alfred Holighaus (Hrsg.): Der Filmkanon. 35 Filme, die Sie kennen müssen. Bonn, S. 69–76.

Sontag, Susan (1977): On Photography. New York

Sontag, Susan (2009 [1964]): Against Interpretation. In: dies.: Against Interpretation and Other Essays. London [u. a.], S. 3–14.

Sontag, Susan (2009 [1968]): Godard. In: dies.: Styles of Radical Will. London [u. a.], S. 147–189.

Kaspar H. Spinner: Literarisches Lernen. In: Praxis Deutsch 33, H. 200, S. 6–16.

Spinner, Kaspar H. (2013a): Handlungs- und produktionsorientierter Literaturunterricht. In: Volker Frederking et al.: Taschenbuch des Deutschunterrichts, Band 2. Baltmannsweiler, S. 319–333.

Spinner, Kaspar H. (2013b): Semiotik in der Literaturdidaktik. In: Anita Schilcher/Markus Pissarek (Hrsg.): Auf dem Weg zur literarischen Kompetenz. Ein Modell literarischen Lernens auf semiotischer Grundlage. Baltmannsweiler, S. 55–62.

Spinner, Kaspar H. (2014): Methodische Anregungen zu Literarischen Gesprächen in der Sekundarstufe. In: Cornelia Rosebrock/ Heike Wirthwein (Hrsg.): Standorientierung im Lese- und Literaturunterricht der Sekundarstufe I. Baltmannsweiler. S. 126–132

Staiger, Michael (2004): Auf halber Treppe. Filmkanon, Filmkompetenz und Filmdidaktik. In: Deutschunterricht 56, H. 2, S. 84–89.

Staiger, Michael (2008): Filmanalyse – ein Kompendium. In: Der Deutschunterricht 60, H. 3, S. 8–18.

Staiger, Michael (2010a): Literaturverfilmungen im Deutschunterricht. München.

Staiger Michael (2010b): Dis_Kontinuität. Montagekonzepte und filmisches Erzählen. In: Matthias N. Lorenz (Hrsg.): Film im Literaturunterricht. Von der Frühgeschichte des Kinos bis zum Symmedium Computer. Freiburg i. Br., S. 103–115.

Staiger, Michael (2010c): (Un-)Sichtbare Schnitte. Zur Geschichte und Didaktik der Filmmontage. In: Matthis Kepser (Hrsg.): Fächer der schulischen Filmbildung. Deutsch, Englisch, Kunsterziehung und Geschichte. München, S. 163–184.

Staiger, Michael (2011): Michael Kohlhaas im Medienwechsel. Ein Vergleich von Kleists Erzählung mit ihren filmischen Transformationen. In: Der Deutschunterricht 63, H. 1, S. 55–67.

Staiger, Michael (2012): Wo die wilden Kerle wohnen und wie man dorthin kommt. Erzählte Räume in Maurice Sendaks Bilderbuch und Spike Jonzes

Film. In: Christian Exner/ Bettina Kümmerling-Meibauer (Hrsg.): Von wilden Kerlen und wilden Hühnern. Perspektiven des modernen Kinderfilms. Marburg, S. 106–120.

Staiger, Michael (2013): Erzählmedienwechsel. Zur Einführung in das Themenheft. In: Der Deutschunterricht 65, H. 3, S. 2–5.

Stam, Robert (2005): Literature through Film. Realism, Magic, and the Art of Adaptation. Malden [u. a.].

Stanzel, Frank K. (1955): Die typischen Erzählsituationen im Roman. Dargestellt an Tom Jones, Moby-Dick, The Ambassadors, Ulysses u. a. Wien.

Stanzel, Franz K. (1964): Typische Formen des Romans, Göttingen.

Stanzel, Franz K. (2008): Theorie des Erzählens. 8. Aufl. Göttingen.

Stemmann, Anna: Räume der Adoleszenz. Deutschsprachige Jugendliteratur der Gegenwart in topographischer Perspektive. Metzler, Berlin 2019.

Stiglegger, Marcus (2007): Exploitationfilm. In: Thomas Koebner (Hrsg.): Reclams Sachlexikon des Films. 2. Aufl. Stuttgart.

Strobel, Ricarda (2006): *Harry Potter* auf der Leinwand. Der Spielfilm *Harry Potter und der Stein der Weisen*. In: Christine Garbe/ Maik Philipp (Hrsg.): Harry Potter – Ein Literatur- und Medienereignis im Blickpunkt interdisziplinärer Forschung. Hamburg, S. 113–128.

Tarasti, Eero (2004): Music as a Narrative Art. In: Marie-Laure Ryan (Hrsg.): Narrative across Media. The Languages of Storytelling. Lincoln/London, S. 283–304.

Tatsch, Isabell (2010): Filmwahrnehmung und Filmerleben von Kindern. In: Petra Josting/ Klaus Maiwald (Hrsg.): Verfilmte Kinderliteratur. Gattungen, Produktion, Distribution, Rezeption und Modelle für den Deutschunterricht. München, S. 143–153.

Thiersch, Hans (2014): Aus Anlass von „Tschick". In: Stefan Faas/ Mirjana Zipperle (Hrsg.): Sozialer Wandel. Herausforderung für kulturelle Bildung und soziale Arbeit. Wiesbaden, S. 311–321.

Tonsern, Clemens (2015): Film und Intermedialität: Bewegte Bilder. In: ide 39, S. 39–47.

Topalović, Elvira/ Lara Diederichs (2020): Sprachliches und literarisches Lernen mit Texten in einfacher Sprache. Deutschdidaktische Kontroversen am Beispiel des Romans „Tschick". In: Jörn Brüggemann/ Birgit Mesch (Hrsg.): Sprache als Herausforderung – Literatur als Ziel: Sprachsensible Zugänge zur Kinder- und Jugendliteratur. Baltmannsweiler, S. 97–113.

Trautmann, Anja-Magali (2014): Nichtfiktionale Literatur auf der Leinwand. Vom Sachbuch zum Dokumentarfilm. In: Ingo Kammerer/ Matthis Kepser (Hrsg.): Dokumentarfilm im Deutschunterricht. Baltmannsweiler, S. 161–172.

Thiele, Jens (2012): Das Bilderbuch. In: Günter Lange (Hrsg.): Kinder- und Jugendliteratur der Gegenwart. Ein Handbuch. Baltmannsweiler. 2. Aufl., S. 228–245.

Thon, Jan-Noël (2016): Transmedial Narratology and Contemporary Media Culture. Lincoln, London.

Truffaut, François (2003 [1966]): Mr. Hitchcock, wie haben Sie das gemacht? Übers: Frieda Grafe/ Enno Patalas. München.

Tulodziecki, Gerhard (1997): Medien in Erziehung und Bildung. 3. Aufl. Bad Heilbrunn.

Twele, Holger (2010): Herr der Fliegen. In: Bettina Kümmerling-Meibauer/ Thomas Koebner (Hrsg.): Filmgenres. Kinder- und Jugendfilm. Stuttgart, S. 127–131.

Tydecks, Johanna (2012): Verfilmte Bilder, verfilmter Text. Zur typologischen Einordnung von Bilderbuchverfilmungen am Beispiel der filmischen Rezeption von Madeline. In: Christian Exner/ Bettina Kümmerling-Meibauer (Hrsg.): Von wilden Kerlen und wilden Hühnern. Perspektiven des modernen Kinderfilms. Marburg, S. 121–146.

Vach, Karin (2015): Filme verstehen. In: Anja Pompe (Hrsg.): Anja Pompe (Hrsg.): Deutsch inklusiv. Gemeinsam lernen in der Grundschule. Baltmannsweiler, S. 151–169.

Vandeburger, André (1997): Die Begegnung Deleuze und Pierce. La recontre Deleuze-Pierce. In: Oliver Fahle/ Lorenz Engell (Hrsg.): Der Film bei Deleuze. Le cinéma selon Deleuze. Weimar, S. 86–112.

Verstraten, Peter (2009): Film Narratology. Übers.: Stefan van der Lecq. Toronto [u. a.].

Vogt, Jochen (2008): Aspekte erzählender Prosa. Eine Einführung in Erzähltechnik und Romantheorie. 10. Aufl. Paderborn.

Vogt, Jochen (2011): Wie analysiere ich eine Erzählung? Ein Leitfaden mit Beispielen. Paderborn.

Völcker, Beate (2005): Kinderfilm. Stoff- und Projektentwicklung. Konstanz.

Völcker, Beate (2009): Kinderfilm oder Family Entertainment? In: Horst Schäfer/ Claudia Wegener (Hrsg.): Kindheit und Film. Geschichte, Themen und Perspektiven des Kinderfilms in Deutschland. Konstanz, S. 231–241.

Volk, Stefan (2004): Filmanalyse im Unterricht. Zur Theorie und Praxis von Literaturverfilmungen. Paderborn.

Volk, Stefan (2010): Film lesen. Ein Modell zum Vergleich von Literaturverfilmungen mit ihren Vorlagen. Marburg.

Volk, Stefan (2012): Filmanalyse im Unterricht II. Literaturverfilmungen in der Schulpraxis. Paderborn.

Wagner, Geoffrey (1975): The Novel and the Cinema. Rutherford [u. a.].

Waldmann, Günter (2013): Produktiver Umgang mit Literatur im Unterricht. Grundriss einer produktiven Hermeneutik. Theorie – Didaktik – Verfahren – Modelle. Deutschdidaktik aktuell Band 1. Baltmannsweiler.

Walton, Kendall (1986): Looking Again through Photographs. A Response to Edwin Martin. In: Critical Inquiry 12, S. 801–808.

Wegener, Claudia (2005): Spannung, Spaß, Humor. Eine Studie zum Filmerleben von Kindern- und Jugendlichen. In: Horst Schäfer (Hrsg.): Lexikon des Kinder- und Jugendfilms im Kino, im Fernsehen und auf Video, Teil 6: Genre, Themen und Aspekte. Meitingen, S. 1–32.

Wegener, Claudia (2011): Der Kinderfilm: Themen und Tendenzen. In: Thomas Schick/ Tobias Ebbrecht (Hrsg.): Kino in Bewegung. Tendenzen des deutschen Gegenwartsfilms. Wiesbaden, S. 121–135.

Welsch, Wolfgang (2003 [1990]): Ästhetisches Denken. 6. Aufl. Stuttgart.

Wermke, Jutta (1997): Integrierte Medienerziehung im Fachunterricht. Schwerpunkt: Deutsch. München.

Westphal, Anke (2001): Die Verfilmung von „Harry Potter und der Stein der Weisen" durch Chris Columbus. Das blank geputzte Böse. In: Berliner Zeitung, 21. Nov. 2001 (https://www.berliner-zeitung.de/die-verfilmung-von--harry-potter-und-der-stein-der-weisen--durch-chris-columbus-das-blank-geputzte-boese-16013462; zuletzt einges. am 2.12.18).

Wett, Ute (2008): Das Problem des Medienwechsels am Beispiel literarischer und filmischer Versionen von Romeo und Julia. In: Lecke, Bodo (Hrsg.) (2008): Mediengeschichte, Intermedialität und Literaturdidaktik. Frankfurt a. M., S. 285–319.

Wicke, Andreas (2012): „Zeiten ändern sich, Menschen ändern sich, Meinungen ändern sich". Familie in Andreas Steinhöfels „Rico, Oskar..."-Trilogie. In: Interjuli, 2, S. 39–58.

Wicke, Andreas (2013): „Ich mochte Sherlock Holmes lange nicht so gern wie Miss Marple". Intertextuelle Spuren in Andreas Steinhöfels Rico, Oskar... - Krimis. In: Volkacher Bote 98. S. 19–30.

Wicke, Andreas (2014): Musik und Geräusch im Kinderhörspiel. Hörästhetische Überlegungen zu Andreas Steinhöfels „Rico, Oskar und die Tieferschatten". In: Grundschulunterricht Deutsch 3, S. 8–13.

Wieser, Dorothee (2016): Literatur-Comics im Reigen medialer Erzählformen: Literaturdidaktische Sinnfälligkeiten und Widerhaken – am Beispiel von Kafkas *Die Verwandlung*. In: Irene Pieper/Tobias Stark (Hrsg.): Neue Formen des Poetischen. Didaktische Potenziale von Gegenwartsliteratur. Frankfurt a. M. u. a., S. 77–101.

Wiesing, Lambert (2014): Artifizielle Präsenz. Studien zur Philosophie des Bildes. 4. Aufl. Frankfurt a. M.

Winko, Simone (2002): Literatur-Kanon als *invisible hand*-Phänomen. In: Heinz Ludwig Arnold (Hrsg.): Literarische Kanonbildung. München, S. 9–24.

Wittgenstein, Ludwig (2006 [1952]): Philosophische Untersuchungen. Frankfurt a. M.

Wolf, Benedikt (2017): Phil, Tschick und Henning. Konzepte männlicher Homosexualität in Jugendromanen von Andreas Steinhöfel, Wolfgang Herrndorf und Marcus Brühl. In: Kjl&m 69, H. 3, 66–76.

Wolf, Werner (2001): Intermedialität. In: Ansgar Nünning (Hrsg.). Metzler Lexikon Literatur- und Kulturtheorie: Ansätze – Personen – Grundbegriffe. 2. Aufl. Stuttgart, S. 344–346.

Wolf, Werner (2002a): Intermedialität – ein weites Feld und eine Herausforderung für die Literaturwissenschaft. In: Herbert Foltinek/ Christoph Leitgeb (Hrsg.): Literaturwissenschaft – intermedial, interdisziplinär. Wien, S. 163–192.

Wolf, Werner (2002b): Das Problem der Narrativität in Literatur, bildender Kunst und Musik: ein Beitrag zu einer intermedialen Erzähltheorie In: Ansgar Nünning/ Vera Nünning (Hrsg.): Erzähltheorie transgenerisch, intermedial, interdisziplinär. Trier, S. 23–104.

Wolf, Werner (2014): Intermedialität: Konzept, literaturwissenschaftliche Relevanz, Typologie intermedialer Formen. In: Volker C. Dörr/Tobias Kurwinkel (Hrsg.): Intertextualität, Intermedialität, Transmedialität: Zur Beziehung zwischen Literatur und anderen Medien. Würzburg: Königshausen & Neumann, 2014: 11–45.

Wolf, Werner (2019): Das Feld der Intermedialität im Überblick. In: Klaus Maiwald (Hrsg.): Intermedialität. Formen – Diskurse – Didaktik. Baltmannsweiler, S. 23–48.

Wonsowitz, Petra (2007): Bilder in Bewegung: Animationsfilme und Literaturadaption. In: Klaus Maiwald/ Petra Josting (Hrsg.): Kinder- und Jugendliteratur im Medienverbund. Grundlagen, Beispiele und Ansätze für den Deutschunterricht. München, S. 84–95.

Dieter Wrobel (2010): Kinder- und Jugendliteratur nach 2000. In: Praxis Deutsch 224, S. 4–11.

Wulff, Hans J. (1988): Die signifikanten Funktionen der Farben im Film. In: Ars Semiotica 11, H. 3, S. 364–376.

Youngblood, Gene (1991): Metadesign. Die neue Allianz und die Avantgarde. In: Florian Rötzer (Hrsg.): Digitaler Schein. Ästhetik der elektronischen Medien. Frankfurt a. M., S. 305–322.

Zabka, Thomas (2013): Ästhetische Bildung. In: Volker Frederking et al. (Hrsg.): Taschenbuch des Deutschunterrichts. Bd. 2: Literatur- und Mediendidaktik. Baltmannsweiler, S. 471–487.

Zander, Horst (1985): Intertextualität und Intermedialität. In: Ulrich Broich/ Manfred Pfister (Hrsg.): Intertextualität. Formen, Funktionen, anglistische Fallstudien. Tübingen, S. 178–196.

Zierau, Cornelia (2015): „Irgendwo da draußen und Walachei, das ist dasselbe." Wolfgang Herrndorfs Roman *tschick*. Ein Adoleszenzroman mit interkulturellem Potential im Literaturunterricht. In: Literatur im Unterricht: Texte der Gegenwartsliteratur für die Schule 16, H. 3, S. 223–234.

Zierau, Cornelia (2016): Adoleszenz als Transitraum. Das literarische Motiv der Reise als Ort der Verhandlung von Identitätskonzepten am Beispiel des Romans „Tschick" von Wolfgang Herrndorf. In: Gillian Pye/ Christiane Schönfeld (Hrsg.): Special Issue: Transit oder Transformation? Sprachliche und literarische Grenzüberschreitungen. Konstanz, S. 105–121.

Zierau, Cornelia/ Martina Kofer (2015): Literatur in der Sprachförderung. Überlegungen zu einer Neuorientierung im Sprach- und Literaturunterricht am Beispiel von Wolfgang Herrndorfs Adoleszenzroman „Tschick". In: Deutsch als Fremdsprache 52, H. 1, S. 3–13.

Žižek, Slavoj (1991): Looking Awry. An Introduction to Jaques Lacan through Popular Culture. Cambridge.

Germanistik – Didaktik – Unterricht

Herausgegeben von Marion Bönnighausen und Andrea Sieber
Begründet von Ina Karg

Die Reihe *Germanistik – Didaktik – Unterricht* leistet einen Brückenschlag zwischen Theorie, Forschung und Praxis eines kulturwissenschaftlich fundierten Deutschunterrichts. Kulturelle Praktiken des Umgangs mit Literatur und Medien in schulischen Kontexten bilden dabei den Ausgangspunkt. Neben der didaktischen Aufbereitung kulturwissenschaftlicher Fragestellungen richtet sich der Fokus auf die Schulpraxis, auf Möglichkeiten der Optimierung von Lehr- und Lernprozessen sowie die historische Genese multimodaler Narrative als Unterrichtsgegenstand. Die Bände versammeln literatur- und mediendidaktische Theorieentwürfe und unterrichtspraktische Konzepte jeweils in enger Anbindung an kulturwissenschaftliche Diskussionszusammenhänge.

Manuskriptvorschläge an die Herausgeberinnen sind willkommen.

Band 13 Jörg Kilian/Jan Eckhoff (Hrsg.): Deutscher Wortschatz – beschreiben, lernen, lehren. Beiträge zur Wortschatzarbeit in Wissenschaft, Sprachunterricht, Gesellschaft. 2015.

Band 14 Sonja Wonner: Wie flektieren Schulkinder die Vergangenheitsformen starker Verben? Untersuchungen zu Dritt-, Fünft- und Siebtklässlern. 2015.

Band 15 Cordula Häntzsch: Unterricht im Fach Deutsch. Fachdidaktische Potentiale eines kritischen Blickes in Bildungspolitik, Forschung und berufsbildende Schule. 2015.

Band 16 Holger Zimmermann / Ann Peyer (Hrsg.): Wissen und Normen - Facetten professioneller Kompetenz von Deutschlehrkräften. 2016.

Band 17 Florian Koch: Gesprächskompetenz vermitteln im integrativen Deutschunterricht. Eine Analyse des Potenzials des dramatischen Dialogs in der Sekundarstufe II. 2016.

Band 18 Anne-Kathrin Wilms: Metaphern und Dramapädagogik im muttersprachlichen Grammatikunterricht des Deutschen. 2017.

Band 19 Katharina Böhnert: Sprachwandel beobachten, untersuchen, reflektieren. Was Sprachgeschichte für den gymnasialen Deutschunterricht leisten kann. 2017.

Band 20 Elfriede Witschel: Textkompetenz fördern durch *LesenSchreibenLesen*. Die didaktische Bedeutung von Aufgabenarrangements im kompetenzorientierten Deutschunterricht. 2017.

Band 21 Karla Müller / Andrea Sieber (Hrsg.): Literarisches Lernen mit Medienverbünden für Kinder und Jugendliche. Abenteuer/*âventiure* als narrativer Zugang in Theorie und Praxis. 2020.

Band 22 Katja Winter: Der *Otnit* im Deutschunterricht. Mittelalter-Didaktik im Kontext einer kulturwissenschaftlichen Literaturdidaktik. 2020.

Band 24 Gerrit Althüser: Literaturverfilmung transmedial? Zum medienvergleichenden Umgang mit Verfilmungen für Kinder und Jugendliche im Deutschunterricht. 2022.

www.peterlang.com

Printed by
CPI books GmbH, Leck